运动训练学热点问题探蹊

EXPLORATION AND ANALYSIS
OF SPORTS TRANING HOT ISSUES

孙有平 张磊◎编著

华东师范大学出版社
·上海·

图书在版编目（CIP）数据

运动训练学热点问题探蹊/孙有平，张磊编著. —上海：
华东师范大学出版社，2022
华东师大教材基金
ISBN 978-7-5760-3435-6

Ⅰ.①运… Ⅱ.①孙…②张… Ⅲ.①运动训练-高等学校-教材 Ⅳ.①G808.1

中国国家版本馆 CIP 数据核字（2023）第 016461 号

华东师范大学教材出版基金资助出版

运动训练学热点问题探蹊
YUNDONG XUNLIANXUE REDIAN WENTI TANQI

编 著	孙有平 张 磊
责任编辑	刘效礼
特约审读	李 欢
责任校对	廖钰娴 时东明
装帧设计	郝 钰

出版发行	华东师范大学出版社
社 址	上海市中山北路 3663 号 邮编 200062
网 址	www.ecnupress.com.cn
电 话	021-60821666 行政传真 021-62572105
客服电话	021-62865537 门市（邮购）电话 021-62869887
地 址	上海市中山北路 3663 号华东师范大学校内先锋路口
网 店	http://hdsdcbs.tmall.com
印 刷 者	上海昌鑫龙印务有限公司
开 本	787毫米×1092毫米 1/16
印 张	26.5
字 数	455千字
版 次	2025年4月第1版
印 次	2025年4月第1次
书 号	ISBN 978-7-5760-3435-6
定 价	89.00元

出 版 人 王 焰

（如发现本版图书有印订质量问题，请寄回本社客服中心调换或电话 021-62865537 联系）

前言

"运动训练学热点问题及其发展趋势"是华东师范大学为本科生开设的通识教育课程体系中的分布式课程。自该课程于2016年开设以来,《运动训练实践问题探索》作为课程讲义一直得到沿用,其间不断得到补充与完善。在新时代,规范和编写适合本科生通识教育的"运动训练学热点问题及其发展趋势"教材,已成为师生的共同呼声。

本书的编写得益于编者在教学过程中与学生就运动训练相关历史问题和现代问题的研讨,是编者多年运动训练学相关课程教学的经验总结,也是一部符合时代要求、学科知识需求、本科生学习需求的运动训练学知识典籍,适用于本科生通识教育课程"运动训练学热点问题及其发展趋势"的教学。本书紧扣"热点",遴选了运动训练学研究概况、运动训练的基本理论与实践、运动训练的实操性问题、训练负荷的理论基础与控制、运动训练效果评价等五个方面的问题,试图对当代运动训练学热点问题进行相对全面的阐述。

全书共分五章,每章包括若干个专题,每个专题从概念界定、研究现状、未来发展趋势与反思等方面进行论述。本书的内容体系建构,是以运动训练专业核心课程"运动训练学"、研讨型课程"运动训练问题研究"和运动训练实践为基础编写而成的。本书的编写特色主要体现在以下方面。

1. 系统性与精炼性相结合。本书既保持了《运动训练学》教材体系完整的精髓,又不囿于传统,在原有教材内容体系("练什么、怎么练、练多少")的基础上,根据运动训练学科特点,增加了"练得怎样"(第五章"运动训练效果评价")的内容;同时,又继承了《运动训练实践问题探索》教材内容的"问题导向"特点,在每章的具体内容安排上,略去了一些运动训练学方面常识性的知识介绍,从研究的角度,重点选择与各章主体内容相关的热点问题进行深入阐述,从而使教材内容点面兼顾，合理布局。

2. 学术性与可读性相结合。本书以阐释运动训练学研究热点问题为主题，以专题的形式，呈现国内外运动训练学前沿学术动态和创新观点，架构系统而有一定深度的理论体系；同时，杜绝"自说自话"，追求朴实文风，强调普适性，注重回答运动训练理论和实践中读者关心的问题，在兼顾学术性的同时更加注重可读性，使本书既可以进入"学术殿堂"，又可以飞入"寻常百姓家"。

3. 自主性与启发性相结合。本书不只是教师的教本，更是学生自学的学本。新的教学理念强调学生为学习主体，教材编写也特别突出学生的主体性，从内容到形式，尽可能为学生考虑，适应学生自学的需要，如学习目标的设置、案例分析、思考题等。同时，结合华东师范大学"卓越育人"纲要提出的思维导向的通识教育课程开设要求，在每一章节热点问题中都会呈现国内外不同学者的不同观点，也会提出编者对问题的反思，以此培养学生的批判性思维和创造性思维能力。

4. 科学性与适用性相结合。本书不仅从科学研究的视角架构运动训练学研究体系，探析运动训练学的热点理论问题，而且在理论阐述的同时，采用一些运动训练的实践案例，来分析运动训练实践问题。比如，在第三章"运动训练的实操性问题"的第四节"运动训练水平监控研究"中，就具体列出了竞技能力各子能力的监控指标、监控工具与监控方法，并进行了实例剖析，较好地解决了理论与实践的结合问题，也体现了运动训练研究成果的应用价值。

本书既可作为高校通识教育（分布式）课程教材，也可作为体育专业学生的拓展读物，还可作为体育教育训练学研究生的专业参考书籍，一线的教练员和体育科研人员也可从中受益。

本书取材广泛，借鉴和引用了大量运动训练学的研究成果、文献资料、实践总结和案例，在成稿过程中，吴进、史翰林、曲彦洁、何惠敏、位盛萌、杨宇航和宋健参加了本书的校对工作，在此一并表示衷心感谢。

本书由孙有平、张磊、吴进统稿和修改，最后由孙有平审核和定稿。

由于编者水平有限，书中难免有不足之处，恳请同行及广大读者批评指正。

编者
2024 年 9 月 10 日

目 录

第一章 运动训练学研究概况　1

第一节 运动训练学研究总述　1
一、国外运动训练学研究流派与取向　1
二、国内运动训练学研究热点与特色　4
三、研究总结与反思　15

第二节 运动训练学的研究范式　16
一、运动训练学研究范式的概念界定　16
二、运动训练学科学范式的确立　17
三、运动训练学研究范式的演进及分类　21
四、对我国运动训练学研究范式构建的思考　27

第二章 运动训练的基本理论与实践　29

第一节 竞技能力相关理论研究　30
一、竞技能力的定义　30
二、竞技能力的结构　35

三、竞技能力与竞赛表现的关系　42
　　　四、竞技能力研究展望　45
第二节　专项特征研究　46
　　　一、专项特征的定义与构成　46
　　　二、专项特征认识上的误区　47
　　　三、专项特征的确定依据　49
　　　四、专项特征研究的发展趋势　50
　　　五、专项特征的案例分析　56
第三节　"一元"与"二元"训练理论研究　66
　　　一、训练理论相关概念辨识　66
　　　二、"一元"与"二元"训练理论研究概况　68
　　　三、对"一元"与"二元"训练理论的反思　74
第四节　竞技能力训练研究　75
　　　一、体能训练研究进展与反思　75
　　　二、运动技能训练研究现状与趋势　103
　　　三、战能训练研究动态与展望　110
　　　四、心能训练研究探索与启示　127

第三章　运动训练的实操性问题　140

第一节　运动训练原则问题研究　140
　　　一、运动训练原则的历史演进　140
　　　二、运动训练原则的制定依据　148
　　　三、运动训练原则体系的反思与重组　149
第二节　运动训练方法问题研究　175

　　　　　一、运动训练方法与手段辨析　　175
　　　　　二、运动训练新技术与新方法的
　　　　　　　应用　　186
　　　　　三、高原训练实践拓展　　193
　　第三节　运动训练安排问题研究　　200
　　　　　一、训练分期理论的发展　　200
　　　　　二、板块理论的兴盛　　210
　　　　　三、整合分期理论的兴起　　217
　　第四节　运动训练水平监控研究　　229
　　　　　一、体能训练水平测评及其展望　　229
　　　　　二、运动技能训练水平测评及其
　　　　　　　趋势　　272
　　　　　三、战术训练水平测评及其动态　　291
　　　　　四、心能训练水平测评及其趋向　　300

第四章　训练负荷的理论基础与控制　　309

　　第一节　训练效应发生机制的理论争鸣　　309
　　　　　一、超量恢复学说的起源与发展　　310
　　　　　二、体力波理论的提出与核心　　312
　　　　　三、应激学说的发展历程　　313
　　　　　四、"适应"理论的产生机制与
　　　　　　　发展　　314
　　　　　五、不同理论辨思　　315
　　第二节　运动负荷监控研究　　317
　　　　　一、运动负荷监控的理论背景　　317
　　　　　二、运动负荷的监控　　319
　　　　　三、运动负荷的计量　　324

四、对运动负荷监控的反思　332

第五章　运动训练效果评价　335

第一节　运动训练质量概述　336
　　一、训练质量概念界定　336
　　二、训练质量结构与要素之间的关系　338
　　三、训练质量属性　341

第二节　训练质量的影响因素及提高途径　343
　　一、训练质量的影响因素　343
　　二、训练质量的提高途径　345

第三节　训练质量的评估　348
　　一、训练质量评估原则　349
　　二、训练质量评估的方法与步骤　350
　　三、训练质量监控示例　353

主要参考文献　359

第一章 运动训练学研究概况

学习目标：
- 了解当前运动训练学的国内外研究现状
- 理解当前运动训练学的不同研究范式
- 认识运动训练学的研究不足与趋势

第一节 运动训练学研究总述

运动训练学研究在很大程度上指向一种元研究，即探讨运动训练学能否成为科学以及何以成为科学等基本问题，它关系到运动训练学学科的存在、地位、发展等，对于确立我国运动训练学的学科地位、提升学术话语权具有重要意义。本节将从国内外运动训练学研究的层面，阐述运动训练学研究的概况，为运动训练学后续的具体研究作铺垫。

一、国外运动训练学研究流派与取向

按照运动训练学研究范式，当前国际上运动训练学科发展可大致划分为欧亚学派和美澳学派，两种学派侧重点不尽相同，具体表现在以下方面。

（一）欧亚学派注重比较宏观的理论研究

从以俄罗斯、德国为主的欧亚学派来看，其比较重视理论体系的构建，注重高

层次的理论思维，并将很多哲学思想运用到理论构建之中，注重定义的准确性、理论的完整性。苏联是较早涉足运动训练研究的国家。最早的一本专著是格里涅夫斯基于 1922 年完成的《科学的训练原理》。苏联学者马特维耶夫后于 20 世纪 60 年代提出了分期训练理论，并于 1964 年出版了《运动训练的分期理论》一书。1964 年民主德国哈雷博士编写了《训练学》讲义，1969 年《训练学》一书出版，这是世界上第一本综合性的运动训练学专著，标志着运动训练学作为一门独立学科正式诞生。

理论研究在欧亚学派中一直占据着重要地位。如自马特维耶夫提出分期训练理论以来，就受到许多运动训练理论工作者和教练员的认同，同时也不断受到质疑与挑战。20 世纪 80 年代，一些苏联的运动训练理论与实践专家就分期训练理论相继提出了自己的观点。在这些新的理论中以博伊科和维尔霍山斯基等人的理论最系统且最具代表性。博伊科认为，对于年度周期训练安排，短周期形式要好于年度长周期形式；对于高水平运动员来说，在年度运动负荷的安排上，增加负荷强度有利于其运动成绩的提高，但是，低强度的负荷对于运动员有机体的调整与恢复也是必需的。维尔霍山斯基则依据生物适应理论，将运动训练过程理解为一个适应循环的过程，并将这一过程分为三个阶段，分别为专项基础训练阶段、专项训练阶段以及重要比赛阶段。这一理论的最大创新之处在于，将比赛与训练视为一个整体，并在专项基础训练及重大比赛之间增加了专项训练阶段，从而使运动员在重大比赛中能形成最佳竞技状态（Yuri，1998）。事实上，围绕传统分期训练理论的学术争论从未停止，乌克兰的普拉托诺夫撰文称，不能全盘否定该理论的历史作用，现有观点仅是马氏理论的发展和延伸，而以施纳为首的许多德国训练学学者则更赞同博伊科和维尔霍山斯基基于生物适应理论所提出的新训练分期理论（田麦久，1999）。

（二）美澳学派关注比较微观的实践探索

与欧亚学派不同，以美国、澳大利亚为代表的美澳学派则特别强调适用性，根据训练实践的需要创建了许多新的训练方法，进而在研究范式上自然科学属性更为凸显。如澳大利亚运动和运动学会前主席毕晓普（Bishop，2008）提出了运动训练学应用研究的八阶段，分别为明确问题、描述性研究、寻找竞技表现的预测指标或回归分析、预测指标的实验检验、竞技表现关键预测指标的决定因素、干预研究或效力研究、效果研究以及在训练实践中的实施。国际运动训练学领域的另一位知名科学家马丁·布赫海特（Martin Buchheit，2017）形象地把运动训练学研究与运动员比喻为卫星运行的轨道与地球，把运动训练学研究与运动员训练实践间的脱节比喻成卫星运动轨道与地球的距离。美国运动医学学会前主席卡尔·福斯特等人（Carl Foster et al.，2018）提出运动训练学需回答的4个问题，即为什么一些运动员能够成功？训练反应是怎么样真正发生的？如何评估运动员的表现？如何监控运动员的训练和表现？由此可见，美澳学派更加关注运动训练的实践性。当前，美澳学派在运动训练研究中主要体现出如下特征。

1. 重视长期跟踪研究

近年来，美澳派国家的训练运动科学专家进行了大量的长时间跟踪研究并取得了丰硕的研究成果，他们试图通过长时间的观察、实验等研究方法，从纵向上发现运动员们的训练效果影响机制、成长规律、运动损伤发生和康复规律等，以期更好地把握科学化运动训练的规律。如斯图尔特·科马克等人（Stuart Cormack et al.，2010）以澳大利亚女足运动员为受试对象，探讨了她们在备战奥运周期内体能的变化情况，总结出纵向的多年体能训练规律，以提高长期训练过程的科学性。

2. 重视专项特征及专项能力训练的研究

对于竞技运动项目来说，准确掌握项目的运动特征和训练规律是运动训练的前提条件，这也是当前美澳国家的主要关注点之一。例如，斯卓亚等人（Stroyer et al.，2004）对处于发育初期与发育后期的12岁和14岁足球运动员的能量代谢特征进行了研究，结果表明，12岁优秀和普通足球运动员的最大摄氧量并不存在差异，但是14岁优秀运动员的最大摄氧量明显提高。12岁优秀运动员的比赛心率要明显高于普通运动员，而与14岁优秀运动员相比并不存在差异。从不同位置球员来看，中场或者进攻组的绝对最大摄氧量最高，同时也表现出最高的心率。从不同的比赛时段看，12岁和14岁优秀运动员在上下半场比普通运动员在绝对和相对最大摄氧量方面都有更好的表现，普通运动员在场上有更多的站立和行走等。

根据拉森等人（Larsen et al.，2003）的研究，黑人与欧洲白人中长跑运动员在形体和运动机能上没有显著差别，而肯尼亚优秀中长跑运动员专项跑的经济性却明显优于欧洲白人优秀运动员，在22千米/时（km/h）跑速时能量的消耗比白人运动员低 5%~15%。琼斯（Jones，2006）对女子马拉松世界纪录（2 小时 15 分 25 秒）创造者拉德克里夫（P. Radcliffe）进行了长达 15 年的跟踪研究，拉德克里夫在 1992~2003 年的 11 年中（18~29 岁）在最大耗氧量（70 毫升/千克/分）相对稳定的前提下，奔跑的经济性出现显著提高，在 16 km/h 定量负荷下的最大耗氧量逐年下降，在最大耗氧量强度负荷下的跑速逐年提高。

3. 高科技的全面渗透

现代科学技术拓展了运动训练的新思路、新手段，极大地提升了运动训练的质量和效益。当前，美澳派国家把科学技术应用在运动训练过程中。例如，建立图像识别系统，利用图像重叠技术和先进的计算机智能化功能，将比赛情况记录下来并及时反馈给教练员；运用计算机大量存储数据资料、高速运算、模拟分析的功能，建立多功能大型专项数据库。现代科技的发展在心理训练及研究中也有充分体现，心理领域的领先技术如核磁共振仪、眼动仪、事件相关电位和电脑象限图等被用于诊断运动时的心理状态和训练效果等。

4. 重视教练员的研究

随着教练员职业化发展程度的提高以及人们对教练员在运动员竞技训练过程中价值的认识程度不断加深，对教练员的研究已日益成为美澳派国家运动训练学界的热点问题之一。吉尔伯特等人（Gilbert et al.，2004）统计了 1970 年至 2001 年间的 161 本英文体育类杂志，结果显示，共有高达 600 多篇关于运动员、教练员方面的论文，并且呈现逐年上升的趋势。近年来教练员方面的研究主题主要包括教练员的职业发展与培养、教练员领导力、教练员执教能力、教练员压力、教练员的知识结构、教练员执教行为及执教的有效性等。

二、国内运动训练学研究热点与特色

我国运动训练学主要建立在早期学者对民主德国和苏联讲义或著作编辑的基础上（黎涌明 等，2020）。自民主德国著名学者哈雷教授 1969 年正式发表并出版了《训练学》一书以来，世界各国不同学科的学者相继涌入这一领域，并开始了与运动训练相关的广泛、深入研究。尽管不同国家、不同学者在研究进程中对该学科的称谓存在一定的差异，但其研究的目的均围绕提高竞技运动成绩而展开。从国内来看，相关学者指出，1953年至1960年，我国训练理论实质上已围绕各专项训练的理论与方法得以在一定程度上展开，1961年出版的我国体育学院各运动项目统编教材中有关训练问题的阐述，集中地反映了这一时期的理论与实践成果。之后，田麦久《论周期性耐力项目的多种竞速能力》博士论文的完成以及其之后与蔡俊武对民主德国、联邦德国训练学家哈雷和葛欧瑟专著的翻译工作等的进行，为我国运动训练学的建立及学科发展提供了重要的条件基础（曹景伟 等，2004）。学界一般认为，1983年由中国体育科学学会运动训练学专业委员会组织、过家兴等主编的《运动训练学》一书的出版，标志着我国运动训练学理论体系的初步形成。之后，在实践需求及理论构建等因素影响下，我国运动训练相关研究逐渐呈现蓬勃态势，至今仍保持着鲜活的生命力。

（一）运动训练基本理论问题研究

运动训练学基本理论并非指具体理论，而是对基本概念、学科建设、研究范式、价值等的探讨，一定程度上反映出我国学者对运动训练学科发展的自我意识。

1. 关于运动训练学学科定位的探讨

对于运动训练学学科来说，其学科定位是一个十分关键的问题，学界对运动训练学属性的探讨也相对较为丰富。过家兴等人（1987）指出，运动训练学是在研究和总结运动训练实践的基础上，运用其他有关学科的基本原理，阐明运动训练过程普遍规律的一门新兴交叉学科。田麦久（2017）认为，运动训练学是研究运动训练规律以及有效组织运动训练活动行为的科学。徐本力（1990）从研究对象出发指出，运动训练是一门建立在专项实践、专项理论和现代体育科学技术发展的基础上，系统地概括了训练目的、任务、原则、内容、方法和过程以及教练员与运动员的要求等训练过程一般规律的一门新兴的、综合性的体育科学交叉学科。孙登科（2006）认为，运动训练学是一门研究和反映训练一般规律的新型体育交叉学科，它是在研究和总结运动训练丰富实践经验的基础上，广泛运用其他相关学科的基本理论和方法，建立自己的理论和内容体系。马冬梅（2005）认为，运动训练学是指阐明运动训练中普遍规律的科学。刘欣然等人（2017）从运动训练的自然哲学基础阐述训练何以可能的问题，认为在自然哲学的逻辑范畴中，量是运动训练可变化的规定性，质是运动训练操作的时间维度，力是运动训练形式的能动反映，最后在系统科学的结构中，明确运动训练实践操作的时间、变化、多样和矛盾的整体观。

2. 关于运动训练学研究范式的讨论

还有一些学者针对运动训练学的研究范式展开研究。仇乃民等人（2011）从非线性视域对运动训练科学研究的新范式进行了研究，指出随着国际竞技体育的迅猛发展，建立在近代线性科学认识论、方法论基础上的运动训练科学研究范式，在解决高度复杂的运动训练问题时，日益显示出其自身难以逾越的局限性。而非线性科学则为我们理解真实、复杂的运动训练问题提供了一个新视角。非线性范式将是21世纪运动训练科学研究的新范式。杨成波（2019）对近代运动训练科学研究范式进行研究后指出，20世纪70年代以来，复杂性科学及其研究范式的兴起为运动训练科学研究方式的转向提供了一个新的视角，部分研究者已不断尝试应用复杂性科学范式对传统训练理论进行反思、认识和重释。"复杂性""非线性""混沌""突变""演化"等复杂性科学概念不断地出现在运动训练科学研究中，试图从方法论角度实现整体论与还原论的融贯，并引用复杂性范式重新认识与解释运动训练实践中不断涌现的复杂性问题。董德龙（2015）基于双重转型的考虑，指出中国运动训练学面临的三个问题，分别为：学科内容上，实现从体系构建向问题关注并由问题关注向问题间关注的转型；研究范式上，实现从描述性研究向实验性研究并由实验性研究向解释性研究的转型；知识结构上，实现从学科嫁接向学科联姻并由学科联姻向学科内生化方向的转型。

3. 关于运动训练学价值、内容体系及逻辑起点等方面的探索

关于运动训练学基本理论的探讨还涉及诸如运动训练理论的价值、内容体系及逻辑起点等。金成平等人（2016）对运动训练理论科学问题的认知进行了研究，旨在从方法论意义上解释运动训练理论科学问题存在的意义、价值。张磊等人（2013）对30年来我国运动训练学教材内容体系的发展进行了研究和评析，指出在教材体系方面，长期以来表现出研究范畴与研究领域划界不清以及运动训练学理论与一般训练学、项群训练学、专项训练学理论的关系不清等混沌状态，尽管2012版《运动训

练学》教材在结构及内容上更加合理有序，但其仍存在值得商榷和有待完善的地方。樊晓（2012）对运动训练学的逻辑起点与理论体系进行了研究，提出运动训练学的逻辑起点是身体训练，而当前的理论体系尚不完善，仍需不断改进，等等。

(二) 运动训练学的历史演进、国内外比较及发展趋势

1. 有关运动训练学研究历史演进的划定

运动训练学作为一门系统的综合性的应用学科出现在体育科学的大家庭中已经有半个世纪，其对于指导训练实践发挥着越来越明显的作用。几十年来，在以田麦久、过家兴、徐本力等为代表的学者们的努力下，已取得了一定成就。

作为我国运动训练学学科发展历史轨迹的体现，相关学者对我国运动训练学的历史发展演进进行了一定分析。赵鲁南（2013）将我国运动训练理论的发展过程划分为三个时期：第一个时期为20世纪50年代至70年代末，是吸收与初步自我探索期；第二个时期为20世纪80年代至21世纪初，是快速发展及运动训练学学科体系的形成期；第三个时期为21世纪之后，是不断修缮期。肖涛（2006）以典型事迹及发展速度，将我国运动训练学的历史发展分为四个阶段：第一阶段为起源及形成期。这一时期，以民主德国莱比锡体育学院哈雷博士主编的《训练学》为标志，象征着训练学理论研究的初步形成。同期，我国体育科研工作者也开始突破专项的局限，去探索训练中的一般性规律，并相继出现了一些研究成果，如唐礼的《优秀运动员多年训练规律的研究》以及步润生的《周期性运动项目训练负荷与运动成绩的关系》等。第二个阶段为缓慢发展时期。这一时期主要受"文化大革命"的影响，我国运动训练学的研究几乎陷于停滞不前的境地。第三个阶段为发展和完善期。这一时期，1983年由中国体育科学学会运动训练学学会组编的我国第一本《运动训练学》的出版，标志着我国运动训练学理论进入系统研究阶段。最后一个阶段为蓬勃发展期，具有标志性意义的项群理论在运动训练与体育战略中得到了充分的运用和发展。其他研究者还包括吴贻刚（2007）、邓云龙（2007）、宋娜梅（2013）、吴长稳（2012）等。邓云龙对我国运动训练理论进行较为系统的梳理后提出，我国运动训练理论发展进入了整体质变的转折时期，新世纪基本完成了运动训练理论量变的过程，并孕育着质变的发端，新时代打下了运动训练理论质变的坚实基础，新变革将有力地推

进运动训练理论质变并孕育新一轮发展变化等。

此外,一些学者还从量化和可视化角度,基于理论研究热点揭示了我国运动训练理论的演进脉络。金成平等人(2016)的研究指出,现阶段运动训练理论研究主要以运动训练实践为中心展开,研究前沿主要集中在体育理论、运动训练观念、竞技运动以及竞技能力等领域。其中体育理论处于发展与完善阶段,训练观念主要是运动训练学知识的单维体现,竞技体育主要是对以往训练理论反思后的深化阶段,竞技能力结构将继续成为演进的热点等。佟岗(2017)从学科理论构建和运动实践的角度指出,竞技能力、训练观念等传统运动训练理论始终是研究热点,以运动生理学、运动生物化学为主的跨学科实证研究成为运动训练理论与实践结合的发展趋势,同时,在国外运动理论影响下,以核心理论为主的训练理论成为焦点问题等。

2. 国内外比较研究及发展趋势的研究

通过国内外对比,借鉴国外优势、弥补国内不足亦为我国运动训练学的研究重点之一。胡海旭等人(2014)对中西方运动训练哲学萌芽的特征进行了比较,认为现代意义上的西方运动训练,在西医之父希波克拉底之前与医学一样,充满神秘的"神力"迁移效用,且皆和巫术相结合,尚处于原始积累阶段,随后形成以"四体液学说"为理论基础的运动训练哲学的萌芽,并引领主流。同时期的盖伦和张仲景对中西医"科学"观念的分野,致使基于中医范式的中国运动训练哲学呈现另一景象,并充分展示于武术和导引训练中。张莉清(2016)对国内外运动训练研究方法进行了比较,认为我国运动训练学的研究方法主要包括两类:一是与运动训练学相关的人文社会学研究;二是在选材、训练及竞赛等运动训练实践中,借助实践探究和科学论证来验证一线教练员的训练经验,再通过实践检验而上升到理论的高度。相较而言,生物学则是国外运动训练学研究的重要基础,以美国为代表的西方运动训练理论与诸多基础学科,如医学、生物学、数学、物理学等学科结合,促进了国外运动训练学的研究。基于此,在审视国内外运动训练学研究发展的过程中,我们应保持科学、客观的视角,在努力发展运动训练理论中国流的同时,也要有选择地吸收和借鉴国外运动训练学的先进理论成果,以促进我国运动训练学理论的快速发展。朱永国(2014)结合国内外运动训练理论的现状、运动训练理论体系的形成与发展,进而对运动训练学未来的发展趋势进行了科学展望。刘波(2011)通过分析德国运动训练专业课程设置，指出德国体育院校运动训练专业课程设置具有课程门数较多、理论课比例较大的特点，学生有较大的选择空间，对学生的运动要求不高，进行典型的通才教育，提出应确立我国运动训练专业多元化的培养目标，增加学生选课的自由度和开发特色课程，等等。

（三）运动训练学的理论研究

1. 关于分期理论的探讨

自分期理论提出以来，其一直都是运动训练学的研究热点之一。20世纪初，各国运动训练专家对运动训练分期问题给予了足够的关注，特别是20世纪40年代末，随着第二次世界大战的结束，国际赛事重新恢复正常，有关训练分期问题的研究在苏联率先得到了广泛的开展。1964年马特维耶夫在前人研究的基础上，出版了专著《运动训练的分期问题》，标志着训练分期理论的正式形成，而这一理论也迅速得到了世界各国学者和教练员的认同，并在训练实践中广泛应用（姚颂平，1994）。然而，随着实践环境的不断变迁，分期理论逐渐受到挑战，依据在于人体对运动负荷的适应性是有界限的，并且每个运动员的最大运动能力不一样，在不否定传统的训练分期理论对运动训练学产生巨大影响的基础上，也应结合实践，使这一理论更加契合实践需求（李庆 等，2004）。一方面，相关学者如陈小平（2003）、金健秋（2005）、杨通平（2005）等纷纷指出，马特维耶夫的分期训练理论已不适应当代竞技体育赛制的发展。自20世纪90年代以来，随着比赛数量的大幅度增加以及比赛形式和规模的变化，比赛时间大大缩短，频率大幅增加，故传统的训练周期模式不能满足和适应赛制的变化。另一方面，马特维耶夫所提出的分期训练理论也不利于高水平运动员的训练，忽视了不同训练水平运动员的生理、生化基础以及对训练方法和负荷的不同需求，缺乏对不同年龄、水平和条件运动员的区别对待，尤其不利于高水平运动员专项训练水平的进一步提高。因此，板块理论成为当前替代分期理论的新秀，受到众多学者的推崇。但另外一些学者，如韩夫苓（2010）则认为，周期训练主要依据竞技状态的形成与发展规律、竞赛日程的周期性特点、超量恢复以及生物节律等理论，反映了运动训练时间中的某些客观本质，是有一定科学性的，当前对其质疑的地方恰恰是这一理论的精髓，是训练分期理论在实践中的具体应用。

此外，杨国庆（2020）结合国际研究，提出整合分期是契合当前运动训练融合创新和精准个性化调控的时代趋势等。

2. 关于负荷监测、控制的探讨

运动负荷监测、调控一直是运动训练学的研究重点。我国有关运动员训练负荷的研究大致始于20世纪50年代，但到80年代才逐渐展开多学科的综合性研究，相关研究成果有田麦久（1988）主编的《运动训练科学化探索》、浦钧宗（1989）主编的《优秀运动员机能评定手册》等。近年来，随着对竞赛与训练关系认知的不断提升，学界逐渐意识到，正确处理好训练和比赛的关系，不仅仅是竞技体育的科学理论问题，更是竞技体育技术实践与管理的指导性问题。为此，"以赛代练"的训练安排受到广泛关注，学者们也纷纷提出相关论点。例如，陶于（2007）认为，以赛代练必须建立在高水平竞技能力储备的基础上，把握好比赛的时间和频率，这才是真谛所在。陈小平（2009）认为，尽管当前比赛数量出现了大幅度增加，但这并不意味着增加比赛数量就可以提高训练的质量，更不能因此而盲目地增加比赛的数量。结合国际研究，他还指出，赛前减量训练是最佳竞技状态形成的保障，但目前在我国还处于一个较为薄弱的状态（2012）。比赛是训练的目标，是检验训练质量优劣的标尺，也是提高训练强度的一种手段等。此外，在赛制不断改革及赛事不断增加的现实基础上，对训练过程调控抓细节的呼声越来越高，与运动负荷监控有关的研究就更为普遍，相关研究有左晓东（2009）的《竞走赛前高原训练的营养补充、生化监控和训练负荷实例分析》、汤强（2013）的《训练冲量在马拉松训练负荷监控中的应用研究》、张前锋（2012）的《举重运动负荷的生化分析、评定及监控》、曾远生（2018）的《优秀短跑运动员赛前训练负荷及机能状态的生化监控》等。总的来看，对运动训练过程实施更加精细的监测和调控也是当前我国运动训练学的研究热点之一。

3. 有关超量恢复学说的争鸣

1972年雅克夫列夫根据人体负荷后肌糖原储备出现的"下降、恢复和超量恢复"的特性，提出了运用超量恢复解释运动训练对人体机能能力的影响作用。1977年他在专著中首次完整地提出了这一学说，并将其作为解释运动训练效果的理论基石。随着雅克夫列夫《运动生物化学》专著的出版，超量恢复学说逐渐得到运动生理、生化和运动训练界的广泛认同和接受，成为指导竞技运动训练和体育健身的经典基础理论。自超量恢复理论诞生以来，它就成为运动训练学讨论的热门话题之一，学界对其的争论从未休止。质疑的原因主要包括对体内肌糖原代谢的研究结果不能轻易延伸至对整个机体不同器官和系统的复杂适应机制进行解释，且这一学说忽视了人体不同能力具有不同发展空间和不同发展速度的问题，也忽视了机体能力的保持和在不良刺激下的下降等问题。对此，王广虎（1998）认为，超量恢复是系统行为的后效应，具有一般性，由此提出的超量恢复训练原理是值得审视与质疑的。茅鹏（2013）通过列举运动训练中大量的事实，以证明其并不符合这一理论。他认为，运动员体重提高后成绩显著下降，体重下降后成绩明显提高。这就是说，身体总体的物质因素——体重，减量恢复后成绩提高，超量恢复后成绩退步。这个事实证明，超量恢复作为训练作用的根本原理是不成立的。李国强（2008）从耗散结构理论的视角指出，超量恢复学说没有充分考虑系统的开放性、非衡性、非线性和涨落特征，置于训练实践中还存在很大的局限性等。

4. 有关运动训练学相关概念与注意事项的争论

除以上研究外，学者们还对运动训练学中的一些重要概念进行了审视和讨论，包括竞技能力、竞技状态、竞技运动以及各种反映运动素质的相关概念等。例如，竞技能力的定义一直以来都是运动训练学中争论的焦点之一。1986年版的《运动训练学》中对"竞技能力"的定义是"运动员有效地参加训练和比赛所具备的本领，是运动员体能、技能、智能和心理能力的综合"。1990年版的体院通用教材《运动训练学》以及1992年版的《教练员训练指南》都沿用了这一定义。但一些学者也对此提出了不同见解，如张洪潭（1999）质疑，有效地参加是能力，那么低效地参加算不算数？极性词进入定义项，概念的外延就会被无理割让，而"训练本领"与"比赛本领"并不类同，定义时本应避免无端扩大其涵盖范畴。在此基础上，张洪潭教授认为，竞技能力是运动员在先天因素基础上及后天因素作用下通过专门训练而具备的参赛夺标的主观条件。郑念军（2001）则指出，竞技能力是相互区别、相互作用的身体形态、素质、技能、战术等组成要素有机地联系在一起，为实现竞技状态转移而表现出一定训练和参赛能力的有机体。对其他概念的研究还包括如蔡睿

(2002)、熊焰（2002）、徐本力（1999）、叶羽（2001）、刘建和等人（2007）对竞技状态、竞技表现，以及郭可雷（2010）、钟秉枢等人（2005）对竞技实力概念的探讨，等等。

此外，高原训练、体能训练以及运动训练过程中人文价值的关怀等也是我国运动训练理论的主要探讨问题。例如，虞轶群等人（2011）对高原训练思想的变迁与展望进行了研究，指出高原训练已经从最初的高住高训的单一模式发展到现在的包括高住低练、低住高练、高住高练低训等多种形式；谢谦梅（2011）从心率、心电图、左心室功能、右心室功能和心脏内分泌功能等方面就高原训练对心脏功能的影响进行了研究；胡杨（2005）根据运动员的不同训练目的、专项特点等指出综合使用多种高原训练模式是当今高原训练的发展趋势。近年来，我国体能训练，包括功能性体能训练引起学界极大的兴趣和关注，从其具体表现来看，包括竞技体育"本土化、多元化"齐推进，儿童青少年领域呈现刚刚起步、空间巨大，老年康复领域需求旺盛、基础薄弱，以及特殊人群虽有开展、水平有限等特征（高炳宏，2019）。关涉运动训练人文关怀的，如宋继新（2002）提出要通过科技与人文融合的竞技体育以培养高水平运动员；李跃进（2003）指出要关注运动训练过程中运动员的人文素养；周庆生（2005）通过分析退役运动员现状，强调要从无情退役到有情安置，实现对退役运动员的人文关怀；万炳军（2012）从技术哲学视域提出运动员绿色训练理念；等等。

（四）运动训练理论研究的中国流

我国运动训练学研究虽然起步稍晚，但在以过家兴、田麦久、徐本力等为代表的学者们的努力下，通过吸收与借鉴，迅速构建了较为完整的训练学理论体系，涌现出了一批世界领先的高质量研究成果。这些优秀成果是中国特色的运动训练理论的精华和代表，通常也被称为运动训练理论研究中的中国流，主要体现如下。

1. 项群训练理论的确立

自运动训练学创立以来，德国、俄罗斯等国家便一直延承着一般训练学和专项训练学两个层次的理论研究体系。随着运动训练实践的发展，这一体系的缺陷与不足日益明显。专项训练学受到视野的局限而难脱狭窄并难以深化和提高的窘境，一般训练学在力求概括适宜于所有项目的共同规律时遇到了来自专项训练的巨大挑战。

我国学者敏锐地察觉到这一体系中两个层次之间的断裂现象。1983年,田麦久、刘筱英率先探究了竞技运动项目的分类问题,对不同运动项目群的训练规律进行了深入的探讨。1990年,田麦久等人在《体育科学》上发表《项群训练理论及其应用》一文,以对竞技运动项目的科学分类为基础,提出和建立了"项群训练理论",丰富了运动训练理论体系。之后,项群训练理论在我国也产生了广泛应用。

2. 竞技能力结构模型的多维探讨

当前,我国运动训练学中,表达竞技能力结构的代表性理论有木桶理论、竞技能力非衡补偿理论以及竞技能力时空变化理论。1984年,田麦久发表《试论竞技能力决定因素之分析》一文,而后进一步阐述了优秀运动员竞技能力结构模型理论。该理论是依据运动员竞技能力各组成要素之间相互联系、相互作用方式的具体特性与功能建立的反映竞技能力构成共性的模型,是对运动员竞技能力结构的概括、归纳和抽象。由于木桶理论形象地说明了这一问题,该理论也被普遍认为是运动训练学中的木桶理论。在优秀运动员竞技能力结构模型理论(木桶理论)的基础上,刘大庆(2000)将竞技能力理论研究的触角集中于对运动员竞技能力个体表现特征的研究,提出了"运动员竞技能力非衡结构补偿理论"。该理论的创新价值主要体现在它是在竞技能力理论研究集中关注优秀运动员群体特征的背景下,选择个体竞技能力结构特征进行研究,从而归纳出这一理论,后也被称为积木模型,并与木桶理论一起,被称为运动训练理论的"双子模型"。之后,张英波(2000)又借鉴哲学中的时空概念,将运动训练过程中的具有时空特征的内容纳入竞技能力发展体系,研究了人体在特定的时空区间竞技能力状态转移的有序发展过程,提出了体能主导类快速力量性项群运动员竞技能力状态转移的时空协同理论,为提高运动员竞技能力状态转移的质量和效果提供了极佳的理论思路。

除上述影响广泛的三个理论外,合金理论、胶泥理论、皮球理论、齿轮箱理论、蜂巢理论等理论的提出,丰富了我国竞技能力结构模型的研究。

3. 一元训练理论的争论

作为我国运动训练学的重要研究者,茅鹏(2003)针对二元训练理论提出了一元训练理论。该理论认为,从系统论的角度出发,运动能力本身就是一个整体概念。

从结构上看，竞技能力包括体能、技能、战能、心能及运动智能。不存在没有技术形式的体能发展，技术与体能就像形式与内容一样，在客观现实中是无法分离的，如果分离，只能在概念的指向中，为了思考的需要，人为地予以分离。这一理论的提出，对于运动训练理论与实践均有一定的建设性意义，为推动运动训练学的发展起到了一定的促进作用。

4. "三从一大"训练原则的提出

20世纪60年代初，为了适应当时国内外形势的需要，中央军委提出从实战需要出发，从难从严练兵方针和原则，要求全军部队进行训练改革和实践探索，并从1961年开始全军推广郭兴福教学法，到1964年掀起了全军大比武的热潮。2002年，李德生将军回忆说，当年郭兴福教学法、大比武的精神实质，就是坚持从严、从难、从实战需要出发，把兵练硬、练强，切实提高部队战斗力。正是在20世纪60年代中期，日本女排在有魔鬼之称的大松博文教练率领下异军突起，周恩来总理亲临现场观看后指出，他那种精神和我们提出的"三从"是一致的。在全面总结我国已有训练经验的基础上，借鉴大松博文的训练精华，学习郭兴福教学法，我国体育界提出了至今仍具有指导意义的"三从一大"训练原则。在这一原则指导下，我国竞技体育的多个项目均取得了优异成绩（李德生，2006）。"三从一大"训练原则是具有中国特色的指导运动训练的基本原则，是我国竞技体育多年训练探索的经验概括和理论升华。在遵从这个原则后，我国各运动项目从20世纪60年中后期开始有了质的飞跃。

（五）运动训练学教材及相关著作的出版

运动训练学相关教材及著作出版情况也可在一定程度上反映我国运动训练学学科发展状态。当前，我国形成了较为完备的运动训练学教材及相关著作体系。

通过相关检索工具，以"运动训练学"为书名进行检索，共检索到70多本图书，按照引用量，排在前十位的分别为田麦久主编的2000年版体育院校通用教材《运动训练学》、田麦久主编的2006年版《运动训练学》、过家兴主编的1986年版《运动训练学》、马冬梅编著的2005年版《运动训练学基础》、体育院校成人教育协作组教材编写组编制的1999年版《运动训练学》、全国体育学院教材委员会审定的

1990年版《运动训练学》、过家兴等人编著的1991年版《运动训练学》、徐本力等主编的2011年版《运动训练学》、杨桦主编的2006年版《运动训练学》，以及田麦久、刘大庆主编的2012年版《运动训练学》、田麦久主编的2017年版《运动训练学》。此外，伴随着我国项群训练理论的提出，与之相关的专著也得以出版，如《项群训练理论》（1998）、《项群训练理论的创立与发展》（2013）、《难美项群训练理论研究文集》（2017）及《项群训练理论研究的深化与拓展》（2019）等均是相关主题的体现。

从各专项发展来看，相关著作更是不计其数。如杨军、丹娟主编的《中国田径运动发展研究》、罗玲著的《上海市田径运动员基础运动能力特征研究》、孟刚著的《田径》、王振涛著的《篮球教学理论与应用研究》、朱俊凯著的《足球运动员的位置体能特征及其训练研究》、华斌编著的《新编羽毛球入门与提高》、方成军主编的《现代小球运动课程教学探讨与训练研究》、杨建文主编的《排球》、周鹏著的《中美大学篮球教练员队伍管理现状》、杨劲苍主编的《软式排球教程》、孙兵著的《劈挂拳》、张富象编著的《陈式太极拳习练精要》、严红主编的《金牌教练论述竞技游泳》、温宇红编著的《游泳入门》、吴廉卿主编的《健美运动理论基础》等。

总的来看，围绕运动训练学的相关理论问题已出版了大量教材、专著，对于丰富我国运动训练学研究、提升我国运动训练学学科地位具有举足轻重之作用。

三、研究总结与反思

总的来看，国外研究对我国运动训练学的学科发展具有良好的借鉴意义，国内对运动训练学的探讨也取得了丰硕的成果，这些均为运动训练学学科体系研究提供了重要参考，但仍存在一定不足。

从国外研究来看，尽管以俄罗斯、德国为代表的欧亚派国家较为关注理论构建，但从学科体系视角来看，研究还较为鲜少；以美国、澳大利亚为代表的美澳派则更突出实践性，研究范式体现出较强的自然科学属性，较少涉及学科发展的宏观构建。从国内相关研究来看，其更多集中于具体理论的探讨，运动训练学更多作为教材或相对封闭的理论体系来建设，对于学科发展的其他元素则较少涉及；仅就理论研究来看，也还存在诸多分歧，有待进一步厘清。近年来在以美国为主的国家影响下，研究的实证性也逐渐受到更多关注，在某种程度上弱化了运动训练学学科的人文与社会科学性质。这些均值得引起我们的反思，同时也为运动训练学学科体系研究提供了广泛的研究空间。

第二节　运动训练学的研究范式

一、运动训练学研究范式的概念界定

运动训练学研究范式是深入理解运动训练学发展脉络的关键。那么，什么是运动训练学研究范式呢？这需要从什么是范式谈起。1962年，美国著名科学哲学家托马斯·库恩（Thomas S. Kuhn）在《科学革命的结构》一书中，提出了"范式"（paradigm）概念，并以范式的演化来阐释了人类科学发展的一般模式。库恩认为，"范式"是从事某一学科研究的科学家群体成员所共有的在本体论、认识论、方法论上的共有态度和行为方式，它构成一定时期内学科活动的基础。"范式"也是特定时期内从事某一学科研究的科学家所公认的"理论模型"或"研究框架"，以及科学团体承诺的集合和特定学科基质（disciplinary matrix）（库恩，2003）。具体而言，库恩的"范式"概念可以归纳为以下内容：（1）范式是一种全新的理解系统，即有关对象的本体论、认识论、方法论、本质与规律的解释系统；（2）范式是一种公共的理论模型，即范式是一个学术共同体学术活动的大平台、论坛、舞台；（3）范式是一种全新的理论框架，即构成该学术群体公认的研究基础及范围、概念系统、基本范畴和核心框架；（4）范式是一种方法论和一套新颖的基本方法与理念；（5）范式表征一种学术传统和学术形象，标志着一门学科成为独立学科的"必要条件"或"成熟标志"等含义（杨杰，2005）。那么，将范式的概念引入运动训练学理论是全面审视运动训练学发展的需要，范式理论是规范、指导未来运动训练学科建设的重要理论，是解释、预言和指导各种运动训练实践的依据（金成平 等，2016）。基于此，运动训练学范式研究需要厘清运动训练学科学共同体研究系列问题时所遵循的基准、规范、边界的思考方式、研究路径、诠释方式或达成共识的专业认识和话语体系。

因此，可以说运动训练学研究范式就是运动训练实践与理论观察者分析运动训练学科发展的模型或参考框架，正如唐晓辉等人（2008）指出的，"运动训练学作为一门系统的综合性学科，与其他学科一样，它的每一次演进，都在昭示着一种新的价值取向、行为方式等的诞生，昭示着新思想观念与旧观念之间的转换。而将范式的概念引入运动训练学理论的研究，是全面审视运动训练学发展的需要，对规范、指导未来学科研究可提供借鉴"。在唐晓辉等人看来，运动训练学研究范式往往表现在运动训练学理论与实践之间的现象阐释，与其他学科发展一样，运动训练学范式也在不断随着学科发展不断地转换，以符合当下运动训练科学化发展。

二、运动训练学科学范式的确立

科学与运动训练的联姻始于19世纪90年代，主要是欧美业余田径界开始尝试采用科学的方法对运动训练规律进行探索，关心或探究竞技运动过程中揭示支配人体功能的自然规律现象的科学家也参与其中（Waddington, 1996）。纵观体育科学中的众多学科起源（表1-2-1），几乎都能够找到母体学科，并且它们依托母体学科不断地发展，最终形成子体学科——体育科学学科，尤其是在经典的理论支撑下，表现出各体育学科与母体学科之间发展的延续性，其发展到一定阶段始终是与人分不开的。唯独运动训练学科没有找到母体学科，但又集其他体育学科之大成（图1-2-1），在不断借鉴与交流中发展，形成了一门以运动训练规律和行为为研究对象，具有独立、完整理论体系的体育专业学科，同时，不同训练理论（周期理论、分期理论等）的创立对训练学科学体系的建设起到了里程碑的作用。同样，这也标志着体育科学各学科知识向运动训练学全面转化的初步实现，标志着现代运动训练科学范式的建立。

表1-2-1　子体学科（体育科学）与母体学科之间的关系一览表

母体学科	子体学科（体育科学学科）	主要内容（核心观点）
解剖学	运动解剖学	（1）母体学科：1543年维萨里的《人体的构造》出版。在这本著作中，他遵循解剖的顺序描述人体的骨骼、肌肉、血管和神经的自然形态和分布等。《人体的构造》的出版，

续 表

母体学科	子体学科（体育科学学科）	主要内容（核心观点）
		意味着近代人体解剖学的诞生。1628年哈维（1578—1657）开创的活体解剖的成果——《心血运动论》出版；1651年《动物的生殖》出版，标志解剖学走向科学。加尔（1758—1828）通过解剖，揭示了大脑的真正结构。 (2) 子体学科：19世纪末，俄国的列斯加夫特作为学科创始人之一，首先将运动和解剖学结合起来。
生理学	运动生理学	(1) 母体学科：1757年，哈勒（1708—1777）的《生理学纲要》出版，是"现代生理学和过去的分界线"。19世纪初德国的弥勒在《生理学概论》中研究了感觉与刺激的关系。20世纪初，俄国的巴甫洛夫在笛卡尔反射学说的基础上创立了高级神经活动学说，于1904年获得了诺贝尔奖。艾奥特克（Ioteyko, 1904）提出局部疲劳是感觉机构（为肌梭）受化学产物刺激的结果。弗莱彻（W. Fletcher, et al., 1907）等人注意到肌肉活动与乳酸生成间存在着密切关系，使希尔（A. V. Hill）因其能量代谢的发现于1921年获诺贝尔奖。1927—1947年，被称为国际运动生理学领域"麦加圣地"的美国哈佛疲劳实验室一系列经典研究成果的取得，大大加深了人类对运动的生理学机理的认识。 (2) 子体学科：19世纪末，意大利的莫索首先提出人体肌肉收缩理论，并推出肌功能描记器。法国的拉格郎热出版了《人体运动生理学》。
生物力学	运动生物力学	(1) 母体学科：哈维根据流体力学原理推断血液循环的存在，并由于马尔皮基于1661年发现蛙肺微血管而得到证实。弗兰克提出了心脏的流体力学理论。施塔林提出了物质透过膜的传输定律。克罗格由于对微循环力学的贡献，希尔由于对肌肉力学的贡献而先后（1920年、1922年）获诺贝尔生理学或医学奖。 (2) 子体学科：17世纪意大利的阿博·雷利因著《论动物运动》一书，他被誉为"运动系统现代生物力学之父"。20世纪初俄国的列斯加夫特作出了特殊贡献。
生物化学	运动生物化学	(1) 母体学科：1826年韦勒合成尿素。1878年库恩提出"酶"的概念。1887年费舍合成果糖与葡萄糖。1888年"碳氮循环"机理被赫尔利格尔（Hellriegel）、威尔法拉斯（Wilfarath）确立。1902年贝利斯（Bayliss）和斯塔林（Starling）发现了激素的作用。1922年班廷（Banting）和贝斯特（Best）从羊身上提取出胰岛素。

续 表

母体学科	子体学科 (体育科学学科)	主要内容 （核心观点）
		（2）子体学科：始于20世纪初，1907年英国的弗莱彻和霍普金对青蛙缝匠肌收缩产生乳酸的研究，是肌肉运动代谢研究的起点。1955年苏联学者科夫列夫出版的《运动生物化学概论》是本学科第一本专著。
心理学	运动心理学	（1）母体学科：现代实验心理学创始人为德国莱比锡的韦伯（1795—1878），主要贡献为对感觉极限的研究。贝内克于1833年发表《自然科学的心理学》。费希纳于1860年首次使用"心理物理学"一词。冯特测量了人对时间的感觉。19世纪后期，卡巴尼斯倡导同研究其他器官一样来研究大脑的功能。 （2）子体学科：1898年美国的特里普里特发表的《领骑与竞赛的动力发生因素》，被认为是最早的运动心理学研究。1925—1932年，美国人格里菲斯建立了世界上第一个运动研究所，设立了运动心理实验室，出版了《竞技心理学》。
人体测量学	体育测量评价	（1）母体学科：赫胥黎（1825—1895）对人类头骨进行测量的经典研究，是精确度量人体特点的开始。19世纪晚期，人体测量数据往往被社会科学家们主观地加以应用，试图支持那些把人种同文化和智能发展水平联系起来的说法。 （2）子体学科：1861年美国的爱德华·希契科克第一个把测量引入体育研究。1964年成立国际体力测定标准化委员会。
医学	运动医学	（1）母体学科：法国的克洛德·贝尔纳（1813—1878）于1865年出版的《实验医学研究导论》确立了医学研究的科学范式。他的研究发现了肝脏产糖功能和血管运动神经、糖尿病的机理、箭毒能麻痹骨骼肌的作用机制、胰脏能分解中性脂肪功能等。 （2）子体学科：1924年成立运动医学联盟，创办运动医学杂志。1928年国际运动医学联合会成立，简称FIMS。第一本运动医学专著出版于1933年。
社会学	体育社会学	（1）母体学科：社会学由18世纪法国的孔德首创。他试图使用一种物理学的方法来统一所有的人文学科（包括历史学、心理学和经济学），从而建立经得起科学规则考验的学科。最初他用"社会物理学"来称呼这个新的学科。1892年芝加哥大学的艾比安·斯摩尔创立了《美国社会学学报》。1895年法国波尔多大学成立了欧洲第一个社会学学院。1919年马克斯·韦伯在慕尼黑大学成立第一个社会学学部。第一次关于社会学的国际合作发生于1893年，当时勒内·沃尔姆斯成立"社会学国际小学院"，最后与创立于1949年的国际社会学家协会合并。

续　表

母体学科	子体学科 （体育科学学科）	主要内容 （核心观点）
		（2）子体学科：1921年法国社会学家里塞出版了《运动社会学》；1937年美国社会学家罗德出版了《体育社会学》。1964年成立国际体育社会学委员会。
哲学	体育哲学	（1）母体学科：达尔文的进化理论确立后，在哲学上唯物主义学派与唯心主义学派的论战中，唯物机械论哲学再度占据上风。 （2）子体学科：1894年和1900年桑塔亚那和格雷夫斯出版了《看台上的哲学》、《体育哲学》。1972年成立国际性的体育哲学研究会。

（资料来源：诸葛伟民. 试论运动训练科学范式［J］. 体育科学，2009，29（07）：71-77）

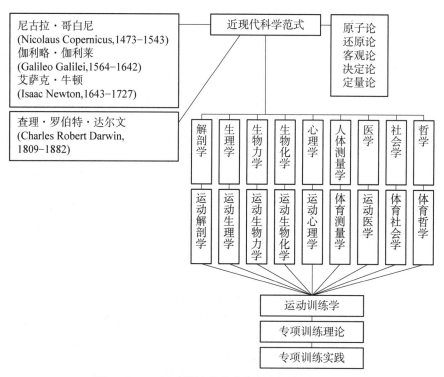

图1-2-1　运动训练学科学范式建立的逻辑结构

（资料来源：诸葛伟民. 试论运动训练科学范式［J］. 体育科学，2009，29（07）：71-77；田麦久. 运动训练学［M］. 人民体育出版社，2012.）

三、运动训练学研究范式的演进及分类

在体育科学研究中,科学范式研究可以分为:其一,科学主义研究范式,或称定量的研究范式;其二,人文主义研究范式,或称定性的研究范式;其三,实证主义研究范式;其四,实践主义研究范式。这些研究范式都是以体育科学研究为出发点,朝着不同的方向拓展体育科学研究体系。

譬如,通过梳理国外与国内运动训练学相关理论及研究范式(表 1-2-2、表 1-2-3)可知,单项训练理论研究始终领先于运动训练学理论研究,单项运动训练研究范式可作为运动训练学理论研究范式形成过程中的典型,运动训练学研究范式更是学科体系中庞大的系统,是在不断的演变、更替、补充与发展过程中催生的具有学科共性的成果。那么,运动训练学属于体育科学研究中的一部分,同样表现出范式的更替与嬗变特征,即表现出一种在科学主义、人文主义、实践主义、实证主义之间关系的价值取向、行为方式等的转换,这种转换其实是学科发展中一场范式的转换。这种范式的转换标志着运动训练学学科的成熟走向,也是运动训练学理论范式研究不断转换的过程(图 1-2-2)。

表 1-2-2 国外运动训练学相关理论及研究范式梳理一览表

代表性人物	时间	属性(类型)	代表性著作	主要内容/核心观点
(德)格罗斯米勒	1885 年	实践主义	《田径运动》	英、美、德等欧美国家开始根据实践要求展开训练理论的初步探讨
(德)克鲁梅尔	1930 年	实践主义	《运动员手册》	首次将组织学、生理学、医学、体质理论等知识综合一起编写运动员训练理论,标志着专项训练学的诞生
(瑞典)胡梅尔	1937 年	实践主义	《越野跑训练计划》	越野跑训练过程中总结经验,即在长距离训练法的基础上提出"法特莱克"训练法
(德)哈雷	1957 年	实践主义	《一般训练和竞赛学导论》	第一本训练学专著出版,标志着训练学从此成为一门以运动训练规律和行为为研究对象,具有独立而完整体系的理论学科

续表

代表性人物	时间	属性（类型）	代表性著作	主要内容/核心观点
（奥地利）珀考泊 （奥地利）罗斯奈尔	1959年、1960年	实践主义 实验主义	《体育中的成就》	借鉴国外训练学相关经验基础之上，结合本国实际展开运动训练实验，形成本土化经验
（苏）斯·甫·卡列金 （苏）甫·姆·吉雅契科夫	20世纪50年代	科学主义 实践主义 实证主义	《运动训练问题（运动员的身体训练）》	提出体育运动训练中的重要问题之一，即运动员的全面身体训练和提高基本身体素质（速度、力量、耐力）的综合训练问题，并借鉴其他科学学科经验，邀请生理学、心理学、生物力学等专家参与运动训练实验研究
（苏）马特维耶夫	20世纪60年代	实践主义	《运动训练原则》	提出"训练周期"理论。将运动员一年的训练划分为准备期、比赛期和恢复期，为各个时期制订了不同的训练目标和任务，并以负荷量与强度、一般与专项训练为"杠杆"调节和控制训练
（德）海廷戈尔	20世纪60年代	实践主义 实证主义	—	对竞技运动的力量训练进行了大量的实验，重点研究了"等长力量训练""力量的增长和退化"
（德）莱恩戴尔	20世纪60年代	实践主义 实证主义	—	对"间歇训练法"进行系统研究，从生理机制方面证明间歇训练方法可以有效提高运动员的心血管系统功能，推动周期性耐力项目，即中长距离跑项目的训练水平
（德）马丁	20世纪70年代	实践主义	《训练学基础》	出版联邦德国第一部训练学专著，对运动训练的经验和理论进行归纳、总结、提炼，标志着训练学学科的正式建立
（苏）弗·纳·普拉托诺夫	20世纪80年代	实践主义 实证主义	《现代运动训练》	在借鉴国内外专家的实验成果、准备和参加周期性运动项目高等级运动员的比赛经验基础上，开展科学和实践研究，提出系统训练理论

续 表

代表性人物	时间	属性（类型）	代表性著作	主要内容/核心观点
（苏）波伊库 （苏）维尔霍山斯基	20世纪80年代	实践主义 实证主义	—	对马氏训练理论进行质疑，提出新的"单元/板块"训练模式和"负荷跳跃式转变"理论
（苏）维尔霍山斯基	1992年、1995年	科学主义 实证主义 实践主义	《周期训练项目的新训练体系》 《非周期运动项目的新训练体系》	运用多学科微观和量化的研究成果解释或论证训练的某一观点或规律，同时给与相应的运用实例，将运动训练理论扎根训练实践，提高运动训练的科学性
（德）马丁	1993年		《训练学手册》	
（德）施纳伯 （德）哈雷 （德）博尔德	1997年	科学主义 实证主义	《训练学》	提出以"训练科学"取代"训练学"，主张训练学应分为"运动能力""运动训练"和"运动竞赛"三大内容，同时还强调对现有训练学中的经验成分进行科学验证，使其上升为科学的训练理论
（美）威廉·J.鲍尔曼	1999年	科学主义 实践主义	《高强度田径训练》	提出科学训练原则，针对不同项目采用科学训练方法和手段，制订、规划专项性训练计划，提高训练效率
（美）福伦	2005年	实践主义 实证主义	《高水平竞技的体能训练》	重点研究运动员体能训练的关键要素和体能基础知识、体能测试方法，以及功能性训练的理念、训练计划的有效设计，并讨论专项运动特点与基本运动能力相结合的竞技能力培养训练计划
（美）图德·O.邦帕 （美）卡洛·A.布齐凯利	2019年	科学主义 实证主义	《周期训练理论与方法（第六版）》	针对竞技层面运动员制定专项年度计划，对训练课、小周期、大周期进行综合性更新和改进；采取科学手段控制负荷、专项力量转化等，最大限度提升专项做功效率；提出"训练理论"和"周期化"运用的新理念

表1-2-3 国内运动训练学相关理论及研究范式梳理一览表

代表性人物	时间	属性（类型）	代表性著作	主要内容/核心观点
徐傅霖	1909年	实践主义	《体操上之生理》	中国体操教材编写第一人，引进与借鉴国外流行的身体训练理论，其内容涉及解剖、生理、竞技运动等内容，也较为全面地介绍了体操运动训练、身体运动训练等实践的种类、方式与方法
	1913年		《共和国教科书高小教员用·新体操》	
	1914年		《共和国教科书·普通体操》	
	1917年		《新制体操教本》	
丁潜庵	1930年	实践主义	《运动》	主要讲述竞赛运动员训练、赛跑的姿势与方法，并介绍远东运动会和中国运动会的日程、设施、规则等
过家兴	1986年	科学主义 实践主义	《运动训练学》	用以现代科技为基础发展起来的社会、教育、自然等多门相关学科的理论和现代体育科技知识指导训练实践
田麦久	1988年	科学主义 实践主义 实证主义	《论运动训练过程》	对训练过程中各个环节的设计和控制进行科学论证；提出运动训练科学化水平提升的若干建议；提出运动训练学"项群训练理论"；进一步细化竞技体育与运动训练、项群训练理论、运动成绩与竞技能力等；补充体育专业体育教师教学所必需的素质，还涉及学生习得的各项技能、技术的方式和方法
	1988年		《运动训练科学化探索》	
	1998年		《项群训练理论》	
	1999年		《论运动训练计划》	
	2000年		《运动训练学》	
	2006年		《运动训练学导论》	
	2012年		《运动训练学（第二版）》	
徐本力	1990年	人文主义 实践主义	《运动训练学》	提出以理论指导训练实践，同时兼顾运动训练过程中运动员的体能、技能、战术能力、智能、心理能力和思想作风能力的综合培养

续 表

代表性人物	时间	属性（类型）	代表性著作	主要内容/核心观点
王永盛	1994 年	实践主义	《现代运动训练》	着重论述20世纪80年代后期以来国外运动训练学科上的发展和先进理论，以及经运动实践证明是行之有效的指导理论和先进训练方法
茅鹏	1994 年	人文主义	《运动训练新思路》	提出相对"二元训练理论"的"一元训练理论"，该理论强调"技术"和"体能"本是"一元"的，不存在没有体能内容的动作技术，不存在没有技术形式的体能方法；技术与体能，就像形式与内容一样，在客观现实中是无法分离的（只能在概念的指向中，为了思考的需要，人为地予以分离）
李志勇	2002 年	实践主义	《运动训练学》	在运动训练基本理论与实践中加入了教练员及运动训练过程中的思想政治教育内容
李宗浩	2002 年	实践主义	《运动训练学》	对运动训练中机体的适应性过程，以及其结构、组织与控制展开实践
张洪潭	2004 年	人文主义	《体育基本理论研究》	提出"技术健身教学论"，同时强调运动训练中的运动训练基本理论建设的重要性，即运动训练基本理论应包括体育本质、训练思路、基本概念、项群思想、原理体系、运动素质、竞争方略、技能形成、战能培养、奥运信念等十大环节，并提出竞技能力是运动员在先天因素基础上及后天因素作用下通过专门训练而积聚的参赛夺标的主观条件
胡亦海	2005 年	科学主义 实证主义 实践主义	《竞技运动训练理论与方法》	进行运动训练理论体系的多元比较，探讨运动训练原理的科学基础、训练过程结构的相互关系、竞技能力因素的科学发

续 表

代表性人物	时间	属性（类型）	代表性著作	主要内容/核心观点
				展、监控等，认为竞技能力由体能、技能、战术能力、心智能力构成
陈小平	2005 年	科学主义 实证主义 实践主义	《当代运动训练热点问题研究》	结合实践与实证对国内外训练理论展开广泛争论与探索，采用科学的方法解决运动训练中的实际问题
孙有平	2013 年	科学主义 实证主义 实践主义	《运动训练实践问题探索》	对比国内外运动训练学基本理论、概念、类型、特征等，并对运动训练中涉及的运动负荷、专项特征、专项能力、竞技能力、体能、专项力量、专项速度等关键性问题深入展开理论联系实践的探讨，提出运动训练学中"练什么、怎么练、练多少、练得怎么样"的科学实证范式
肖涛	2016 年	实践主义	《运动训练学》	将运动训练学分为理论与实践两个部分，强调运动训练是运动员在教练员指导下，有组织、计划的活动过程，其目的是提高训练水平，为取得优异的运动成绩奠定基础

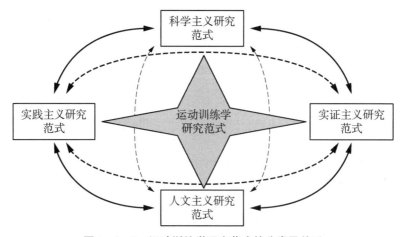

图 1-2-2 运动训练学研究范式的分类及关系

四、对我国运动训练学研究范式构建的思考

我国运动训练学是在吸收与借鉴的基础上发展起来的,自建立之初便带有了一定的附庸属性,这种附庸性来自学科内部,即国外训练学知识的引入与吸收,以及来自学科之间的不同学科知识的借鉴(董德龙和杨斌,2015)。具体表现在运动训练学理论与实践两条路线呈明显的割裂状态,在理论上体现出以"描述性研究"为主体;在实践上呈现的是以"经验总结"为特点,即"实验性研究";在理论与实践协同方面表现的是"诠释性研究"。同时,在我国运动训练学理论研究中,运动训练学专题的实验性研究还比较少,而大量都是回顾性的研究或文献性的研究。实证性或实验性在我国运动训练理论研究中一直是一块短板,训练实践中诸多训练手段的盲目使用就是这一问题的最佳佐证。譬如,适合美澳运动员的训练理论不一定适合我国运动员的训练。以美国为代表,其典型的训练特点是强化快速力量(Gray,1997;Willianm et al.,2007)。因此,可以考虑以加强"实验性研究范式"为枢纽,在不同发展阶段过程中构建从"描述性研究范式"到"实验性研究范式",再从"实验性研究范式"到"诠释性研究范式"的一体化循环运动训练学研究范式(图1-2-3)。

图1-2-3 运动训练学研究范式的阶段

从发展历程上来看,我国运动训练学秉承了民主德国、苏联等国家的训练学理论,并在此基础上突显了宏观训练理论体系的关注,而缺乏以美澳实用为特点的训练学研究。而由于竞技体育的飞速发展,运动训练实践中涌现出的新问题亟待解决,同时也反映出原运动训练学理论在回归与指导训练实践上的不完善。基于此,需要结合运动训练学研究的层次结构(图1-2-4)与内容结构(图1-2-5),考虑运动训练学研究范式的构建,既兼顾宏观训练理论体系,又能够体现运动训练效果的实用性。

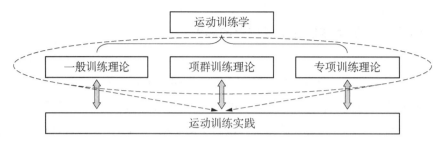

图 1-2-4　运动训练学研究的层次结构

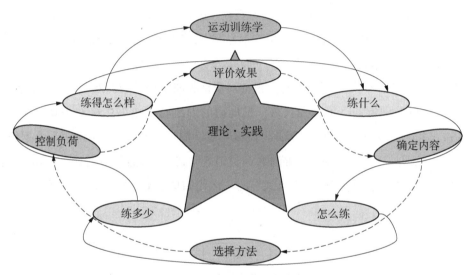

图 1-2-5　运动训练学研究的内容结构

思考题

1. 四种不同的研究范式有什么区别？
2. 各种研究范式的研究方法分别有哪些？
3. 运动训练学研究应采用哪种研究范式？

第二章 运动训练的基本理论与实践

学习目标：
- 明晰竞技能力的定义、结构及其相关研究进展
- 理解专项特征的概念、构成、确定依据及发展趋势
- 了解一元训练理论的本质及与二元训练理论的区别
- 领悟体能、技能、战能和心能训练的研究进展与趋势

从竞技体育角度来说，运动训练是"提高和保持运动成绩的一切措施的总和"，它是指以教练员、运动员为主体，在各方面人员的参与下，为全面提高运动员竞技能力和专项运动成绩而专门组织的各种有准备的活动的全过程。其目的就是要通过长期系统训练，提高运动员的竞技能力和竞技表现水平，以便在比赛中创造出优异的运动成绩。因此，探讨运动员竞技能力的理论和实践问题一直是运动训练学界研究的热点。

运动员竞技能力训练中，"体能"与"技术（能）"是极其重要的两个子能力，对这两种子能力的训练存在两种不同的声音，进而形成两种不同的理论，即"一元训练理论"和"二元训练理论"。"一元训练理论"认为，"技术"和"体能"本是"一元"的，不存在没有体能内容的动作技术，不存在没有技术形式的体能发展。"技术"与"体能"，就像形式与内容一样，在客观现实中是无法分离的。"二元训练理论"则把"体能（身体素质）"与"技术"作为两个"元因素"。正确认识体能与技术之间的关系，对早期训练专项化以及体能与技术训练尤为重要。

专项特征是指对专项运动成绩具有重要支撑作用，对专项训练具有直接指导作用的环节、过程和因素，是区别不同运动项目之间异同的主要标志。不同运动项目具有不同的专项特征，现代运动训练实践正是以这些特征作为训练的重要前提和依

据。因此，探讨运动项目的专项特征，对于科学指导训练有着极为重要的意义。

第一节 竞技能力相关理论研究

如前所述，竞技能力一直都是运动训练学研究的热点和重点问题，运动训练学首先要解决的便是"练什么"的问题，竞技能力的相关研究正是对该问题的回答，围绕该问题，目前研究主要集中于竞技能力概念、竞技能力结构等方面。本节将就以上问题展开梳理，解析当前研究需要注意的问题，并为今后的研究提供可资借鉴的思路。

一、竞技能力的定义

20世纪后半期至今，各类体育项目国际竞技水平的高度专业化及职业化趋势，使得围绕竞技能力展开的运动训练研究备受关注。在定义建构层面，过家兴（1986）、田麦久（1988，2020）、徐本力（1990）、张洪潭（1999）、郑念军（2001）、郭可雷（2010）等学者各抒己见，进行了深入探讨，其丰富的研究成果为我国运动员选材、训练及竞赛的开展指明了方向，但相关认识仍稍显迂阔。相比之下，围绕国外竞技能力研究进行系统梳理的文献却较为匮乏，而我国竞技能力定义构建在很大程度上承袭着苏、德、日一派的脉络，对相关研究的溯源及提炼归纳可为我国学界统观国外运动训练核心概念提供一个立体视域，具有不容忽视的价值。本研究旨在从逻辑思辨和学理审视的角度，一方面立足功能论、目的论及本质论对国内学者关于竞技能力的定义进行评述；另一方面在探寻并总结国外（尤其是苏、德、日）竞技能力定义研究的基础上，探索相关内涵的国际差异，为我国运动训练学界进一步发展并完善竞技能力定义研究提供多元参考。

（一）国内有关竞技能力定义的研究

定义反映着主体对事物本质及其形成、变化和发展的整体认识，它既是学科研究的前提也是指导实践的标识。随着1983年中国体育科学学会运动训练学学会组编写的我国第一本《运动训练学》的出版，我国运动训练学理论进入了系统研究阶段，其中包括关于运动训练学核心概念之一的"竞技能力"的定义研究（表2-1-1）。本研究将从功能论、目的论及本质论三方面探讨国内"竞技能力"的不同定义。

表2-1-1 国内学者对"竞技能力"的定义

时间	提出者	定义
1986	过家兴（A）	"竞技能力"是运动员有效地参加训练和比赛所具备的本领
1988	田麦久（B）	"竞技能力"是运动员参加训练和比赛所具备的能力
1990	徐本力（C）	"竞技能力"是运动员为在比赛中取得优异运动成绩所必须具有的运动能力
1999	张洪潭（D）	"竞技能力"是运动员在先天因素基础上及后天因素作用下通过专门训练而具备的参赛夺标的主观条件
2000	田麦久（E）	"竞技能力"是运动员的参赛能力
2001	郑念军（F）	"竞技能力"是相互区别、相互作用的身体形态、机能、素质、技术、战术等组成要素有机地联系在一起，为实现竞技状态转移而表现出一定训练和参赛能力的有机体
2010	郭可雷（G）	"竞技能力"是运动员参加训练和比赛所具有的运动能力

1. 功能论视角

功能论视角主要是指上述有关竞技能力的定义是以被定义项（即"竞技能力"）特有的功能和作用为种差进行定义探讨的。从中可以发现相关定义中竞技能力的功能无法定位，这体现在：首先，功能的纳入、包容度过广或过窄，前者体现在定义A、C、G中，竞技能力的功能在于使"运动员参加训练和比赛"，而"参加训练"是否可被归于竞技能力的功能值得商榷。从逻辑学定义的规则来看，定义项的外延与被定义项的外延必须是全同关系。被定义项"竞技能力"的外延是"竞技"的外延，只包括比赛，并不包括训练。相关疑思在于，具备较强训练能力却无法将其发挥于比赛中的运动员（队）是否具备竞技能力？在"参加训练的能力"尚未转化为"参加比赛的能力"前，其更适于指向"竞技潜力"而非"竞技能力"，或其更适于作为实现"竞技能力"的基础、途径、手段和过程而非实在性功能。相反，后者体现在定义 D 中，竞技能力的功能在于"参赛夺标"，参赛夺标是运动训练的最优结果，但是这种结果不是总能实现，如参赛不能夺标的"主观条件"就不是竞技能力了吗？某次夺标成功但在下一次夺标中失败的运动员是否就不具备竞技能力了？该悖论的根本症结在于相关理想化表述应作为发展竞技能力的目的而非竞技能力的功能。其次，功能的表述过于主观化，如在定义 A 中，竞技能力的功能在于使运动员"有效地"参加训练和比赛，而对于如何界定"有效""低效"参加是否能算作具备竞技能力等问题却缺乏解释。"有效地"作为一个无法准确界定的词语，其与定义项中不可包含含糊概念的定义规则相背离。

2. 目的论视角

目的论视角是指竞技能力定义以被定义项的目的、目标为种差，目的与功能的区分在于前者是一种应然性追求，这种追求和结果本身之间允许出现不相称，即目的可能无法实现，因此，不能以目的的不可实现性作为否定种差与被定义项之间契合度的依据；而后者是一种实然性存在，结果本身是功能能否成立的直接确证，因而根据极性词（如"夺标""有效地"）反证功能性定义是否准确是必要的，但以同样方式检验目的性定义却并不符合学理。如定义 B 的种差使部分学者质疑运动员在比赛中未取得优异运动成绩就不算具备竞技能力。但实际上，在该定义中，其种差的完整表述为"为在比赛中取得优异运动成绩"，它是对于目的而非功能的表达结构，从发展竞技能力的终极目标（即为取得优异运动成绩）定位来看，该定义并无不妥。另外，定义 F 的种差为"为实现竞技状态转移……"，此处导致其与被定义项错位亦不是在于目的是否有可实现性，而是其与"竞技"目标的明确性不符而缺乏实际意义，如训练过程中运动能力较弱的运动员并未达到足够的参赛水平，就算其运动能力在比赛中实现了对称的竞技状态转移，但结果可能仍然是不具备足够的参赛水平，因而难以称该运动员具备"竞技能力"。

3. 本质论视角

针对以被定义项的本质为属概念的竞技能力定义进行探讨，可发现的相关问题包括：首先，属概念范围过广，如定义 A、C 中的属概念为"本领"（根据《辞海》

第六版定义，"本领"意为"能力"）、"能力"，而"能力"并非"竞技能力"最邻近的属概念，其还可指向运动员参与比赛的经济能力、生活能力、学习能力等，导致定义项的外延大于被定义项的外延。而定义 F 中的属概念"有机体"则更与"竞技能力"缺乏直接的从属关系。其次，定义项直接包含被定义项，如定义 E 中认为"竞技能力"就是"运动员的参赛能力"，而其中，"竞技"即为"参赛"，这便造成了同语反复的逻辑错误。

（二）国外有关竞技能力定义的研究

由于受到唯名论、现象学与实用主义的浸染，以及现代生物科学和生命现象研究"井喷式"发展的影响，国外运动训练学者们均聚焦于"竞技能力"应用及评价研究而较少探究其本质概念，且短暂涌现于 20 世纪后期的"竞技能力"定义研究呈现出差异性（表 2-1-2）。

表 2-1-2　国外学者对"竞技能力"的定义

时间	提出者	定　义
1968 年	克努特（Knuath）	"竞技能力"是不仅限于运动行为的测定结果，……指身心的达成能力
1968 年	猪饲道夫	"竞技能力"是"体力×技术"的复合体
1988 年	斯蒂勒（Stiehler）	"竞技能力"是各运动能力的复合体
1990 年	本间	"竞技能力"是为了完成规定的比赛内容，个人或团队的达成能力
1993 年	克劳斯普（Krauspe）	"竞技能力"是为了达到竞赛中的各种要求，根据运动员现有状况而动员的复杂的整体能力
1994 年	村木	"竞技能力"是选手以及队伍为了达到最高成绩而达成的整体、综合的竞技能力
1999 年	朝冈	"竞技能力"是能够进行特定的竞技或者项目的能力

以上关于"竞技能力"的定义虽取向分散，但也可从总体视域观得国外学者对其所强调的一些共同点：（1）结构的复杂性。无论是在相对微观的运动机能及物本位层面将工具化的体力与技术进行整合，还是在相对中观的人本位层面关心躯体习得与心理习得的融合，抑或是在相对宏观的层面强调个体与团队的统筹，其均体现

了"竞技能力"是有机关联的各要素统一而成的多元体。（2）竞赛目的的服务性。从学者们对"竞技能力"的介词短语（即各定义中的前半句"为了……"的结构）的表述可知，运动员达成"竞技能力"的要旨即为了"竞技"，这不仅表明"竞技能力"是一种需要通过实践形式外在呈现的能力，若运动员的竞赛潜力、竞技状态等不能转化为可通过身体动作表征出来的实在力量，则无法被称为"竞技能力"，而且表明"竞技能力"是一种以竞赛要求为导向并极大程度影响竞技表现和竞技成绩的能力，这将以健身、娱乐、休闲为目的及作为"参与训练"基础条件的"运动能力"同"竞赛能力"区分开来。（3）特质的双重性。在上述定义中，用作修饰"能力"的定语或谓语多为"达成"一词而非"形成"或"习得"，即"竞技能力"并非只需通过内在产生及发展或外在吸收与获得便可具备，这为竞技能力的本质属性定下了先天本有和后天获得共存的意蕴基调。

但上述大部分学者的见解均存在明显的理论缺陷且违背基本的定义原则，现围绕相关定义逐条进行剖析。定义 H，"竞技能力"是"不仅限于运动行为的测定结果，……指身心的达成能力"，"身心的达成能力"的概念过于模糊且指代不明，该定义项（"身心的达成能力"）的概念认知度甚至低于被定义项（"竞技能力"），其背离了"定义项必须比被定义项更为普及"的要求。并且"身心的达成能力"的范围涵盖过广，如运动能力乃至部分日常实践性事务所需的能力皆可被囊括，这便造成定义项外延大于被定义项外延而使两者无法构成全同关系的情况。定义 L，"为了完成规定的比赛内容，个人或团队的达成能力"，"团队"由"个人"组成而使前者包含后者，因此造成了主语重复的错误。定义 M，"选手以及队伍为了达到最高成绩而达成的整体、综合的竞技能力"，"选手以及队伍"同样出现了主语重复的错误，且其介词短语"为了达到最高成绩"定义过窄，选手竞技目标可表现为取得特定名次或战胜特定对手，抑或创造个人最佳成绩，而并非仅限于夺冠。再者，定义项和被定义项皆为"竞技能力"，由此造成了同语反复的错误。定义 N，"能够进行特定的竞技或者项目的能力"，其定义过窄的弊病将"进行一般或非特定的竞技或者项目的能力"割离在外。定义 K，"各运动能力的复合体"，其认识误区在于将"竞技能力以运动能力为基础"等同于"竞技能力是各运动能力的简单相加"，而相关追问在于，具备不同基本水平的运动能力是否就具备了竞赛水平的竞技能力？定义 I，"体力×技术的复合体"，其理论矛盾则直接体现为将"竞技能力"的外延囿于一个不完整的构成中。

"竞技能力"定义尽管不断被赋予多样化的意涵价值却缺失明确的语体定位，这就成了迈纳尔（Meinel，1960）所说的"海绵语"。正如施纳贝尔（Schnabel，1980）所言，"'竞技能力'这个术语的意义内容的不明确，对体育科学的发展和实践的实效性而言是一个障碍"。国外学者对运动训练核心概念的关注不足和认识混沌将可能直接导致训练目标与效果的错位。

（三）本研究的观点

综上所述，本研究较为认同张洪潭关于"竞技能力"定义的部分观点，提出"竞技能力"定义为"竞技能力是运动员在先天因素基础上及后天因素作用下通过专门训练而积聚的与运动成绩的获得密切相关的主观条件"。

二、竞技能力的结构

竞技能力结构是对运动员竞技能力产生影响的各关键竞技子能力之间相互作用或影响的综合体现。依据运动员竞技能力各组成要素之间相互联系、相互作用方式的具体特征性与功能建立的反映竞技能力构成共性的模型，是对运动员竞技能力结构的概括、归纳或抽象。运动员竞技能力结构模型反映着竞技能力内部各要素之间关系的本质特征。每个运动员的竞技能力结构都有着各自不同的特点，但优秀运动员竞技能力的结构又有着许多共同的特征。建立优秀运动员竞技能力的结构模型，可以科学地概括并准确地描述这些共性特征，以便为运动员确定竞技能力训练目标提供标准的参照系；同时，对运动员早期选材和基础训练起到远程导向作用。

（一）竞技能力的平面结构

竞技能力的平面结构模型代表着运动员竞技能力若干要素的厘清，通过平面结构模型的梳理能够探究不同时代的学者对影响竞技能力的关键性要素的认识。下面从代表性人物提出的主要观点中提取关键性要素进行分析（表 2-1-3）。

表 2-1-3 竞技能力的平面结构模型梳理

时间	提出者	观点
1982 年	哈雷	竞技能力是有赖于运动员的身体能力、技术和战术的熟练性、智力以及知识和经验，竞技能力的发展速度受一系列因素的影响和制约（哈雷，1985）
1983 年	过家兴	竞技能力是指运动员的身体形态、机能和运动素质、专项运动技术和战术、训练品质和意志品质、智力发展水平（过家兴，1983）
1985 年	普拉托诺夫	竞技能力是指在训练的影响下，运动员机体内容发生的生物适应性改变（功能的和形态的），并表现出在运动员从事训练能力的变化，这种能力表现为运动技术水平、体力、道德意志和智力水平（普拉托诺夫，1986）
1987 年	葛欧瑟	竞技能力是运动员训练水平的现实状态，包括素质、技术、心理三个方面的因素（葛欧瑟，1983）
1990 年	徐本力	竞技能力是运动员为在比赛中取得优异运动成绩所必须具备的运动能力，是运动员体能、技能、战术能力、运动智能、心理能力和思想作风能力的综合体（徐本力，1990）
1994 年 2006 年 2017 年	田麦久	竞技能力是运动员的参赛能力，由具有不同表现形式和不同作用的体能、技能、战术能力、运动智能和心理能力所构成，并综合表现于专项竞技的过程（田麦久，1994，2006，2017）
1994 年	茅鹏	竞技能力是指在"一元训练理论"指导下，包含技术与体能，就像形式与内容一样，在客观现实中是无法分离的整体（茅鹏，1994）
2004 年	张洪潭	竞技能力是运动员在先天因素基础上及后天因素作用下通过专门训练而积聚的参赛夺标的主观条件（张洪潭，2004）

哈雷（1982）在《训练学》中提出竞技能力的结构要素包括"技术、战术、智力、知识、经验"五个方面。但这只是该学者比较主观或经验性的总结，忽略了竞技能力结构的系统性特点。

过家兴（1983）在《运动训练学》中提出竞技能力的结构要素包括"身体形态、机能、技战术、意志品质、智力"五个方面。作为我国出版最早的运动训练学专著，其对竞技能力的结构进行了较为丰富的描述，但也存在值得商榷的地方，即"身体形态"是否属于主要要素、"技战术"是否可以统一而论以及"意志品质"是否能够纳入竞技能力结构中来。

普拉托诺夫（1985）在《运动训练的理论与方法》中提出竞技能力的结构要素包括"技术、体力、道德意志、智力"四个方面。该学者相较之前的观点，将"体力""道德意志"纳入了竞技能力的范畴，虽然丰富了竞技能力的构成要素，但是对竞技能力的具体结构没有全面考虑。

葛欧瑟（1987）在《运动训练学讲稿》中提出竞技能力的结构要素包括"素质、技术、心理"三个方面。该学者比较宏观地描述了竞技能力的基本构成要素，具有一定的片面性，并不具体指向竞技能力的发展。

徐本力（1990）在《运动训练学》中提出竞技能力的结构要素包括"体能、技能、战术、智能、心理、思想作风"六个方面。该学者区别于以往学者的观点，提出"体能"要素，增加了"思想作风"，以及将"智能"与"心理"分离而论，前者稍显牵强，后者还需进一步考虑。

田麦久（1994，2006，2017）在《运动员竞技能力模型和选材标准》、《运动训练学》、《运动训练学（第二版）》中提出竞技能力的结构要素包括"体能、技能、战术能力、运动智能（知识能力）、心理能力"五个方面。该学者总结前人的观点，将"品质、思想作风"剔除在外，这是对竞技能力结构要素的重新认识，但在"运动智能"与"心理能力"方面并没有作深入的思考，将运动智能改为知识能力也有待商榷。

茅鹏（1994）在《运动训练新思路》中提出竞技能力的结构要素包括"技术、体能"两个方面，主张"二元一体"理念。该学者主要从人文的视角界定竞技能力结构，即"一元训练理论"，将竞技能力结构宏观地看成一个整体，但对于指导运动训练实践并不直观，也不能够很好地推广与应用。

张洪潭（2004）在《体育基本理论研究》中提出竞技能力的结构要素包括"先天素质、后天专门训练"两个方面，宏观概括了竞技能力的结构要素，比较准确地给出了一种理解竞技能力的结构范式。

综上所述，在运动训练理论与实践不断发展过程中，国内外学者从不同视角分析竞技能力结构构成要素，其中比较有代表性的包括："一元论"（茅鹏）、"二元论"（张洪潭）、"三元论"（葛欧瑟）、"四元论"（普拉托诺夫）、"五元论"（哈雷、过家兴、田麦久）、"六元论"（徐本力）等。但结合竞技能力的内涵与外延要素，还有运动员竞技能力提升的实际来看，笔者的观点是，应将"体能、技能、战能、心智能力"作为运动员竞技能力的主要构成要素,并且与运动员竞技能力直接相关的附加要素可以依据一定范围或情况考虑在内。

(二) 竞技能力的立体结构

竞技能力的立体结构模型是近年来讨论比较多的主题,不同时期的学者提出了不同的观点,基本都期望建立一种能够通过竞技能力模型提升运动成绩,提高运动员训练效率,使得运动训练更加科学化发展的模型。以下就目前国内外的一些立体结构模型的主要观点与不足之处进行梳理(表2-1-4)。

表2-1-4 竞技能力的立体结构模型梳理

时间	提出者	观点
1973年	B.B. 彼德罗夫斯基	线性理论模型:将100米分成不同的段,如30米跑、50米跑、80米跑等,针对不同的分段提出不同的要求,提升竞技能力,提高运动成绩(杨桦,2007)
1985年	根本勇	木桶理论模型:指出决定速滑运动员竞技能力的诸多因素中,若有一个因素差就像水从缺口中流出一样,相对较弱的某一竞技能力构成因素限制了运动员整体竞技能力的提高,而用桶中水平面的高度表示运动员的总体竞技水平,各木板的长度则代表不同的子能力,即体能、技能和心理能力的发展状况;该理论同时指出一种对于平衡的追求,要求我们在训练中不断通过"补短"保持不同竞技能力之间的均衡性特征(随汶,1993)
1997年	田麦久 刘大庆	积木理论模型:相对于运用统计方法建立的能够反映优秀运动员总体共同特征的运动员竞技能力结构模型而言,每个运动员个体竞技能力的各个构成因素的发展大都呈不均衡状态,这种非均衡状态是普遍存在的;而"积木模型"突出了竞技能力各构成要素的相互关联和补偿,辩证地看待竞技能力各要素不同水平存在的事实与意义,为竞技能力中"特长"的获得或加强奠定了理论基础(田麦久和刘大庆,1997)
2000年	田麦久	双子理论模型:该模型分别从不同的视角观察竞技能力的结构特征,用不同的图像展示竞技能力结构中各子能力之间的不同联系(田麦久,2000)
2000年	李凯	合金理论模型:该模型强调了人体运动能力的构成不仅仅是各种运动素质的简单叠加,而是类似于合金,其总体性能由各组成单质的特性相互作用、相互制约共同形成,它从竞技能力整体出发,突出地反映了竞技能力的补偿效应(李凯,2000)

续 表

时间	提出者	观　　点
2008年	董德龙 梁建平	4G结构理论模型：该模型涵盖了竞技能力、竞技行为、竞技表现及竞技教育四个立体层面，竞技教育空间成为扩大运动员竞技空间发展的重要因素（董德龙和梁建平，2008）
2010年	李岩 董云振 李珂	皮球理论模型：该模型是以系统理论和混沌理论为理论依据建立的皮球理论模型，表现出整体性、直观性、动态性和混沌性的优点（李岩 等，2010）
2015年	李亚慰	胶泥理论模型：该模型具体表现为两个同心椭圆球体，其分别由体能、技能、战能、心能、智能等五种竞技子能力组成；基础（稳态）竞技能力并非一成不变，而是相对稳定的，具有阶段性特征（李亚慰，2015）

В. В. 彼德罗夫斯基（1973）提出线性理论模型。该竞技能力结构模型能够直观地应用于短跑项目实践，并形成初步的分期训练理念。但该模型仅适合于田径专项训练，不可迁移至其他运动项目。

根本勇（1985）提出木桶理论模型。该竞技能力结构模型将合成木桶的不同长短的木板当作竞技子能力，并以最短的木板（子能力）决定最终装水体积（总体竞技能力）。用木桶能够装水的体积大小衡量总体竞技能力高低，这显然不是适应竞技能力的普遍性规律，即在实际竞赛中靠"扬长避短"而取胜。该模型事实上不完全符合运动员参赛实际，竞技能力的好坏有时是看竞技子能力最强的那一项能否克敌制胜，不一定受到短板制约。该理论没有考虑个体性差异，过度强调运动员竞技能力结构中水平相对较低的要素是制约整体竞技能力水平的关键，但实际上运动员取得优异成绩不完全取决于短板。

田麦久和刘大庆（1997）在"木桶理论"与"非衡补偿理论"的基础之上提出了积木理论模型。该结构模型把运动员竞技能力的总体水平比作积木堆的体积，把竞技能力中不同的子能力比作绿、红、黄等不同颜色的小积木块。但是，在运动实践中，各种子能力不可能是等同的，而积木模型中的各种颜色块的数量和体积却是相同的。运动训练的终极目的就是要最大限度地提高运动员的竞技能力水平，而不只是保持。所以，在运动员竞技能力训练中，不可能去掉任何一种子能力（即从积木堆中去掉某一种颜色的若干块小积木），再用优势子能力弥补弱势子能力（即用其他不同颜色的小积木"补偿"到积木堆中），以保持运动员竞技能力的总体水平不变（即积木堆的体积不变）。因此，现有研究对积木模型的诠释是值得商榷的。换个角度分析，假设积木理论成立，与非衡补偿理论相比较，它恒定了扬长补短，一定要补到某一运动水平，限制了长处的发挥，从外观看积木模型中的绿、红、黄三种颜色换过后整体的体积是相等了，但是整体的美观性却下降了，特别是在难美性项目中，如果将黄色的积木比作技能，红色为体能，绿色为心理能力，去掉两块技能，加上一块体能和心理能力，那在健美操和体操等技术因素占有很大比重的项目中，由于体能和心理能力提高，运动员能完成动作了，但对技能训练的忽视却使动作的美感与视觉效果大大下降，这样运动员最终也难以获得好的比赛成绩。

田麦久（2000）提出双子模型。该竞技能力结构模型是"积木理论模型"与"木桶理论模型"的组合，该组合将两个不太相关的理论强加在一起，"木桶强调补短"与"积木强调特长"本身是两个极端，不具有指导科学训练的实用性。还有，双子模型作为一个竞技能力结构模型，用什么来表示其子能力？各种子能力如何相互影响、相互作用？又用什么来表示总体竞技能力大小？这些实践问题都难以通过模型来反映。

李凯（2000）提出合金理论模型。该竞技能力结构模型将运动员竞技能力表现类比合金强度，而竞技子能力则是该合金强度的组成要素。该模型忽视了系统的动态变化，尤其是时间和空间的变化，无法直观地体现出竞技能力在时空转换中的变化特点，表现出刚性太强的缺点，故不宜用其解释竞技能力的结构。

董德龙与梁建平（2008）提出4G结构理论模型。该竞技能力结构模型将竞技子能力构建成4G结构空间，在相对稳定的空间内均衡发展竞技子能力，使得空间均衡增加。该理论是相对3G立体结构而提出的4G理论，本身就存在用体积代表竞技能力的局限性，不足以在实践运动训练中得以应用。

李岩等人（2010）提出皮球理论模型。该竞技能力结构模型将竞技能力归为皮球充气后的大小，而竞技子能力则构成皮球内部空间（混合于一体），竞技能力可通过皮球体积大小直观地反映。该模型没有能够诠释或解决专项竞技能力、基础竞技能力和竞技子能力之间的关系，不能客观反映竞技能力的关键性问题。

李亚慰（2015）提出胶泥理论模型。该竞技能力结构模型将基础竞技能力与竞技子能力分别构建，并用两个同心圆球体代替竞技能力，可随运动员训练与竞赛的需求提供不同的助力，以实现整体竞技能力的提升。该模型表现出来的只是胶泥之间简单的渗透和移位，没有发生质的变化，并不符合竞技能力结构是一复杂系统的命题。

综上而言，竞技能力立体结构模型应直观反映基础竞技能力、专项竞技能力和竞技子能力之间的相互作用，并能够充分发挥理论与实践相结合的作用。不同学者所提出的一系列竞技能力立体结构模型还存在与实际运动训练需求的差距或差异，这也是今后可以在研究过程不断完善的空间，即如何在扎实的基础竞技能力的基础上，优先发展专项竞技能力，同时厘清不同运动项目所需的竞技子能力，提高训练与竞赛乃至运动员选材的效率。

（三）本研究的观点

结合竞技能力的构成要素与立体结构模型的相关分析，构建竞技能力结构模型需要充分考虑基础竞技能力、专项竞技能力、竞技子能力之间的关联。那么，从客观性来看，三者之间的联系是竞技能力本身所固有的，不是主观臆想的。从普遍性来看，运动员竞技能力的内部不同的部分和要素是相互联系的，也就是说运动员个体的竞技能力都具有内在的结构性，决定竞技能力的关键三个方面能力都不可能孤立存在，都同其他能力处于一定的相互联系之中，整个竞技能力系统是相互联系的统一的整体。从多样性来看，运动训练中的竞技能力表现是多样的，因而竞技能力内部要素的联系也是多样的。竞技能力内部各种子竞技能力之间还存在直接联系与间接联系、内部联系与外部联系、本质联系与非本质联系、必然联系与偶然联系等。

基于此，拟提出竞技能力的双子塔模型（图 2-1-1），即方塔（六面体）的体积代表基础竞技能力，金字塔（四棱锥体）的高度代表专项竞技能力，不同形状的砖块代表竞技子能力，砖块之间的黏合剂代表竞技子能力之间的关联度。其中金字塔的底面四边形最大面积不超过方塔顶面四边形面积，而双子塔模型要求基础竞技能力的厚度与专项竞技能力的高度，根据不同的运动项目特点抓住关键性竞技子能力，最终力求竞技能力的整体实力提升，即在保障基础竞技能力的前提下，优先发展专项竞技能力。

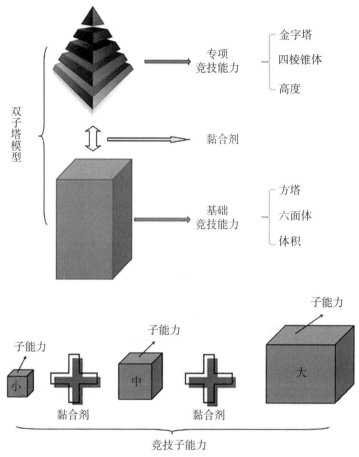

图 2-1-1 竞技能力的双子塔模型

三、竞技能力与竞赛表现的关系

提高运动员竞技能力是运动训练的直接目的之一,竞技能力结构的复杂性与动态性,使得竞技能力产生一定的不稳定性特征(熊焰,2005)。运动训练过程往往具有"封闭性",而运动参赛过程却具有"开放性",因此,运动员竞技能力的与参赛表现存在一定差异(李益群,1991)。运动训练与运动竞赛是一个连续的完整体,运动训练最终的归宿是参赛,终极目的是在竞赛中取得优胜。竞技能力作为运动员满足训练与竞赛的主观条件,需要发挥出来才能视为一种能力(张洪潭,2004)。所以有必要在研究竞技能力内部结构的基础上，关注竞技能力在训练与竞赛过程中的差异性，研究竞技能力"外显"（在竞赛中表现出来）的外部特征、影响因素与调控方法。

（一）影响竞技能力表现的外部因素

竞技能力的获得与提高，需要通过一定的情景表现出来，运动竞赛是竞技能力"输出"最常见的情景，也是检验竞技能力最有说服力的方式。竞技能力作为满足训练和竞赛的主观条件，在训练和竞赛中表现出来才有"生命力"，影响竞技能力表现的因素有很多，既有内部因素，也有外部因素。前面章节已经探讨了竞技能力的结构特征及构成要素，本节将重点探讨影响竞技能力表现的外部因素，选取运动竞赛作为具体情境。

整合现有研究（图2-1-2），可以将影响竞技能力表现的外部因素分为对手表现、评定行为、竞赛环境（田麦久，2011）。对手表现可以分为对手的竞技能力与比赛发挥，评定行为涵盖比赛规则、评定手段、评定的实施者（裁判），竞赛环境可分为自然环境（气候天气、地理位置等）和社会环境（观众、场地器材、裁判等），裁判既是评定实施者，也可视为社会环境的一部分。

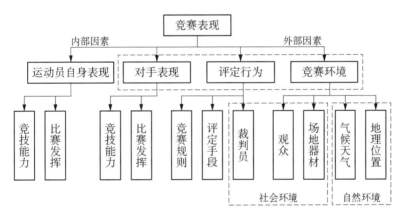

图2-1-2　影响竞技能力在竞赛中表现的主要因素

梳理影响竞技能力在竞赛中表现的因素不难发现，竞技能力作为满足训练和竞赛的主观条件，其在竞赛和训练中表现出来，不仅受内部因素（构成要素、结构特征等）影响（孙班军 等，2010；雷艳云 等，2005），也受外部因素制约。即使是在训练（无对手，无裁判）也受到临场发挥、规则、场地器材、气候等影响。竞技能力形成与提高是运动员竞技能力"内化"的过程，竞技能力需要通过训练和竞赛实践方能"外显"。因此，探究竞技能力时既要聚焦于竞技能力本身，也有必要从训练和竞赛全局出发，全面思考。

（二）竞技能力的参赛变异

运动员竞技能力的内部结构具有复杂性和稳定性，因为竞技能力的表现过程还受到外部因素制约，竞技能力的表现过程往往是动态的、非稳定的。运动员在参与运动竞赛时其竞技能力和参赛表现并不一定一致，比较典型的有"克拉克"现象和"黑马"现象（艾亚琴，2019；胡桂英 等，2006；王进，2003，2004），这些现象已经引起了部分学者关注。李益群（1988）的研究表明，在重大比赛中，运动员正常发挥自身竞技能力的比例仅占32.35%。熊焰（2011）将运动员竞技能力在训练和竞赛两种情境中出现差异的现象概括为"运动员竞技能力的参赛变异"。

运动员竞技能力的参赛变异按照变异的性质（方向）可分为正变异、零变异和负变异。其中，正变异是积极的，即运动员在运动竞赛中表现出优于运动训练过程的竞技水平，是竞技能力"外显"过程正向发挥的情形。至少保证竞技能力零变异，追求竞技能力正变异，规避零变异，是运动训练主体的目标。

另外，运动员竞技能力的参赛变异，是影响竞技能力表现内部因素和外部因素交互的过程，运动训练作为一种社会行为，这种交互无法避免。

（三）竞技能力表现过程的调控

运动员竞技能力从获取到表现是一个"内化"到"外显"的过程，也是影响竞技能力表现内部因素和外部因素交互的过程。无论是训练还是竞赛，运动员获取、积累了竞技能力，都需要通过实践过程表现出来，实现从"主观条件"向"能力"升华。

以运动员在运动竞赛情境下为例，熊焰和田麦久（2007）研究发现，运动员竞技能力在竞赛中表现调控要遵循以下四点要求：（1）提高参赛元认知水平；（2）调整个人参赛定位；（3）及时反馈关联信息；（4）营造有利的比赛环境。具体可采用转移、调控和变换等方法。

关于竞技能力表现过程调控的研究较少，列举的方法较为笼统，对训练与竞赛实践的指导意义比较有限。

四、竞技能力研究展望

（一）竞技能力相关研究亟须解决的问题

（1）与"竞技能力"概念对应的英语词汇亟须统一，囿于早期译介过程随意性较大，国内从德文训练学著作中提炼出"竞技能力"的概念，然后直译为"competitive ability"，这种翻译有一定"中式英语"的意味，很难将国内研究和国外研究对应起来。现有国外研究与竞技能力对应程度较高的两个词汇是 sports performance 和 athlete performance，建议权威教材或者体育辞典进行统一，方便学术传播和国际化研究。

（2）有关"竞技能力"定义的研究已经非常丰富，部分学者严格采用修辞学、逻辑学的方法作出的定义科学性较强，但缺少权威认证，通用教材里也很少显示最新理论成果。

（3）"竞技能力"结构研究汲取了大量其他学科理论，比如生物学、化学、复杂科学等的研究成果，但对于解释竞技能力内在规律依然不足。不能为了建构而建构，亟须结合运动训练实际，从实际出发，力争取得突破，并指导实践。

（4）"竞技能力"构成要素与影响因素相混淆，现有很多研究将构成要素等同于影响因素，或者将影响因素中的内部因素与外部因素混为一谈。

（二）竞技能力相关研究新趋势

1. 对于"竞技能力"构成要素与整体结构的认识：从"零碎"走向"系统"

事物的联系是普遍的，事物内部各要素之间是相互影响、相互制约、相互作用的。早期研究对于竞技能力的认识，常常限于将各个要素分割，孤立地探讨竞技能力的构成要素，忽视了竞技能力作为各个要素的"集合"，但这个"集合"不是简单的要素叠加，而是要素及要素之间联系构成的复杂系统。从"零碎"走向"系统"

正是对竞技能力认识逐步深化的过程。

2. 研究"竞技能力":从"静态"到"动态"

竞技能力作为满足训练或参赛的一种"主观条件",需要在特定的场景中表现出来才能视为一种能力。近年来,部分研究已经注意到,影响竞技能力"表现"的因素不限于"竞技能力"本身,即"竞技能力"的构成要素或结构特征,还有影响其"表现"的外部因素。早期研究更多聚焦于竞技能力的获得和提高,偏重"内化"过程,忽视了"竞技能力"需要"表现"的天然属性,即基于外部条件的"外化"过程。同时,因为竞技能力是内部因素和外部因素共同作用的结果,其能力不是"静止"不变的。如今,越来越多的研究已经开始从"静止"地看"竞技能力"逐步过渡到"运动"地看,由"静态"到"动态"去看待"竞技能力"将成为未来研究的一个重要趋势。

第二节 专项特征研究

了解事物自身的特征,是世界上所有事物发展的首要前提,只有正确认识和全面把握事物的特征,才能准确把握事物发展的方向,高效率地推动事物向前发展。对于运动训练来说,准确掌握项目的运动特征是进行运动训练的前提条件,对项目特征的认知是快速提高运动训练水平的关键环节。在运动训练中,如果不能准确地认识项目的运动特征,运动训练就将失去目标和方向。本节主要讨论专项特征的定义、构成,专项特征的确定原则,以及专项特征研究的发展趋势等问题。

一、专项特征的定义与构成

专项特征是指一个运动项目在比赛规则的允许下,以获得最大的运动效率为目标,在力学、生物学等方面表现出的主要运动特点。

通常专项特征可以分为技战术、体能、心理和环境等方面,每一个方面又由不同的因素构成。从训练学的角度分析，竞技运动项目的特征包括三个不同的层次：一般特征、项群特征和专项特征。三个不同层次的项目特征在范围上并没有质的区别，其主要差别在于对项目特征解释和描述的程度上。

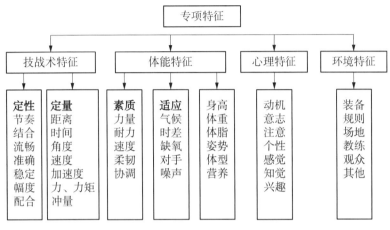

图 2-2-1 专项运动特征结构图

项目间的差异，并不是总能体现于所有的项目特征上，如技能、战术能力、体能及心理能力等，尤其是对于同一属性的运动项目来说，它们的差异可能更多地集中于某一个项目特征中。例如田径的 100 米和 200 米跑项目，它们的专项特征在很多方面（如在运动技术等方面）具有共性，其差别主要表现在运动时间不同造成专项运动时能量供应特点的不同，正是这些不同的供能特点为运动员的训练提供了目标和依据。100 米跑运动员的训练应该以发展 ATP/CP 能量代谢能力为主，以提高"速度"为核心；而 200 米跑运动员在提高速度的基础上还应该注重发展无氧乳酸代谢能力，加强"速度耐力"的训练。

二、专项特征认识上的误区

目前，我国运动训练界在专项运动特征的认识和把握上仍然存在许多问题，其中，最突出的问题集中在项目运动特征的完整性、准确性和针对性方面。对项目运动特征的片面了解、不准确的解释和模糊的定位，严重干扰了教练员对项目本质的认识，降低了训练的效率，阻碍了运动水平的快速提高。

训练理论发展的不平衡也是影响正确认识项目特征的一个重要原因。在我国运动训练界，一般训练理论的研究明显多于专项训练理论，专项训练理论的研究又多于专项训练实践的研究，加之一般训练理论与专项训练理论的脱节，专项训练理论又与专项训练实践脱节，由此而导致专项训练理论特别是密切联系训练实践的专项训练理论的发展明显滞后，以致影响到人们对专项运动特征的了解和认识。因此，全面、准确地认识项目的特征，已经成为当前我国竞技运动训练领域科学研究和实践探索的一个重要内容。

在当前我国训练理论中，对项目运动特征的认识存在以下三个误区。

（1）在范围上局限在对专项技术的外在表面的描述范畴之内，缺乏甚至忽视对专项运动的内在生理、生化特点的描述；

（2）在形式上以静态的专项模型作为项目的主要特征，很少从动态的角度探索专项特征；

（3）在程度上过于宏观，运用一般或项群的共性特点代替专项特征。

技术和体能是专项特征的两个主要显示点。一般来说，那些对技术依赖性强的项目被称作技术类项目，对体能要求高的被称为体能类项目。但是，在长期的训练过程中，技术与体能并不是两个截然不同的独立因素，二者之间存在密切的联系，技术或体能类项目都需要另一方的支持，有时相对薄弱的一方甚至会成为决定运动水平优劣的关键因素。因此，无论是技术类项目还是体能类项目，在长期的训练过程中不能只关心项目主要特征的训练，而应该对两个方面能力都给予高度重视，特别是当进入高水平训练阶段之后，原来不受重视的技术或能力方面的问题都可能成为影响专项成绩继续提高的关键因素。

虽然项目的力学特征可以作为技术训练的参考依据，但是，专项特征绝不是只涉及力学的特征，体能水平对专项同样具有极其重要的影响。技术与体能是专项特征构成的两个不可或缺的重要因素，体能的状态以及在专项运动过程中的变化必然影响到运动技术的发挥。所以，单纯从技术的角度界定专项特征，只能给出专项的外在表现形式，而不能全面反映专项运动时整个机体的内在变化，这样的专项特征对于技术的发展、体能的训练以及负荷的安排缺乏直接的指导。

所有项目的运动都是一个动态、连续和变化的过程，专项技术、体能以及心理都会在这个过程中产生变化，这种变化本身也同属于专项特征的范畴，而且，在很大程度上是更加全面和深入的运动特征。静态的专项特征只能在一个点上反映专项的特点，而不能展现专项运动的整体变化过程，运动员的专项能力在运动开始和结束时会出现很大的差别，这种差别很可能就是决定运动水平的关键因素。所以，如果只掌握了专项运动的静态特征，而不了解过程的变化，那么，不仅会造成在专项特征认识上的不全面，还会影响到专项特征对训练实践的指导作用，阻碍专项训练的正确发展。

在讨论专项特征时，需要正确认识一般、项群和专项理论在竞技体育中的不同位置以及对运动训练的不同影响和作用，不能将一般和宏观的项目特点作为专项特征。事实上，过于宏观的项目特征对于专项训练来说"形同虚设"，不具有直接的指导作用。从训练实践的角度分析，专项特征专指那些对专项成绩具有重要支持作用，对专项训练具有直接指导作用的环节、过程和因素。

三、专项特征的确定依据

由于各运动项目的性质可以从各个不同的方面和角度去确定，而且一个项目的性质以不同的标准确定可以有多重性。但其特征的确定则要找出区别于其他项目的特别显著的标志。训练中确定运动项目特征通常有四个方面。

（一）各运动项目比赛规则规定取胜的主要因素

以竞技体操为例，我国体操界广大教练员、科研人员、运动员通过多年的探索，多数认为竞技体操项目的显著特征是"难、新、美、稳"，这是竞技体操比赛规则规定的取胜的主要因素。

（二）运动项目的主要供能系统

在体能类项目中，经常以主要供能系统确定项目的特征。例如田径100米跑主要特征是ATP供能，因此，训练中提高运动员的无氧代谢能力，发展速度是最为重要的。

(三) 运动项目的技术结构和主要环节

任何一个运动项目的动作技术都有其特殊性，具有不同的技术结构和主要环节。动作技术的结构主要指动作是由哪些部分构成的，动作技术的主要环节是在构成动作技术的若干部分中，对完成动作、决定成绩最具影响的部分。

例如，田径运动中的跳跃项目，无论是跳高还是跳远，动作技术主要是由助跑、踏跳、空中姿势和落地四个部分构成的。其中踏跳与助跑的速度、起跳的支撑时间、角度、力量等密切相关，对整个技术动作的完成和运动成绩的提高影响最大。

(四) 运动项目对运动素质的特殊要求

在举重项目中，若仅仅依照运动素质的特殊要求来确定其是力量性项目，并非十分严谨。因为从抓举和挺举两项比赛来说，它需要的力量是全身协调用力的速度性力量，或称爆发力量，而不是单纯的最大力量，这也是该项目对运动素质的特殊要求。因此，准确地说，举重项目其实是全身协调用力的速度力量性项目。

田径中的投掷项目，以远度确定成绩。远度主要决定于比赛中器械出手的初速度，而各器械项目的器械重量又是恒定的，也就是说克服的阻力是没有变化的。所以，投掷的远度并非主要取决于力量的大小，而主要取决于出手的初速度。

四、专项特征研究的发展趋势

对专项特征的认识是一个逐步深入的过程，它不仅取决于教练员自身的认识能力，而且，在相当大的程度上依赖着科学技术和研究方法的发展。新理论的出现可以为项目特征的认识开辟新的视角，新技术和新方法的问世能够促进认识程度的更加深入。当前，在专项特征的认识上出现了以下几方面的发展趋势。

(一) 由宏观向微观的发展

从运动训练的角度分析，任何一个运动项目的特征都有一般与专项、宏观与微观之分。宏观的项目特征是从一般或项群共性的角度把握训练的方向，微观的项目特征则是从专项的角度指导运动员的训练。如果我们错误地将一般或项群的项目特征视为本项目的专项运动特征，就不能准确地给运动项目定位，对项目的了解就会始终处于模糊的水平，甚至失去训练的方向。

诚然，任何一个事物的发展都需要宏观和微观的指导。宏观的理论可以使我们透过复杂多变的因素把握发展的方向，微观的认识可以使我们对具体的方法和措施进行调整和操作。从竞技训练的角度分析，运动训练的整体发展或某一类项目的发展确实需要宏观理论的指导，但是，对于一个具体运动项目的训练来说，迫切需要的是对项目的运动特征和训练规律进行微观、具体和有针对性的了解与认识，从众多细节中提取出专项特征，只有这样才能够真正为专项训练提供有价值的信息，促进专项运动水平的迅速提高。今天，我们探寻项目的运动特点绝对不能仅局限在是"技术类"或是"体能类"项目的层次，也不能止步于"快速力量""动作速度"或"有氧耐力"的程度，而应该继续深入到对技术、体能和心理等主要因素的全面、深入和细致的了解。

近年来，世界竞技运动水平快速发展，与人们对项目运动特征的深入了解密切相关，对项目特征从宏观向微观的认识已经成为一个明显的发展趋势。

许多新的研究成果使我们对项目的了解和认识发生了质的飞跃，对专项特征的把握已经由传统的定性了解向科学的定量认识转变。

表 2-2-1 显示出了不同田径耐力项目的负荷强度和能量代谢特点，它并不仅仅从时间上对田径耐力项目进行了分类，并为每一耐力区间的强度、供能和能量消耗特征，以及耐力的训练提供了比较明确的方向。在训练中，只有深入了解这些细节以及它们的动态变化，并从中总结出对专项最具影响的特征和规律，才有可能把握训练的方向和重点，有针对性地选择相应的训练方法和措施，提高训练的效率。

表 2-2-1　田径竞赛项目的耐力特征一览表

	短程耐力 35秒~2分	中程耐力 2~10分	长程耐力1 10~30分	长程耐力2 30~90分	长程耐力3 90~360分	长程耐力4 360分
专项	400~ 800米	1 000~ 3 000米	5 000~ 10 000米	12~ 25千米	42.2~ 80千米	100~ 160千米
心率（次/分）	190~205	190~205	180~195	175~190	120~180	100~150
最大耗氧量（%）	95~100	97~100	88~96	85~93	60~85	50~60

续表

	短程耐力 35秒~2分	中程耐力 2~10分	长程耐力1 10~30分	长程耐力2 30~90分	长程耐力3 90~360分	长程耐力4 360分
血乳酸 (毫摩尔/升)	18~25	16~22	8~15	8~12	1~3	1~2
有氧（%）	47~60	70~80	75~80	85~90	97~99	99
无氧（%）	53~40	20~30	20~25	10~15	1~3	1
血尿素 (毫摩尔/升)	5~6	5~6	6~7	6~8	8~10	9~16
耗能（千焦）	59	45	34~38	24~27	18~23	14~17

（参见：Neumann et al.，1994）

综上所述，专项特征绝不能只停留在宏观的认识程度上，而应该深入到专项之中，从多个角度和层面解析专项的特点，提炼出能够反映专项运动本质的规律，这样才可以准确把握专项训练的脉络，提高训练效果。

（二）由外在到内在的发展

对项目特征的认识不能仅停留在专项运动的外在形式上，而必须深入到神经与肌肉的内在运动水平。运动项目的表面外在特征只能反映运动的结果，而造成这种结果的原因主要在于机体的运动系统和能量供应系统，肌肉在神经支配下的收缩以及在收缩过程中对能量的需求是决定运动结果的关键因素（图2-2-2）。在运动训练中，只有深入了解神经肌肉系统的工作情况，才可能选择正确和有效的训练方法；只有充分掌握运动过程中能量代谢系统的运转规律，才能够制定出符合专项特点的训练负荷。

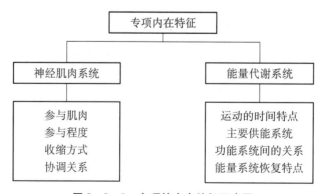

图2-2-2 专项的内在特征示意图

对内在专项特征细节的了解和掌握有助于提高运动训练的针对性与有效性。了解不同肌肉在专项运动中的参与程度和工作方式可以帮助人们制定出有针对性的力量训练计划，掌握不同供能系统对专项运动的不同支持作用以及它们之间的关系可以提高耐力训练的效果，对不同供能系统恢复特点的了解能够帮助教练员把握和控制训练的负荷。

以速度滑冰的专项力量训练为例，在传统的训练中，速滑运动员力量训练的主要方法是不同负荷重量的深蹲练习。为了检验深蹲是否能够真正发展运动员蹬冰的力量，研究者选择对蹬冰动作最具影响的臀大肌和股直肌在蹬冰与深蹲时的肌电积分值进行了比较。图2-2-3、图2-2-4是5名运动员滑冰收腿阶段与负重下蹲阶段臀大肌和股直肌肌电积分占完整周期肌电积分的百分比。由图2-2-3和图2-2-4可见，滑冰收腿阶段臀大肌和股直肌肌电的积分值只占完整周期积分值很小的比例，臀大肌所占比例平均为11.30%。股直肌所占比例平均为12.60%。负重深蹲练习中臀大肌和股直肌所占的比例明显增大，臀大肌所占比例平均为46.42%，股直

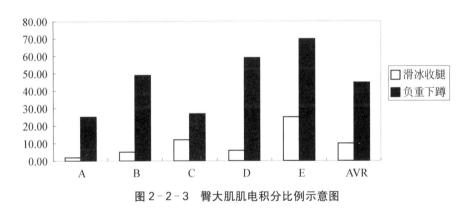

图2-2-3 臀大肌肌电积分比例示意图

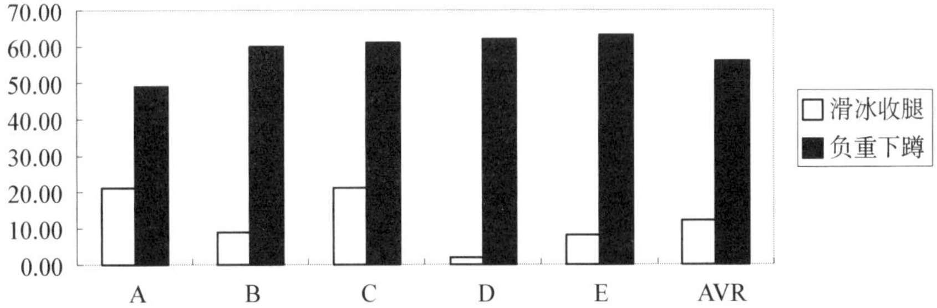

图2-2-4 股直肌肌电积分比例示意图

肌所占比例平均为57.46%。这些数据说明在负重深蹲的下蹲阶段，臀大肌和股直肌为了抵制向下的负重冲击而做离心收缩，臀大肌和股直肌的肌电活动明显，5名运动员臀大肌和股直肌平均积分值分别占到完整动作周期的46.42%和57.46%，表明深蹲训练中臀大肌有近一半、股直肌有过一半能量消耗在下蹲动作上。从训练效率的角度来看，负重深蹲练习中约一半的能量消耗在离心收缩的下蹲阶段，如果速滑运动员做该练习的主要目的是发展向心收缩能力，则最好改进练习的方式，下蹲动作应在无负荷的情况下完成，这种练习可能在肌肉的工作方式上更接近专项蹬冰动作。从这一研究结果可以发现，负重深蹲这一长时间作为速滑项目力量训练的主要练习手段，与专项蹬冰的肌肉用力在工作方式和用力程度上都存在很大的差别，该练习只能发展运动员的一般力量，而对蹬冰的专项力量作用不大。

由此可见，对专项内在特征的深入认识，是提高专项训练效果的重要条件，与外在运动形式不同，内在专项特征的把握是从神经-肌肉的工作方式和用力程度的层面上解决训练的专项化问题。因此，对专项内在特征的认识程度在很大程度上代表着竞技运动训练的科学化水平。

（三）由静态到动态的发展

专项运动的时间或距离是专项的一个重要特征，它从总体上反映了专项的运动特点，是运动员和教练员制定训练计划的主要依据。但是，时间和距离等指标是对专项特征的总体描述，是专项运动的结果。从运动分析的角度来看，结果并不等同于过程，结果是过程的集合和终点，过程是结果的内容和原因，结果是静止固化的，过程是动态可变的。在运动的过程中，无论是外在的速度、角度和节奏，还是内在的肌肉收缩和能量供应，都随着运动时间的持续而变化，所以，与结果相比运动过程包含的信息量更加全面，反映的问题更加深入。因此，对专项特征的理解和认识，应该更加重视运动的过程，从过程的动态变化中深入和详细地了解项目的"运动"特征。

图2-2-5是世界优秀女子速滑运动员安妮（Anni）在2003年世界速滑锦标赛1500米决赛中（成绩：1分57秒43）1圈（400米）的速度、频率和每滑距离的结果。该研究从运动学的角度，对速度滑冰运动员的专项特征进行了动态分析，包括运动员的分段成绩，以及每一阶段、每一蹬冰周期的速度变化的量化分析；同时，

还给出了运动员滑频和滑距的相应变化，为改进速度与滑频、速度与滑距的关系提供了翔实的数据。

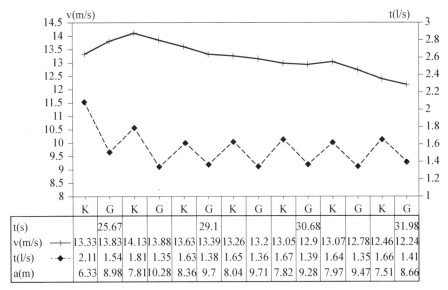

图 2-2-5　优秀女子速滑运动员 Anni 1500 米比赛速度、滑频和滑距的变化示意图
（注：Klaus en et al.，2004）

对专项特征动态描述的另一个作用，体现在对专项运动技术过程的全面了解。以往对专项技术特征的描述往往忽视了体能的存在，主要是对专项主要技术环节的运动学或动力学标准特征的分析。然而，这种标准的"最佳技术模式"并不能全面和真实地涵盖整个专项运动过程中技术的变化。对于几乎所有的运动项目来说，运动员都不可能始终以同样的技术动作完成比赛，随着运动员体力的消耗，运动技术必然发生改变，这种改变在很大程度上反映了专项能力的水平。

从整体上来看，负荷时间和强度是各个竞技运动项目都具有的共性，在比赛距离或时间相对固定的情况下，取胜的关键主要集中在速度和速度的保持能力上。在这个过程中，运动员的机能能力势必影响到专项技术的发挥，体能与技术之间的相互影响和作用始终贯穿整个专项比赛过程，技术与体能的这一互动关系在很大程度上同样应归属于专项技术特征的范畴。

图 2-2-6 是女子欧洲自由泳冠军在陆上等动测功仪上，进行 120 秒全力拉每一

次的力和时间的变化以及开始与结束两次拉伸力和时间曲线的比较，它不仅反映了游泳运动员测功仪练习的力学特征，而且显示了这一力学特征在运动员机体不同状态下的变化。通过对开始和结束阶段力与时间曲线的比较，可以深入了解运动员在等动拉伸过程中肌肉用力的方式以及机体疲劳对这种用力方式的影响程度、专项练习的动态变化规律，以及体能对技术的支持程度（即专项能力水平的变化），从而更加完整地认识专项技术的特征。

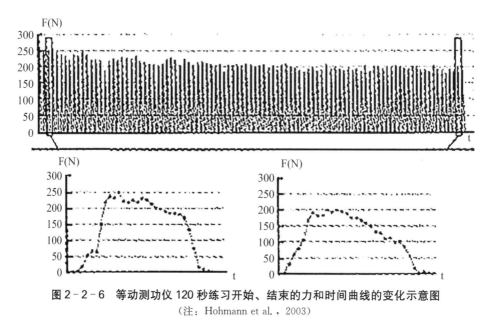

图2-2-6 等动测功仪120秒练习开始、结束的力和时间曲线的变化示意图
（注：Hohmann et al., 2003）

从上述例子可以发现，对专项运动特征的认识不能仅停留在静态的专项距离或时间上，而应该深入专项运动的过程中，捕捉并把握关键指标的动态变化，了解专项运动的全过程。

五、专项特征的案例分析

以格斗对抗项目中的武术散打项目为例，从武术散打项目的"主要供能系统""比赛规则取胜的主要因素""技术结构和主要环节""运动素质的特殊要求"这四个专项特征的判断性指标入手，对其进行深入分析，并揭示其专项特征对专项运动训练的启示。

(一) 武术散打项目的专项特征

1. 武术散打项目的主要供能系统

2016 年出版的《武术散打竞赛规则与裁判法》明确规定,"每场比赛采取两局三胜制,每局比赛两分钟(青少年和少年比赛可采用 1 分 30 秒),局间休息 1 分钟"。在一场两分钟的武术散打比赛中,动与静呈互相结合的特点,既有双方之间"你来我往"的激烈进攻,也有两者拉开一段距离以达到互相调整或者等待进攻时机的目的等。所以,武术散打的供能系统是一个混合系统,这一系统既可以为极短时间内的高强度无氧运动提供能量,也可以为 1~2 分钟的有氧运动提供保障。正如有学者所言,"散打运动应属于无氧代谢和有氧代谢混合为主的运动项目"(沈宏斌和龙行年,2004),尤其是局间休息时,则完全可以当作有氧代谢。因此,除了局间休息之外,在擂台竞技时,有氧运动和无氧运动的出现是随机的,不可能如跑步一般,能够自我把控有氧运动和无氧运动出现的时间与次数。所以,完全按照全程有氧运动、无氧运动或者有规律的有氧和无氧运动相结合的形式设计武术散打的专项训练是没有任何作用的。比如在田径竞赛界有一个非常有趣的现象:在奥运会中往往很难突破个人曾经创下的纪录,而在小比赛中往往就可以不断超越自我。深究其因:在奥运会中的选手基本上都是处于同等级水平,大家为了追求运动成绩,往往很难按照自己习惯的节奏进行比赛;在小比赛中,因为实力碾压对手,所以完全按照自己的节奏进行比赛,从而能够获得更好的成绩。在武术散打中,这种"对手影响运动员发挥"的现象更加明显,不论实力相差悬殊与否,运动员都很难清晰地掌握运动节奏,因为不知道对手何时会"进攻"。一旦其中一方出了动作,那么双方极有可能就会进入无氧供能的阶段,因此,随机性和不可掌控性成为武术散打项目供能转换的主要因素。

2. 武术散打项目比赛规则取胜的主要因素

"规则是技术的导向和杠杆"(田麦久,2000)。武术散打规则不仅决定着武术散打竞赛的发展走向,更决定着武术散打技术的革新方向。往往一个新的规则出台后,运动员的技战术都会依照新规则进行相应的调整,运动员会在比赛规则中找出一定的取胜因素，以"取胜因素"为技术训练的标准，从而达到获取更优异成绩的目的。所以，比赛规则下取胜的主要因素也成为获取运动成绩最为关键的一环之一。那么，在武术散打专项训练时，也需要按照专项规则所提供的主要"取胜因素"进行训练的设计和安排。武术散打是一项以"点数"为判定标准的比赛，裁判员会根据运动员在比赛过程中拳、腿、摔运用时的得分情况进行点数加分或者减分，从而决定一场比赛的胜负。所以，武术散打取胜的主要因素是获取"点数"。那么如何能够在比赛中利用技战术获取"点数"就成为教练员在设计专项训练时需要考量的主要因素之一。2016年出版的《武术散打竞赛规则与裁判法》明确规定：裁判员要根据"方法清楚、击中明显的原则"对运动员技战术的实施情况给予"点数"判分。换言之，如果"方法不清楚、击中不明显"，哪怕运动员对技战术已经了如指掌，仍然不能在比赛中获胜。所以，"方法清楚"和"击中明显"成为获取"点数"的关键。在比赛过程中，运动员并不是固定不动的，尤其是在武术散打小级别的比赛中，双方身法极其灵活，在快速变换的身法中做到"方法清楚"和"击中明显"存在一定的难度。在小级别的专项训练中，如果不能时常进行身法快速变换下的"攻防"动作练习，那么在竞技比赛中很难将个人的技战术施展开来。所以，武术散打在专项训练中应该将身法和技战术结合。此外，武术散打在相互击打的过程中，后一个动作的起始相较前一个动作的完结，运动员的站位会发生相对的位移，所以在进行武术散打专项训练时需要考虑"相对位移"的重要性。因此，武术散打运动员在进行固定沙包练习时，其作用更多是锻炼运动员的功力，从而间接地增加运动员的竞技能力。这种功力练习的效果，并不能直接迁移到竞赛层面，需要以运动员之间会发生"相对位移"作为链接载体，才能将"功力"逐步融入竞技能力和竞赛之中。因此，在设计武术散打固定靶训练时，要清楚其作用仅仅是锻炼功力，需要设计更多在位移中的功力练习，才能一举多得。另外，在练习固定靶或者"喂招"时，做到"方法清楚"和"击中明显"是比较容易的。但是，在运动员双方经常发生相对位移的情况下，武术散打技战术的实施难度便大大增加，在这种情况下达到"方法清楚"和"效果明显"尤为不易，没有长期的专门训练基本上很难适应在武术散打竞赛中"点数获胜"的准则。所以，教练员在设计专项训练时，秉承为提高运动员"竞技能力"而训练的原则，应该以移动中的技战术实施为主，以固定的功力练习为辅，从而更加切合武术散打规则引导下的竞赛需要。

3. 武术散打的技术结构和技术环节

拳击以"拳法"为主要技术，摔跤以"摔法"为项目内容，跆拳道以"腿法"为主要标志。武术散打综合了上述三种技术之长，融入中华文化特色和内涵，是一项以"拳法、腿法、摔法"为技术内容的格斗项目。2016年出版的《武术散打竞赛规则与裁判法》明确规定可用方法为武术的"拳法、腿法和摔法"，现如今的武术散打专项训练也均围绕着"拳、腿、摔"开展。由此可见，相较拳击等项目，武术散打的"技术结构则更为复杂、技术标准界定较为模糊"（范铜钢和郭玉成，2016）。在武术散打的技术运用中，始终强调"远踢、近打、贴身摔"，这既是强调武术散打复杂技术的合理运用，也是武术散打技术特色的鲜明表现。在复杂技术结构的设计下，武术散打专项训练也不能仅仅停留于"练拳"或者是"练腿"，而需要一个综合性的训练系统，以"拳、腿、摔"这个基本的技术体系进行专项训练的设计。然而，除去"拳、腿、摔"的技术结构，武术散打的"步伐"和"防守"体系也应该包含在技术结构之中，学习武术散打如果不学习"步伐"和"防守"，那么所有的"拳、腿、摔"都等于白学。在武术散打的竞技擂台上，运动员对于"拳、腿、摔"这三种技术结构的运用需要建立在"步伐、防守"这两种技术结构的基础之上，否则便会成为"沙包式"运动员，在对手的不断变化中表现得疲于应付、无计可施。因此，武术散打完整的技术结构应该是"拳、腿、摔、身法、防守"。虽然"步伐"和"防守"不直接参与"获取点数"，但是这二者对于运动员"获取点数"起到关键性的作用。因此，从武术散打完整的技术结构出发，在武术散打专项训练中，运动员在训练"拳、腿、摔"技术时，必须结合相对应的"步伐"和"防守"，在"步伐"中将"防守"与"拳、腿、摔"融为一个整体进行训练。明确了武术散打的技术结构，每个技术结构要素之中的技术环节便一目了然。拳法的技术环节包括直拳、摆拳、勾拳、鞭拳四种；腿法的技术环节主要包括鞭腿、蹬腿、踹腿、摆腿等；摔法的技术环节大体分为主动摔和接腿摔两类，其中主动摔包括下潜抱双腿、下潜抱单腿等环节，接腿摔包括接腿别、接腿勾踢等环节；防守的技术环节可以分为接触性防守和非接触性防守，其中同样包含诸多技术环节；步伐的技术环节主要包括撤步、滑步等。

综上，武术散打的技术体系多种多样，教练员在设计专项训练时，要能够及时对比武术散打运动的项目结构和环节，从而精细化地指导武术散打专项训练。并且，在如此多样化的技术体系中，对于"踹腿"和"鞭拳"等具有中华武术特色的技术内容，教练员应该加以强调，并多做练习，以增加武术散打运动员在竞技比赛中使用特色技法的概率，从而向外界展示武术散打独特的中华文化魅力。

4. 运动素质的特殊要求

（1）武术散打是一种"穿戴拳套"的运动项目

拳套最早来源于拳击项目，拳套的出现大大促进了拳击项目的传播和发展。武术散打作为一项包含"拳、腿、摔"的格斗项目，从20世纪70年代末推广伊始便已经开始将拳套纳入武术散打之中，运动员在进行擂台竞技时，必须穿戴拳套。拳套既可以在比赛中保护双方运动员，也可以增加比赛的观赏性。所以，从武术散打项目肇始起，它便是一种有工具的运动项目，拳套便是这样一个工具。2016年出版的《武术散打竞赛规则与裁判法》明确规定，"女子运动员和男子65公斤级及以下级别运动员的拳套重量为230克；男子70公斤级至85公斤级的拳套重量为280克；男子80公斤级及以上级别的拳套重量为330克"。在武术散打比赛中，拳套的重量会阻碍拳手的出拳速度。因此，在武术散打专项训练中，需要尽可能地将拳击手套戴在手上。同时，因为拳套重力的影响，拳法击打时会受到地面重力的影响，所以平时在进行"无拳套"训练时，小臂上应该绑缚上一定重量的沙袋，从而使得武术散打运动员在竞技比赛中可以无视拳套的副作用。另外，拳套作为一种起源于拳击项目的工具，其最初存在的意义仅仅只是为了服务于"拳法"，并没有将"腿法"和"摔法"加入考量的范围。对于"腿法"的实施，拳套并没有太大的阻碍作用，但是对于执行"摔法"而言，有拳套和无拳套完全是两种体验，在拳套的束缚下，双手无法借助手指的抓力，对"摔法"的实施产生了一定的负面影响。所以，从竞技的角度而言，武术散打项目作为一项"拳、腿、摔"兼具的项目，在训练中是不应该将拳套抛至一边的。打个比方，顶级百米运动员和顶级足球运动员比赛100米跑，百米运动员一定轻松取胜，但若是进行运球百米跑，足球运动员取得比赛的胜利是十拿九稳的事。同样道理，武术散打运动员平时在训练时如果不始终穿戴拳套训练，在竞技比赛中将很难驾驭拳套，即使是基本的技术学习，也应该是在穿戴拳套的状态下进行训练，这样才能满足专项竞技能力的需求。然而，在现在的诸多武术散打训练中，往往教练员都是在运动员击打靶位或者实战时才会要求学生戴上拳套，在空击练习、体能练习等环节完全脱离拳套，这并不符合武术散打的竞技要求。

（2）武术散打是"按体重进行分级对抗"的运动项目

2016年出版的《武术散打竞赛规则与裁判法》规定了武术散打运动员的12个体重分级，武术散打运动员基本上不会和与自身体重差距过大的运动员较量，比赛的公平性和可开展性大大提高。然而，在公平性分级的规定下，每个级别运动员的技、战术风格以及对竞技能力的需求是完全不同的。在小级别中，往往身法更加灵活，技、战术的运用更加多变和快速，同时也很少能够出现击倒对手的情况。此时，对于小级别运动员而言，则更加需要按照竞技比赛的需求，增加其攻防技击本身和攻防相互转换的速度，从而更加适应竞技比赛的需求。在大级别中，往往身法相对比较僵硬，对于技、战术的运用往往都比较简单，因为身体条件的限制，有些技法甚至很难使用出来，比如转身摆腿等，但是在大级别中，往往因为运动员身体素质好、力量大而出现击倒对手的现象。此时，对于大级别运动员而言，教练员则需要增加其简单技、战术的攻防速度以及注重运动员力量的提升，并不需要过于注重武术散打技、战术的全面掌握和应用。另外，在同级别的竞技对战限定下，教练员往往都会让运动员跟同级别的人进行专项训练，殊不知，这是不可取的。在武术散打竞赛中，虽然体重有分级，但是在同一体重范围内，运动员的身体素质往往存在一定的差距。有些运动员身高在同级别内相对较低，但是力量却更有优势；有些运动员身高在同级别内相对较高，但是动作速度却相对较慢，这使得运动员在武术散打中所面临的对手是不尽相同的。因此，在"超负荷训练"原则以及武术散打竞技能力需求的指导下，运动员在进行武术散打专项训练时，需要时常和比自己高一到两个级别的运动员进行搭配训练，这种搭配训练不仅要融入两两模拟对抗之中，在平时的身体素质训练和技战术训练中也要加入。只有这样，武术散打运动员才能适应不同风格的对手，才能在竞技比赛中取得更好的运动成绩。

（3）武术散打是强调"快摔"的运动项目

"拳、腿、摔"是武术散打进攻得分的主要方式。在此项目中，为了避免运动员双方长期处于抱缠或者角力状态而缺乏观赏性，2016年出版的《武术散打竞赛规则与裁判法》明确规定："运动相互抱缠超过 2 秒而不能产生摔法效果时"，裁判员需要暂停比赛，即将运动员分开再继续比赛。其中"摔法效果"尤为重要，哪怕运动员双方在 2 秒钟之内互相抱缠，并且做相应的摔法动作，但是没有产生效果，比赛仍然需要暂停，在抱缠之间会对体能进行无意义的消耗。所以，武术散打运动的"摔法"要求能够在快速的动作中达到效果，这也是武术散打的摔法区别于其他摔跤项目的特点。然而，"快摔"对于武术散打运动的技战术掌握和转换要求是极高的，比如在接腿摔中，运动员一个"接腿勾摔"没有成功，则需要很快转换到"别摔"的动作。因此，运动员在训练时需要以"快摔"来进行专项性训练，而不是两个人抱缠在一起进行长时间的"角力"，长时间"角力"对于武术散打而言是无效的。在"快摔"的专项性训练中，需要加入各种摔法转换，不能仅仅以一种摔法作为训练的内容，要能够在极短的时间内不断变换自己的摔法动作和路径，从而满足武术散打摔法的要求，而不是照搬其他摔跤类项目的训练方法。除了技战术的快速使用和转换训练，"快摔"对于武术散打运动员的瞬间爆发力要求极高，所以，教练员在设计摔法训练时，必须重点训练武术散打运动员在短时间内的高频率和超负荷多样化摔法，以此满足武术散打项目对于运动员身体素质的特殊要求。同时，武术散打作为一种"角智"的运动项目，需要在摔法中破坏对手的重心和稳定性，由此如太极推手之类的控制重心和稳定性的特色内容便可以嫁接到武术散打摔法的训练之中。杨建营教授在亲身体验实战以及长久坚持训练中发现，"推手训练环节对于搏击对抗的最主要价值在于练习控制能力，即只要一搭手，就牢牢控制住对方重心，使其摇摇晃晃，难以发力"（杨建营，2018）。这种独特的破坏重心和稳定性之法对于武术散打的"快摔"特点而言是意义重大的。如果能够在最短的时间内掌握对手的重心，便能顺势而为地做出相应的摔法动作，从而取得"摔法"的主动权。因此，教练员在设计武术散打的"摔法"专项训练时，要能够"一针见血"地明确武术散打摔法中"快摔"以及破坏对方"重心和稳定性"的特征，从而精细化地设计武术散打的专项训练内容。

（二）武术散打项目的专项特征启示

1. 从专项特征角度设计考核内容，以检测竞技能力

就 2021 年武术散打的单招考试而言，其分为专项素质、专项技术、实战能力三个部分，其中专项素质包括满分 20 分的 800 米项目和满分 10 分的立定三级跳项目。然而，将田径中的 800 米和立定三级跳加入武术散打之中，并检测"专项"素质，似乎并不能代表武术散打专项中竞技能力的高低，生搬硬套显得有些削足适履。就 800 米而言，作为一项占总分比 20% 的项目，其虽然是有氧和无氧混合项目，但是并不能满足武术散打专项在极短时间内对于有氧和无氧快速与多次转换的需求。同时，武术散打是分级别的运动，不同级别体系运动员的身体素质相差是极大的。然而，在 2021 年武术散打 800 米考试中，男生和女生均只分了三个组，但是，规则中却有 12 个组。这种 800 米项目测试明显不着边际，只停留在以形式主义划分级别上。所以，不论是 800 米跑还是立定三级跳，均不能代表武术散打的专项素质。纵观 2021 年的足、篮、排三大球考试，按理说他们需要在球场上进行有氧和无氧结合的跑动，更应该需要测试 800 米，但是事实并非如此。2021 年篮球项目测试内容的专项素质是摸高，与篮球关联性极强；排球项目专项素质内容是助跑摸高；足球的专项素质内容是 5×25 米折返跑。尤其可见，足、篮、排球虽然同属于球类，但是专项素质检测内容与专项特征高度切合，并且各有不同。然而在 2021 年单招考试中，格斗类项目都有 800 米，根本无法体现出格斗类项目中不同子项目的专项特征。究竟如何才能更好地设计考试内容以满足武术散打的专项素质检测内容呢？在一定时间内，在随机信号的指挥下，运动员在最快的速度下对单个技术动作以及多个技术力量的运用便能够体现武术散打的专项素质。

2. 从供能系统特征出发，设计专项训练

武术散打的主要供能系统存在非常明显的特征，即无氧供能和有氧供能之间会相互转化，两者之间是随机转化，而且无氧供能持续的时间往往是极短的，持续数秒左右，但是无氧供能会呈现重复、多次、随机出现的特征。所以，教练员在安排武术散打运动员进行训练时，必须要把握这样一种有氧供能和无氧供能的细节特征，在平时的训练之中，使学生习惯这种专项化的特征。但是，这种专项性训练对于教练员的要求也是极高的，教练员要能够时刻与运动员保持同一节奏，利用口令信号调控全场的随机高密度无氧转化训练。比如，运动员在进行沙包功力练习时，教练员则可以设计固定动作或者非固定动作内容，一次动作完成大概只需要几秒钟。做动作之前，要求学生处于移动或者静止的"格斗架"状态，在听到教练员口令后迅速做出相应动作，持续两分钟为一组，两分钟期间，教练员随机发出多次信号，以此达到功力练习和供能特征相结合的训练目的。再比如，在武术散打运动员进行专项体能训练时，可以采取两分钟原地或者移动中的空击练习，但是不设计空击内容，要求运动员在随机听到口令后，按照模拟实战的思想，自由设计攻防动作。但是听到教练员口令后，必须以最快的速度和最大的力度设计 5～10 秒钟的击打动作，当教练员喊停时，则回到有氧中的"技战术"设计状态。两分钟为一组，教练员可以设计多组，但是，在一组的两分钟之内，教练员要随机地给出多次"开""停"信号，保证运动员能够做到有氧和无氧供能随机转换，以适应比赛体能的需要。所以，从供能特征角度出发，教练员必须摒弃诸多经验中的教学方法，以符合供能系统特征的方式设计训练。

3. 从技术结构和技术环节入手，修正专项训练的不足

了解项目的技术结构和技术环节，才能更好地掌握一项专项技术。不仅武术散打教练员需要掌握和归纳技术结构与环节的知识内容，运动员也要学习和理解相关的知识内容。对于教练员来说，明晰了结构和环节，可以更有针对性地设计武术散打的专项训练。对于运动员来说，内化了结构和环节，则更加能够理解教练员对于专项训练内容的安排，在训练中能够精确地定位到所要训练的动作或者身体部位等，以提高自己的训练效果。同时，这也能够在运动员的专项训练出现动作等错误时，及时找到训练的问题所在。教练员或者运动员可以以此明晰是哪一个结构或者环节没有落实到位，从而调整自己的动作。比如，武术散打运动员在进行单侧鞭腿连续击打靶位练习时，重复多次之后，因为体能不足等原因，出现了"撩腿"或者"勾脚背"等情况，在教练员没有注意到的情况下，如果运动员对于鞭腿的技术环节了如指掌，那么其大脑会有意识地浮现正确的动作环节，从而从主观意识上促进自我鞭腿动作的修复，以防止因为专项训练而产生永久性动作变形。除此之外，熟练地掌握技术结构和环节，能够帮助武术散打运动员在擂台上根据对手动作结构和环节的表现，试探出对手的弱点。比如在武术散打擂台上，一方运动员总在踢出中、高鞭腿后被"接腿摔"击倒在地，则可以通过接腿摔所属的结构和环节判断出，对手很有可能"防摔"能力不强或者"收腿"速度不快。那么，在接下来的比赛中，另一方运动员则可以多使用摔法或者在对方使出腿法进攻后进行有针对性的防守反击。

同时，只有明晰了武术散打的技术结构和环节，才能够真正体会到武术散打相较其他格斗项目的独特之处，以及武术散打独一无二的技、战术。在教练员的专项训练设计或者运动员中华武术情怀的促进下，武术散打运动员在各类比赛中很可能会专门性地使用武术散打特色技、战术内容，从而提升武术散打在格斗项目中的文化特色。以武术散打中"速度快、力量大、难防守"的侧踹腿为例，这是武术散打区别于其他同类格斗项目的特色技术之一，而且从直线结构和出腿环节可以发现，侧踹腿在阻击和进攻中也会有出奇制胜的效果，那么武术散打运动员在对抗中极有可能会增加侧踹腿使用的频率。尤其是在当下的"中外对抗赛"中，侧踹腿往往能够让外国运动员防无可防。那么，这种独具中华武术特色的武术散打技术结构和环节，就能让外界充分认识中华武术的独特魅力。由此可知，武术散打的技术结构与技术环节对于运动员和教练员而言都是极为重要的，应该将相关的知识普及和知识应用（分析错误动作和判断对手优缺点等）作为武术散打专项训练的内容之一，它既可以当作专项训练的理论内容讲解，也可以当作专项训练的实践内容训练，这对于增加运动员的竞技能力具有显著意义。

4. 从特殊素质需求视角，重视拳套的作用

武术散打的"拳、腿、摔、防守、移动"五项基本技术结构，虽然是比拼自身对身体各部位的思维化运用，但是，拳法并不能像腿法一样，直接以自身身体接触对方和产生击打效果。在运用拳法时，需要借助外部的工具——拳套。透过拳法表面，拳套所限定的内容已经不是拳法本身，而是对于武术散打运动员"手"的运用。所以，凡是涉及"手"的动作，都会从某种程度上受到拳套的限制。比如，在武术散打的摔法中经常需要用到"手"，接腿摔需要用手"扣"，下潜抱摔需要用手"抱"，这类事例不一而足。然而，戴上拳套以后实施摔法，五指的"抓力"在一定程度上被限制了，很难发挥作用，那么只能更多借助手腕、小臂甚至全身的力量，以替代手指的力量。所以，从某种意义上来说，武术散打在竞技擂台上对于拳套的依赖，就好像一位剑客对于手中宝剑的依赖。假如，一位剑客平时在训练时将宝剑弃置一边，仅仅徒手进行技术、战术、体能等专项训练，且不论与其他剑客的对决是输是赢，其是否在拿起剑后因"剑之锋利"而伤到自己都未可知，又怎么能以剑进行生死对决呢？所以，这种剑客不拿剑"练剑"的"舍本逐末"式训练完全不符

合器械项目的专项特征,武术散打亦是如此。暂且不论从拳击项目中借鉴来的、只为拳法服务的拳套在武术散打项目中是否合理,长期以来的武术散打竞赛中都会要求运动员穿戴符合规格的拳套,那么拳套便是运动员的"宝剑"之一,在平时的训练中也必须将拳套融入各个环节的训练当中。比如在空击时,不戴拳套的空击和穿戴拳套的空击完全是两种感觉,就好像手握小哑铃进行直拳训练,前后的感觉完全不同,所以戴着拳套进行空击练习尤为重要。甚至在武术散打竞赛中有时会出现一些有趣的现象:运动员防守对方直拳或者摆拳时,对方仅仅是集中了防守的拳套,但是却产生了击打效果。这是因为,武术散打运动员没有与拳套合二为一,不了解拳套的习性,而在承受对方拳法力度时,没有把握好缓冲自身拳套在承受对方作用力时形成的反作用力的范围和角度,以至于被自己的拳套所伤。当然,也有一些环节的动作是无法佩戴拳套的。比如在武术散打训练中,经常会做站立式快速胸前杠铃前推动作以锻炼运动员的爆发力和出拳速度等。所以,在武术散打专项训练中,教练员和运动员要紧扣拳套,除了某些环节的特殊动作,其余部分尽量穿戴拳套训练。只有这样,才能做到"人"与"拳套"合二为一。

第三节 "一元"与"二元"训练理论研究

2003年,茅鹏等人提出了一元训练理论,对运动训练学领域产生了巨大的冲击,传统的训练理论开始受到质疑和批判。此后10余年,有关一元训练理论与二元(传统)训练理论的学术争辩就没停止过,至今争辩依旧没有得出结论。

一、训练理论相关概念辨识

(一)对元训练理论的理解

元理论是学科的基础理论,它是对一门学科性质的高度理论概括,是该学科研究方法的指导思想和指导原则,是关于该学科核心研究对象的理论。任何一门学科都必须具有元理论的部分,否则就是一个缺乏核心的松散联盟,不能称之为科学。在体育学的运动训练学中,存在着一元训练理论和二元训练理论两种训练理论,然而在认识中还存在着较大的争论,因此,在训练基本理论的界定和研究上,必须有清晰的认识和理解,只有这样,才能使运动训练理论更好地指导运动训练实践。

(二)一元训练理论和二元训练理论的相关概念

1. 一元训练理论的界定

茅鹏认为,"技术"和"体能"本是"一元"的。不存在没有体能内容的动作技术,也不存在没有技术形式的体能。技术与体能就像形式与内容一样在客观现实中是无法分离的(只是在概念的指向中为了思考的需要,人为地予以分离)。因此,不妨称这个新理论为"一元训练理论",简称为"一元论"。根据这种观点,一元训练理论提出:以运动训练专项化代替运动训练全面化,运动训练安排是根据"体力波"组成的若干小周期;同时,运动能力提高的基本原理不是超量恢复,而是人体生命有序状态的整体调整等。

2. 二元训练理论的界定

传统训练理论认为:(1)运动成绩在根本上系由"身体素质"和"专项技术"这两种"元因素"相结合而产生(身体素质也称体能,它包括"速度素质""耐力素质""力量素质""灵敏素质",以及由其所衍生的次级、再次级"素质"群所共同构建成的庞大体系);(2)训练行为产生"超量恢复"是运动能力(成绩)得以进步的根本原因;(3)由"准备、基本、竞赛、过渡"等"时期"构建"训练周期",其实质是由"全面身体素质训练"和"专项训练"这样两个主题阶段以及两阶段间"巧妙"的过渡和连接,构建"训练周期",这是"科学"训练安排的根本规范。上述三条就是传统的体育运动训练理论最基本、根本的原理,它建立在"身体素质""专项技术"这两种"元因素"的基础之上。

3. 体力波

运动能力在时间过程中不是恒定式地存在和发展的,运动能力是波浪式地、动态地存在和发展的，这就是"体力波"（茅鹏，2008）。

4．超量恢复

在运动后的恢复阶段，被消耗的能源物质含量不仅能恢复到原有水平，在一段时间内甚至出现超过原来水平的情况，称为超量恢复（田麦久，2000）。

二、"一元"与"二元"训练理论研究概况

"一元训练理论"，是由茅鹏先生于 2003 年正式提出的，是有关运动训练的指导理论。茅鹏先生在不到 20 岁时致力于从事体育事业，接触到了很多体育项目的训练工作。在长期的实践与研究过程中，他认识到在传统运动训练方法指导下的运动训练中存在的一些问题，自此开启了运动训练理论的研究历程。20 世纪 60 年代，茅鹏在《新体育》上发表了一篇名为《身体素质论应当否定》的文章，发起了对传统运动训练理论的挑战。文章指出，马特维耶夫提出的运动能力中的"身体素质"（速度素质、力量素质、耐力素质等），实际上是不存在的，并以体操"后手翻"技术的例子证明了这一观点。文章同时指出，"批判身体素质论并不是要取消身体素质论"，而是将身体素质的训练建立在专项技术需要的基础之上，也就是说，身体素质的训练的建立是为专项技术服务的，是为了促进专项技术效能最大限度地发挥。观点提出之后遭到了许多学者的质疑，没有在学术界产生很大的影响。1989 年，苏联著名学者马特维耶夫来我国进行讲学，茅鹏认真学习并思考，随后对其理论作进一步的分析、撰写，发表了三篇有关文章。这也是为一元训练理论提出所打下的基础。

一元训练理论提出后，便引起了运动训练界相关学者的关注，有学者持支持态度，也有学者持质疑态度。关于近年来中国运动训练理论研究热点的讨论，李雪宁对 1998～2017 年运动训练研究关键词进行了年度统计，发现 2003 年出现了一元训练理论与二元训练理论，随后的几年里，该方面的研究逐渐增多；2009 年后对该方面的研究逐渐减少，这一时期也是我国运动训练理论的快速发展期。从训练理论知识原理出发，构成了运动训练理论——一元训练理论—二元训练理论—项群训练理论等演进路线（李雪宁，2019）。对于一元训练理论研究的热潮期也就是在 2003 年到 2009 年之间，接下来我们对"一元论"和"二元论"的具体理论进行比较分析。

(一) 有关训练进步的根本机制研究

传统训练理论认为运动训练进步的基本原理是"超量恢复",从二元论的元因素上看,超量恢复,是体能上的超量恢复,而非技能,因为专项技术是建立在体能的基础之上的,没有办法进行超量恢复;超量恢复不管是从构成还是从实际操作内容上都符合二元训练理论(顾善光,2007)。王广虎(1998)对超量恢复原理进行深入剖析,指出:超量恢复训练原理是基于超量恢复现象的直观认识而提出的,但原理和现象不具有必然联系;另外,超量恢复现象不是人体系统特有的现象,而是任何系统都存在的、具有普遍意义的现象。

席玉宝(2003)对超量恢复原理在体育运动应用中的局限性和体育运动作用下人体系统有序结构的发展进行探讨,指出超量恢复原理无论是其理论本身,还是在指导体育运动实践应用中的方法手段上,都存在着一定的局限性。

李庆(2004)通过综述国内外学者关于超量恢复的观点,将对超量恢复存在的质疑总结为以下几点:(1)没有年龄的区别和划分;(2)没有性别的区别和划分;(3)没有初学者和有训练者界线的区别;(4)没有考虑遗传因素的影响;(5)没有可以监测的科学指标;(6)没有考虑神经学方面的适应性过程;(7)适应性过程不可能无休止地继续下去;(8)缺少生物医学方面的理论指导。

1987年茅鹏就提出了小周期和体力波,认为运动能力的间断性和连续性构成了"体力波"。2003年他又一次直接指出,把超量恢复作为训练进步的根本原理是错误的,训练进步的根本原理应该是整体调整(茅鹏 等,2008)。因此,在一元训练理论中他提出了"体力波",但茅鹏对于"体力波"并没有进行具体的概念界定,而是阐述型,这就引起了许多学者对其产生许多不解。茅鹏认为运动能力是波浪式存在的,运动成绩也是在特定的时空条件下产生的,不是恒定不变的,其决定因素在于是否能够达到"体力波"的波峰(李雪宁,2019)。

张洪谭(2006)质疑茅鹏的观点,认为他对体力波只是过多地述说其表现形式,没有对其下明确的定义,不易于人们理解训练波术语的使用与通用术语之间的联系或区别又有哪些;对于超量恢复,作者提出超量恢复是在训练结束后的某一时段内运动员机体能量补偿逾越原有水平的现象;而体力波是指运动员机体诸辅功能环节与专项所需主功能环节之间进行协调整合之后所形成的特定的形态机能式样，二者没有紧密的因果关系，并且在一元训练理论也多次涉及了能量代谢和新陈代谢等。

朱松海等人（2006）对两种理论进行了分析与解释。朱松海对超量恢复理论和体力波理论从原理、理论和实践方面进行对比分析，认为两种理论都是为了提高人体运动能力水平，前者以人体一般生理规律为依据，后者以人体系统内部矛盾斗争性、统一性为依据。超量恢复理论在实践中要求训练过程以大周期为循环，以定间隔的形式规定训练时间，全面化发展身体素质，以周期规律掌握运动员竞技状态；体力波理论强调训练的专项化、集约化，以多个小周期为循环，以机体内部矛盾运动作用，改变运动能力、运动层次稳定性的控制幅度，从而实现运动能力的发展。朱松海认为两种理论都存在不足之处：超量恢复无法解释成绩退步的现象，体力波不足以跳出定间隔的框框以及无法解释多课次进步现象等。

茅鹏（2008）在谈马拉松的训练时，对体力波再一次进行定义和解释。他提出：运动能力在时间过程中不是恒定式地存在和发展的，运动能力是波浪式地、动态地存在和发展的。这就是"体力波"。"体力波"的根本意义，在于机体内部的信息、物质和能量运动在时间过程中的整体性和环节性。这就是说，机体内部在时间过程中，是矛盾运动着的、阴阳转化着的，是具有内在结构的，是阶段性和持续性相统一的。运动能力的存在形式，是阶段着的持续，持续着的阶段。一个"体力波"，就是持续着的长过程中的一个"完整阶段"。

（二）"一元"与"二元"理论的立论基础研究

一元训练理论的整体论把竞技能力看作一个整体，认为技术和体能本是一元的、不可分割的，其子能力之间不是孤立的，并有着一定的依存关系。一元训练理论整体论从运动训练的最终目的出发，强调运动竞赛是运动员之间整体竞技能力的较量，而不是力量、速度、技术和战术某一种因素的比较。二元训练理论是把竞技能力整体分解为若干子能力，通过对子能力的提高最终实现竞技能力的整体提高。还原论方法是近现代经典科学的方法论基础，托夫勒将其比喻为"拆零"法。以还原论为理论基础的二元训练理论，要求运动训练实践不可忽视部分的重要性。二者既矛盾又相互补充（周爱国和张猛，2010）。

顾善光（2007）对"一元"和"二元"理论的立论基础进行分析，指出从运动训练的系统性来看，二元论把人体看成"他组织系统"，割裂了体能和技术的统一性，忽视了人体的发展动力学规律；而一元论把"人体复杂适应系统"作为理论基础，认为运动能力取决于有机整体的结构状态，一切为了专项、围绕专项，根据专项的需要来发展身体素质；但一元论没有提出科学的理论依据，没有反映出训练的专项化特征；同时，一元论的理论与实践有一定的距离，在运用上无法准确控制。

王健等人（2007）对于"一元"和"二元"的理论有着中立的态度，认为二者起着互补的作用。"一元"训练理论提倡直接进行专项训练，优点是运动员能多从整体上去思考，全局观点强；"二元"训练理论更多地把运动项目从分解的角度去训练，先分解后综合，这样的训练能够丰富训练方法，使运动员全面发展，为运动员打下良好的基础。王健同时指出，在运动训练实践中，"一元"训练理论和"二元"训练理论的思路要灵活运用，针对不同训练对象，在不同项目、不同训练阶段所用的指导思想应该有所区别。

（三）"一元"和"二元"训练理论的训练理念研究

全面化是二元训练理论的外显，而一元训练理论则支持"早期专项化"。

王磊（2007）在论文中提出：动作技术接受能力的关键期在儿童期，尤其是幼儿期。像邓亚萍、贝克尔等人所取得的技艺优势与其从幼儿时期便开始训练是分不开的，竞技体育的发展要抓好早期专项化；此外，要重视运动训练全面专项化，只有非常专项化、个体化、高强度的训练才能突破已有的平衡，提高运动技术水平。

早期专项化在我国付诸实践的几十年里，成功与失败并存，国内外学者也针对这一现象进行分析：部分学者持否定态度，也就是二元论所提倡的——过早的专项化训练会导致运动员运动寿命缩短，影响少儿生长发育以及文化课的学习；另一部分学者持肯定态度，也就是支持一元论，认为早期专项化训练对运动员选材以及培养等至关重要（顾善光，2007）。早期专项化强调的是全面、科学有效的训练，对不同年龄段的运动员进行专项训练时，要把控好训练内容、训练负荷等。

王清梅等人（2017）对"一元""二元"训练理论的各个方面进行了分析："二元"理论认为，运动员个体生命史发展是低龄阶段进行全面身体素质训练，到达高水平阶段后进行专项训练，按照一般与专项不同比例长期机械地贯穿于不同水平的运动员,使其运动水平不断提高。"二元"理论在实践中割裂了体能和技能发展与运动专项的关系,易错过动作技术发展敏感期而导致运动成绩难以达到高水平。"一元"理论提倡从小专项一体化,并不是只练专项而是根据专项动作技术特征、能量供应特点及"体力波"波形等选取符合比赛要求的训练方法与手段,在不同年龄时期、训练时期最大限度地调动并发挥运动员机体适应的专项潜能,突出不同运动能力之间的协作与整体发展。

杰恩提·尼鲁等人（Jayanthi Neeru et al., 2013）认为,儿童早期到中期的运动专业化已经变得越来越普遍,但对于是否必须从幼儿时期开始如此密集的练习以最大限度地发挥成功的潜力,仍存在一些争议。调查研究结果表明:对于大多数运动项目来说,没有证据表明青春期前的高强度训练和专业化是达到精英地位所必需的。早期运动专业化的风险包括更高的伤害率,增加的心理压力,以及在很小的时候就退出运动。体育专业化是沿着一个连续体进行的,以确定运动员在专业领域中属于哪里。要实现高水平的技能发展,需要一定程度的运动专业化;这种专业化的高强度训练应该推迟到青春期后期才能优化成功,同时将伤害、心理压力和倦怠感降至最低。

布伦纳（Brenner Joel S. et al., 2016）认为,很早就专攻一项运动并常年参加比赛,这种对运动专业化的日益强调会导致过度使用伤害、过度训练和倦怠感的增加;在青春期之前专攻一项运动可能不是实现运动专业化目标的最佳方式。

综上所述,基于对专项化和全面化不同的理解与定义,学者们在以下问题上尚存在一些争议,比如,专项化和全面化应该在什么阶段进行？从哪些方面（项目或者身体素质等）入手？如果对其有明确的划分,将会有哪些不同的结果产生？

茅鹏等人（2008）认为传统训练理论是基于"体能"和"技术"作为决定运动成绩的两个元因素之上的称为"二元"的训练理论。他把自己定义的"二元"训练理论和传统训练理论等同起来。事实上,"二元"训练理论和传统训练理论这两个概念的内涵和外延是不一样的。传统训练理论除了体能和技能外,还包括战术、心理和运动智能。传统训练理论比"二元"训练理论的概念要大得多。

"一元"训练理论没有能够看到传统训练理论的发展。传统训练理论早已突破以"二元"为主体的理论模式,向着系统化、综合化、多元化的方向发展,训练理论与实践紧密结合形成较为科学的训练体系。

"一元"训练理论认为,运动员幼年至成年的过程,提供了合理的训练时机,但对于不同的运动员、不同的运动项目、不同的训练阶段，所采取的训练方法和手段是不同的。"二元"训练理论认为，训练要分为基础训练阶段、专项提高阶段、最佳竞技阶段和竞技保持阶段。人在不同的阶段其训练特点是不一样的，每个阶段都应该有不同的训练方法和不同的训练内容。一名运动员成才要8～10年，运动能力是否能够持续增长、能否直接进行专项训练，要看项目而言，不能一概而论，每一个有运动经历和常识的人都明白这个道理。

"一元"训练理论把人体这样一个高度统一的整体作为研究对象，是一种整体论。"二元"训练理论把整个运动训练理论作为研究对象，分一般训练理论和专项训练理论两个部分。它们与各个运动项目之间必然出现断层和矛盾的地方，这种矛盾用项群训练理论得以弥补和解决。研究角度不同，得出的结论就不同，所运用的训练方法不同，训练效果就不同，取得的成绩也不同。

(四)"一元"与"二元"训练理论应用研究

茅鹏（2004）对我国三大球的状况进行了分析，他认为，二元训练理论导致了中国男子三大球水平低下，必须依靠一元训练理论进行一系列改革。人体是复杂适应系统，体能就在球艺之中。合理运用"球艺发生优质期"是培养顶尖运动员的关键性策略，同球艺的杰出性密切相关。脱离实际的基本功是有害的，要从群众性儿童少年玩球竞赛游戏中，从小培养先进球艺。要充分运用"运动训练全周期"以提高球艺的充实性。提高三大球比赛体力的关键在于联系实际运用好"体力波"规律。

孟凡仁（2015）通过介绍一元训练理论与二元训练理论的内涵，阐述足球发达国家在人才选拔上的理念，用一元训练理论的视角分析国内外足球后备人才的选拔本质，提出确立以一元训练理论为理论基础的人才选拔机制，摒弃"身体素质为先"的人才选拔理念，转为重点考察青少年的头脑思维能力和创造力，加大对足球技能的考核，重点观察球员对足球技术的理解与技能的运用。

姜丽（2005）认为我国足球、篮球项目在二元训练理论指导下存在投篮技术训练与比赛"对抗"能力脱节、先体能后战术的理论导致篮球和足球战术训练与体能训练之间的误区等问题。一元训练理论依据人体生理发展规律，重视技术学习的"初始作用"和充分利用运动生涯的"可生长期"，以及根据不同项目的技术特征，为科学训练提供思路。

张春合（2008）通过对一元训练理论进行实践运用，从一元训练理论的视角，分析影响运动员成绩出现停滞现象的训练手段和方法，研究结果表明，我国部分省市投掷运动队在训练方法和手段方面与一元训练理论存在着明显的差距，过多地重视训练量和一般训练，对专项训练理解产生偏差。随后他又对一元训练理论论据中足球运动员、长跑运动员的耐力问题和链球运动员的力量素质问题进行分析和论证，发现一元训练理论对此现象的解释存在着明显的误解、曲解，甚至断章取义、以偏概全，揭示该理论运用列举"事实"和"平移"科学的方法来引申结论，论据只限于形象的描述所提出的假设，并不具备结论意义上的支撑作用，也没有继承传统合理的东西（张春合，2008）。

三、对"一元"与"二元"训练理论的反思

一元训练理论的立论基础是"不存在没有体能内容的动作技术，也不存在没有技术形式的体能发放"。二元训练理论与其存在的不同在于体能和技能是否可以独立存在。在运动训练学当中，体能按其表现特征可分为力量、速度、耐力、灵敏、柔韧等子项能力，这些子能力之间既具有正迁移也存在负迁移，例如：力量对于速度可以是正迁移，而力量对于柔韧可能就会产生负迁移。运动技术的结构包括身体姿势、动作轨迹、动作时间、动作速度、动作速率、动作力量和动作节奏等动作基本结构与技术组合构成。从二者的结构来看，属于两个不同的元素；从运动能力的整体结构来看，体能和技能二者是具有联系且相互影响的。良好的技术有利于体能的发挥和节省，良好的体能也有助于技能的发挥。

对于超量恢复和体力波，正如上文所述，一元训练理论否定了超量恢复原理，认为其在根本上是错误的；然而在现在的运动训练学课本上仍然有该理论，笔者认为对于超量恢复不能进行全盘否定，在一定时期内关于能量的代谢及恢复仍然是用该理论进行解释的。关于体力波，学者茅鹏在一开始叙述一元训练理论时，没有对其进行具体的定义，这也就使许多读者迷惑不解，体力波能够很好地解释专项化和小周期等，以多个小周期为循环；超量恢复以定间隔的形式规定训练时间，以周期规律掌握竞技能力水平。笔者认为，体力波是超量恢复所上升的一个理论，二者并

不是相互否定，而是起到相互补充的作用。

关于一元训练理论和二元训练理论在实践中的运用，多数学者认为二元训练理论阻碍了运动技能水平的提高或运动成绩的获得，对于一元训练理论也有着不同的观点。由于茅鹏的一元训练理论没有具体到实施操作层面，也是由于各个项目的不同，无法对它们进行规范，这也就给实践操作者带来了一定的挑战和困难；需要吸取该理论的精华并设计负荷不同项目的实施方案。

第四节 竞技能力训练研究

一、体能训练研究进展与反思

(一) 体能训练相关概念辨析

1. 动作模式与专项技术、动作模式训练与功能训练的区别

(1) 动作模式与专项技术的差异

刘展（2016）认为，动作模式是指人体具有一系列相同的空间、时间、形状和方向等成分的解剖动作组合。动作模式是动作和运动技能学习与发展的基石，也是人体运动链系的正常结构和功能的结果，通过对有效的动作模式与运动链功能的筛查以及运动能力的检测，寻找出合理的预防性和矫正性训练方法，可以有效地识别和降低运动损伤发生的风险，提升运动损伤的防护和康复的效果。人体运动链可分为关节链、肌肉链、神经链三类。人体神经、肌肉和关节三个链系产生障碍的结果，就是人体运动时所出现的功能失调性动作模式。人体的基本动作模式包括蹲起、弓箭步、步态、体屈、体转、推撑、伸举、提拉、翻滚、爬行共 10 种。这 10 种基本动作模式是人们学习和发展基本动作技能的基础，也是实现运动或职业技能表现的根基（图 2-4-1）。

```
              表现
              风格
          Performance
             Style
       运动或职业技术
    Sport or Professional
         Techniques
       运动或职业技能
    Sport or Professional Skills
        基本动作技能
    Fundamental Movement Skills
         基本动作模式
   Fundamental Movement Patterns
      标向性、反应性和反射性动作
 Intended, Reactive and Reflexive Movements
```

图 2-4-1　人类动作模式和技能层次结构

崔运坤（2017）认为，从解剖学视角分析，动作模式指在空间和时间维度上所具备共同元素的一系列整体解剖动作。从生理学神经肌肉控制的视角分析，动作模式是在中枢神经系统支配下，肌肉、筋膜及关节等系统共同对预先储存在大脑中相应动作程序执行的过程，这种执行过程按照一定时间和空间顺序进行；它是人体完成动作时神经肌肉的动员顺序，简言之，就是训练运动员完成动作时的正确发力顺序。从动作模式目的和形式分析，动作模式是指有效完成某一动作的具体方法，它是各组与大脑联系的单个动作，一种动作模式代表多重单个动作，共同实现一种专门功能，它通过一系列的外在动作表现出来；系统地讲，动作模式是由遗传、神经生理特性、功能解剖结构等先天因素所决定的，为满足生存需要和完成动作任务而采取的符合人体自然条件、省力和安全的、最优化的动作实现方式。它是专项运动需要的动作程序，神经肌肉功能是动作模式的主要表征，人体生理机能是构成运动模式的内在物质基础，专项运动技术是动作模式训练的重要依据。

崔运坤（2017）提出，动作模式是人体为适应内外部刺激，多系统互相配合执行动作程序的过程，其内在本质是神经痕迹，形成机制是协调模式，外在表现是单个或多重单个动作。崔运坤还强调，理解动作模式需把握以下几点：神经系统参与是动作模式的显著特征，动作模式形成是神经痕迹作用的结果，动作模式具有稳定性和变化性的特点，动作模式是具有特异性的单个或多重单个动作。协调模式是处理与动作模式形成有关的要素及要素间联系的关键，是动作模式的形成机制。参与运动的各系统统筹工作形成特定结构，此结构促使了动作模式的形成（图2-4-2）。

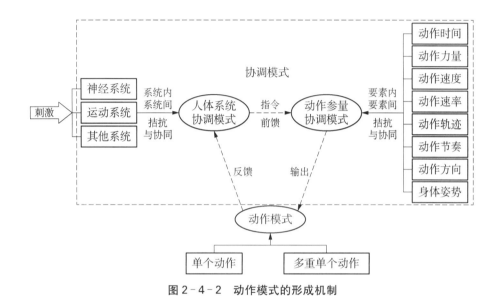

图2-4-2 动作模式的形成机制

库克（Cook，2010）和博伊尔（Boyle，2010）认为，人类动作技能表现是基于他们自身所具有的原始动作模式，包括蹲起、弓箭步、步态、提拉等。这些原始动作模式就是人体的基本动作模式。美国 AP 训练团队的创始人马克·维尔斯特根（Mark Verstegen）及其团队提出了"竞技体育的本质即是动作模式"的观点，马克·维尔斯特根对动作模式的理解是"人体的合理运动"，并认为动作模式承载着运动素质和技术，并最终决定运动表现力。

动作模式稳定和整个运动过程能量使用的经济与协调密切相关，同时兼顾了基本生活能量所需的身体素质的保持。正确的动作模式是竞技能力中关键因素之一，任何完美、复杂的竞技动作都是由最简单的身体动作模式组合而成，而错误的动作模式会造成不良运动姿态或运动损伤，对动作模式进行筛查或测试能够发现人体的弱链，对制定、完善运动训练和运动康复计划具有重要的促进作用，而优化动作模式能使运动员的动作更加有效、经济和稳定。

运动专项动作模式是由项目特征决定的，维持该项目存在和发展的动作模式，是运动员制胜所必须掌握的动作模式，具有特殊性，运动专项动作模式突出项目特点，没有严格的对称要求。基本功能动作模式是运动专项动作模式的基础，而运动专项动作模式是基本功能动作模式的变化。

运动技术是指完成体育动作的方法，任何一项运动技术都是由若干独立的动作连结组成的集合。尽管不同的体育项目需要完成不同的专门动作，但各个运动项目的专门动作都应符合人体运动力学基本原理，并具有相应的动作标准和动作规格，通过运动员的身体动作表现出来，故也被称为技术动作或动作技术。

潘迎旭（2017）认为，专项技术与动作模式之间的区别和联系在于，动作是专项技术训练的最小单位，而建立动作模式则是实现专项技术训练可重复性和规范性的平台。通常所说的动作模式就是指有效完成某一特定动作的方法。良好的技术发挥离不开有效动作模式的支撑。每项技术都是由多种或者多次单一动作模式按照一定的运动轨迹进行合理组合形成的。动作模式是技术的下位概念，动作模式是技术的最小单元。

实施身体运动功能动作模式训练的前提，是对所从事体育项目的技术进行分类，以此为基础再对每项技术进行独立动作解析，并依照完成每个独立动作的难度或强度进行分层和排序，进而建立各个独立动作之间的逻辑性和连续性，为形成高质量的专项技术提供保障。因此，动作模式与专项技术之间是紧密联系、不可分割的，任何与专项技术无关的动作模式训练对专项技术的形成都是无用的。正是二者之间存在这样的紧密关系，身体运动功能动作模式训练必须要依据运动场上的动作需要来设计，并按照多维度、多关节、无轨迹、无序的原则进行针对性训练，尤其要强调动作模式训练的本质是提高动作质量而不是提高肌肉力量，目的是练习者在比赛时能够有效地展现运动技能。

（2）动作模式训练与功能训练的差异

动作模式训练就是利用外部条件的干预，促使动作模式内部结构不断优化的过程（图2-4-3）。动作模式训练是复杂的体系，是多因素、多系统参与和配合的过程，而抓住动作模式训练本质、运用合理训练策略、选择正确训练内容是动作模式训练的关键环节。张英波（2011）认为，人体动作模式是我们掌握的所有技能以及做的所有其他练习和活动的基石，训练动作能够完善肌肉，而训练肌肉却难以完善动作，动作程序与动作模式决定了动作质量，竞技行为就是动作。"力量、速度、耐力"只是对动作绩效的定量描述，脱离了动作内在质量而拘泥于外在"绩效"的"数量"评价是毫无意义的，优质动作模式才是强大动作绩效的本源和动作安全的最佳保障。动作模式训练是提高动力链传递效能的有效途径，可以缩短专项技术形成的时间。因此，动作模式训练是提高专项技术的有效途径。

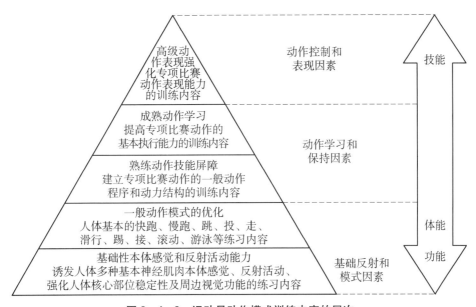

图2-4-3 运动员动作模式训练内容的层次

托马斯·库兹（Thomas Kurz，2009）认为，功能训练是一种在实际运动中进行的整体训练，通过训练动作模式实现稳定和高效的训练理念。史蒂文·普利斯克（Steven Plisk，2002）认为，功能训练对于个体是一种专项化的动作模式训练，这种专项化体现在生物力学的适应、内外机制的协调和能量的供应形式上，而不只是简单模拟动作的外在形式。

2. 竞技表现、竞技表现力、动作表现的区别与联系

姒刚彦（2006）从应用运动心理学的角度，对理想竞技表现作出新的定义，即

理想竞技表现是指在竞赛中对各种逆境的成功应对。其认为最佳竞技表现实践的第一个困难之处，是寻找与引发这些最佳心理状态的操作性问题。这涉及两个层面：一是每一个体的"最佳"为何物；二是如何通过操纵去实现。"最佳"理论切入到实践中的第二个困难点，即激烈对抗的竞技比赛险象环生、逆境迭出，所以，即便在比赛之前或比赛中的前一个片段，运动员已建立最佳心理状态，随着比赛进程的千变万化，已有的最佳心理状态可能会很容易地受到改变。以"最佳"理论为导向的实践工作中的第三个问题，即有些运动员，甚至一些教练员，可能会产生一些误解，他们以为，如果已获得最佳心理状态，就应该会一直处于最佳。因此，研究认为竞技表现是一种在竞赛中对各种逆境的成功应对方式（表2-4-1）。

表2-4-1 "最佳"理论与逆境应对比较一览表

	"最佳"理论	逆境应对
概念来源	由上而下	由上而下
主导意识	有问题是不正常	有问题是正常
适应性	强调最佳范围或区域	强调动态适应
操作性	训练方法比较抽象，重复出现，稳定性不高	训练方法比较具体，重复出现，稳定性较高
评价性	主要是主观评价：主观感觉与客观表现可能不一致；评价感觉与经验	主客观系统评价：主观感觉与客观表现结合与一致；评价合理性

蒋国勤（2011）认为，竞技表现是在比赛中影响运动员竞技实力各种主客观因素相互作用的过程，以及运动员在比赛中所表现出的竞技运动水平的反映。张文涛（2013）从参加伦敦奥运会田赛项目的运动员个人及项目本身出发，研究运动员在以充分发挥竞技能力、展示竞技水平为目标的比赛过程中所表现出来的特点，以及不同项目的表现特征。他试图从实证的角度用奥运田赛项目横向比较的方式，来揭示田赛运动员及项目竞技表现的特征，进一步探索最高级别田赛项目竞技表现的一般规律，从而为我国田赛项目的发展提供一定的参考和借鉴。陈亮和田麦久（2013）认为，由于对抗性项群的竞技过程具有存在直接攻防关系、比赛片段不确定、竞赛环境相对开放等特点，使得比赛中运动员个体或团队的竞技表现都难以始终稳定地保持在特定水平上。为此，将这一现象称为对抗性项群比赛中竞技表现的阶段性

"涨落"现象。

竞技表现作为比赛中表现出的竞技能力，内因是运动员的竞技能力，外因来自对方的竞技表现和竞赛环境。若保持比赛中运动员竞技能力处于较高水平，就需要项目团队拥有一定的竞技势能储备，即通过运动员的主观力量调控和教练员的临场指挥使运动员的竞技能力保持在较高水平上。刘建国（2014）认为，竞技表现有稳定性、波动性、相对可控性、相对确定性与随机性的特征。其中运动员竞技表现的稳定性是创造优异成绩的前提条件。王杰（2018）认为，竞技表现是运动员在临场比赛过程中综合竞技实力的体现。杨勇涛（2016）通过对静止眼动和动作表现关系的心理学机制研究，提出动作准备观、注意控制观和注意焦点观等，以解释静止眼动影响动作表现的机制。静止眼动影响动作表现，更长的静止眼动持续时间能够提升动作表现。

因此，本书认为，竞技表现是指在比赛中影响运动员竞技实力的各种主客观因素相互作用的过程及运动员在比赛中所表现出的竞技运动水平的反映；竞技表现力指比赛中的运动员在各种主客观因素作用下，所展现的各种选择或应对能力；动作表现指特定情景要求下，运动员完成身体动作的情况。竞技表现相关概念的逻辑关系如图2-4-4所示。

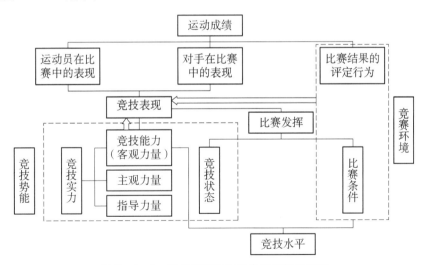

图2-4-4 竞技表现相关概念的逻辑关系图

3. 身体素质、运动素质、体能的区别与联系

(1) 有关身体素质的认识

柴建设 (2002) 认为，身体素质是指人体的形态、生理机能、运动机能和心理机能的发展水平。构成身体素质的应该是多种机能，其中包括运动机能，而构成运动机能的多种素质通常专指力量、速度、耐力、柔韧、灵敏等。体育词典编辑委员会在《体育词典》(1984) 中把身体素质定义为："身体素质是人体活动的一种能力，指人体在运动、劳动与生活中所表现出来的力量、速度、耐力、灵敏及柔韧等人体机能能力。"《学校体育学》(1987) 中认为："身体素质是指在神经系统控制下运动时肌肉活动所表现的能力。这种能力分为速度、力量、耐力、灵敏、柔韧等。"梁志在《中国学前教育百科全书》(1995) 中认为："身体素质一般是指人体在活动中所表现出来的力量、速度、耐力、灵敏、柔韧等机能。身体素质是一个人体质强弱的外在表现。"石作砺等在《运动解剖学、运动医学大辞典》(2000) 一书中，认为"身体素质是人体完成某个动作过程中表现出来的固有能力，包括五方面：速度、力量、耐力、柔韧及灵敏"。胡皓夫在《儿科学辞典》(2003) 中指出："人体在肌肉活动中所表现的力量、速度、耐力、灵敏及柔韧性，统称为身体素质。"这些界定的共同特点是都把身体素质的外延归结为力量、速度、耐力、灵敏、柔韧五个方面。

(2) 关于体能的认识

国内学者对体能的理解可以分为以下几类。

1) 身体素质类：李福田 (1996) 认为，体能就是运动素质，是运动员机体在运动时所表现出来的能力，包括力量、耐力、速度、灵敏和柔韧。田雨普 (2000) 认为，体能是身体的能力，是人体在生活和工作中所表现出来的能力；体能是由身体的力量、速度、耐力、灵敏性和柔软度等组成。

2) 身体素质＋人体基本活动能力（或者身体机能）类：《现代行业语词典》(2000 年版)、《体育大辞典》(2000 年版)、《体育大词典》(2000 年版) 中认为，体能是体质的一部分，体能是人体各器官系统的机能在肌肉活动中表现出来的能力。体能包括身体素质和人体基本活动能力，如走、跑、跳、投掷、攀登、爬越、举起

重物等能力。

3）形态＋身体素质＋机能类：《运动训练学》（2000 年版）中认为，运动员体能指运动员机体的基本运动能力，是运动员竞技能力的重要组成部分。运动员体能发展水平是由其身体形态、身体机能及运动素质发展状况所决定的。袁运平（2003）认为，体能是人体通过先天遗传和后天获得的在形态结构、功能和调节及物质能量贮存和转移等方面所具有的潜在能力以及与外界环境结合所表现出来的综合运动能力。

4）形态＋身体素质＋机能＋健康（或适应能力）类：《运动训练学》（2002 年版）认为，身体竞技能力（体能）是运动员竞技能力总体结构中的最重要结构之一，它是指运动员为提高运动技战术水平和创造优异运动成绩所必需的各种身体运动能力综合。体能包括：运动员的身体形态、身体机能、身体健康和运动素质。《体育科学词典》（2000 年版）认为，体能（physical efficiency）是运动员机体的基本运动能力，是运动员竞技能力构成因素的重要部分，包括身体形态、身体功能、健康水平和运动素质。

5）能量类：李怀海（2001）认为，体质是体能的基础，体能是指在运动中形成的能量贮备。

6）其他类：熊斗寅（2000）认为，大体能就是泛称的身体能力，它包括身体运动能力、身体适应能力、身体机能状态和各项身体素质，小体能是指运动训练中的体能训练和体能性项目等。王兴等人（1998）认为，体能即体力与专项运动能力的统称。体力包括身体素质与潜力，身体素质又有一般身体素质与主导性身体素质，并强调身体素质是指专项身体素质；潜力是指在一定环境、心理等外部或内部条件刺激下表现出来的身体竞技能力。而专项运动能力是指在对抗或与比赛相似的情景下掌握各种技术的能力。《现代行业语词典》（2000 年版）中，"身体素质"被定义为人体活动的一种能力，它指人体在运动、劳动与生活中所表现出来的力量、速度、耐力、灵敏及柔韧性等机能能力，这些机能能力之间既相互制约又相互联系。

国外学者对体能有如下理解。

美国学者将体能称为人体适应外界环境的能力；德国的学者将其称为人体的工作能力；法国称之为身体适应性；日本学者称之为体力；中国香港地区、台湾地区的学者将其翻译为"体适能"；美国运动医学会（ACSM）认为体适能构成成分有心肺适能、肌肉适能、柔软度、身体组成。哈特蒙等（Hartmann et al., 2009）认为，体能是以人体三大供能系统的能量代谢活动为基础，通过骨骼肌系统表现出来的运动能力；中国香港地区学者钟伯光（1996）对"适能"的定义是：适能就是指身体对外界的适应能力，完整适能包括身体适能和心理适能两部分。身体适能简称体适能，又分为健康相关体适能和竞技运动相关体适能。良好的健康相关体适能可让身体应付日常工作、余暇活动以及突发事情。运动相关体适能是可以确保运动员运动表现和成绩的能力，如爆发力、速度、耐力、柔韧、敏捷等。中国台湾学者林正常（1988）认为，体适能是指身体适应能力，是心脏、血管、肺脏与肌肉效率运作的能力，是指能完成每天的活动而不致过度疲劳，且尚有足够体能应付紧急情况。

总之，体适能因个人的需求不同分为竞技体适能和健康体适能。竞技体适能主要包括速度、反应、爆发力、协调性和灵敏性等素质，是选手为在竞技比赛中夺取最佳成绩所追求的体适能；健康体适能主要包括心血管耐力、体脂成分、肌肉力量和肌肉耐力及柔韧性等素质。

（3）关于运动素质的认识

田麦久（2000）认为，"运动素质是指机体在活动时所表现出来的各种基本运动能力，通常包括力量、耐力、速度、柔韧和灵敏等"。

运动素质是身体素质的一部分，指人体在从事体力劳动或体育运动时，各器官系统表现出的各种机能能力。它主要包括速度、力量、耐力、灵敏性和柔韧性等方面。

全国体育院校1995年版《运动训练学》通用教材解释为："运动素质是指在中枢神经系统的指令下，机体在运动时所表现出来的各种能力，通常分为力量、耐力、速度、柔韧和灵敏。"中国运动训练学专业委员会1996年出版的《中国运动训练理论与实践研究》一书对"运动素质"的解释为："运动素质有一般与专项之分。一般运动素质是指力量、耐力、速率、协调能力等。"并指出，"专项运动素质是指专项速度、专项力量、专项耐力等"。由此，许多体育专业书籍都把力量、速度、灵敏和柔韧等素质作为运动素质的具体概念加以使用。

（4）关于身体素质、体能、运动素质之间关系的认识

从上述关于身体素质、体能、运动素质的相关概念的认识中可以发现以下方面

的问题：首先，身体素质、运动素质和体能存在很多的交叉，即它们的外在表现都涉及力量、耐力、速度、柔韧和灵敏等。其次，身体素质是指人体的形态、生理机能、运动机能和心理机能的发展水平；运动素质是指力量、速度、耐力、柔韧和灵敏等机能的发展水平，属于身体素质的下位概念。体能是在先天遗传和后天获得的基础上，身体对外界的适应能力，包括身体形态、身体机能和运动素质3部分，运动素质是体能的外在表现和重要组成部分。最后，身体素质侧重运动健康科学领域，运动素质侧重运动训练领域，而体能，在国外比较侧重从宏观角度运用于运动健康科学领域，在国内比较注重应用于运动训练领域。

(二) 体能训练的研究现状

体能训练研究一直是国内外运动训练学界研究的热点问题，从图2-4-5中我们可以发现，从1968年到2019年，体能训练文献总量达到17661篇；从2000年到2015年，体能训练文献数量是持续增加的。纵观国内外体能训练研究，归纳出以下特点。

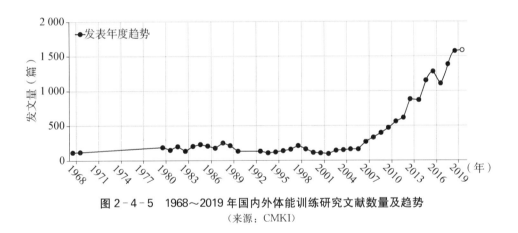

图2-4-5　1968~2019年国内外体能训练研究文献数量及趋势

(来源：CMKI)

1. 国外体能训练研究特点

(1) 重视长期跟踪研究

体能训练是一个长期的、循序渐进的、较为复杂的系统性阶段，我们知道，任何一名世界级优秀选手的出现一般都需要经过10~15年科学的、系统的训练，其中，体能训练贯穿整个训练系统。近年来，欧美运动训练科学专家对运动员进行了大量的、长时间的跟踪研究，取得了丰硕的研究成果。科林（Colin E. Sanctuary）等运用文献法、视频解析法、案例分析法、实验法等研究方法，以橄榄球队的训练实践中遇到的问题为切入点，深入地研究了职业橄榄球运动员在训练过程中的体能训练、战术训练、运动损伤、营养补充等方面的问题。目前，关于运动训练规律的长期跟踪研究主要体现在体能的变化规律、不同训练模式的效果、运动员长期竞技表现的跟踪、项目规则的变化对运动员比赛负荷特征的影响等方面，其中就提出了科学化体能训练的几个步骤（表2-4-2）。

表2-4-2 科学化体能训练的七个步骤

步骤	内容
第一步	分析竞技表现影响因素
第二步	个人或团队运动员的需要分析
第三步	设计干预措施
第四步	实施干预措施
第五步	监控干预措施
第六步	评价干预措施，新修订措施并分析
第七步	竞技水平提高

从表2-4-2可以看出，国外专家能够系统地从长期跟踪研究中发现运动员的训练效果影响机制、成才规律、运动损伤发生和康复规律等，从而更好地把握科学化的运动训练规律。

（2）注重理论到实际的转化研究

德国著名学者哈格认为，"体育科学"词汇暗含着实践科学的意味，说明该学科领域的研究应紧紧围绕"以实践为中心"。目前，欧美对体能的研究显著的一个特点就是注重理论到实践的转化研究，具体表现在以下两个方面：一是根据已有的基础学科理论来研究具体项目体能训练及发展规律在训练实践中的运用；二是从体能训练的事件中发生的问题（个别问题和普遍问题）入手，通过设计实验方法，运用科学的研究方法和工具来解答事件中的问题，进而将研究的结论运用到实践中去检验并指导体能训练实践。

（3）重视训练或比赛之间的恢复过程研究

体能训练与恢复训练紧密结合，将恢复训练纳入体能训练体系中，成为其中不可或缺的组成部分。从 20 世纪 30 年代，汉斯·塞利（H. Selye，1936）从病理学的角度提出了生命的"应激—适应"问题到提出"适应"可分为生理适应、心理适应和社会适应等不同形式，再到出版了《生活的压力》（*The Stress of Life*）以及提出"局部适应"的问题，对训练或比赛的恢复过程研究具有重要的指导意义。维鲁（A. Viru）在《运动训练中的适应性》（*Adaptation in Sports Training*）一书中将运动训练置于机体适应情境中进行全面分析，深入探讨运动能力在训练中的增长、保持、下降，对能量代谢系统、神经—肌肉系统、内分泌系统过程中的运动生理、运动生化等指标变化进行阐述，并指出肌肉收缩的停止并不意味着机体运动的结束，训练或比赛后的恢复同样也是运动训练的组成部分，在"运动后恢复期"应当积极采取措施保障各种重要的能量物质补给与积极康复。宏观上机体的恢复可分为快速恢复期和延迟恢复期，恢复过程中经历了功能正常化、内稳态平衡正常化、工作能力的恢复、能量储备的恢复以及超量恢复与功能重构 6 个阶段。功能重构过程也就是基因和相关蛋白质的修饰过程，它帮助机体适应不断变化的真实环境，进而提高竞技成绩。

（4）重视高科技的全面渗透

现代科学技术给人类社会生活带来革命性变化的同时，也日益渗透到了运动训练科学研究的各个领域，改变着运动训练科学化研究的方式，拓展了运动训练的新思路和新手段，极大地提升了体能训练的质量和效益。欧美国家在科技运用到体能训练方面表现得尤为突出。特别是运用计算机大量存储数据资料、高速运算、模拟分析的功能，建立多功能大型专项数据库，可以准确地分析体能训练方式、修正体能训练方案。并且在体育科学领域，有一大批前沿科技在实践中发挥作用，例如，三维人体运动仿真与视频分析等关键技术实现了体育训练的进步和转变；Cas 计算机辅助运动技术、Observer 行为观察分析软件、Face Reader 软件、Virtual-Reality 仿真系统（虚拟现实）、SPCS 系统（生理相干和自主平衡）等计算机辅助技术，在运动训练过程的监控中得到了越来越多的应用。

2. 国内体能训练的研究现状

国内对体能训练的实验研究不如国外常见，涉及的面也比较窄，但也有部分学者对此进行了相关的研究。如陈小平等人（2010）从人体机能与运动素质结合的层面，谈及了有氧与无氧耐力的动态关系对我国耐力训练的启示，并提出了"盲目提高训练强度会影响运动员基础耐力水平、影响运动过程中疲劳恢复"等问题，"方法论视角、神经—肌肉系统观视角、协同化及专项化视角"成为力量训练的新视角。张俊清（2018）也分析了不同性质肌肉工作时的供能特点及力学特征。"核心稳定性"是 2006 年 Kibler 引用到竞技运动训练中的，核心力量是 20 世纪 90 年代欧美的一些学者从解剖学、力学和神经生理学等不同的角度对躯下肌群进行研究后提出的，他们先后提出了核心稳定性和核心力量的问题。我国对核心力量这一概念的引入是在 21 世纪初，最初在康复方面对核心力量进行应用，随着研究的深入，逐步过渡到在训练、教学和健身三个方面的运用，"良好的速度素质有利于运动员更好地掌握合理而有效的运动技巧，肌肉快速的收缩能够产生更大的力量"（尹军 等，2013）。核心力量对运动员在竞技体育比赛中总体的竞技能力有着重要的作用。我国有些学者结合竞技体育运动项目，对柔韧性训练和运动协调进行了相关描述。"体能训练是以体能训练方法为手段去解决和康复运动功能障碍的一门综合学科"，"体能康复训练的关键是必须介入运动训练的过程"（袁守龙，2011）。功能性训练是从欧洲和北美引进来的，我国部分学者对其理解为"功能性可以分为功能性力量、功能性速度、功能性耐力等，而功能性力量训练仅仅是其中的一个分支"（李笋南 等，2015）。近年来，功能性训练传入我国，并逐渐影响着我国竞技体育训练领域。

（三）现代竞技体能训练发展的趋势

随着将功能性训练引入我国的竞技体能训练，竞技体能训练体系发生了较大的变化，相关的研究也开展得比较活跃，但客观地讲，我们对现代竞技体能训练的认识还比较肤浅，许多问题尚有待澄清。如：在职业化比赛条件下，运动员竞技体能发展的总体趋势是怎样的？如何科学地进行现代竞技体能训练？鉴于此，我们立足我国当前体能训练的现状，面向世界体能训练发展的未来，对现代竞技体能训练的特征进行分析，以期为广大一线教练员拓宽体能训练思路提供参考。

1. 训练内容和功能多样化

长期以来，体能训练的内容主要体现在运动素质上，在 2012 年体育院校通用版《体能训练》教材和 2013 年高教版《体能训练》教材中，第三章至第七章板块的竞技体能训练内容，都是按五大运动素质（力量、速度、耐力、柔韧、灵敏）顺序进行编排。然而，源于康复领域的功能性训练被移植到竞技体育领域后，体能训练的功能性诉求不断得到强化。功能性训练的著作，如《动作—功能动作训练体系》（格雷·库克，2011）、《竞技能力的全面发展——身体功能训练的艺术与科学》（Vern Gambett，2011）、《身体运动功能训练》（尹军和袁守龙，2015）、《身体运动功能训练诊断与训练》（尹军，2015）等的问世，标志着功能性训练越发成熟。现代竞技体能训练的内容已在原有的运动素质训练外，增加了功能性体能训练的内容，如肌肉—神经系统激活、动作模式训练、快速伸缩复合训练等，我国体能训练的内容从运动素质主导型训练，向神经动员的功能型训练转变，相应的功能也从为技、战术提供保障的单一性、独立的训练向全面的、立体的、多元化训练转变。

2. 训练手段专项化和精准化

体能训练的目的是实现技能和战能在训练和比赛中的更好的发挥，所以，设计体能训练手段时，应紧密结合专项特征（各运动项目比赛规则规定取胜的主要因素、运动项目的主要供能系统、运动项目的技术结构和主要环节、运动项目对运动素质的特殊要求）进行专项化的安排（李春雷，2016），同时，还应考虑专项技术各阶段的肌肉用力特征以及通过各种功能性检测（如功能性动作筛查、平衡能力测试），对检测出的薄弱部位肌肉力量、关节和韧带等进行有针对性的精准化训练（杨世勇，2012；田麦久，2012）。可以说，体能训练的精准性越强，其专项化水平就会越高，同时，在体能训练中各种训练手段产生的负荷和能量供给就越接近运动员的比赛状态，运动员所获得的运动素质就越可以在比赛中得以展现。

3. 训练负荷突出专项强度

在现代竞技体能训练中，训练负荷的安排以强度作为训练负荷的灵魂，无论是在竞赛期，还是在准备期，都非常重视训练强度，大强度训练已成为当代高水平运动员的重要体能训练特点，当年刘翔的跨栏跑训练以及如今苏炳添的短跑训练，无不体现注重训练负荷强度的提高，而非注重大运动量的训练负荷安排。由于训练水平提高的基础是运动员机体在不断受到新的刺激下不断地形成新的适应，而机体对训练强度的刺激反应最强烈，因而即使在准备期，仍安排有一定比例的较大强度的专项速度与爆发力训练。当然，相比之下，竞赛期中强度的要求更突出和集中一些。运动实践证明，在较大强度情况下技术的改进才能更好地表现在比赛中，也容易使运动员控制竞技状态。

4. 动作练习规范化

体能训练时的动作规范性，既是精湛运动技术形成的源头，决定了整个运动过程的动力传递效果和能量消耗多少，也是避免运动损伤的有力保障。体能训练过程中不规范的技术动作，不仅会影响体能训练的效果，而且可能导致运动损伤的发生。尤其是力量训练，一旦运动员出于省时省力意图，不愿意高质量完成力量训练动作，就可能导致动作失准、引发肌肉代偿，导致无法有效刺激目标肌肉区域，也导致训练效果的不尽如人意。因此，在体能训练全过程（包括准备活动和整理活动过程）都应高度重视动作练习的规范性，即使是非常细小的错误动作，也要不厌其烦地反复予以纠正，使运动员形成正确的条件反射。

5. 训练过程常态化和体系化

体能训练是一项系统工程，由于运动员的体能水平是在长期的训练中逐渐形成和提高的，所以体能训练要贯穿运动员整个运动生涯，渗透到每一个赛季、每一天和每一节课，而且在准备期、比赛期、恢复期都要坚持有效的体能训练，而不只是在传统体能训练中的冬训期间突出练体能。随着将功能性训练引入竞技体能训练中，现代体能训练已从只重视训练计划制订和实施，到将体能训练过程体系化（将体能训练划分为运动能力测量与评估、体能发展目标制定、体能训练计划设计和体能训练实施四个紧密衔接过程）。每一节体能训练课都有固定的结构和流程。此外，体能训练体系化要求"正确的手段、精准的变量、系统的方式、目标原则及精准控制的训练"，同时以动作和能量代谢为基础，以具体训练内容和方法为途径，以训练质量控制与提高为核心。

6. 训练过程监控数字化

数字化体能训练是应用现代科技方法、实时测量的数据来监控训练质量，对于提高单位时间内的体能训练效率，实现高水平运动员的精确个性化体能训练都具有非常重要的意义。科技水平的飞速发展，为实现体能训练过程的数字化监控提供了硬件条件。全球卫星定位系统、压力传感器、加速度计、陀螺仪、无线传输、云计算等技术已经从军事和工业用途转化成运动测量设备，可以便捷、精确地对运动员体能训练中各种练习形式的运动数据进行捕捉和采集，并通过高度集成的软件系统对海量的数据进行快速处理和分析，实现实时反馈。教练员可以利用数字技术对运动员体能现状"精准把脉"，合理地调整训练计划，继而实施应对策略，以提高其专项体能训练效果（中国运动训练学专业委员会，1996；王向宏，2013）。同时，运动员也可以通过这些直观的数据进一步激发自身的潜能，提高运动表现，产生更佳的内在动机和神经肌肉适应性。可以预见，数字化体能训练将成为体能训练监控的一个重要方向。

7. 训练与营养恢复一体化

对抗激烈程度大幅度增加要求运动员必须有良好的连续参赛能力，并且尽可能地降低运动损伤风险；以往只考虑训练负荷，不考虑运动员营养保障与恢复效果的体能训练方式，已经不能适应现代竞技体能训练的需求了。现代竞技体能训练已将运动员营养与恢复纳入整个训练体系，保障运动员以最佳运动状况投入新的训练和比赛中。当今，竞技体育领域的"恢复"也不单单指运动训练后的休息了，还包括训练间隙时间的控制、训练课次之间的安排以及比赛前、中、后的恢复调整，其恢复手段也变得多种多样，如压缩衣、拔罐、红外桑拿、冷冻治疗仓疗法、浸入式水箱、筋膜枪、冷热淋浴交替、软组织按压放松等各种恢复手段。同时，也重视营养对运动员恢复的作用，如通过摄入一定量的红菇提取液，提升运动员体能，改善训练效果（杨庆玲和刘建新，2019）；如通过食用菌饮食调摄去改善运动性疲劳、运动性贫血和氧化应激损伤的效果（黎嘉兴，2019）等。因此，现代体能训练组织已经形成分工明确的团队模式，团队成员包括体能训练师、物理治疗师、运动防护师、营养师、放松按摩师等，表明运动员体能的发展将不再是教练员一个人的"责任"，而是一个团队的"任务"。

(四) 对现代竞技体能训练问题的反思

为应对竞技体育职业化、赛事密集化和运动员伤病常态化的时代挑战，2011年国家体育总局引进了功能训练体系，以助推国家队备战伦敦奥运会；功能性训练从此正式进入我国竞技体育领域，并成为我国现代体能训练体系的有机组成部分。2020年2月28日国家体育总局发布了《关于进一步强化基础体能训练恶补体能短板的通知》。上述举措从政策层面彰显出我国体育高层决策者对体能训练的高度重视。在运动训练学界，竞技体能训练也一直是研究的热点问题，相关研究成果颇为丰富，但是对其中一些基本问题的认识比较模糊，例如：功能性训练和传统体能训练的本质属性是什么？二者之间有何区别？二者在现代竞技体能训练体系中承担什么角色和任务？怎样正确处理二者的关系？厘清上述问题对于推进我国竞技体能训练理论的顶层设计、规范体能训练研究、完善我国体能训练理论体系，都具有一定的理论价值和积极的现实意义。

1. *功能性训练的迷悟与归真*

虽然起源于康复领域的功能性训练于2011年正式引入我国竞技体育中，但实际上，其中的一些训练手段和方法早已被一线教练员使用过，只不过大家还没有提出这么明确的概念（主要是没有翻译过来）。随着近几年国内外相关研究的开展，人们逐渐发现，学界对功能性训练的"身份"问题（功能性训练到底是什么？功能性训练包括什么？功能性训练的本质属性如何？）一直没有给出一个让人信服的解答。这些基本的理论问题不解决，现代竞技体能训练体系就无法构建，体能训练效果和质量也难以保证。因此，界定功能性训练的概念，厘清其本质属性，是科学地指导现代体能训练实践的前提。目前，国内外学者对功能性训练的概念界定出现的分歧，归纳起来有以下5种学说：训练方法说、活动说、训练说、理念或概念说、训练手段说（表2-4-3）。

表2-4-3 不同学者的功能性体能训练概念界定

学说	内涵	外延	代表人物
训练方法说	1. 功能性训练是有目的的、多维度的动作模式中控制自身体重的训练方法 2. 功能性训练是一种为提高专项运动能力，通过加强核心力量并能使神经肌肉系统更加有效率的训练方法 3. 功能性训练是专项运动员在一定负荷和速度条件下所进行的各种递增式，并将多关节、多平面和本体感受性融为一体的专门动作训练方法 4. 功能性训练，是一种为了提高运动能力，通过加强核心力量并使神经肌肉系统更加有效率的训练方法 5. 功能性训练是在打破传统体能训练观念的基础上对当前体能训练起到推动作用的新模式、新方法 6. 功能性训练是从整体上提高身体运动系统的工作机能，以达到更好发挥竞技水平的训练方法	1. 功能性热身训练、功能性核心训练、功能性力量训练、功能性爆发训练、功能性冲刺训练、功能性灵敏训练等 2. FMS测试、软组织唤醒、肌肉—神经系统激活、动作准备、快速伸缩复合力量、动作整合、专项动作技能、加速与多方向移动、力量与旋转爆发力、能量代谢系统发展及再生与恢复等 3. 激活与再生、动作模式、核心柱训练、功能性力量训练、能量代谢系统训练、快速伸缩复合训练、多方向速度训练	1. 莫格、拉德克利夫（Mogg A, Radcliffe J C, 2007）、德·卡洛（De Carlo M, 2009） 2. 李少丹 等（2007） 3. 尹军 等（2013） 4. 李笋南 等（2015） 5. 袁守龙（2011） 6. 李丹阳（2011）
活动说	1. 功能性训练是教会运动员在各个运动面内有效控制身体的一系列练习活动 2. 功能性训练是将日常的身体活动和竞技运动整合为一体的系列活动 3. 功能性训练是指与日常生活相关的功能性活动	平衡性训练、稳定性训练、核心训练和动态运动训练	1. 沃斯特根 等（Verstegen et al., 2010） 2. 史蒂文（Steven P, 2002） 3. 邓运龙（2010）
训练说	1. 功能性训练从本质上就是有目的的训练 2. 功能性体能训练是以与身体的功能和针对目标运动的专项性相一致的方式进行的训练	平衡练习，本体感觉练习，需要脚接触地面的、不需要固定器械辅助的练习	1. 迈克·鲍伊尔（Michael Boyle, 2004） 2. 桑塔纳（Santana J. C., 2000）

续 表

学说	内涵	外延	代表人物
理念或概念说	1. 功能性训练是指体能训练的新理念 2. 功能性力量训练是一种训练理念，是一种抽象的概念 3. 身体功能训练是一个广泛的概念，从一个比较全局的角度寻找运动员个体薄弱点的范畴	悬挂训练、振动力量训练、核心力量训练、本体感觉功能性训练	1. 沃特（Voight M. L.，1995） 2. 季磊（2011） 3. 董德龙（2010）
训练手段说	功能性训练是一种涉及日常生活的身体活动，它起源于康复，是物理治疗师们发展起来的训练手段	功能性力量、功能性速度、功能性耐力等	美国百科全书（2006）

由表2-4-3结果看出，5种学说中有15位学者对功能性训练概念提出了自己的观点，呈现出多元化现象。那么，如何对功能性训练的概念进行科学界定呢？众所周知，概念是通过揭示对象的特性或本质来反映对象的一种思维形式。逻辑学认为，概念包括内涵和外延，内涵是反映在概念中的事物的特性或本质（界定的事物是什么），外延是指具有概念所反映的特有属性或本质属性的对象，是反映在概念中的一个个、一类类的事物（界定的事物包括什么或有什么）。明确界定一个概念，应该是这个概念既有内涵又有外延（Encyclopedia，2006）。依据形式逻辑学原理分析学者们对"功能性训练"的概念界定，发现15位学者中只有7位学者的学说基本满足了概念界定的要求（既有内涵又有外延）。但是，哪种学说更为合理呢？

"训练手段说"的学者将功能性训练看作一种手段。分析发现，手段是以实体形态存在的，是"一物或诸物的复合体"，是通过自身所具有的机械属性、物理属性和化学属性作用于客观对象的，但是，功能性训练是一种概括性的集合而非以实体形态出现的，所以将功能性训练看作是手段缺乏科学性。

"训练方法说"的学者们认为功能性训练是一种方法。虽然方法也被人们称为活动的手段，但它不是物化了的手段，而是人类认识客观世界和改造客观世界应遵循的某种方式、途径和程序的总和，因此，黑格尔把方法也称为主观方面的手段。他说："方法也就是工具，是主观方面的某个手段，主观方面通过这个手段和客体发生关系……"（列宁《黑格尔"逻辑学"一书摘要》，见《列宁全集》，第38卷，第236页）。在人们有目的的行动中，通过一连串有特定逻辑关系的动作来完成特定的任务，因此，将功能性训练看作是一种方法亦不合适。

"训练说"的学者们认为功能性训练是一种训练，根据逻辑学中定义概念不能直接或间接地包含被定义概念，也就是说下定义不能同语重复的要求，该观点犯了用"训练"这个概念来给被定义者界定的循环定义的错误。

"理念或概念说"的学者们认为功能性训练是概念或理念。他们在这里忽视了一个基本的理论问题，即概念是对对象的抽象和概括，理念是人们的思想活动和看法，而功能性训练是一种预防运动损伤、延长运动寿命的训练实践活动，因此，将以行为方式为主功能性训练看成一种理念或概念也不符合逻辑。

那么，是否可以将功能性训练看成是一种"活动"呢？答案是肯定的。遵循逻辑要求界定"功能性训练"，自然要先厘清概念内涵中的属性问题。从字面来看，"功能性训练"是一个偏正结构的词汇，"功能性"是修饰"训练"的，关键词是"训练"，"功能性"是描述性词汇。基于词组分析，首先，应明了"训练"的词义。2001年版《现代汉语常用词辞海》中将"训练"定义为："有计划有步骤地使具有某种特长或技能。"百度百科则参考汉典网将"训练"解释为："有计划有步骤地通过学习和辅导掌握某种技能。有意识地使受训者发生生理反应，从而改变受训者素质、能力的活动。"后者的解释在前者的基础上作了补充，同时也把"训练"理解为"活动"。据此，从内涵上将"功能性训练"的属性理解为一种或一系列活动，不失为有据可循的选择。其次，要明确概念内涵中属性的独特性。"功能性训练"是一个专有名词，其最早出现在康复领域时就是针对改善身体损伤部位运动功能的，故其特殊之处也显而易见，它是一种针对身体损伤部位进行运动能力恢复的活动。因此，结合上述分析，笔者将"功能性训练"的内涵定义为："通过对身体损伤部位的针对性练习，使其恢复正常运动能力的活动。"然而，探究"功能性训练"在竞技体育领域中的应用时发现，其功能与康复领域有所不同，从"恢复运动功能"转向"预防运动损伤"。所以，在竞技体育的语境下，可将"功能性训练"的内涵界定为：功能性训练是通过对运动员身体"弱链"环节的针对性身体练习，达到预防其运动损伤、延长运动寿命目的的一种活动。

功能性训练作为"种"，其"属"是什么呢？即功能性训练的上位概念是什么？

众所周知，竞技能力训练的内容主要为体能训练、技能训练、战能训练和心理训练等，显然，在竞技体育的语境下，功能性训练作为预防运动损伤、延长运动寿命的实践活动，无疑应归属于竞技能力训练内容中的体能训练，而非其他。李赞（2019）从逻辑学和应用领域的诉求差异两方面探究了功能性训练的本质属性后认为，功能性训练和体能训练的对象均指向竞技体育领域的运动员，二者的本质属性都是使训练参与者在身体形态、身体机能和运动素质三个方面更好地满足或适应于提高/维持运动表现。因此，功能性训练的本质属性是体能训练，在竞技体育领域叫作功能性体能训练，属于广义体能训练的下位概念，二者是属种关系。既然是体能训练的子训练内容，就理应将功能性训练放在"体能训练"中进行外延界定。

对"功能性训练"的外延界定，实质是解释"有什么"或"包括什么"，准确地说就是"练什么"的问题。既然功能性训练隶属于体能训练，从体能训练的内容（力量训练、速度训练、耐力训练、柔韧训练、灵敏训练）看，功能性训练的内容就应该与体能训练的内容基本一致，其外延的内容也应是在体能外延的基础上，突出功能性。因此，功能性训练的外延是：功能性力量训练、功能性速度训练、功能性耐力训练、功能性柔韧训练和功能性灵敏训练。

为了证明功能性训练概念的外延界定是否正确，可以从功能性训练5种学说中对其概念外延的界定中寻找答案。比如，认为功能性训练包括："功能性核心训练、功能性力量训练、功能性爆发训练、功能性冲刺训练、功能性灵敏训练等"（Radcliffe J. C，2007；De Carlo，2009），"快速伸缩复合力量、加速与多方向移动、力量与旋转爆发力、能量代谢系统发展"（尹军 等，2013），"核心柱训练、功能性力量训练、能量代谢系统训练、快速伸缩复合训练、多方向速度训练"（李笋南 等，2015），"核心训练"（美国运动委员会，2010），"功能性力量、功能性速度、功能性耐力"（美国国家运动医学会，1991），"悬挂训练、振动力量训练、核心力量训练"（Steven R. Tippet，1995），"功能性力量、功能性速度、功能性耐力"（董德龙，2010）等，都是直接指向一般体能训练中的身体素质训练内容，而"平衡性训练、稳定性训练、动态运动训练、本体感觉功能性训练"（Verstegen et al.，2010）等都属于体能训练内容中的复合运动素质（灵敏素质）训练（胡亦海，2013）。由此可见，功能训练系统涵盖身体素质训练，本质上属于传统竞技体能训练中的一般体能训练，不同的是，它比一般体能训练更有针对性，功能性训练是通过基于运动项目的专项技术特点，结合身体运动功能训练的评估体系（包括运动员的机能状态评估、功能性动作筛查和运动素质评估），对运动员的现实体能水平进行测试，从而发现运动员身体"弱链"环节（受伤部位）肌肉力量不平衡、关节稳定性和灵活性差等问题，进而采用各种手段和方法进行有针对性训练。因此，对现有的相关研究既不能盲从，也不能肆意夸大其功效。

除去上述明确针对身体素质的训练，现在对"软组织唤醒、肌肉—神经系统激活、再生训练"进行分析。"软组织唤醒、肌肉—神经系统激活、功能性热身训练、动作准备"等，主要在训练的准备部分进行，软组织唤醒是通过痛点按压来梳理软组织的粘连，达到放松的效果；肌肉—神经系统激活则是通过简单的动作或拉伸，在短时间内快速提高神经系统的兴奋性和神经—肌肉之间的传导速度。这两者是为功能性训练的开展作准备，其目的与传统体能训练中的热身部分相似，旨在调动身体的兴奋性。同样地，再生训练与传统体能训练中的整理部分相似，它主要根据肌肉筋膜放松原理，通过对肌肉外膜进行主动梳理和按压筋膜的方式，使肌肉和软组织在短时间内得到有效的放松和恢复，它们都不属于真正意义上的训练主体部分。而"FMS测试"是一套进行功能性动作筛查的测试方法，"专项动作技能"属于专项技能训练内容，"动作模式"与"动作整合"训练是在对人体基本动作模式进行测试、诊断和纠正的前提下，利用专门设计的动作练习的方法。因此，与传统体能训练相比，功能性训练中不少训练内容只是在用词方面有一些变化，并无实质性改变，对于这种变化，打个不一定恰当的比喻，就好比是"新瓶装旧酒""换汤不换药"。

综上所述，本研究对功能性训练的概念界定为，功能性训练是为达到预防运动损伤、延长运动寿命目的，对运动员身体"弱链"环节进行的有针对性身体练习活动，包括功能性力量训练、功能性速度训练、功能性耐力训练、功能性柔韧训练和功能性灵敏训练。功能性训练的本质属性是体能训练，属于广义体能训练的下位概念，二者是属种关系，准确地说，竞技体育中的功能性训练应称其为功能性体能训练。

2. 对传统体能训练的再认识

体能训练是运动员竞技能力发展的重要内容，体能训练包括一般体能训练和专项体能训练。一般体能训练是指：运用多种非专项的体能练习手段，进行的旨在增进运动员的身体健康，提高各器官系统机能，全面发展运动素质，改善身体形态，掌握非专项的运动技术、技能和知识，为专项成绩提高打好基础的训练。专项体能训练是指：采用直接提高专项素质的练习，以及与专项有紧密联系的专门性体能练习，最大限度地发展对专项成绩有直接关系的专项运动素质，以保证掌握专项技术和战术及在比赛中顺利有效地运用，从而创造优异成绩的训练。一般体能训练是专项体能训练的基础，并为专项运动素质的提高创造必要的条件。换句话说，竞技体育的体能训练应该包括一般体能训练和专项体能训练，即优秀运动员的出现必然是经过"全面身体素质训练"后进行了"专项身体素质训练"的成才路径。长期以来，上述观点对我国竞技体能训练实践产生着重大的影响，以此形成的惯性思维定式，形成了神奇的"魔力"，传遍整个竞技体育训练界。然而，成功的运动训练实践果真如此吗？让我们来看看下面的一个例子。

当年中国足协为克服国家足球队队员在国际赛场上奔跑能力不足的现状，推行了"12分钟跑"体能测试，掀起了国足队员大练长跑的热潮，其结果是中国国家男子足球队队员的耐力素质（"12分钟跑"成绩）确实提高了，但在赛场上奔跑能力不足的问题仍然没有得到解决。造成上述情形的主要原因，关键在于对"一般体能训练是专项体能训练的基础，并为专项运动素质的提高创造必要的条件"的认识起了误导作用，足协倡导的"12分钟跑"体能测试仅仅是体能测试的一个内容（耐力测试），而这种耐力只是一般耐力，而非足球运动员的专项耐力。在此，我们通过分析一般耐力是否是专项耐力的基础，从一个侧面说明在竞技体育的体能训练中是否要进行一般体能训练。

图2-4-6是不同位置足球运动员90分钟比赛中不同强度跑的统计结果（Weineck，1998）。从该研究结果可见，足球运动员比赛时的负荷主要以中、低强度为主，快速跑和冲刺跑只占到一场比赛整个跑量的10%左右。根据Müller/Lorenz对足球比赛的统计结果，整场比赛运动员的平均跑量为8923米，其中，冲刺跑606米（7%）、快跑1492米（17%）、慢跑3934米（44%）、走2891米（32%），在冲刺跑中，约45%的比例为7~15米的短距离冲刺跑。同时，他们还认为，不同位置的运动员奔跑的数量不同，其中，中场运动员的跑量高。

Krustrup等人（2006）的研究表明，足球运动员比赛时的血乳酸为2.5~7毫摩尔/升（mmol/L），平均为4.4毫摩尔/升（图2-4-7）。在这一研究结果中，还不能排除足球运动员下半场比赛血乳酸的水平受到糖原储备枯竭的影响，而糖原储备受到有氧能力的影响。

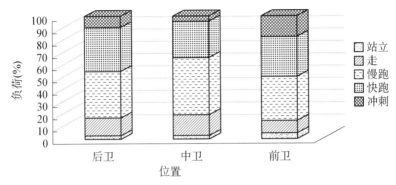

图 2-4-6　不同位置足球运动员全场比赛负荷统计示意图
〔注：根据 Weineck（1998）的研究制图〕

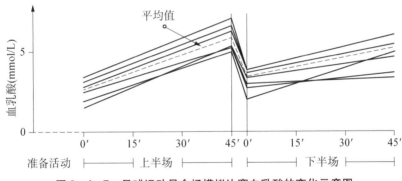

图 2-4-7　足球运动员全场模拟比赛血乳酸的变化示意图
〔注：根据 Weineck（1998）的研究制图〕

从上述足球项目的负荷特征分析，运动员在足球 90 分钟比赛中的供能，是一个以有氧供能为主、ATP-CP 供能系统为辅的混合供能过程，虽然足球运动员的有氧耐力水平对专项耐力具有影响作用，但是这种有氧耐力水平的高低，不仅仅体现在向前较长时间无球跑的成绩快慢上，还体现在根据场上的战术变化和攻防转换而采用无球或带球的侧身跑、后退跑等不同形式的变速跑中，而提高"12 分钟跑"成绩最有效的训练方式就是匀速跑（能量节省最大化），此外，还有 20 米以内的大强度冲刺跑。由此可见，足球运动员的耐力发展的重点应该放在多方向有球和无球情况下，变速进行有氧耐力和最大加速度两个方面训练，这充分说明一个事实，即无球状态下单纯地进行匀速的长跑训练，即使成绩再好，其发展的一般耐力水平也无法迁移到足球比赛过程中需要的专项耐力上。

综上所述，我们认为在竞技体育领域中，运动员都具备超过非运动员人群的一般体能水平，他们从事专项运动训练的目的就是通过专项体能训练来发展其专项体能水平，这种专项体能训练必须在符合运动项目专项特征和运动员肌肉用力特征的前提下进行，一般体能训练对专项体能水平发展的影响非常有限，诸如发展体操、游泳、乒乓球、拳击等运动项目的体能训练，怎么可以用健身训练中的跑、跳、投等一般体能练习手段来发展这些项目所需要的专项运动素质呢？所以，如果把有限的体能训练时间放在一般体能训练上，不仅对专项体能训练水平的提高无益，也压缩了专项体能训练的时间。因此，传统意义上的竞技体能训练本质上就应该是专项体能训练，一般体能训练对运动员专项竞技能力提高的影响非常有限，不应成为竞技体能训练的主要内容。

3. 功能性训练与体能训练辨析

从以上分析可见，现代竞技体能训练的内容体系应包括功能性体能训练和专项体能训练。但是，两种体能训练存在较大区别，两种体能训练子体系间有共同点，而各自的训练内容（速度、力量、耐力、柔韧、灵敏等运动素质）之间又有不同点（表2-4-4），辨析两种体能训练，有助于提高它们各自的训练效果，进而促进现代竞技体能训练效益和质量，为提高专项成绩保驾护航。

表2-4-4 功能性体能训练与专项体能训练的区别

内容	功能性体能训练	专项体能训练
训练目标	减少伤病，提高竞技表现力	提高专项运动素质
训练负荷	产生机体刺激的适宜负荷	机体能承受的最大负荷
训练部位	整体发展的薄弱部位	专项技术中的主要用力部位
运动空间	多维多向运动	单维单向运动
训练方式	多以克服自重或器械进行抗阻训练	多以负重进行专项素质训练
训练理念	关注动作而非肌肉，即通过动作训练来发展肌肉；重视"弱链"效应；强调身体动力链的传输效能	关注主要用力部位的肌肉训练；重视通过大负荷训练，最大限度地提高专项运动素质

由表2-4-4可见，功能性体能训练与专项体能训练对促进运动员竞技能力的提高发挥着不同的作用。在此作个比喻，专项体能训练在竞技体能训练中起着类似于"西药"的作用，发挥一种由外向内的针对性"治病"功效，虽然见效快，但一旦药量失衡，其副作用也相当大；功能性体能训练在体能训练中起着类似于"中药"的作用，发挥一种由内向外的针对性"治人"功效，虽然见效慢，但可以针对薄弱环节进行辨证施治，从而提升整体的能力。在现代竞技体能训练中，"治病"和"治人"必须同步进行，"西药"和"中药"需要双管齐下，才能有效地提升我国竞技体能训练质量和效率，为实现运动员竞技能力的可持续发展进而促进专项成绩的快速提高打下坚实基础。

为了全面、深入地把握现代体能训练体系，以便科学、有效地指导体能训练实践，有必要从速度、力量、耐力、柔韧和灵敏素质五方面，对功能性体能训练与专项体能训练之间的区别进行剖析（表2-4-5）。

表2-4-5 专项体能训练与功能性体能训练各维度比较

运动素质	分类	效果	表现形式	获得方式	训练手段
力量素质	专项力量训练	提高主要用力部位的肌肉力量	以分解的形式，逐个或分块进行单一维度的专项力量练习	稳态、单关节、固定轨迹的抗阻练习	结合专项、稳态下的杠铃、组合式器械进行抗阻练习
	功能性力量训练	提高核心和"弱链"肌群力量及动力链传递效能	以整体运动链的形式，协同进行多维度的抗阻练习	非稳态、多关节、多维度的抗阻练习	非稳态的克服自重或小器械的抗阻练习
速度素质	专项速度训练	专项速度素质提高	分解专项技术，逐一进行与运动方向相同的速度练习	按专项技术要求，进行固定轨迹下的加速练习	开展专项位移速度、反应速度和动作速度的各种练习
	功能性速度训练	神经、肌肉的协调能力和对身体的控制能力提高	以动作练习形式，发展多方向反应速度、移动能力	直线加减速制动、多方向速度练习	对抗非固定阻力，练习多方向加速度能力和身体稳定性
耐力素质	专项耐力训练	运动员专项供能能力提高	训练负荷大、专项代谢能力实效性高	反复进行专项技术动作练习	一般在陆地进行专项耐力练习

续 表

运动素质	分类	效果	表现形式	获得方式	训练手段
	功能性耐力训练	动作练习的供能能力提高	训练负荷适宜、动作代谢能力实效性较高	反复进行各种动作模式训练	将跑步、自行车等练习放在水池或非稳态阻力环境中
柔韧素质	专项柔韧训练	改变组织长度、运动幅度加大	主要用力部位的拉伸练习	主动分离式拉伸	稳态下的静态拉伸、PNF拉伸、AIS拉伸
	功能性柔韧训练	改变组织密度、改变神经系统	"弱链"部位关节灵活性和稳定性练习	软组织放松和筋膜放松	非稳态下的动力性牵拉、肌筋膜梳理、软组织按压
灵敏素质	专项灵敏训练	对称的灵活性提高	完成专项技术动作中表现出快速、准确、协调地改变空间位置和方向的能力	以稳态单一维度下徒手训练为主	传统训练手段使用绳梯、标志物等进行灵敏性练习
	功能性灵敏训练	非对称的灵活性提高	完成动作训练中表现出快速、准确、协调地改变空间位置和方向的能力	非稳态多维度下进行徒手或抗阻训练	在传统的基础上，采用水袋、橡皮带进行灵敏性练习

由表2-4-5结果可见，两个体能训练子体系中，各自在速度素质训练、力量素质训练、耐力素质训练、柔韧素质训练和灵敏素质训练时，其训练效果、表现形式、获得方式和训练手段等方面都有明显的差别，两种体能训练具有较大的独立性，不可相互替代。因此，各专项协会都要求配备专门的体能教练，但实际上取得专门资质的体能训练师主要负责功能性体能训练，专项主教练员主要负责运动员的专项体能训练。由于多数专职体能教练对专项不够了解，甚至进入专业运动队之前根本没有从事过专项训练，因此，对运动员进行功能性体能训练时，训练效果往往不够理想，也难以取得主教练的信任。所以，要提高专职体能教练的训练效率，一是要鼓励有专项训练经历的退役运动员考体能教练证书，加入专职体能教练行列；二是要求无专项训练经历的教练必须深入运动队下功夫钻研专项技术，只有这样，才能

使功能性训练与专项体能训练有机结合,增强功能性训练的针对性,提高功能性训练效率,最大限度地减少运动损伤,延长运动寿命。与此同时,专项主教练也要经常主动与专职体能教练沟通,及时就专项体能训练中遇到的防伤、治伤问题向专职体能教练反馈,取得他们的支持和帮助,并适时地调整专项体能训练计划,从而实现专项体能训练效率最大化。

二、运动技能训练研究现状与趋势

运动技能是运动员竞技能力重要的子能力,因此,运动技能训练始终是竞技体育专项运动训练的重要组成部分,教练员和运动员为完成技能训练任务,必须采用合理的训练内容、精心组织训练过程、采取有效的训练方法。长期以来,许多人把运动技能训练等同于运动技术训练,实际上二者是有区别的,那么,如何进行运动技能训练,又怎样看待运动技能训练研究呢?在此,主要从运动技能相关概念辨析、运动技能研究现状及运动技能研究的发展趋势三个方面进行专题探讨。

(一)运动技能相关概念辨析

1. 运动技能的定义

近年来,运动技能定义的问题引起了国内部分学者的关注,如张洪潭(1994)认为,运动技能不是运动技术加能力,而是练习者对运动技术的掌握程度,即对程序化知识的操作状态。李捷(1993)认为,运动技能的学习过程是大脑的感知觉过程与人的主动目标导向行为的结合,是泛脑网络在目标导向下的多级网络自组织反应。二位学者重视从人的活动所具有的主动协同系统自组织性对运动技能进行描述,但忽视了规则和要求以及社会等因素对运动技能的影响。

在我国,体育专业主干课程对运动技能的定义的表述各不相同。运动生理学认为,运动技能是指人体在运动过程中,通过学习而获得的运动方式。体育心理学对运动技能的定义是,运动技能是学习者经过学习和练习,有效地运用运动技术完成相应运动任务的一种活动方式。运动训练学的看法是,运动技能是指个体或群体在体育活动中,按照一定的技术规格,有效完成专门运动技术的能力。运动生物力学将其解释为，运动技能是练习者身体活动诸要素的合理组合与适宜匹配。体育教育学认为，运动技术带有客观标准，当它被个体熟悉和掌握，就称为运动技能。这些学科对运动技能界定的外延涵盖范围相对较窄，对运动技能概念的描述比较偏重其发生过程的外在特征，但针对性和可操作性较强。

通过上述对运动技能定义的比较分析，我们得到的启示是，运动技能是通过后天学习获得的，而不是先天固有的。运动技能是在神经网络内分泌和免疫系统控制下的一种习得行为，须通过重复练习—强化来改进。运动技能是知觉动作练习构成的一个完整的三维体系。可见，运动技能的习得过程实际上是根据某种规则或要求对练习者所进行的生理、心理和社会的长期改造过程。

2. 运动技能与运动技术的区别

一般认为运动技术是运动技能的基础，运动技能是运动技术发展的高级阶段。运动技术是一个运动项目在规则允许下所持有的运作序列，运动技术的另一个特点是客观存在性，不以人的意志为转移，同时也不具备人的特性。运动技能则是人经过学习而掌握的具有个性化的自动化的行为方式，具有明显个人特征（宋元平，2015）。

就"运动技术"这个用语而言，在习惯上，它既可以用来指称特定的身体动作，也可以用语言文字来表达它。所谓通过身体操作表现的运动技术，诸如"托马斯全旋"（分腿全旋），是托马斯于 1979 年第 20 届体操世锦赛上，在鞍马比赛中做出的后来以他的名字命名的高难创新动作。所谓通过文字表达的运动技术，则如"托马斯全旋"的主要技术要领为：控制身体重心下降的速度，含胸、顶肩，同时利用分开的双腿朝不同方向的摆动，配合肩臂的用力，产生水平旋转的动力，合理地移动身体重心，进腿时身体和肩略向左转全，翻髋，左手尽早获得支撑，利于接上托马斯全旋动作。

很显然，"托马斯全旋"作为运动技术，既可以用特定的身体操作来表达它，也可以用语言文字来表达它。如果说"运动技术"这个术语具有双重指称的话，"运动技能"却并非如此。在体育运动领域中，运动技能是与运动技术同样广泛使用的术语。这两个术语同样存在着被当作同义词使用的状况，其原因之一，就是它们二者都能够以身体动作作为其指称对象。那么这两个术语是不是同义词呢？

相对于运动技术在习惯上既可以是指身体操作也可以是文字表达，运动技能则仅仅是对身体操作的指称。但是需要注意的是，它们虽然都可以是对身体操作的指称，但是存在着如下区别：其一，运动技术是从基于理性认识，或者说语言表达的角度来使用，而运动技能是从身体认知的角度，也就是技术掌握的角度来使用的；其二，运动技能具有明显个人特征；其三，从发生角度来说，运动技能出现在前，运动技术出现在后。运动技能是运动实践的产物，当运动技能出现在这个世界上的时候，掌握运动技能的人为了将技术传授给他人，除了采用身体操作示范还要进行语言讲解，这个时候，运动技术作为理性认识才应运而生。"运动技术"在《体育科学词典》中的定义为："完成特定的体育活动的方法，或能充分发挥人的身体能力，合理有效地完成动作的方法。"《体育科学词典》中对运动技能的定义则是"按一定的技术要求，完成某种动作的能力"。

综上所述，我们可以了解到，运动技术是方法论，它是长期以来，人们在实践中经过多次修正，并在不同阶段具有相对科学性的，完成动作的一种方法。运动技术的另一个特点是客观存在性，即它是不随人的意志为转移的，同时也不具备个人的特性。运动技能则不一样，它是人经过学习而掌握了的具有个性化的自动化的行为方式，具有明显的个人特征。因此，从学习和掌握角度而言，我们可以说"人们学习运动技术"，不宜讲"人们学习运动技能"，同理，可以讲"人们掌握某种运动技能"，而不宜说"人们掌握运动技术"，因为在学习运动技术的过程中，可表现为掌握的不同程度：初步掌握阶段，改进和提高阶段，巩固与自动化阶段。前两个阶段只说明学习过运动技术，只有到第三个阶段才算掌握了某种运动项目的技能。由此可见，运动技术只有被人学习，才有可能升华为运动技能，才能使物化的运动技术上升为人格化的运动技能。

3. 运动技能与运动能力的区别

从心理学角度分析，运动技能与运动能力二者体现了以下几点区别：（1）它们分别属于不同的范畴。运动技能基本属于运动心理过程范畴，而运动能力则属于个性心理特征范畴。（2）它们的概念含义不同。运动技能是活动方式的概括，运动能力是心理水平高低的概括。（3）它们的迁移广度不同。一般而言，运动技能的掌握要比运动能力快一些，而运动能力虽然比掌握运动技能要慢一些，但运动能力有更为广泛的迁移作用,当运动技能达到"举一反三""熟能生巧"时,才能促进运动能力的发展。当然运动能力和运动技能也存在着一定的联系:运动技能是发展运动能力的必要基础,即可通过不断掌握多种运动技能,使运动能力得到不断发展。运动能力的发展不仅有助于运动技能的熟练化,更有助于引导自身去开拓和学习新的技术、掌握新的运动技能。同时,运动能力又制约着运动技能的形成,因为运动能力的发展水平直接影响着运动技能的掌握的快慢与巩固程度。

(二) 运动技能研究现状

由图2-4-8可知,运动技术和运动技能的研究趋势大体相同,发文数量高峰也主要集中在2001年、2006年和2010年;并且从后面几年的趋势看,运动技能和运动技术研究发文数量逐渐减少,相比于运动技能研究,运动技术发文数量显著减少。总体而言,运动技能和运动技术的发文数量都有减少的趋势。尽管如此,当前运动技能研究也出现了若干亮点,主要有如下几个方面。

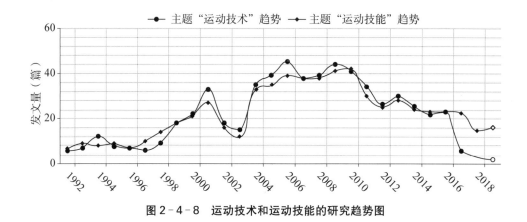

图2-4-8 运动技术和运动技能的研究趋势图

1. 动态把握制胜规律,准确预见技术发展趋势

运动训练的主要目的是在竞赛中夺取优异的运动成绩,"夺取"的过程就是制胜的过程,就必须遵循制胜规律。所谓制胜规律,是指在竞赛规则的限定内,教练员、运动员在竞赛中战胜对手,争取优异运动成绩所必须遵循的客观规律。运动训练的实践表明,训练理论是训练过程系统化和科学化的基础,是快速提高运动水平的保障，而项目的制胜规律又是项目训练理论的基础。当某个运动项目或项群的整体水平长期停滞不前时，我们不应仅仅把目光局限在那些具体的训练方法和手段上，而是应该对训练的理念和思路进行反思，更重要的是把握好项目的制胜规律。项目的制胜规律同样也处在不断变化之中，这就要求我们的教练员不断探索和发现项目的新特点、新趋势、新变化，在动态中把握项目的制胜规律，从而不断调整和修正我们的训练观念，变更我们的训练计划，创新训练方法，合理安排运动负荷，灵活处理赛、练关系。只有这样，才能使我们的项目始终立于不败之地。

2. 关注运动员的个人发展，知己知彼

技术训练及竞赛中的技术的运用必须有针对性，因而情报的收集就显得至关重要。情报的收集可以及时吸收先进技术训练的理论、方法，紧跟世界先进技术发展潮流，提高技术训练的针对性，在比赛中做到"知己知彼、百战不殆"。

3. 发挥后发优势，借鉴成功的经验

我国当前的部分项目的运动水平和国外的先进技术水平有较大的差距，采用技术引进和自我创新相结合就会大大节省时间和资金的投入，大大加快我国运动技术的前进步伐。

4. 重视技术的全面把握，突出个性化训练

运动员在技术掌握全面时，一定要突出个性化风格。随着运动训练实践的不断发展，世界运动水平越来越高，运动训练的专项化水平也随之提高，技术训练的精细化、个性化趋势越来越明显。因而技术训练也应该严格地采取区别对待、因材施训的原则。

5. 以基本技术训练为基础，以关键技术训练为重点

训练中应体现得分技术训练的核心地位，包括研究和分析本项目的技术结构，重新审视关键技术和得分技术，理顺基本技术与关键技术、得分技术的关系，围绕得分制胜的目标，有针对性地制订训练计划，安排训练内容，完成训练任务。

6. 有针对性地选择创新训练方法和手段

不同技术需要不同的训练方法和手段。对于基本技术，宜采用循序渐进的常规方法。对于特色技术，宜采用非常规的思维和创新的方法手段。对于得分技术训练方法的选择，主要取决于实战性和有效性的要求。

7. 重视运动员技术结构的整合优化，发挥个人技术的整体效应

运动员技术系统是一个整体的技术系统，要对每一个技术系统中的元素进行优化组合，提高组合协调效应，使技术威力发挥最大化。这就要求在训练中教练员要善于在符合科学原理的前提下对运动技术进行重组与整合，使各类技术在创新组合的情况下互相促进，互相依托，形成一个完整的、个性化的技术系统，促进运动员的技术系统升级。

(三) 运动技能研究的发展趋势

1. 体能和技能的结合研究将是运动训练实践研究焦点

体能和技术是任何项目中都不可或缺的基本要素，体能是运动进行的内在物质基础，技术是运动的外在表达方式，深入认识二者之间的关系，并在实际训练中结合具体专项、具体个体将二者辩证地有机统一起来，将更有助于把握运动训练过程中的本质规律。在理论与实践中更加深入地研究体能中的能量代谢细节问题，能量代谢在运动训练和比赛中的分配特征，以及解析各技术环节的能量供能状况，这些必然也会成为以后体能和技术研究共同面对的重要问题。

2. 运动技术诊断与分析方法不断创新

(1) 运动模型模拟方法快速发展

在体育科学领域，人体运动生物力学建模与运动模式的仿真方法在促进运动成绩提高方面都具有重要作用。近年来，国内应用商业模型软件进行人体运动力学分析时，均采用一定方法对模型模拟的结果进行了验证。我国学者分别应用 AnyBody

软件模拟太极拳中弓步和马步动作,分析计算下肢主要肌肉和膝关节受力,并应用肌电测试对模型计算得到的肌肉力进行验证;应用 LifeMod 软件建立了 19 刚体 40 自由度的人体模型,对跳马运动员推手动作、落地动作和着地后与落地瞬间的动力学进行了仿真模拟和计算;借助测力台实测的地面反作用力来验证应用 LifeMod 模拟计算人体跳跃落地的动力学数据;使用有限元软件 ANSYS 建立了腓肠肌三维振动模型,利用软件计算得到了负重提踵时,腓肠肌振动固有频率和相对应的振型,为深入了解肌肉力量训练时的特征提供了理论依据。

(2) 运动技术参数采集分析手段多样

1) 动力学参数的采集与分析

近年来,我国研究者应用测力台对跳跃能力和落地技术进行评价与分析,并且越来越多地运用测力台和红外光点动作捕捉系统同步测量人体运动,计算并评价关节力矩和受力,进而对人体运动技术动作进行分析。在应用测力台对跳远运动员起跳腿完成跳深动作的动力学数据研究中,发现了受试者最佳跳深高度条件下起跳腿动力学特征,并分析了最佳跳深高度与运动成绩的关系。此外,还通过采用逆动力学方法,计算不同姿势搬提重物时腰部和下肢受力情况,探讨如何降低腰骶部疲劳性损伤的风险。

2) 表面肌电测试

近年来,应用表面肌电测试设备对人体运动的研究主要集中在三个方面:第一,了解和评价铅球、铁饼、跆拳道、举重、武术、赛艇、游泳、滑冰、乒乓球、拳击、排球、跳远、蹦床等不同项目运动员完成动作时的肌电特征;第二,对比不同训练条件或训练与比赛动作下的肌肉工作特征,如对不同方法弹跳练习时下肢肌电特征、振动频率和负荷重量对半蹲起大腿肌群工作特征、不同屈膝角度和振动训练刺激强度对下肢肌电特征、非稳定支撑面上自由负重练习时的肌电特征、不同卧推动作的表面肌电特征、机械阻力和液压阻力力量练习时的肌电特征、短跑训练手段下的肌电特征以及速度滑冰陆上训练时的肌电特征等进行比较研究,以寻求更有效和更有针对性的训练方法;第三,通过对运动员完成完整技术动作与专项力量训练手段时的肌肉用力特征进行比较,探讨专项力量训练手段的有效性。

3）基于视频图像处理技术的运动测量与分析

近年来，科研人员从两个角度开展基于视频图像处理技术的运动测量与分析的研究：一是改进已有的视频图像处理技术，研制新一代功能更强大的运动技术视频分析系统，将数字视频在竞技体育运动训练中的应用潜能发挥到最大，其研究热点技术包括全局运动估计技术、运动视频全景图合成技术、视频运动对象提取技术、视频运动目标跟踪技术、视频内容标注技术等；二是采用技战术分析软件，将体育视频处理技术应用到各种运动项目的训练中，对运动员技术动作进行监控、对比、评价、定量分析研究，以更加有效和准确地提高运动技术水平。

4）传感器技术

目前，传感器技术已被广泛应用到射击、短跑、跳远、自行车、划船、滑雪、网球等项目中。力学传感器在短跨、跳远等项目中成功应用，能够对训练进行定量检测，实现了对运动能力的定量评价和训练效果的实时反馈，有利于教练员对运动员进行技术分析，找出不足，制订更科学的训练计划。利用无线传感网络技术设计由嵌入式数据采集终端和数据库服务器组成的运动训练系统，能够实时采集运动员的运动参数，应用到划船、滑雪、自行车等数据的采集、记录和存储上，提高了运动中数据采集的准确性和稳定性，有助于达到最佳的训练效果。人体运动传感数据的无线采集方案能够快速准确捕获人体运动数据。

（3）运动技术动作的分析与监控

采用高速摄像和影响解析以及运动捕捉系统，对国家队和各省市运动队的高水平运动员进行技术分析与监控，一直是我国运动生物力学研究者的重要任务，相关研究为提高运动员训练水平和运动成绩提供了有力的科技保障。

三、战能训练研究动态与展望

战术能力是运动员或运动队整体竞技能力的重要组成部分，也是在运动竞赛中表现出期望竞技水平的重要条件。在现代竞技运动中，随着运动训练科学化水平的不断提高，高水平运动员之间、队与队之间的竞技能力日趋接近，单凭运动员的身体、技术战胜对手的现象在一些项目的高水平比赛中已不多见了（杨桦 等，2007）。

运动员良好的身体素质、技术水平以及心理能力只有通过一定的战术行动表现出来，才能在比赛中胜出。科学合理地设计战术、灵活机动地运用战术是在现代体育竞赛中夺取胜利的重要手段。

（一）战术能力训练的概念

1. 战术

战术原是军事术语，是指进行战斗的原则和方法（克劳塞维茨，1832）。随着现代竞技运动的兴起和发展，原来只在战争中发挥作用的"战术"从军事术语转义到运动竞赛中，最初被定义为"根据比赛双方的情况，正确地分配力量，充分发挥己方特长，限制对方特长，为战胜对手而采取的合理有效的计策与行动"（过家兴 等，1986）。之后，随着运动训练理论的研究不断开展，对战术这一问题的理解也随之不断发生变化。

田麦久（1993）认为："运动员（队）为了成功地参加运动竞赛在赛前制订的参赛策略以及在比赛中采取的竞技行为，统称比赛的战术。前者可以称为战术计划，后者则可称为战术行动。"后又认为，战术是"为战胜对手或为获取期望的比赛结果而采取的计谋和行动"（田麦久，2012）。姚家新（2000）认为："竞技战术的定义可以简单地表述为参赛的原则、方法与策略。其内容包括竞技战术理论（反映竞赛规律的原理原则）和竞技战术实践（不同运动项目一般的竞赛方法及相对固定的行为模式）两个方面。"刘建和（2008）指出："战术是指在比赛中为战胜对手或为表现出期望的比赛结果而采取的计谋和行动。"

2. 战术能力

战术能力通常是指在运动竞赛中掌握和运用战术的能力。通过上述有关战术的概念可以看出，无论是方法、策略还是计策、计谋，虽取词有别，但本质不变，都是一种思维活动的结果，而行动一词在上述定义中始终是存在的且需要通过客观实在予以表现。可见，战术是有目的的，而其目的又是通过主观思维与客观行动的统一来实现。故将竞技战术作如下定义：竞技战术是指在运动竞赛中，运动员或运动队为战胜对手或获取期望的比赛结果，而采取的计谋与行动的组合。之所以称其为组合，是因为对于战术而言，计谋和行动是缺一不可的，只有二者相互作用才能实现战术的目的。由此可将战术能力定义为：在运动竞赛中运动员或运动队具备的为战胜对手或获取期望的比赛结果，而运用和掌握的计谋与行动组合的条件。

（二）战术能力基本特征

体育运动领域运动项目繁多，运动竞赛形式多样，因而各项目的战术有着不同的特征。对众多的体育战术进行科学分类，是进行战术理论研究的前提。明确各种不同性质和形式的战术所具有的特定的内涵与外延，以区别不同战术，有利于对体育战术整体的认识更加全面和深刻。在不同的运动项目中，战术呈现出的形式和方式都是不同的，非对抗性项目和对抗性项目的战术思想、战略意识都是各有各的特点。对各种性质的运动项目进行概括，运动战术主要具有以下特征。

1. 形式的多样性

马克思的哲学思想认为事物是普遍联系的，联系又是多样性的，由于事物和现象之间的联系是具体的，因而事物的普遍联系必然是复杂多样的，不同的物质与运动形式之间、不同的事物和现象之间存在不同的联系，事物之间的联系也随时间和条件的变化而变化（马克思主义基本原理概论编写组，2013）。基于马克思的理论辩证，确实在非对抗性和对抗性的运动项目中存在的战术体系、战略意识等，它们呈现出来的方式是不同的，根据情境使用的战术体现出的思想也大不相同。因而，在竞技体育中，竞赛者以及竞赛者的指挥团队如果头脑顽固死板、墨守成规，那么团队的战术能力会受到很大的限制；相反，更需要的是随机应变、有的放矢、直击要害的体育人才。那么，在竞技体育竞赛中，战术的多样性又体现在哪几个方面呢？

运动项目繁多，运动战术的形式和目的是肯定不同的，呈现的战术行为的表现也是不同的，根据项群分类我们发现，不同项目战术形式差异较大（表2-4-6）。体能主导类项目耐力性项目，如长跑、竞走、速度滑冰等项目，战术形式主要表现为：跟随跑战术，如何占据有利位置，合理地分配体力并调整速度，最后利用强有力的冲刺绝杀对手；领跑战术，利用自身耐力好的优势，前程就加速领跑，甩开对手并保持速度，乃至坚持到最后冲刺。速度性项目，如短道速滑、中短程跑、跨栏、短距离的游泳等，运动员必须在预赛、次赛、复赛、决赛中合理地调整和分配体力，根据自身实力,在每一赛次中采用最适合自身特点的方案,而不是在各赛次中都竭尽全力。快速力量性项目,如跳跃项目、投掷、举重等项目,跳跃和投掷项目可以通过免跳、免投战术调整比赛节奏给对方施加压力,举重比赛中,每次试举前可以更改两次重量,根据赛况以及对手的发挥情况,合理分配三次机会的举重重量是很重要的。技能主导类项目、表现难美性项目,如花样滑冰、体操、跳水等,出场顺序很重要,出场顺序越靠后,越可以观察前面对手的发挥情况和动作难度,战术形式主要是通过调整难度和设计动作来进行战术安排,通过对对手的观察和自身能力的判断,确定自己适合多大的难度。表现准确性的项目,如射箭、射击等,主要以心理活动为主,考验心理的稳定性,如何表现可以打乱对手的心理,在团体射箭中,也可以利用一人交替射或一人两箭循环射来打乱对手节奏。同场对抗性项目,如足球、篮球、橄榄球等,主要以对抗紧逼战术、联防战术、变换出场顺序以及场上站位、变化阵形等,采用相应的攻防战术。隔网对抗性项目,如排球、羽毛球、乒乓球、网球等,主要通过技术、落点、线路、弧度、旋转和节奏等因素的组合来制定相应战术。格斗对抗性项目,如拳击、散打、武术对抗等,主要以直攻战术、强攻战术、佯攻战术为主,通过突袭以及反击制胜(刘建和 等,2008)。

表 2-4-6　项群维度各性质项目战术表现形式与战术特点

项目类别	项目性质	战术表现形式与战术特点
体能主导性项目	耐力性	如长跑、竞走、速度滑冰等项目,战术形式主要表现为:跟随跑战术,前半程占据有利位置跟着处于前几位的对手跑,最后1~2圈利用自己强有力的冲刺绝杀对手取胜;领跑战术,利用自身耐力好的优势,前程就加速领跑,甩开对手并保持速度,乃至坚持到最后冲刺
	速度性	如短道速滑、中短程跑、跨栏、短距离的游泳等,运动员必须在预赛、次赛、复赛、决赛中合理地调整体力,分配体力,在所在项目每一段的距离设计为最适合自身特点的方案
	快速力量性	如跳跃项目、投掷、举重等项目,跳跃和投掷项目可以通过免跳、免投战术调整比赛节奏给对方施加压力,举重的战术也很讲究,每次试举前可以更改两次力量,可以根据赛况以及对手的发挥情况,合理地分配三次机会的举重重量是很重要的

续 表

项目类别	项目性质	战术表现形式与战术特点
技能主导类项目	表现难美性	如花样滑冰、体操、跳水等,出场顺序很重要,出场顺序越靠后,越可以观察前面对手的发挥情况和动作难度,战术形式主要是通过调整难度和设计动作来进行制约的,以及通过对对手的观察和自身能力的判断确定适合多大的难度
	表现准确性	如射箭、射击等,主要以心理活动为主,考验心理的稳定性,如何表现可以打乱对手的心理,在团体射箭中,也可以利用一人交替射或一人两箭循环射来打乱对手节奏
	同场对抗性	如足球、篮球、橄榄球等,主要是对抗紧逼战术、联防战术、变换出场顺序以及场上站位、变化阵型等,还有各类攻防战术
	隔网对抗性	如排球、羽毛球、乒乓球、网球等,主要是通过技术、落点、线路、弧度、旋转和节奏等因素的组合来实现战术
	格斗对抗性	如拳击、散打、武术对抗等,主要以直攻战术、强攻战术、佯攻战术为主,通过突袭以及反击制胜

2. 功能的制约性

首先,关于制约。竞技体育的规则性、制约性是非常明确的。在竞技体育的比赛中的战术运用必须根据规则来制定与设计。任何事物及其运动形式都是在一定时间和空间中存在的,事物的存在方式无不影响事物的性质,此即空间制约与时间双重制约(伊曼努尔,2017)。个人做出的决策会受到个人知识、认知局限和时间的制约,例如在排球比赛中,运动员必须在吹哨后的八秒之内将球发出,如果超时就是发球八秒违例犯规,还有在篮球项目中的24秒内进攻等。在很多项目中都存在着暂停时间,用于教练员来掌控场上的情况进行暂停,如超过暂停规定秒数时间还不上场的话就会被判罚消极比赛、延迟警告、黄牌警示等。射箭项目规定在30秒之内必须将箭射出等。很多体育项目都存在着时间的限制,所以说运动员必须在有限的时间内来进行决策,这也在考验着运动员的应变能力。再就是空间制约,空间是一种与时间相对的物质客观存在方式,空间是由长度、宽度、高度、大小表现出来的,通常是指四方上下,在竞技体育项目中,必须都要在三维区域内来进行竞赛,项目特征较明显的，如体操、武术、游泳等，必须要在固定的三维空间内进行竞赛与动力性和静力性的肌肉运动（符巍，2011），例如武术，规定必须在规则区域内进行对抗，根据区域的划分，来判断有无出界、是否得分；除此之外，空间的制约体现在每个运动项目的方方面面，各类球类比赛对于界内界外的判定，中长跑项目中的变道规定，田径赛事中的越线、踩线判罚等，都是基于规则体现出的空间制约和时间制约来设计战术、制定战略。

前面说到空间与时间的制约，主要阐述了规则限制，那么基于规则怎么来利用战术制约与牵制对手呢？例如，攻与防就是很好的对立关系，就像矛与盾，对于什么质量、什么规格的矛，就要用多么好的盾（克劳塞维茨，1832），有优秀的进攻战术，就有相应好的防守战术，二者是互相依存又互相制约的，相辅相成，可以说，没有完全可靠、万无一失的战术可以制胜。

3. 体系的系统性

系统是由相互作用、相互依赖的若干组成部分结合而成的、具有特定功能的有机整体，而且这个有机整体又是它从属的更大系统的组成部分。战术系统其实就是前面说到的战术多样性的统一、差异性的统一，并且体系中的组合元素相关性高，不存在孤立元素，所有元素间相互依存、相互作用、相互制约，系统是所有元素构成的复合统一整体；所以就决定了战术系统的复杂性，并不是单一个体与元素，而是需要由多种元素来组成。正如在各类竞赛项目中，如体操、武术套路，并不由一个动作或一个因素来定成败，而是需要用一系列的设计套路来参赛，裁判根据完成情况给予评分。球类团体项目更考验战术的配合程度，需要多人组织、传接配合等，设计战术时需要考虑对方的战术特点，还要考虑最适合自身队伍特点的战术体系，例如突出主要进攻人，围绕主要进攻点进行设计，以及比赛中留意对于对手的观察，根据对方的弱点进行改变，利用最合适的方案体系进行对战（田麦久，2019）。

而且，在比赛中，战术体系的构建是从宏观出发具体到微观的，包含了很多的细节。首先，我们需要制定一个大的战术体系，针对以往对对手的了解以及得到的一些情报，考虑这场比赛想要达到的主要目的等，依据这些层面制定战术体系；其次，确定好战术目的后，我们根据运动员特点来制定战术，设计战术，以及制定应对方案。所以说战术体系的系统性，是一个递进关系，宏观的条件与微观的变化，按照动态和复杂的整体以及相互的组成结构,形成一个具有个性特点的战术体系(杨信礼,2018)。

4. 意图的隐蔽性

意图的定义是希望达到某种目的的打算,也就是说是比较清楚地意识到要争取实现的目标和方法的需要,可以仅仅是设想而未付诸行动的企图、愿望、幻想、理想等方式存在,也可以是有了初步行动但未达成最终目的的状况,即意向企图(舒新城,2009)。在竞技比赛中,战术意图的隐蔽程度,决定着成功的几率会有多大,意图隐蔽就是战术的诡诈,相互斗智。例如,在排球比赛中,二传会在背后立起手势,告知攻手我们要打什么球,要进行这个战术进攻了,假如进行的是"拉四"战术,二传跳起传球时的想法确认好要给主攻,但因为副攻的跳起掩护,晃掉一个拦网人去拦了跳起的副攻,那么主攻位置上就剩下一个拦网人,双人拦网减少为单人拦网,那么主攻方的扣球就比较有利了,对于自己进攻的阻挡也减少了,对方的拦网人需要一个人干两个人的活,会更加力不从心;不过虽说是攻手占据了有利条件,但并不是就完全有把握得分,也有可能被单人拦网的拦网人通过判断和把握时机将球拦死,或被后方防守人将球防起。所以,战术意图的隐蔽只是为了增加成功率而进行的。

5. 运用的灵活性

战术运用的灵活性,即战术人员是否具备良好的灵活判断能力,是否能根据情境的不同,以及战术设计、战略意识的实践情况,来判断当前情境下最适用的战术形式。运动员与教练员如果具备了灵活应变的能力,教练员布置巧妙的战术,运动员接收指令后可以根据场上的情况来良好地运用战术,那么整个比赛过程就会很流畅,也能在场上占据主动(陈晓蓉,2000)。在竞赛中灵活能力强,碰到竞赛中的意外事件与无法提前意料到的突发情况,就可以很好地应对,就会大大减少意外或突发情况对自身与团队的影响,甚至可以不留余地地处理好突发状况。例如,排球比赛中,对方发球水平一般,在两点攻时,就可以选择让主要进攻人不用退下来接一传,变换为三人接一传,如果对方发球攻击力大,可能要采用四人接一传;如果在四人接发球中,有一名队员的一传水平较差,或者状态不好,也可将这名队员安排在底线前一步的地方遮挡住他,其他三人保障一传。根据场上的情况来调换队员,变化阵形，以此来体现灵活性，对比赛进行保障。例如，在2016年里约奥运会上中国女排的关键一战，交叉赛中小组第四的中国对战小组第一的东道主巴西队，在队长惠若琪发挥不好的时候，郎平没有执意继续用老队员惠若琪，而是换上了新人刘晓彤，刘晓彤上去之后果然起到了奇兵的作用，渡过难关。据中央电视台2018年的报道，在比赛过后，郎平说道，"惠若琪其他环节都很好，就那天进攻不行了，能用的就这一颗棋子了，没想到刘晓彤上去真起到奇兵的作用了"。对于刘晓彤的特点与进攻，巴西队在事前没做研究，也没想到会出现这样的状况，中国队灵活利用了手中的有利因素，打乱了对手节奏，赢得了胜利，所以在比赛中战术的运用应变能力是不可或缺的。

(三) 战术能力运用的基本原则

原则是指经过长期经验总结所得出的合理化的现象，是说话或行事所依据的法则或标准。战术运用原则能反映战斗、竞赛的一般规律，并以简洁、准确的语言加以概括，具有广泛的实用性，对竞赛、训练有重要的指导作用。

1. 以技促战原则

良好的运动技术是运动战术的基础，没有良好的基本技术作支撑，再完美的战术也无法发挥它的效果，甚至难以执行（窦而立，2009）。运动员只有全面掌握运动项目的基本技术要领，才能在对抗的比赛中应对对方的进攻，这是基本的技术要领。如果想要在比赛中取得好成绩，那么就要掌握一定的战术。其实全面掌握运动的基本技术要领就像是学习积累知识的过程，要有质的突破，就必须有量的积累。

技术是为战术服务的，以战术为选择依据，战术需要依靠技术来实现。例如，手球运动员在比赛中被对方的选手包围，此时如何突破重围就是迫在眉睫的问题，若运动员没有扎实、全面的传球技术，即使有很强的传球意识也于事无补。因此，高技术的战术是需要以运动员扎实的技术为支撑，也只有如此才能帮助运动员较好地实施战术。

2. 出奇制胜原则

出奇制胜，顾名思义就是用对方意想不到的方法（奇兵或奇计）取得胜利。出奇制胜是《孙子兵法》中的一种战术谋略，讲的是："凡战者，以正合，以奇胜。故善出奇者，无穷如天地，不竭如江河。"正为常规，奇指变化，二者互为依托，相辅相成。在体育比赛中，在对方意外的时间、意外的地点，采用意外的战术攻击对方，常常会收到意外的效果，这就是出奇制胜的谋略思想。例如，散打运动员在战术运用发起时，经常采用虚晃或示之欲攻的动作，转移对方的防守重心，趁其注意力被转移之机，攻击对方的空当或破绽之处使其防不胜防（李信厚 等，2017）。出奇制胜的关键在于随机应变，在于创新变化，在于不循旧轨，反常用兵，使对方防不胜防。如中国女排在第23届奥运会上的中美之战，当比分为14∶14时，袁伟民教练突然起用无人知晓的队员侯玉珠，发球连得两分，取得第一局的胜利；中国队立即变被动为主动，一鼓作气，取得全场比赛的胜利。

3. 知己知彼原则

知己知彼，顾名思义就是知道自己和对方的情况。"彼"是指敌方或对方的情况，"己"是指我方的情况。语出《孙子兵法·谋攻篇》："知彼知己者，百战不殆；不知彼而知己，一胜一负；不知彼，不知己，每战必败。"既了解敌人又了解自己，则百战不殆；不了解敌人而了解自己，可能胜，也可能败；既不了解敌人，又不了解自己，那就每战必败。这是孙子军事思想重要代表性观点之一。

知己知彼是制定战术的依据。如在慕尼黑奥运会上，男排决赛的对阵双方是日本队和民主德国队，最后日本队力克民主德国夺得了冠军。这一仗就得力于日本队教练松平康隆的赛前侦察。在赛前及奥运会期间，松平康隆运用录像资料把当时欧洲锦标赛按各队的阵容、攻防战术变化和发球等项内容详细整理出来，然后边放录像边讲解灌输，使运动员对欧洲强队的情况了如指掌。为对付民主德国队，他还专门对民主德国队教练的性格、生活习惯、家庭背景作了详细的调查。他甚至还设法找了这位教练小学时的老师，了解这位教练的性格和脾气。这是日本男排取得慕尼黑奥运会冠军的重要因素之一（陈小蓉，2000）。

如何做到知己知彼？可以通过多渠道多方面的调查研究来了解。如观看对方比赛的视频、录像，或者和对方进行几场正规的比赛，或搜集已公布的技战术统计数字和有关的报道，全面了解彼己双方的具体情况，如了解对手近期的技术状况、攻防类型、身体素质、心理状态等一系列情况，分析出我方和对方的特长与弱点，力求在实战中扬己之长、避己之短，遏制对方的优势，并进攻其薄弱之处，形成"避实击虚"之势，以达到战胜对方的目的。如羽毛球竞赛中，了解到对方的网前技术较差，那么对付他的主要战术应当是攻前场；若对手的身体灵活性较差，那就多运用打对角线战术（李宏旭，2015）。

4. 攻心至上原则

攻心至上就是采用复杂多变的技术，给对手连续施加压力，让对手频频出现失误。在体育比赛中，"攻心"即开展精神攻势。即在赛前或赛中，通过采取一定的示形、造势手段，迷惑对方并使其产生态势错觉和心理压力，从而达到在气势上压倒对方、瓦解对方士气、制约对方技战术水平发挥的目的。

在体育比赛中，"攻心"大都是通过"造势"来进行的，其中最明显的例子就是篮球、排球开赛前的热身活动，双方队员鱼贯而上开始跑篮、扣篮、扣球，通过这一形式，既达到了热身的效果，又达到了吸引观众喝彩、寻找内心良好的感受、给对手施加压力、震撼对手和攻心造势的目的。形在人为，势在人造，运用正确的战术谋略，通过合理巧妙的布阵示形和虚实相间的造势，可起到声东击西、出奇制胜的效果。尤其是通过技术造势、战术造势、精神造势所形成的全方位造势，将给对方相当大的心理压力（卢锋，1992）。例如，在第13届世界杯足球赛前的练习中，许多队都戒备森严，唯恐泄漏天机，把观众、记者都拒之门外，还有请保安、军警重兵看护。然而意大利主教练贝阿佐特却公开邀请记者观看他们的训练比赛，并扬言说"意大利队要改变长传反击的踢法，因为考虑到墨西哥气候对皮球习性的影响（空气稀薄），我们要用短传球来控制局面"。但在正式的比赛中，意大利队踢法并没有丝毫改变。相反，他们坚持稳固防守、长传反击的习惯打法，弄得对方疑惑不解，不知所措，结果意大利队控制了局面，顺利地取得了胜利。这就是通过制造各种假情报来迷惑对方，使其在心理上产生错觉。

强大的心理素质和良好的自信心来源于平时的训练，日常训练须做到精细化。要打造一支能打胜仗的队伍，需要教练员在训练中有目的地培养队员情绪的自我调节和控制能力，使其在比赛中面对关键局、关键分的考验，能够保持适度的心态放松、情绪稳定、思维清醒的状态，高水平地发挥平时的训练水平。

5. 灵活多变原则

灵活性原则首先要求战术思维不拘一格，采用的打法多变，战术方法根据不同的对手灵活运用。其次，必须随时根据比赛场上的实际情况对既定的战术做出局部的，有时甚至是很大的调整或改变（柳伯力，1993）。因为比赛场上的情况是千变万化的，为此，选手对战术的运用也必须有应变的能力。实战中，运动员必须时时根据比赛场上的实际情况，随时调整自己的战术和打法。这就是一再强调的"战术应变能力"。例如，在第27届乒乓球锦标赛上，我国乒乓球选手徐寅生对阵日本选手三木。三木对徐寅生的打法十分熟悉，徐寅生的特长正手发球对其不起作用，于是徐寅生改变战术，采用不太擅长的反手发球，反而频频奏效。可见"兵无常势，水无常形"，战术特征一旦被对方知晓或熟知，就无法达到预期的目的，必须适时应变，方能奏效。如田麦久的《运动训练学》中提到，依照运动项目的动作结构分类，将羽毛球划分为多元动作结构中的变异组合，因此，羽毛球属于非周期性运动项目。非周期性技术特点决定了羽毛球运动击球位置的千变万化，由于来球的角度和弧度、距离、力量不同，来球的方向不定，选手在身体前后各个空间位置都有可能击球，这更要求运动员在赛场上具体问题具体分析，不墨守成规（田麦久，2002）。

(四) 战术能力研究现状

以"战术能力"为检索主题，以中国知网为检索工具，检索相关文献共计152篇，其中核心期刊文献34篇，现以34篇"战术能力"核心期刊文献为研究对象，对"战术能力"相关研究进行综述后发现，"战术能力"研究起源于20世纪90年代末，在2011年该领域研究达到最热（图2-4-9）。通过分析发现，"战术能力"研究主要分布在以下几个领域：战术能力训练方法研究、基于项目的战术能力研究、战术能力评价研究、战术能力的选择与应用研究、战术能力比较研究。

1. 战术能力训练方法研究

20世纪90年代初，田麦久（1993）最早提出了运动员战术能力训练的重要意义及其训练方法。他认为：可通过理论学习与实践体验结合的方式，丰富运动员的战术知识；筛除和调整不利于比赛的战术思维，保留并强化有利于比赛成功的战术

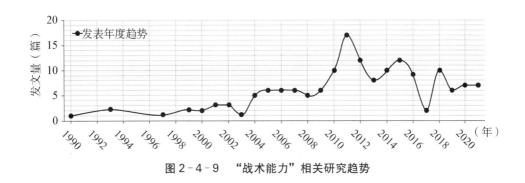

图 2-4-9 "战术能力"相关研究趋势

思维;通过运动意念训练、模拟比赛时的思维活动或在心理训练中加强反应能力的训练等方式来提高运动员战术意识;通过程序训练法和增减难度训练法来提高运动员对战术能力的掌握;通过模拟训练法与实战训练来提高运动员对战术能力的运用。刘建和(1999)认为,战术训练应以战术意识的培养为核心,同时注意深刻把握项目制胜规律、着重培养运动员技术运用能力、处理好个人战术行为和集体战术配合的关系、加强战术创新研究。黄竹杭(2005)认为,在安排运动员战术意识训练的内容、练习方法和练习要求时,要依据运动员的年龄特征进行。

2. 基于项目的战术能力研究

在基于项目的战术能力研究中,学界主要侧重于持拍隔网对抗项群、同场对抗性项群的战术能力研究,如乒乓球、篮球、足球、冰壶等项目。

在足球的战术能力研究中,周毅、李克、李健生等人(1993)运用临场观察统计,就现代女足紧逼与破紧逼临场运用能力的问题进行了系统的研究,并得出结论:女足临场运用紧逼破紧逼能力与比赛胜负有着极为密切的关系,其中临场紧逼能力是决定当今女足比赛胜负的关键,逼抢能力尤其是前中场逼抢能力更为关键,它不仅是一种积极防守的手段,更是一种主动攻击对手的有效战术行动。

在篮球的战术能力研究中,王建伟等人(2009)从多个视角分析了篮球运动员身体协调功能与竞技战术学习能力的密切关系,探讨身体协调功能与竞技战术能力的相关性及生理机制,他认为:协调功能是篮球运动员重要的基础身体素质,是形成运动技能和竞技战术能力的重要基础。

在冰壶的战术能力研究中,王珂和于亮等人(2014)对 2011~2013 年共 3 届女子冰壶世界锦标赛各参赛队的后手得分能力(HE%)、先手控分能力(FE%)、先手得分能力(SE%),首局、中局、末局等重要时间段以及得失大分的情况进行了统计分析。穆亮和张强(2015)采用数理统计法等对 2014 年冬季残奥会轮椅冰壶比赛前四名队伍的技战术能力进行比较研究,其结果表明:比赛胜负与投壶成功率呈正相关,与四垒最后一投有直接关系;中国队单场首局胜率低,先手和控分效率低、偷分和后手效率起伏较大;全队投壶技术水平不均衡,制造和处理复杂局面能力弱;倾向于安全保守战术。

在乒乓球的战术能力研究中,赵佳和于洋(2019)对世界优秀女子乒乓球运动员战术能力区间段的特征进行研究后发现:各段战术能力对比赛获胜的重要程度依次为接抢能力、发球轮相持能力、接发球轮相持能力和发抢能力。徐君伟等人(2018)对新塑料乒乓球使用后优秀男、女乒乓球运动员的战术能力特征进行研究后认为:四段战术能力的重要程度男女同中有异。男运动员各段战术能力重要性的非衡效应大于女运动员;男、女运动员"抢"段能力的重要性均高于"持"段能力,但比较而言,发、接抢能力对男运动员更为重要,相持能力对女运动员更为重要。

3. 战术能力评价研究

牟柳、陈马强、田广等人(2017)运用模糊数学原理,采用层次分析法和数理统计法,构建了优秀网球运动员竞技能力评价体系,共包括身体形态、身体机能、身体素质、技术能力、战术能力、运动心理、运动智能 7 个指标。赵喜迎和唐建军(2018)构建了乒乓球男子单打比赛战术水平等级评价模型。

在冰壶的战术能力评价研究中,王珂和于亮等人(2014)探讨冰壶进攻战术能力评价方法,采用简单相关分析和偏相关分析的方法确定上述主要指标与比赛成绩的关系;并建议中国队增加技术练习为战术自由度提供保障,提升首局胜率及中局领先概率,结合冰面及对手特点完善进攻战术能力评价体系。

此外,陶志翔(2007)通过对持拍隔网对抗项群基本单元竞技过程的理论研究,系统地描述了基本单元竞技过程的组织结构、基本单元竞技过程的阶段特征和基本单元竞技过程的多拍结构,并在此基础上建立了基本单元竞技过程中运动员技术运用特征分析的理论与方法、基本单元竞技过程中运动员战术能力评价诊断的理论与方法和比赛双方运动员制胜因素的分析方法。

综上可见，我国战术能力评价研究主要还是针对持拍隔网对抗项群进行的评价体系、指标构建。

4. 战术能力的选择与应用研究

在战术能力的应用研究中，龚明波和钟平（2005）通过对2004年欧洲杯足球赛16支球队的进球、射门、射门命中率、角球、控球、成功传球、抢断、被抢断、犯规、越位和失球11项攻防技术指标进行主成分分析，确定球队技、战术能力聚类的综合指标，形成聚类样本。并在此基础上，引入模拟人类视觉系统的尺度空间理论，提出了基于尺度层次空间聚类的球队分类方法，探索出一种分类球队技、战术水平的方法，其研究至今仍具有较大的实用性价值。

于亮、佟岗、王珂等人（2016）为深入研究冰壶战术体系，确定不同局面下女子冰壶运动员的战术选择情况，建立了战术选择数据库，对参加2015年泛太平洋冰壶锦标赛的中国女子冰壶队及主要对手各垒次不同技术的投壶成功率、投壶失误趋向、进攻战术能力、投壶布局等指标进行评分及统计分析，运用相关分析确定不同定势与结果之间的关系。

5. 战术能力比较研究

在战术能力比较的相关研究中，张宝军和冯韶文（2005）通过对第28届雅典奥运会男篮比赛中国队与对手的比赛技术统计以及该届奥运会上前四名队伍（阿根廷、意大利、美国、立陶宛）的比赛技术统计与攻击性防守技术、战术相关数据的比较分析发现，现代篮球运动的攻击性防守技术、战术更加强调预见性、对抗性和时空感的特征，我国男篮与世界强队在攻击性防守技、战术能力方面仍存在一定的差距。

水祎舟（2015）利用RSR法对第20届世界杯参赛球队的整体攻防实力进行综合评价，得出以下结论：第20届世界杯足球赛荷兰队、德国队2支欧洲球队攻防综合能力最突出，法国、巴西等4支球队紧随其后。当前世界足坛高水平球队的总体战术能力特征为：强调整体的协同作战，战术阵型灵活多变，球员的能力全面，球队攻守兼备，进攻战术能力特征为：传控型打法主导，战术纪律严明，传球质量突出，进攻套路丰富多样，定位球战术配合娴熟默契；防守战术能力特征为：球队战术目的的针对性与球员个人战术行动的明确性相结合，球队战术变化的多样性与球员防守战术意识的协作性完美统一，守门员全面的个人能力和优秀的决策能力体现了新时代高水平足球运动的战术要求。

李亮和施晓华（2014）通过对世界优秀男子单打网球运动员、女子单打网球运动员的表现进行比较，对硬地场优秀单打运动员技战术能力的整体表现进行归纳分析后发现：在发球方面，优秀单打运动员在硬地赛场能够充分利用一发和二发的特点，展现合理、有效的发球技术和战术安排；在接发球方面，具有较强的接发球能力，能够给对手的发球制造压力，在接发球局具有扭转劣势的能力，具有较强的破发意识以及把握破发机会的能力。

（五）战术能力研究述评

当前，我国在战术能力研究领域的研究进展，体现在以下几个方面。

（1）"战术能力"相关研究在研究方法的使用上趋于科学化，对于数据的收集与分析不仅限于比赛观察法和数理统计法，影像拍摄解析测量法、模拟人类视觉系统的尺度空间理论、RSR等方法的使用越来越广泛。

（2）部分项目已有相关的战术能力评价体系，如网球运动员竞技能力评价体系与乒乓球男子单打比赛战术水平等级评价模型等。

（3）对参与世界级比赛的优秀运动员（队）的战术能力能够有及时、科学的分析，为我国运动员备战提供一定的参考。

尽管如此，我国在"战术能力"的研究中依旧存在一定的缺陷，如：学界主要侧重于对持拍隔网对抗项群、同场对抗性项群的战术能力研究，而忽视其他项群战术能力的研究，虽然战术能力对于隔网对抗项群和同场对抗性项群的影响较大，但格斗对抗性项群也需要有一定的战术能力，故此，不同项群的战术能力研究还需加强。此外，基于项目的战术能力训练方法研究仍有待加强。

（六）战术能力研究的发展趋势

1. 项群性研究向项目性研究转变

通过检索文献发现，有关战术的研究从以项群和类别的研究逐渐向具体项目具体位置的战术方向演进，研究内容更加细化。

通过检索文献，运用 Citespace 分析软件分析（图 2-4-10），从引用频次最高的 20 个关键词可以看出，1992 年至 2019 年中，有关战术的研究由原来的项群（如球类）逐渐向具体项目和赛事的方向发展（如篮球、排球、奥运会等）。

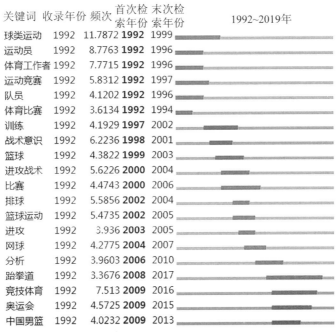

图 2-4-10　战术研究热点引用频次最高的前 20 个关键词

2. 战术系统更具全面性和整体性

战术是意识与行动的有机结合，它依赖于个体或团队整体的技术水平、身体素质以及心理能力和知识能力的发展水平，因此，战术的发展必然要与其他竞技能力的发展同时开展。如足球二过一战术训练中，就必须要与体能技能以及心理能力的训练同时展开，既要有防守队员给的压力，也要有自身具备的运动素质和技能为支撑。

3. 团体项目位置分工逐渐模糊化

技术的全面性决定了战术的灵活性，随着现代竞技运动的发展、训练水平的普及提高以及训练与竞赛理念的更新，人们提出了全攻全守、立体进攻、立体防守等一系列概念，并付诸行动，导致比赛中位置模糊化的现象经常发生，这就要求不同位置的技术要更加全面，从而通过技术的全面性促进战术的灵活性发展（姚家新，2007）。在现代足球比赛中，加强了中场球员的布局，其目的就是实现更好的进攻和防守，因此，就要求中场球员在进攻时积极配合，在防守时积极回防，不再是以往的固守一隅。

4. 更加注重非核心运动员战术能力的培养

在以往的球类团体竞赛中，常常是围绕核心队员设计战术，通过核心队员的发挥获得胜利，这就导致出现团体内部形成对核心球员的依赖，无法发挥每个队员的特点的情况，同时，一旦核心队员被克制，所有的战术安排都将难以实施；因而，在现代竞技运动中，为了使战术更具灵活性，对非核心球员的战术能力的培养要求也更加严格（黄飞，2015）。在2018年的俄罗斯足球世界杯赛场，世界顶级球员梅西、克里斯蒂亚·罗纳尔多带领着各自国家最强力量上场，却最终遗憾离场，失败原因固然与球员老化有关，但是在比赛中由于核心球员梅西、克里斯蒂亚·罗纳尔多都是被对手紧紧逼迫，实力难以发挥，致使整个队的战术难以实施，进而遗憾离场。

5. 战术组合多元化

随着竞技技术水平的不断提高，运动员或运动队之间的比赛向着更加激烈的方向发展，战术组合的形式也向着更加复杂多元的方向发展。

通过中国知网的检索分析发现，中国社会进入新千年以来，在体育领域中有关战术开始进入高产期，这也就促使有关战术的研究向更加纵深系统的方向发展，从而为战术的运用提供了新的理论依据。对多变的战术进行灵活的组合运用，将在竞技体育特别是团体竞技项目中产生更多的积极作用。

（七）对战术能力研究的反思

（1）对于战术能力评价，目前，许多展现战术能力的指标或者评价体系，都与技术能力有很大的重合，即用众多技术能力的指标综合来展现其战术能力。此外，在战术能力的评价中，还交叉着体能和心能等因素的影响，即技术能力指标出众，无法客观地展现出战术能力的强弱，体能强可以弥补技能的缺陷，心能在一定程度上也可以提高技能的稳定性，甚至超常发挥。因此，在篮球比赛中，体能好、判断准、反应快，导致的抢断多，就不能说球队的攻击型防守战术出众；拥有心理素质出众的"大心脏"，决胜时刻频频投进关键球，也不能说球队最后时刻的战术就是安排合理且有效的。因此，本研究认为战术能力需要一种更新、更客观、更科学、更合理的评价体系来支撑，虽然这在某种程度上很复杂且难以操作，很多实际情况无法有效检测、评价和量化。

（2）关于战能的研究较之体能、技能等偏少，且集中于球类和格斗类项目等，可能与体育项目的战术能力重要性有关，就像我们几乎看不到关于难美性项目的战术能力研究；同时也与我国运动的普及性、竞技高水平性等有关，也可以说是研究偏向"热点"和"重点"。

（3）战术能力诊断指标选取的经验化。关于技战术评价的现有研究，对于指标的选择各不相同，大多采用主观遴选指标法。但由于不同学者对于不同项目战术能力理解的差异，用主观经验筛选的指标去诊断技战术是缺乏客观性的，诊断的结果也难以令人信服。因此，对于战术能力指标的选取需要避免研究者的"主观化""经验化"，特别是对于各项目中对比赛有决定性影响的战术指标的把控，需要利用现代分析技术对其进行筛选与确定。

（4）战术能力的评价标准不是一成不变的。从运动员非衡结构的补偿效应可以看出运动员竞技能力在各个时间段都是动态发展的，技、战术所需能力处在变化中。对同一运动员，所处阶段不同，要求的技、战术也不同。因此，为保障诊断监控的严谨性，诊断的评价标准需要适时进行优化。现有研究确定评价标准的方法较为单一，只考虑各指标与成绩之间的关系。

四、心能训练研究探索与启示

提到运动员心理，大家不难想象到竞技运动比赛中出现的种种心理战，运动员在大赛中面临的第一道难关就是克服对大赛的恐惧以及紧张的情绪，可以说，良好的心理素质是运动员发挥竞技水平的基础，所以对于运动员的心理训练也成为非常重要的一部分。展望当代竞技体育训练现状，体能训练毫无疑问发展得最为火热，然而提及心理训练，人们却知之甚微，甚至对于心理训练还会存在诸多误解，如：心理技能与生俱来，心理有问题才需要训练，心理训练见效快，"药到病除"，只有专业的心理学家才能进行心理训练等。心理训练在我国运动员的训练中没有得到很好的普及，为此，现将结合当下心理训练内容及方法，以批判性思维对当下心理训练内容进行反思，旨在寻找当下心理训练的不足，并提出心理训练的新思路。

（一）心理训练的概念界定

心理训练是运动心理学研究的一个专门领域。近年来，体育发达国家对心理训练的理论和实践进行了大量的研究，我们也引进和翻译了一些有关著作。这些外来的理论中有不少理论的科学概念含义不清，有的概念存在着争议，弄清这些概念对我们学习、理解或者进一步探讨心理训练中的有关问题是有裨益的。

所谓心理训练，可以理解为对运动员在心理方面有目的地进行定向训练的过程。目前，国内外对心理训练的概念和含义的理解尚存在着种种分歧。有人认为，运动员的心理训练就是有目的、有计划地对他们的心理活动施加影响的教育过程，使其为提高竞技水平所需要的心理因素得到稳定的加强和提高，并学会调节心理状态的方法，以便在训练和比赛中促进身体和技战术水平得到正常或超常的发挥。这里强调心理因素的加强和提高以及让运动员掌握调节心理状态的方法，是把心理训练看成是人类的一种控制与自我控制的过程。

李建周（1992）认为，心理训练是指对运动员的心理进行有意识的专门训练，使其发生变化，以适应竞技体育比赛的要求。按照这个定义，政治思想工作也算是一种心理训练，但事实上，二者各有其特点，是有区别的。

高师《体育心理学》教材把运动心理训练分为广义和狭义两种。广义的是指在体育运动中对学生或运动员进行有意识的影响，使其心理状态发生变化，达到最适宜的程度，以满足提高运动技术水平和增强身心健康的需要。狭义的是指采用专门性的具体训练方法，改变某一心理因素，以适应体育教学、训练和比赛的需要。可以看出，广义的心理训练被理解为是改变心理状态至最适宜程度，目的不仅是提高运动技术水平，还要增强身心的健康。狭义的心理训练不仅对于从事竞技体育的高水平运动员适用，而且对于体育教学中的普通学生同样适用。

综上所述，心理训练是采用特殊手段有目的、有计划地对受训者的心理过程和个性心理施加影响,使受训者学会调节和控制自己的心理状态,进而调节和控制自己行为的过程。既然为过程,就需要以长期的干预为基础,并且需要得到运动员本人对心理训练的认同才能起到效果。但是,纵观中国竞技体育历史,心理训练往往因人才的缺失及理论的不完善、相关概念的不统一,在我国始终没有得到很好的发展。在许多专业运动队训练时,也把心理训练放在了赛季训练的最后,作为单独的训练模块来解决运动员的赛前焦虑。但是,心理训练并不是"药到病除",它是一个长期的过程,所以,很多运动员在接受所谓的"心理训练"后,并不能感受到很好的效果,只会因此减少对心理训练的认同感,不会意识到心理训练的重要性,甚至产生只有出现心理疾病才需要进行心理干预的误解。

(二)心理训练的构成与特点

心理训练根据任务和要求的不同,可以分为一般心理技能训练和专门心理技能训练,也可以分为长期心理训练和短期心理训练,其实这两种分类既有区别又有联系。所谓长期心理训练,就是运动员在整个运动经历的每次训练中都进行的心理训练,这种心理训练可以叫作一般心理训练。所谓短期心理训练,是针对既定的比赛任务进行的,这种心理训练也可以叫作比赛期的心理训练,包括早期心理训练和直接参加比赛的心理训练。长期和短期心理训练是互为条件的,如果没有长期的心理训练,短期心理训练是不会收到效果的。相反,如果不对运动员的竞技状态进行短期训练,长期心理训练就会失去意义和目的。

心理训练的内容是很广泛的,根据人的心理活动的内容来看,可以包括:运动员认识过程(特点)的训练,注意力训练,运动记忆训练,运动员想象、思维训练,运动员意志、情感训练,运动员个性特征训练。从运动员的专门任务和要求来看,心理训练的内容又可包括运动员参加比赛的心理训练、运动员技能技巧形成的心理训练、运动员专门化知觉的训练、专项心理训练等(邱宜均,1982)。

在运动训练过程中,心理训练能练什么?如何进行训练?

要回答这两个问题首先要了解心理的构成、特点及改变的条件。人的心理构成是极其复杂的,但总体上可分为三个层次(图2-4-11):核心层次是个性和气质成分,受遗传因素和早期经验影响较大,一旦形成,往往难于改变,只有特殊环境和事件才可以影响到这一层次;第二层次包括人的情绪、意志、注意等心理状态成分，通常可以塑造，但须结合具体情境和较强刺激的拓展训练；最外层次是包括感知、记忆、思维等的认知过程，相对易于塑造，但要通过系统训练才能达到较好的效果。

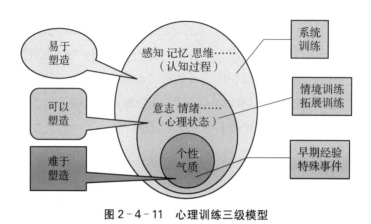

图 2-4-11　心理训练三级模型

（三）心理训练的研究现状

1. 心理训练内容的研究

随着竞技运动水平的不断提高，比分的争夺也越来越激烈。人们从开始的注重身体，发展到注重技术、战术的训练。如今，人们开始认识到了在高水平的对抗过程中心理能力的重要性。我国男女篮球队在参加的国际大赛中，因心理素质差而功亏一篑的情况屡见不鲜，而在我国职业队伍中无章法的心理训练或根本没有心理训练的现象尤为严重。付全在 2006 年全国篮球高级教练员岗位培训班上作了一项调查：认为心理训练非常重要的占全部调查对象的 75%，其余 25% 认为重要。但在心理训练手段使用频率的调查中，50% 的教练员回答偶尔使用。100% 的调查对象希望进行心理训练，67% 回答遇到的最大困难是不懂心理学知识和不知道如何进行心理训练。姒刚彦（2008）将运动员的运动生涯发展分为 3 个阶段——攀登层、高原层、JING 层，认为处于不同阶段的运动员有不同的特征，而且存在需要解决的核心问题，也就意味着不同阶段的运动员，其心理发展程度及心理问题也是不同的，那么在心理训练方面应制定更有针对性的教学。由此可见，一方面认识到了心理训练的重要性，一方面又不知道如何进行心理训练是摆在广大教练员面前的突出问题。因此，进行心理训练首先要明确思路。

(1)"心理—技术"结合

运动技术训练通常有三个目的：强化技术的规范性，加强技术的适应性（各种情境下的合理应用）和保持技术的稳定性（在高应激情境下或高体能消耗的情况下保持动作稳定）。这三个目的达成均需要教练员在训练中设置合理的心理负荷。强化规范性的训练要突出感知觉的发展；加强适应性的训练要突出情境变化和思维灵活性；稳定性训练要强调注意力和情绪的调节。

(2)"心理—战术"结合

战术训练的目的：一是培养队员个人的战术意识，二是培养队员间的配合意识。队员对场上情况的观察、判断、预测，以及对同伴和对手行动意图的理解，均需要队员积极的心理参与。可以说，战术训练本质上就是心理训练。

(3)"心理—体能"结合

体能训练通常是枯燥的，而枯燥感的形成通常是因为训练方法的单一或训练的目标不明确。让运动员在体能训练中学会目标设置，培养坚韧、顽强的意志品质是体能训练的重要目标。

(4)"心理—球队"结合

心理与球队的结合包含两个方面：一是心理训练要结合队员的具体情况因人而异；二是结合球队情况培养团队凝聚力，形成团队风格。

2. 心理训练手段的研究

为了正确地调整与控制运动员在训练和比赛时的心理活动，使运动员的中枢神经系统达到最适宜的兴奋性，根据现代科学研究成果，概括了一些不同的手段，它们给运动员以不同的影响，这些手段包括：生物学手段，主要通过植物性途径来调节中枢神经系统的兴奋性，包括运动员的营养、作息制度、兴奋剂和各种药物；生理学手段，主要是通过来自本体感受器、皮肤感受器和其他分析器的第一信号冲动来影响的兴奋性；心理学手段，主要是利用语言，通过第二信号系统来调节中枢神经系统的兴奋性，在这里语言刺激起着心理治疗的作用，而且有助于运动员控制与调节训练和比赛的心理活动（赵东平，2004）。

3. 心理训练方法的研究

体育运动中的训练是多方面的，凡是对某种心理现象施加影响，使其发生变化的措施都可称为心理训练，但最基本的训练方法有四种。

（1）恢复性心理训练。恢复性心理训练不同于自然的恢复，它是有意识的人工训练的结果，它主要采用的是人体肌肉骨骼的放松、呼吸减缓、注意力集中和自我暗示四个基本方法。

（2）表象训练。运动技术的表象练习，一般用于技术动作的学习阶段，特别是运用于初学运动技术的人。表象训练是体育运动中实现体脑结合的科学训练方法，也是一种自我训练的方法。

（3）消除紧张情绪的心理训练。紧张情绪是指情绪的紧张度超过了运动技术的需要，产生阻碍作用的状态。在紧张情绪的支配下，会引起其他各种心理因素的异常，这样会使平时训练的技术水平不能充分发挥出来。消除紧张情绪的心理训练方法：其一是在实际训练和比赛中消除紧张情绪；其二是在模拟比赛环境中消除紧张情绪；其三是临场紧张情绪的转移训练；其四是情绪对比的训练。

（4）动机训练。动机是学生或运动员进行运动训练和比赛的内部心理力量，有了强烈的动机，就会信心百倍，调动自身的潜力去争取胜利（赵东平，2004）。

射击运动可以说是在个人竞技类运动项目中，对心理素质要求最高的一个项目了。射击运动锻炼人的心理素质，而心理素质也会对射击比赛的成绩起决定性作用，水平相当的一组运动员中考核成绩好的，往往用时更短，也是心理素质最高的（刘淑慧和徐守森，2013）。现有的研究发现，针对射击运动员的心理训练往往采用结合情景的训练，以达到减少运动员对刺激的生理反应，从而增加射击稳定性，韩国的射箭队甚至通过走墓地夜场的方法锻炼胆量。

案例：

以术道为例（张力为和李美玲，2019）：心理训练共持续13个月

阶段一及方向一：

第1阶段：为心理训练制订三种目标：(1)控制赛前的紧张反应，减轻比赛的心理压力。(2)保持情绪的积极性和稳定性，使心态在赛程中保持积极且平稳。(3)培养积极的思维习惯和行为习惯，通过不断完善自我，为个人的长期发展奠定良好的心理基础。

第1个方向：强调"应该做什么"，而不是"不该做什么"。

阶段二及方向二：

第2阶段是在临赛前简化以前为运动员量身定制的心理对策库，从而便于运动员记忆，使其成为运动员关键时刻的行动指南。

第2个方向：强调应对措施的可操作性。

训练方法：

心理讲座：心理讲座包括自我控制、提高自信、经典案例心理分析及大赛心理调节等内容。并以"讲座—写下体会—反馈—复习—写下复习体会—再次反馈"的形式强化了运动员对讲座中的心理学原理与方法的学习。

参观：解决运动员"我是谁"的自我认知的问题。

书法练习（为期六个月，每周三次，每次2～3幅，每幅12个字）：书法练习的优势在于术道兼修，既可以促进思维控制、情绪控制、注意控制等自我控制能力的提高，又可以提升习练者的人文素养、境界情操。

个人比赛经历分析，个别咨询，比赛准备会与小结会。

以剑术为例（赵大亮 等，2019）：心理训练共持续10年

阶段一（2年）：传统心理技能训练（实验对象为非重点队员）。

训练方法：目标设置、表象训练、自我谈话、行为程序等，每次课均由理论讲解和实际操作两部分组成，并布置课后作业。

阶段二（4年）：赛中运动心理技能训练与逆境应对训练（实验对象为一线非重点队员）。

训练方法：逆境应对方法，并围绕运动员在比赛中常见的心理问题展开。

> 阶段三（4年）：正念训练（实验对象为一线重点队员）。
> 训练方法：以授课和一对一咨询两种形式来开展运动心理咨询。其中授课的内容包括认知融合、认知解离、正念训练、注意当下、接受、价值观。

4. 心理训练效果评价研究

（1）比赛成绩评价。比赛成绩是综合因素共同作用的结果，比赛成绩的好坏并不能完全说明心理技能训练的效果。

（2）生理、生化或心理指标评价。这是一种值得重视的方法。但是，在使用过程中，遇到的主要问题是指标的效度低和评价标准不易确定。

（3）两种方法结合评价。在运动实践中，一般采用运动成绩和客观指标变化相结合的方法来评价一个心理技能训练方案的效果。这样既重视心理技能训练的效率，又体现心理技能训练与其他竞技制胜因素的交互作用。

（4）结构模型评价。马德森（2007）建构了心理训练效果评价结构模型，并进行了验证性因素分析。心理训练效果评价结构模型包括3个二阶因子和由29个项目组成的12个一阶因子，其中3个二阶因子是生理评价指标、心理评价指标和行为评价指标；12个一阶因子包括肌电值、指端血容量、脑电图、指端脉搏率、掌心皮肤温度、运动表现、表象清晰度、赛前认知焦虑、赛前躯体焦虑、比赛信心、注意力和价值取向。

（四）心理训练的研究趋势

通过文献检索及数据整理得出图2-4-12、图2-4-13。分析两图可以发

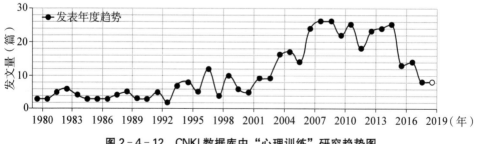

图2-4-12 CNKI数据库中"心理训练"研究趋势图

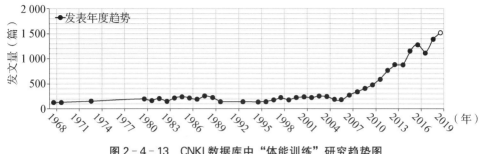

图 2-4-13 CNKI 数据库中"体能训练"研究趋势图

现,在中国知网数据库中,关于心理训练的研究自2015年起呈下降趋势,而同样作为运动训练重要组成部分的体能训练相关研究却一直处于上升趋势,并且通过发文量可以看出,体能训练相关的发文量以千篇为单位,而心理训练相关研究则以十篇为单位。可见我国对于心理训练的相关研究形势严峻。

另外,在运动训练追求专项化的今天,笔者对专项化的相关研究现状进行了分析,得出表2-4-7。通过分析表2-4-7可知,关于专项化训练,文献数量最多的是战术训练,为1358篇,其他由高至低依次为专项体能训练(1123篇)、专项技术训练(576篇)和专项心理训练(60篇)。不难看出,专项心理训练的相关研究已经成为我国运动训练领域的"短板",这一现象已经成为不争的事实。专项心理训练为何得不到发展?这是我国教练员以及相关科研人员应该好好思考的问题。

表 2-4-7 中国知网数据库检索结果汇总表

检索内容	战术训练	专项体能训练	专项技术训练	专项心理训练
检索结果	1358篇	1123篇	576篇	60篇

(五)对心理训练研究的反思

现代竞技体育快速发展,其比赛中双方运动员的技、战术水平与对抗强度都越来越高,这就要求运动员不但要时刻锻炼提升自己的身体素质与专项技术水平,也要历练自己的心理素质,只有具备过硬的心理才能在关键时刻调节好自己的心理和肢体行为,从而保证获得优异的运动成绩。可见,拥有良好的心理素质已是决定比赛胜负的关键，加强运动员心理素质的训练在现代体育运动训练中也愈显其重要性。而运动心理学理论的系统性对于提高运动心理训练的效果至关重要，为此波茨瓦托夫斯基等人（Poczwardowski et al.，1998）提出了运动心理训练方法的金字塔模型理论，该理论模型包含5个层次：最基础的第1层为运动心理咨询者的核心理念和价值观；第2层为与行为改变有关的理论范式；第3层为实践模式与咨询角色；第4层为干预目标；第5层为干预技术和方法。

图 2-4-14　运动心理训练方法的金字塔模型理论

纵观国内现有的体育心理训练研究成果，我们发现个人竞技类项目的心理训练大多可以细化到各个项目"按需训练"。与团体竞技类项目相比，个人竞技更多地做到了专项化，而团体竞技类欠缺专项化的运动员心理训练。

那么，为什么个人竞技可以细化到各项目的心理训练，团队竞技却不可以细化到具体项目甚至各个位置的运动员的心理训练呢？

笔者认为，心理训练所谓的专项化，并不是指利用新的训练方法，而是指让心理训练更有针对性，更加高效率、高质量。对此，笔者在前人研究的基础上，提出了以下团体类竞技项目运动员心理训练建议。

就专项化而言，是否可以采取合理分类和循环训练相结合的形式从而达到专项化心理训练的效果。要合理分类，必须做到以下三点。

首先，根据团体竞技类项目的竞赛规则进行分类。隔网对抗类项目一般采用得分制区分胜负，因此对方每得一分，运动员的心理压力就会随之变大。特别是关键球的争夺与较量，其能集中表现出一个球队的作风、心理、体能、技能、智能以及指挥艺术。尽管其中有时难免出现偶然因素，但是，偶然性往往是通过必然性起作用的，起决定作用的因素还是队伍的实力与水平，而其中心理因素占有很重要的地位。相比之下，同场竞技类项目一般以时间为限制，时间越接近比赛结束，如果场面十分胶着，那么双方的心理压力都会随之越来越大。因此，第一步先从竞赛规则及制胜因素的角度分析该项目运动员心理压力的来源。

其次，根据运动项目的空间特征进行分类。团队竞技项目的不同运动员在赛场上有各自不同的分工，有着不同的责任，也相对应不同的位置。因此，比赛中不同的运动员所面临的心理压力是不一样的，比如足球比赛中的门将在面临罚点球时所承受的心理压力要大于罚球队员，因为门将是球队唯一能够承担此刻心理压力的载体。另外，每名运动员在球队的地位不尽相同，队长或者明星球员在关键时刻要承担更多的心理压力。因此，根据比赛的空间特征再对运动员进行分类，从而划分不同运动员在赛场不同位置所遇到的压力，以便在进行心理训练时，能够对不同运动员在场上能够遇到的场景和心理压力进行提前的干预以达到效果。

最后，根据比赛的时间特征进行分类。竞技比赛的节奏很大程度上会影响运动员的心理压力，比如隔网对抗类项目的运动员，遇到赛点时有时会因为紧张而发球失分，这种类似的现象在比赛中比比皆是。因此，根据不同的时间节点对运动员的心理压力来源进行划分，再针对结果进行合理的心理训练也许能够达到更加高效精准的心理训练。至此，对于心理压力来源的分类已经完成。

根据上述的分类寻找不同运动员会遇到的典型逆境，再根据逆境形成的原因选择合理的心理干预方法，最后定期进行心理评估，以确定心理干预是否达到效果。然后在此基础上寻找对更高级别的逆境进行再干预、再评估的循环心理训练方法，也许可以成为未来专项心理训练方法的一种新思路。

以篮球项目为例：在篮球运动项目中，心理技能训练与身体技能训练原本是同等重要的两个子因素（柯世明，2007），但在国内，具有专项化的系统心理技能训练几乎是空白的。这与我们国家体育专业人才的储备及发展模式息息相关，虽然从宏观上观察，好像短时间内无法补缺这方面的人才。但作为一名基层的教练或队员，掌握一些心理技能训练的方法与理论知识是相当有必要的，整个球队都将从中获得益处。现代篮球运动，教练员为战胜对手，尽力寻找克敌制胜的好办法，其中心理战是行之有效的方法之一。

观摩当今的高水平篮球比赛可以发现，竞争日趋激烈，每一场比赛（哪怕是小组赛）往往都是进行到最后几分钟甚至几秒钟才能决出胜负。当队员们的技术水平与球队整体战术水平相当时，在关键时刻的行为决策，与运动员的心理素质水平有极大关系，而关键时刻的每一次行为都直接影响比赛的结果。有过心理训练的队员在关键时刻所表现出的行为与决策会更加合理、更加稳定；而没有受过心理训练的队员，在比分胶着状态或比赛决胜时刻对球的处理和在场上的移动会更加草率、失误明显增多。

笔者认为，基础的篮球心理训练应包括：按照球员位置的不同以及在比赛中时间段的不同，进行专项化的注意力训练；主力以及板凳球员在赛前赛后的积极自我谈话和表象训练。

很多人或许会认为，运动员的注意力还需要训练吗？举个简单的例子，在大学生的篮球比赛中，经常看到一名队员接到长传球快攻上空篮不中。这其实不是技术问题，主要原因是在接到球上篮的过程中心理发生了变化，注意力被篮筐之外的因素所分散掉，最后导致肌肉紧张手指发紧。

专项化的注意力训练。在一场篮球比赛中，我们的注意力可分为四种类型：广阔外部注意（观察整个场上的情况，队友、对手、球的位置）、广阔内部注意（在对手的多种操作中选择需要防守的动作）、狭窄外部注意（投篮时，将所有注意力集中在篮筐上）、狭窄内部注意（站在罚球线上罚球时使用表象训练来进行演练）。在篮球场上的攻防两端，我们所运用的注意类型其实是各不相同的，而如果没有受过专业的训练，我们很可能会用错注意的方式。比如，在罚球时，受过专业训练的运动员可以按照训练时的操作步骤进行表象训练，而未接受过心理训练的专业运动员则很可能受到场边球迷、观众呐喊声的影响，并没有选择狭窄内部注意，从而导致罚球命中率下降。

主力以及板凳球员在赛前赛后的积极自我谈话。积极的自我谈话常用于应对对手的干扰，又或者自己出现失误时抵制消极的思想进入头脑中。在当代篮球比赛中，很多大学生篮球运动员在比赛中特别喜欢骂脏字，一次上篮不中，一次犯规未吹罚，此时嘴里就会蹦出熟悉的词汇。但是，讲脏话会让自己的内心变得急躁、消极，如果队员长此以往，养成这种不良习惯，将致使自己无法自拔，最终影响身体技能的发挥。

表象训练。表象训练应是篮球心理训练中最为核心的一个部分。表象训练是指对于自己想提高的技术或技能，在头脑中进行练习，使自己在头脑中熟悉、掌握该技能。比如你想提高接球后投射三分球的投篮命中率，那么你可以在每天晚上睡前，寻找一个舒适的姿势，10～15分钟左右，在一个安静的环境下，在头脑中想象一个画面：你通过无球的底线跑动，加之队友的定位掩护，创造出一个接球投射三分球的机会，此时组织后卫双手胸前传球给你，你接到球后做出完美的投篮姿势（要把具体的动作想象出来），篮球在空中划过一条优美的弧线，只听见"嗖"的一声，球空心入网。表象训练不仅仅只用于罚球，在个人防守、关键时刻的绝杀球、各种投篮技术，在训练前、训练中、训练后等时段都可以进行。笔者认为，篮球运动员心理训练是长期、复杂的工作，只有持之以恒才能发挥应有的作用。在训练中应把心理训练与技战术训练放在同等重要地位，使它们有机地结合在一起，互相促进，共同发展，从而培养出现代篮球运动所需要的优秀人才。

综上所述，笔者认为：首先，我国竞技体育运动训练中对于心理训练的研究力度不够，存在忽视心理的现象，并且理论与实践相脱节；对于专项心理训练的理论研究不足，对于团队竞技的心理训练专项化没有明显研究成果。其次，心理建设不是一个阶段性的任务或几年的任务，它是一个可持续发展的且与当下运动生涯发展相匹配的任务，最终的结果不是通过短期学习心理技能来调节心理状态，而是通过系统地、长期地学习和应用心理技能培养出竞技所需的心理素质，这种心理素质具有稳定性，运动员能够依靠这种心理素质提高运动表现以及处理日常生活中的问题。

思考题

1. 专项特征的构成因素有哪些？
2. 专项特征研究的发展趋势是什么？
3. 试分析你所从事的运动项目的专项特征。
4. 结合专项，如何理解一般训练和专项训练的关系？

第三章 运动训练的实操性问题

学习目标：
- 了解运动训练原则的历史演进和制定依据，反思现有运动训练原则
- 明晰运动训练方法和手段的概念，懂得其在不同语境下的创新条件
- 了解周期、板块、整合分期等训练安排理论的起源、发展与应用
- 掌握主要竞技能力子能力监控的关键环节与基本手段

运动训练的直接目的是提高运动员的竞技能力，而实现这一目标有赖于科学地组织运动训练过程。在训练过程中，训练原则是运动训练全过程的重要环节，是指导训练实践的基本规范。在训练原则指导下，科学的运动训练方法和手段是教练员进行训练工作、完成训练任务、提高运动员竞技能力的有力工具。正确地认识和掌握其功能与特点，有助于顺利地完成运动训练不同时期的训练任务、有效地控制其发展进程、提高运动员的整体竞技能力。然而，有效训练原则的确定、合理训练手段与方法运用，都必须在科学的运动训练计划下得以实现。

第一节 运动训练原则问题研究

一、运动训练原则的历史演进

"人们要想得到工作的胜利即得到预想的结果，一定要使自己的思想合于客观外

界的规律性,如果不合,就会在实践中失败。"

——毛泽东《实践论》

【案例链接】

生日前一天体育尖子生猝死训练场　多次抱怨训练苦

单飞洋"食言"了。

昨天,萧山区举行中小学生运动会,大家没能迎来萧山第三高级中学(以下简称萧山三中)这位身高1米83的高一学生,尽管他曾在自己QQ空间上留下这样的豪言:"我会使萧山的跳高最高纪录改写,留下我的名字!"

在运动会召开前的10月12日,他倒在了学校的训练场上。在被送到医院3个小时后,医生宣布抢救无效。

10月13日,就是他16周岁的生日。

40多岁的萧山义蓬镇农民单水龙永远不会忘记那个电话。12日傍晚6点10分左右,儿子所在学校萧山三中的班主任倪伟给他打来电话说,单飞洋晕倒了,正在医院抢救。当时单水龙正好在去所前镇亲戚家喝喜酒的路上。单水龙和亲戚几人立即开车赶到萧山第一人民医院。中途,他又一次接到电话,老师说,单飞洋不行了。"当时我都懵了。"单水龙说,赶到医院后,看到医生正在抢救,他们几人拼命想挤进去,但医护人员、派出所和学校的人把他们劝了回去。

"抢救到晚上9点多,医生才告诉我(单飞洋)不行了。"单水龙说,后来医生告诉他,他儿子从学校送到医院的时候,就已经不行了。"我们进去的时候,他整个手都是僵硬的,手背紫黑。"单水龙一说起这个,眼泪"哗"地流了下来。

单水龙说,当天晚上11点左右,校长、派出所的人都来了,告诉他们,单飞洋是下午5点15分下课,大概5点30分到训练场,结果跑步跑了大概70米,就倒下了,学校当即抢救,并在第一时间送到萧山第一人民医院。

萧山第一人民医院徐剑君医生负责抢救单飞洋,他说,单飞洋属于猝死,死因需进一步检查。

16岁中学生倒在训练场

曾向家长抱怨训练太苦

单飞洋的舅舅许伟东告诉记者,外甥长得高大,初中时就在运动会上拿过不少奖,跑步、跳高都很不错。今年中考,单飞洋考了498分,但距萧山三中分数线还差20多分。"之后进到三中,也是因为,学校听说我弟弟的体育成绩好,是作为体育尖子生招进去的,差这20多分没关系。"单飞洋的堂兄单元佳说。"我当时想,萧山三中是萧山的重高,能进去是好事情。"单水龙说,"没想到……"

单水龙说,单飞洋被萧山三中录取后,7月11日就到学校报到,之后开始了训练,从没间断过。在出事前几天,班主任倪伟打电话给单水龙,单飞洋最近作业老是完成不了。9月30日,国庆长假开始,单水龙接单飞洋回家,当即责怪儿子"为什么不完成作业",没想到儿子眼泪汪汪地说,学校训练太辛苦了,长时间训练让他很少有时间花在文化课上。

单水龙夫妇心疼儿子,打电话给体育老师傅君蕾,说:"孩子压力大,能不能不要安排太多的训练,适当多给孩子一点休息时间?"单水龙说,孩子是去读书的,不是去训练的。但傅老师表示,孩子是以体育特招生进去的,训练是理所应当。傅老师回了一条短信:"你们飞洋进三中,还不是因为我一句话,做人要有良心,没弄清楚情况,乱吵对你们飞洋有什么好处?!"

"国庆8天长假,回家才一天半,他就回学校训练了。"单飞洋的妈妈汪素芳哭着说,"他就是听老师的话,不敢和老师说训练太苦。"

在单飞洋的QQ空间上,记者看到他发表于7月21日15点45分的日志:"在三中集训好苦哦!天天4:30起床好困哦!……我的精神也快崩溃了!但是我还是坚持了下来,我会在萧山的跳高最高纪录上改写纪录,留下我的名字!191厘米绝对不是我的极限,我会留下194厘米的成绩。证明我自己。"

死前在吃专业保健品

在单飞洋的宿舍里,单水龙找到了一些比较特殊的保健食品,分别是"康比特"牌纯乳清蛋白粉、纯肌酸粉、健身饮和维生素E胶丸,盒子上写着"单"。

单水龙告诉记者，国庆放假那天，儿子向家里提出来要买，母亲不同意，是单水龙偷偷给了儿子500元钱去买来的。"儿子说是老师叫他买的，周围有同学花800、1000元去买这些保健品。"单水龙说。

这些保健品到底有什么作用，记者采访了浙江省体育技术学院体育医院院长杨威斌。杨威斌说，纯乳清蛋白粉、纯肌酸粉功能相近，主要是补充蛋白质，促进肌肉合成，增强肌肉功效，提升爆发力等，健身饮是辅助用品，而维生素E胶丸则有抗疲劳等功能。

"这些产品确实能在短时间内提升运动能力，提高运动成绩。"正在山东参加"全运会"的杨威斌说，"可这些产品一般都是给专业运动员吃的，一个中学生在服用这些产品，让我觉得很意外。这应该不是很普遍的事情吧？"

杨威斌说，即使他们专业运动员服用，也需要接受专业科研和医务人员的指导，并定期进行监测。"这些产品服用需要适量，服用过量会产生副作用。"他说，"而且像纯乳清蛋白粉价格也比较高，连运动员都不是随便吃的。"

教育局将重点调查保健品问题

昨天下午，萧山三中门口，门内外站着派出所民警和保安，连几位校工想进去上班，都不让进。单飞洋的亲属在门口要求校方给个说法，情绪激动。但直到下午4点多，学校也没有派人前来。

针对家属提出的，为什么让单飞洋训练如此辛苦，保健品到底是怎么回事等问题，记者采访了萧山区教育局。萧山区教育局局长蔡仁林告诉记者，单飞洋是体育特招生，学校对其进行训练是正常的事情。"他们这么艰苦地训练，是为了今天召开的萧山区中小学生运动会。"蔡仁林说。

蔡仁林说，关于单飞洋猝死一事，目前他们已经成立了由副局长赵云飞牵头的调查小组。"针对家长提出的，服用各种运动类保健品等问题，我们也将进行调查。"他说。至于单飞洋猝死的原因，他说，需要尸检后才能发布。

有关运动猝死及预防

运动猝死多出现在田径、篮球、排球、足球等项目。但在一些低强度的运动中，也有猝死发生，大多发生在年轻的人群。但是运动猝死发生概率还是比较低的，在运动人群中，每年猝死率大约在25万分之一。

运动超负荷常常是运动猝死的诱发因素。另外一些外部诱因，如体内存在感染灶（扁桃体炎）、心脏部位外伤性出血、饱食后运动、暴晒、运动后淋浴等也会引发猝死。

　　预防运动猝死，要重视身体发出的信号。因为通常在发病前，会有短暂的心绞痛，或是感到咽部哽咽、咽东西费劲，有的人会头晕、心慌、恶心、胸闷、出汗、浑身无力。但当这些情况出现在青年人身上的时候，大家往往觉得这是运动过程中的正常反应，对身体发出的信号不予理睬，甚至认为这正表明自己的运动量不够导致身体变差，更加坚定了继续运动、加大运动量的信念。

　　这种坚持最容易引发心力衰竭，导致猝死。因此，在运动中出现这些感受时，一定听从身体的需要，中止运动，进行休息。

　　资料来源：https://www.chinanews.com.cn/edu/news/2009/10-15/1911943.shtml

运动训练有其自身的规律，这些规律归根结底是关于人在运动中表现出的规律，以上案例也告诉我们一个沉重的事实，即运动训练如果不遵从人的身体、心理发展的规律，便会出现意想不到的后果。运动训练中对这些规律的集中反映便是运动训练原则。

（一）认识运动训练原则的意义

1. 运动训练学学科发展的需要

运动训练学作为从运动训练实践中发展起来的一门学科，其理论也是来自对实践问题及规律的总结。运动训练学所需要解决的"练什么""练多少""怎么练"的问题都可以认为是运动训练原则的问题，因为运动训练原则来自运动训练的实践规律，这些规律是对训练实践过程中普遍问题的经验总结，是在运动训练实践活动中感受、领悟、提炼、概括而提出和确立的。因此，运动训练学学科的发展离不开对运动训练原则的研究。人类的认识从范围到深度上符合马克思的"否定之否定"规律，即我们不能一次性的、一劳永逸的、用静止的眼光认识某一事物，事物在不断的发展变化中，我们的认识也需要不断地发展。

2. 运动训练实践的需要

人类在多种多样的社会活动中，不断认识事物发展的客观规律，并据以确立自我行为的"原则"。原则对于人们的行为给予指导、予以约束，帮助人们的社会行为取得更好的结果。运动训练原则对于运动训练活动的方式方法予以指导和规范，告诉人们在运动训练活动中如何思考、如何操作才能取得理想的训练效果。运动训练活动同样需要科学确定的运动训练原则的指导。在中国竞技运动训练实践发展的不同时期，人们根据其时其地对运动训练活动规律的认识，提出过不同的训练原则，并随着竞技运动水平的提高，不断地总结经验，丰富认识，对运动训练的原则进行调整和完善。21 世纪以来，中国竞技运动水平实现了历史性的突破，连续四届奥运会跻身三甲，并在第 29 届奥运会上居于金牌榜的首位，这些成绩的取得与人们科学地认识并掌握运动训练原则进而借以指导实践是分不开的。

（二）运动训练原则概念的界定

原则是什么？根据《现代汉语词典》的解释，"原则是指人们说话或行事所依据的法则或标准"（中国社会科学院语言研究所词典编辑室，2012）。对于什么是运动训练原则，自 1983 年我国第一本《运动训练学》教材出版以来，虽然对此争议不大，但各时期的教材在具体解释和文字表述上也不尽相同。

1986 年过家兴主编的《运动训练学》中对运动训练原则的解释为"运动训练过程客观规律的反映，是运动训练实践普遍规律的总结和概括，是进行运动训练必须遵循的准则"（过家兴 等，1986）。

1990 年出版的体院通用教材《运动训练学》中指出，"从运动训练学的角度研究认为运动训练原则是运动训练过程主要的客观规律的反映，是运动训练实践普遍经验的概括和科学研究成果的结晶，是进行运动训练必须遵循的准则"（全国体育院校教材委员会，1990）。

1999 年的函授教材《运动训练学》把运动训练原则定义为"教练员和运动员在实施科学化训练中必须遵循运动训练的基本规律和科学原理而确立的基本准则"（体育院校成人教育协作组《运动训练学》教材编写组，1999）。

2000 年田麦久在其主编的《运动训练学》中认为，"运动训练原则是依据运动训练活动的客观规律而确定的组织运动训练所必须遵循的基本准则,是运动训练活动客观规律的反映"(田麦久,2000)。

2006年田麦久在其主编的《运动训练学》中仍然沿用了这一概念。

2007年杨桦在其主编的《运动训练学导论》中沿用了1986年过家兴对运动训练原则下的定义,即"运动训练原则是运动训练实践普遍规律的总结和概括,是进行运动训练必须遵循的准则"(杨桦 等,2007)。

同年,张洪潭在其专著《体育基本理论研究:修订与拓展》一书中对运动训练原则与训练原理概念进行了专门的探讨,他认为"训练原理,是对运动训练活动中规律性问题的认识成果。训练原则,是针对运动训练全过程的重要环节和突出问题而提出的用以指导训练实践的基本规范"(张洪潭,2007)。

纵观以上各时期关于运动训练原则概念的界定,不难发现,虽然在具体表述上有所差异,但其中有一个共同的认识,就是把运动训练原则视为运动训练过程中客观规律的反映,是运动训练过程中必须遵循的准则。从这里我们亦可以看出,运动训练原则来源于运动训练实践过程中的普遍规律,这一认识对于后面章节所要阐述的运动训练原则的创新问题至关重要,因此,一并提出。对于上述运动训练原则所下的定义,就其本质而言,认识较为一致、准确,即认为运动训练原则的本质是准则或者规范,这基本上符合对属概念"原则"的解读。但是,对于其外延的认识却出现了"循环定义"或"同语反复"的情况,即使用了"运动训练原则是运动训练过程中……"的表达,在这里,作为外延存在的"运动训练过程"都包括哪些环节或者问题并未给予说明,实际上这也导致了人们在认识具体有哪些运动训练原则时所出现的不统一局面,该问题将在后面章节专门论述。

(三)运动训练原则概念的再定义

确定体育概念,一般是从唯物辩证法的角度出发,按照逻辑学的规范来展开。逻辑学是研究思维规律的学科,它具有工具性质。在体育科学领域里应用逻辑学这一工具,能够有效提高体育科研工作者运用概念、判断、推理反映体育客观规律的能力。逻辑学对概念的确定、定义与划分都有明确的规定,它可以帮助我们辨析相关体育概念问题和正确界定其概念。因此,我们这里仍然运用"属加种差"的定义形式进行分析。

前面提到，从本质上看，运动训练原则的定义基本上符合对属概念"原则"的解读，出现的主要问题是对"种差"即运动训练过程的解读，以往定义没有对作为外延存在的"运动训练过程"都包括哪些环节或者问题给予说明，这也是我们试图进行再定义的出发点。

首先，我们需要厘清"运动训练过程"包括哪些问题、不包括哪些问题。从运动训练学所从属的整个学科体系来看，它与运动参赛学、运动选材学、运动管理学共同组成了竞技体育学，每个学科有其独有的研究领域与范畴。运动参赛学主要是研究如何让运动员更好地参赛，发挥最佳竞技水平的问题；运动选材学主要是依据科学的原理和方法，解决挑选优秀运动员苗子的问题；运动管理学主要针对的是训练过程中运动员、教练员、训练过程本身的组织、协调、控制等管理方面的问题。对于运动训练学而言，其研究的对象是运动员，主要"针对'为何练、练什么、练多少、怎样练'，即训练目标、训练内容、负荷量度及训练的组织这样四个问题而进行"（全国体育院校教材委员会，2000）。那么，这些问题在运动训练过程中又表现出怎样的规律呢？邓运龙研究指出，运动训练基本规律主要有运动项目规律、运动训练规律、运动适应规律、运动参赛规律和竞赛制胜规律。运动项目规律是训练方向，就像"灯塔"，是确立训练核心，解决"练什么"的方向性问题；运动训练规律是训练方针，就像"罗盘"，是优化训练行为，解决"怎么练"的针对性问题；运动适应规律主要包括生物、心理和社会方面的身心适应，解决"练多少"的操作性问题；运动参赛规律的实质是研究参赛策略，主要包括参赛准备与比赛安排等问题；竞赛制胜规律既受上述运动训练基本规律制约，又有自身的特殊性规律，其竞赛制胜因素表现为复杂性、主次性和能动性（邓运龙，2011）。根据前面对运动训练学所属学科体系的认识，结合邓运龙先生的研究，我们认为运动训练实践中的基本规律可以限定在项目规律、训练规律、运动适应规律三方面，运动参赛规律与竞赛制胜规律因属于运动参赛学的范畴而不能归入运动训练学研究的范畴。至此，运动训练原则的外延得以确立，即"为何练、练什么、练多少、怎样练"四个问题，表现在项目规律、训练规律、运动适应规律三方面。

基于此，我们给运动训练原则所下的定义是：运动训练原则是指教练员或运动员针对"为何练、练什么、练多少、怎样练"等问题而提出的用以指导训练实践的基本准则，这些准则来自对运动项目规律、训练规律、运动适应规律的不断认识。

这一定义既认识到了运动训练原则所需要解决的问题，又给出了其来源，并且指出了运动训练原则的动态性，即运动训练原则是随着人们对运动训练实践规律认识的不断深入而不断得以创新修正的。这也是为什么人们对运动训练原则的认识会表现出一定的时代特异性，接下来的内容我们将就此问题进行考察。

二、运动训练原则的制定依据

作为原则，其来源或者提出的依据至关重要，这一问题却恰恰是运动训练原则研究中所忽视的。人们在确定运动训练原则时，或者在运动训练原则定义中直接给出了其依据，如"运动训练原则是依据运动训练活动的客观规律而确定的组织运动训练所必须遵循的基本准则，是运动训练活动客观规律的反映"（田麦久，2000），或者使用这样的语句，如"纵览各国学者对运动训练原则的提法及其阐述的观点，结合我国运动训练的实际情况，本章集中论述自觉积极性原则……"（杨桦，2007），或者直接给出运动训练原则，而没有给出其确定该原则的依据，这也是运动训练原则体系不断变化，没有形成相对稳定体系的一方面原因所在。我们认为，运动训练原则的确定需要依据以下几个方面。

（一）人们对运动训练过程客观规律的认识

规律即客观事物之间内在的必然联系，它不能被创造，也不能被消灭，但可以被认识和被发现。运动训练规律客观存在于运动训练这一过程之中，人们之所以这样而不是那样地提出训练原则，总是不由自主地体现着人们对运动训练客观规律的认识。根据前面的研究，这些客观规律主要有项目规律、训练规律和运动适应规律。

（二）训练目标的制约因素

一定的训练原则受一定的训练目标制约，为实现一定的训练目标服务。不同的训练阶段，训练的性质不同，训练的目标也具有不同的特点，与此相关联的，训练原则也应表现出阶段性特点。早期的训练与达到高水平后的训练在训练内容、方法、手段、负荷量和强度等方面具有很大的差异，以往我国运动员由于在早期训练阶段过于强调运动成绩的获得，便出现了在进入高一级训练系统后运动成绩停滞不前，运动寿命提早结束的情况，这实际上是由对于每个阶段的训练目标认识不清所造成的。

（三）丰富的运动训练实践经验

从最根本的意义上讲，训练原则来自长期的训练实践，具体表现为对训练实践经验的总结，而经验中则包含人们对训练客观规律某种程度的认识。原则一旦形成，便指导实践，又受实践（效果）的检验，训练原则便在这样的循环中不断得到修正完善，人们对训练规律的认识也逐步深化，驾驭实践的能力也逐渐增强。如周期安排原则，随着竞赛体制的改变，运动员参加比赛的数量较之以往有了很大的变化，在这种情况下，如果还按照早期的训练计划进行全年的训练安排，就不能防止比赛增多对运动训练造成干扰，因此，需要根据周期安排原则，从实际的比赛时间出发，安排合理的训练计划。

（四）运动员的身心发展规律

运动训练的对象是人，是运动员，背离人身心发展规律和年龄特征的训练，是无法让运动员接受的。例如，只有依据青少年身心发展规律和年龄特征确立的训练原则，才可能使训练活动得到预期效果。早期训练中，儿童的思维多依赖于感知和表象，以这一规律和特征为依据，确立了训练的直观性原则；又如，人身心发展的共同性与差异性，决定了训练要遵循区别对待的原则。

三、运动训练原则体系的反思与重组

（一）对现行运动训练原则体系的反思

从表3-1-1可以看出，"课余运动训练原则"这一问题在不同时期的《学校体育学》教材中都有涉及，这些原则中除了1992年版的《学校体育学》与其他版本的教材中有关训练原则的表述差异较大以外，其他版本的《学校体育学》对"课余运动训练原则"这一问题的认识较为一致。

表 3-1-1 不同版本教材中运动训练原则一览表

著作	作者	出版时间	内容（原则）
学校体育学	范海荣,任继祖	2009	一般训练与专项训练相结合；系统性；周期性；合理安排运动负荷；区别对待
学校体育学	周登嵩	2004	直观性；一般训练与专项训练统一；周期性；适宜负荷；区别对待
学校体育学	李祥	2001	一般训练与专项训练结合；系统性；周期性；适宜运动负荷；区别对待
学校体育学	刘善言	2001	一般训练与专项训练结合；系统性；周期性；合理安排运动负荷；区别对待
学校体育学	全国体育院成人教育协作组	1999	一般训练与专项训练结合；不间断性；周期性；合理安排运动负荷；区别对待
学校体育学	吴锦毅,李祥	1995	一般训练与专项训练结合；不间断性；周期性；合理安排运动负荷；区别对待
学校体育学	金钦昌	1994	一般训练与专项训练结合；系统性；周期性；合理安排运动负荷；区别对待
学校体育学	《学校》教材编写组	1992	教育性；教训结合；基础性；持续性；全面性；适宜性（量力性）；个别化；激励性；渐进性；灵活性
学校体育学	《学校体育学》编写组	1983	一般训练与专项训练相结合；系统性；周期性；合理安排运动负荷；个别对待

1. 一直沿用而需要保留的训练原则

一直沿用的运动训练原则包括一般训练与专项训练相结合原则、系统性原则、周期性原则、区别对待原则、合理安排运动负荷原则等。这表明这些训练原则是经多年的训练实践检验证明过的，是适合课余运动训练实践并符合人体发展规律的原则，是进行课余运动训练实践重要的理论基础。

2. 曾经出现而未被沿用，但仍需保留的训练原则

（1）激励性原则

该原则在1992年版的《学校体育学》中出现。激励性原则的释义为"对学生运动员参训行为给予鼓励与强化，使其产生增力情感和巨大的训练动力，勇敢顽强和高标准地完成训练任务"（体育运动学校《学校体育学》教材编写组，1992）。从运动员的整个职业生涯来看，对训练目标、人生目标认识的差异也会导致运动员在不同时期表现出不同的训练态度。运动员，特别是青少年、儿童运动员参加运动训练，有各种不同的目的、动机。最常见的是从个人的兴趣和爱好出发参加训练。他们最初并不能认识到训练的总目标和任务，当他们遇到困难时，往往会丧失兴趣，失去动力。到了高水平以后，"由于长期承受高负荷的大运动量训练和高应激比赛的压力，心理疲劳正逐渐成为困扰许多高水平运动员及其教练员的一大难题。尤其是年轻运动员，往往在十多岁，尚未达到生理、心理巅峰之时，便迫于心理紧张和精神压力退出了自己从事的运动项目"（王舜霞，2009）。因此，不同阶段的运动员有着不同的心理状态，这更加显示出动机激励原则的重要性与必要性。该原则属于解决训练中的"为何练"的问题，可以说是运动训练必不可少的一个环节和内容。

（2）直观性原则

该原则在2004年的《学校体育学》教材中有所提及，但是在以后的教材中却没有再被提及。该原则的释义为"在课余训练中充分运用多种直观手段，通过学生的感觉器官，激发活跃的形象思维，建立正确的动作表象，启发学生积极思维与实践，提高学生竞技水平的训练原则"（周登嵩，2004）。关于这一原则的来源与意义，在

2000年版的《运动训练学》教材中有这样的陈述，"直观教练原则是从一般教育学和体育教学原则中引入的，对儿童少年运动员的早期训练尤为重要"（全国体育院校教材委员会，2000）。可以说，这一定位是比较准确的。

3. 需增补的训练原则

运动素质发展敏感期原则也是一条非常重要的原则。在青少年运动训练中如何根据其生长发育特点进行科学的训练，这是一个关系到体育后备人才发展的重要问题。不同年龄阶段的青少年在身体形态、运动素质方面有比较明显的发展规律，各种形态、机能和运动素质的发展是不均衡的、渐进的，并存在着"运动素质发展敏感期"，即某种运动素质在儿童、少年时期以有机体自然生长发育为基础，在某些特定的年龄阶段发展得较快（表3-1-2）。在儿童、少年时期，如果能按照运动素质发展敏感期的规律进行训练，就能取得良好的训练效果。"一般身体素质训练是专项身体素质的基础。在青少年生长发育各个不同年龄阶段，运动专项所需要的素质发展的速度不同，训练的效果也不一样，我们要抓住每一个运动素质发展最佳敏感期组织进行有效的训练，可以促进专项运动的较大发展和提高"（林寿宽，2010）。因此，这一原则对于青少年时期的训练便显现得尤为重要。

表3-1-2 不同年龄段身体素质发展敏感期一览表

年龄	耐力	速度		速度力量	绝对力量	柔韧	灵敏
		速率	动作速度				
9		✓	✓	✓		✓	✓
10	✓	✓	✓	✓		✓	✓
11	✓	✓	✓				
12	✓	✓					
13			✓				
14			✓	✓	✓		
15			✓				
16			✓	✓		✓	✓
17				✓	✓	✓	✓

{资料来源：张昌林. 体育课教学应遵循学生身体素质发展"敏感期"规律［J］. 中国学校体育，2008（5）：37.}

(二) 运动训练原则体系的重组

至此，我们对现行运动训练原则体系从沿用、保留与增补三个方面给予了解构，并从"为何练、练什么、练多少、怎样练"这四个运动训练过程所要解决的问题出发给予了相应的训练环节归属，这也使得这些原则的应用有了更加明确的问题指向，这必定对解决训练过程中的实际问题具有重要的启发意义，这里以表格的形式进一步给予明确（表3-1-3），这也是我们对运动训练原则进行重构的结果。

表3-1-3 训练问题与训练原则的关系

训练中需要解决的问题	训练原则	备注
为何练	激励性原则	全程训练
练什么	一般训练与专项训练相结合原则	早期训练
	运动素质发展敏感期原则	
练多少	合理安排运动负荷原则	全程训练
	区别对待原则	全程训练
怎样练	直观性原则	早期训练
	系统性原则	全程训练
	周期安排原则	全程训练

(三) 运动训练原则体系解读

1. 激励性原则

激励性原则是指，在训练过程中要使运动员深刻认识到参加训练的目的，并理解运动员各阶段的合理需要，通过多种方法和途径，激发运动员积极主动地从事艰苦训练的动机，完成训练任务。不同训练阶段，运动员参与运动训练会表现出较大的差异性。青少年、儿童时期参加运动训练一般是从个人的兴趣和爱好出发，此时很容易因为困难以及训练的艰苦性而使其兴趣消失、动力不足；随着年龄、竞技水平的增长以及受到内外环境的干扰，如伤病的产生、竞技水平的停滞、对成就的自满、不良人际关系的牵制等问题的出现，运动员会表现出困惑、信心降低等状况，这些情况都会导致运动员训练态度变得消极，直接导致训练效果的降低。因此，应在训练的每个阶段关注运动员的情绪变化，在对其进行训练目的合理引导的同时，理解并尽量满足运动员的合理需要，从而不断激发其积极主动地参与训练的兴趣。

2. 激励性原则的主要依据

(1) 激励性原则解决了"为何练"的运动训练问题

动机是推动人们从事某项活动，并朝一个方向前进的内部动力。认知论的动机理论认为，人类的动机行为是以一系列的预期、判断、选择并朝向目标的认知为基础的。人们都是怀着对未来成功结果的美好愿望参加某项活动的，渴望成功的动机给人们以鼓舞、激励，使他们能够积极地投身于其中。运动员不会"无缘无故"地进行长期艰苦的运动训练，他们对训练的期待便是对他们"为何练"的回答。对于竞技运动训练这一需要参与者做出巨大努力和付出，但最后结果又充满不确定性的事业来说，只有激发了运动员的强烈成功动机，不断强化训练目的，才能吸引他们自觉地投身于这一过程中。

(2) 训练实践要求不断地激励运动员的训练动机

运动训练的实践告诉我们，运动训练要求它的参加者多年坚持系统的刻苦训练，承受巨大的心理负荷和生理负荷。青少年儿童开始参与运动训练时并不能正确认识训练的总目的和任务，没有一个稳定的、长期的奋斗目标，一旦训练过程中遇到一些困难或者无法承受运动训练所带来的负荷，建立在个人兴趣和爱好基础上的参训动机就会逐步减弱甚或消失。因此，在训练过程中，要逐步使运动员正确认识训练的目的，不断提高自身运动技术水平。当运动员达到高水平以后，由于伤病、成绩停滞以及各种社会、心理、生理问题的出现，运动员信心降低，对继续训练失去兴趣。这时，就需要从运动员自身和外部不断地激励运动员保持良好的动机，使其不断地感受到阶段性成就的喜悦，并树立新的训练目标。只有这样才能自觉地进行年复一年艰苦单调的训练，并从中获得乐趣和满足，不断勇攀运动生涯的高峰。

3. 贯彻动机激励原则的训练学要点

(1) 加强训练的目的性教育和正确的价值观教育

在训练过程中，应注意通过各种教育学和心理学的手段，进行训练的目的性教育，逐步树立起自觉训练的态度和动机。要使运动员认识到获得优异的运动成绩对国家、家庭和个人的重要性及其巨大的社会价值，从而获得鼓舞和激励。

(2) 满足运动员的合理需要

平时要关心运动员的生活，安排好他们的衣食住行，创造良好的人际环境，尽可能地使他们在生存、安全和尊重等需要上得到必要的保障，并引导运动员形成"自我实现"的更高层次的需要，以产生积极进行训练的动机。

(3) 激发运动员参与训练的兴趣

训练过程应注意运用符合不同年龄运动员个性心理特征的多种手段，激发运动员参与训练的热情、兴趣，儿童、青少年初期训练时应多以游戏的形式进行全面训练。

(4) 注意教练员自身的榜样作用

教练员要特别注意自己的言行举止，要善于说服教育，克服简单、粗暴的态度和做法，并以自己的知识、能力和表率作用以及通过有效的训练取得优异运动成绩来建立权威取得运动员的信任，并以此激发运动员训练的积极性。

(5) 正确运用奖励手段

正确运用物质、精神方面的奖励，互相补充，扬长避短，取得理想的效果，并使运动员正确地认识和处理好个人利益与集体利益的关系。

【案例链接】
官职不该成为对运动员的激励
"官员化"的中国优秀运动员最近成了舆论关注的热点，他们其中不乏在领导岗位上做出成绩的成功典型，如邓亚萍、熊倪、谢军等，但身在其位不谋其职的也大有人在。

优秀运动员成为官员，或者成为政协委员早就不是什么重大新闻。而每年"两会"，媒体都会追逐这些明星运动员，看看他们到底提什么议案。遗憾的是，能够提出令人刮目的议案的却少之又少，还有一些甚至几年没有议案。而如今，根据报道，他们不仅在政协委员的位置上无法履行委员职责，甚至在平时的官员职位上也无法履行职责。原因其实并不难，作为运动员，训练才是平时生活工作的主要内容，而承担额外的工作明显会力不从心。加之运动员的文化程度大多不高，如果没有长时间的接触，在一些专业化问题的处理上自然有心无力。

这不是他们的错，因为他们的工作重点本就不在这些方面。既然如此，我们有必要问一句：为何许多地方愿意将这些优秀运动员纳入体制内成为官员？虽然在他们的专业领域，他们是骄子，是其中的佼佼者，但在官场这个领域，更多是脑力活动而不是体力劳动，他们中的很多人不一定会适合这个领域。而且，很多运动员对官员职位并不感兴趣。即便如此，优秀运动员想成为官员依然有市场，一些地方是主动希望他们来担当。

其中的道理并不难，官员履行职责固然需要知识与能力，但现实利益同样重要。衡量一个地方的体育成绩如何，优秀运动员数量是一个可以量化的指标。但一些优秀运动员取得成绩后极有可能离开本地。为留住运动员，给予这些优秀运动员官职，就是给运动员的现实福利，这种福利表现在运动员不必履行官员的职责，却能享受各种官员才能享受的利益。如此一来，运动员大多会选择"留守"。从这个意义上讲，官职实际上成了地方政府给予运动员的现实福利和激励措施。

按道理，官员是官员，职业运动员是职业运动员，二者之间可以替代，但不能同时存在，因为他们的付出是不同的。但在我们这里，他们二者的结合似乎天衣无缝。从根本上讲，这与举国体制下的运动比赛有着密切的关系。虽然这样的措施可以激励运动员（激励作用的大小值得考究），但是不履行职责的官员明显不符合民意，因为纳税人的税款不是用来养一些不履职的官员的。过于追求政绩和形式化的东西，却需要公众纳税来买单，无疑是对社会公平的又一次扫荡。

资料来源：http://views.ce.cn/view/ent/201204/16/t20120416_23242951.shtml

4. 一般训练与专项训练相结合原则

（1）一般训练与专项训练相结合原则释义

一般训练与专项训练相结合原则是指，在运动训练过程中，要根据运动项目的特点、学生的水平和不同训练时期、阶段的任务，适当地安排两者的训练比例。

在构成运动训练指导思想的理论体系中，一般与专项训练相结合的训练原则对训练指导思想的确定有着举足轻重的作用。从一定意义上说，从事任何一个运动项目的运动员，其最佳竞技能力和运动成绩的获得，无一不是在一般与专项能力协调发展和提高的前提下实现的。这一点早已被运动训练实践所证实。我国是20世纪50年代初期，将这一原理从苏联那里全盘引进的，并作为运动训练指导思想的支柱理论，一直沿用至今。应当肯定的说，这一原则是当代运动训练过程客观规律的反映，是提高竞技能力、创造最佳运动成绩所必须遵循的准则，它对各个运动项目都具有普遍的指导意义。然而，如何根据不同层次运动员的训练水平、项目特点和不同训练时期的任务，以科学的定量比例进行一般与专项训练，这直接关系到运动训练的发展重点和指导思想的走向（韩鲁安，1995）。首先，我们需要明确什么是一般训练，什么是专项训练，其次是两者之间的关系。

一般训练是指在运动训练中以多种多样的身体练习、方法与手段，提高运动员各器官系统的机能，全面发展运动员素质，改进身体形态，掌握一些非专项的运动技术和理论知识的训练。

专项训练是指在运动训练中以专项运动本身的动作，以及与专项运动本身动作在特点上相似的练习，提高运动员专项运动素质，掌握专项运动的技、战术及理论知识的训练。

一般训练和专项训练是相互弥补、互相渗透的。一般训练的主要目的是根据专项运动的需要，为运动员提高专项运动素质和技、战术，进而创造优异成绩而服务的，它是物质基础。而专项训练的目的是最大限度地提高专项运动员的运动成绩，两者的最终目标是一致的。但专项训练是以一般训练为原动力的，如果没有良好的一般训练水平做基础，却想要最大限度地提高专项运动成绩，就好比盖大楼无坚固地基一样。相反，在一般训练水平较高的情况下，亦必须同时进行专项训练，即把一般训练和专项训练有机地结合起来。

（2）一般训练与专项训练相结合原则的主要依据

动作技能的形成具有一定的客观规律。运动生理学的研究表明，运动员掌握动作技能的本质是条件反射的形成，是在大脑皮质建立的一种暂时性的神经联系。这种暂时的联系建立得越多越牢固，掌握的技术、技能和知识就越多越牢固，在学习和掌握新的技能时，也就越容易。通过一般训练，使运动员运动中枢建立、巩固各类适合专项需要的暂时性神经联系，从而为形成有效而灵敏的专项性神经联系奠定基础；通过不断深化专项训练过程，不断调整神经系统的运动性神经联系，使非专项动作技能的暂时性神经联系转向专项化，使泛化的神经联系转向自动化，从而在高级神经中枢内形成适应专项需要的最佳化的暂时性神经联系。

训练实践表明，各运动素质的发展是相互影响、相互制约的。运动训练实践表明，运动素质的全面发展，有利于专项运动素质的提高。力量差的运动员速度较难提高，要通过发展力量去进一步发展速度；一般耐力差，专项耐力就难以达到高水平。许多项目专项运动成绩好的高水平运动员，不仅专项成绩好，而且一般训练的水平也很高。如世界著名的美国优秀篮球运动员张伯伦，他身高 2.14 米，100 米成绩为 10 秒 9，400 米成绩为 47 秒，跳高成绩为 2.02 米，可谓各项素质发展水平很高。杰西·欧文斯是 20 世纪最伟大的田径明星，他所创下的 100 米世界纪录被保持了 21 年之久。1936 年柏林奥运会上，他在跑步和跳远项目中夺得四枚金牌，跑步、跳远的全能为人们津津乐道。同时，他还是大学里棒球和橄榄球代表队队员、篮球代表队队长，总结他的经验，得知他田径专项成绩高度发展的主要原因是一般训练的基础雄厚，而且从小兴趣广泛。

（3）贯彻一般训练与专项训练相结合原则的训练学要点

1) 合理处理好一般训练与专项训练的关系。在运动训练过程中，专项训练是运动训练的核心，运动成绩的获得主要是通过专项训练来实现的；一般训练是为了提高专项能力和运动成绩而服务的一个辅助条件。从本质上说，两者的目的是统一的，但又存在着一定的矛盾，即两者在运动训练过程中都要占据一定的时间。而两者所占有时间的比例不同,直接关系到以何种训练模式发展竞技能力的问题。我国多数运动训练学专家认为,运动员年龄越小,训练水平越低,一般训练的比重越大,而水平越高,一般训练的比重越小。"就多年训练而言,在基础训练和专项提高阶段一般训练的比重大些"(全国体育学院教材委员会,1990)。联邦德国著名运动训练学家葛欧瑟1984年来华讲学时,也就一般与专项训练的安排比例问题,作出了与我国学者相同的更为具体的量化说明(表3-1-4)。与此相反,也有一些专家和教练员认为任何一种运动项目的水平基础是专项训练,而不同意一般身体训练是提高运动训练水平的基础。他们主张在整个运动训练过程中,专项训练应占有绝对大的比例,而一般性训练在各个训练时期的比例都应小,只有这样,才能突出和体现当代运动训练的特点,有利于运动员竞技能力和水平的提高。另有一些专家认为在基础训练和专项提高阶段一般与专项训练的比例应均等,到运动员身心完全发育成熟后,再逐渐缩小一般训练的比例,增大专项训练的比例。这些观点在我国目前的运动训练理论与实践中都占有相当的地位。可以说,它们从不同侧面反映了当今我国运动训练两种不同的指导思想,是运动训练规律发展过程中的产物(韩鲁安,1995)。

表3-1-4 各训练阶段一般与专项训练的比例

训练阶段	训练年限(年龄)	一般训练所占比例	专项训练所占比例	每周训练(次数)
基础训练	8~10	80%	20%	2~3
建设性训练	10~12	50%~70%	30%~50%	3~5
竞技训练	15~16	20%~30%	70%~80%	5~8
高水平竞技训练	16~17岁以后	10%~20%	80%~90%	8~15

(参见:葛欧琴,1984)

2)避免绝对专项化训练问题。近些年来,我国运动训练领域出现了一种较为普遍的观点和做法,即在运动训练实践中绝对化地安排专项训练,所谓绝对化地安排专项训练是指在整个运动训练过程中,只安排专项训练,不安排一般性训练的方法(这种状况在"少儿"的基础训练和专项提高阶段表现得尤为突出),其目的是早出成绩。近年来的实践表明,虽然这种训练会使一些运动员在少儿期间出现一定水平的运动成绩,但在高水平训练阶段,他们都很难达到世界尖端水平,往往会比正常训练的运动员告别体坛还早。这是因为，这种绝对化专项训练虽然能使运动员的专项能力获得较快的发展，但发展的深度是有限的。即使完全按照成人的训练方法来训练，也不可能使其达到世界先进水平。其原因是：一则受着少儿生长发育过程的身体机能条件的制约；二则过早地强化挖掘潜能的专项训练，而不注重一般训练或专项基础的积累训练，是后劲不足的主要根源。所谓"拔苗助长"，多属这类情况。

3) 处理好"早期专项化"与"早期专门化"问题。我国儿童少年早期训练中"拔苗助长""过早早期专项化训练"的短期行为和不注意基础训练的问题十分严重，由此出现了许多早期训练中的反常现象，例如，我国参加青少年国际比赛的成绩优异，而成年人国际比赛成绩滞后；成年人世界水平优秀运动员，绝大部分都不是当年的青少年全国冠军；全国青少年比赛优胜者大多运动寿命极短，而奥运选手的始训年龄普遍较晚；后备力量人数不少，但输送率和成材率很低，尤其是高水平运动员成材更低；传统项目学校和试点学校运动队"拔苗助长"及"过早早期专项化训练"日趋严重。这说明，我国儿童少年早期基础训练阶段科学化训练问题，已成为制约我国早期训练的一个核心问题。"早期专门化训练"是指在尚未最后确定专项时为选拔和培养后备力量而专门组织的早期训练过程，此时的"专门化训练"是指"专体育之门的训练"，而不是指专项化训练，多为8～12岁年龄段。"早期专项化训练"是指在初步确定专项以后所进行的旨在打好一般和专项训练基础为主的早期训练，多为13～15岁年龄段。而到16岁以后，则进入青年期的高水平专项竞技训练阶段。早期专项化训练在早期训练中最重要，对今后训练水平的提高影响最大，但早期专项化训练又受启蒙训练和早期专门化训练早晚的影响，如果在开始专项训练之前就较好地进行多项目、多形式的早期启蒙训练和早期专门化训练，抓好了全面训练的基础，那么即使开始专项训练的时间较晚，也可以较快地达到较高水平的成绩，在这种情况下，专项始训年龄就可晚些。早期训练的时间受多种因素影响而有所不同，但最主要的取决于各专项达到最高成绩的年龄和所需年限。早期启蒙训练和早期专门化训练可以早些，技能类项目可在幼儿阶段和学龄前阶段（4～6岁），体能类项目可在学龄前和学龄阶段（5～10岁），心理类项目可在10～12岁，而早期专项化训练则可分别在8～10岁、10岁和12～15岁（徐本力，2001）。

【案例链接】

中国男网 举国体制行不行?

　　李娜的成功,在年初掀起了"举国体制"与"职业化"的争论。但没想到,赛季末采访有关中国男网的话题,竟也与"举国体制"密切相关。

　　网球训练,是走洋教练路线,还是相信中国教练的水平,两种观点不分高低。但国内网球界却在"青少年不应该过早接触专业训练"上,观点出奇一致。现在中国的青少年,不少从8岁就开始接受每天6小时的专业训练。到了14岁,他们俨然已是专业选手,参加国际比赛跟前一年刚刚完成"足球还是网球"专业选择的小纳达尔们较量,成绩占优自然不稀奇。但等小纳达尔们进入到一天6小时训练的专业状态,他们成绩突飞猛进,而对专业训练越来越感到厌倦的中国选手们就"不进则退"了。上海大师赛期间,甚至有专业教练总结道:"现在世界顶尖的球员,没有专业训练出来的,全都是半道儿转的。"

　　但为什么每个人都知道过早进行专业训练不好,结果只会揠苗助长,却没有人肯等一等,慢慢来呢?或许症结就在这"举国体制"上,各省的人才竞争等不得、不光运动队教练等不得、家长也等不得——早进专业队就意味着早得奖金,背后有全运会、城运会等巨大的利益。再者说了,同在一个队训练,别人家的孩子都拿着冠军了,我家孩子也不能输在起跑线上啊,赶紧的!但这一赶,就把天才赶没了。

　　资料来源:https://sports.qq.com/a/20111019/000743.htm

5. 运动素质发展敏感期原则

(1) 运动素质发展敏感期原则释义

　　运动素质发展敏感期原则是指,在运动训练的早期,应根据儿童少年身体素质发展高峰期不一致的规律,在不同时期针对相应的素质发展高峰期安排相应的训练内容,以促进不同的身体素质更快速地发展。该训练原则特别适用于儿童少年时期的早期训练阶段。

　　处在敏感发展期中的竞技能力,即使不训练也在明显地提高,如果投入较大训练负荷，则提高的速度就更为明显，自然训练的效果也最好。如果儿童少年时期的早期训练能够在各个竞技能力的敏感发展期进行训练重点强化，而在非敏感发展期投入较小的训练负荷，这样就可以取得事半功倍的效果。反之，如果在其敏感发展期不进行强化训练，而在非敏感发展期反而进行"补课"式的强化训练，那么最终的训练效果必然是事倍功半的。儿童少年时期竞技能力敏感发展期主要表现为以下一些特点。

1）儿童少年的形态、机能、生长发育的敏感期从骨骼、肌肉和形态特征上看，先后顺序为先远端后近端，先四肢后躯干，先下肢后上肢，也即足→小腿→下肢→手→上肢→躯干。

2）儿童少年时期竞技能力敏感发展期出现较早的能力有：总体竞技能力中的一般竞技能力、耐力竞技能力中的有氧耐力（一般耐力）、速度竞技能力中的全部能力、力量竞技能力中的速度力量、协调能力（尤其是一般协调能力）以及各种心智能力。而敏感发展期出现较晚的能力主要有专项竞技能力、无氧耐力、最大力量和力量耐力，一般均在青春期前后才进入敏感发展期。

一般说，在儿童初期（青春期前），男女生长发育速度相似，但到青春期后，女孩的生长发育加快，超过男孩，呈早熟性趋势，一般相差约1～2年（徐本力，2001）。

（2）运动素质发展敏感期原则的主要依据

儿童少年时期身体素质发展呈现出一定规律。

国内外有关专家研究证实，人在青少年时身体素质有个发育最快的时期，称"敏感发育期"。例如，速度素质的敏感期为10～13岁，女子14～15岁、男子16～17岁就能达到成人的水平；耐力素质女子在16～18岁、男子在25～30岁达到最高水平；力量素质敏感期为13～17岁；协调、灵敏、柔韧性在10～12岁；反应速度、模仿能力在9～12岁；体型（包括身高、四肢长、肩宽等）发育最快的时期为1岁、13岁和17岁；女子从11岁起每年出现一个发育高峰；背部和腿部肌肉女孩在9～15岁、男孩在9～17岁增长最快，臀部肌肉增长到15岁即停止。敏感发育期一过，身体素质发育就缓慢得多了。少儿的神经系统，特别是与视听有关的神经系统发育很快，可塑性较大，适宜发展平衡、协调、反应、灵敏和柔韧性素质，但不宜进行高强度、超负荷的运动，以免影响发育和健康。青春期除进一步加强灵敏、速度的锻炼外，要注意耐力和肌肉力量的锻炼。耐力素质受心血管、呼吸和神经系统发育的制约，而肺系统的发育较晚，到 30 岁才定型（王辑，1992）。因此，儿童少年时期的训练应该根据不同素质出现敏感期的时间段，给予相应的侧重，以便身体素质有一个更好的发展。

（3）贯彻运动素质发展敏感期原则的训练学要点

1）根据儿童青少年的运动素质发展敏感期，合理安排训练计划

实践训练经验告诉我们，同样的运动量和强度情况下采用同一教学法，专门的训练就有不同效果，如果在不同的运动敏感期进行专项技术、专项素质和心理素质三方面的科学训练，能达到最佳素质的自然增长时期，效果更好。在训练中我们要在素质快速增长期发展相关的各种素质。采取有效的训练手段，科学地进行安排，将会取得显著的教学和训练效果，取得事半功倍的训练功效。为了培养优秀运动员和将来适应世界体育大赛的需要，必须在敏感期抓好全面技术训练，技术训练的时间占整个总训练时数的比例要适当。技术训练时宜细不宜粗，不能操之过急，杜绝成年化训练。以技术训练为中心的全面身体训练，内容应多样化，不应单纯追求能力，应以掌握基本技术为主（林寿宽，2010）。

2）把握儿童青少年的运动素质发展敏感期规律，提高训练的科学性

在敏感期加强专门化训练，不仅可以为青少年进入青春时期进行系统训练打好雄厚的基础，还可以延长运动寿命，减少训练中的伤害事故的发生。这便需要教练员把握青少年时期的身体素质发展的不同时期，有程序、有重点、有计划地安排好儿童少年早期训练中各竞技能力的训练工作。表 3-1-5 提供了运动员竞技能力在不同年龄段根据敏感发展期可进行训练的指导性时间，可在具体训练过程中进行参考。另外，在运动负荷量与强度的安排上，应考虑到青少年的身体发展状况，如青少年时期必须保护好心肺系统，运动量和强度不宜过大，以免发生意外。进行耐力训练时脉搏应保持在 160 次/分以下，以利于心肺系统的发育。肌肉力量锻炼应从轻负荷开始，着重练爆发力和动作的协调性，当身高增长减慢并基本定型时，可逐渐增加运动负荷，以发展肌肉，增强肌肉力量。

表 3-1-5　运动员竞技能力可训练性的年龄特征（敏感发展期）

竞技能力		可训练性年龄（岁）			
		可谨慎开始训练	可提高性训练	可强化训练	最高水平年龄
总体	一般	5～8～12	8～12～16	14～18～25以上	15～20～25
	专项	8～10～12	10～13～17	13～15～30以上	17～25～30
	柔韧	5～8以上			
耐力	有氧耐力（一般）	8～12	12～16	16～18以上	
	无氧耐力（专项）	14～16*12～14	16～18*14～16	18～20*16～18以上	
速度	反应速度	8～12	12～16	16～18*16～18以上	25～30
	动作速度	12～14*10～12	14～16*12～16	18～18*16～18以上	19～22
	移动速度	12～14*10～12	14～16*12～16	16～18*16～18以上	
力量	速度力量	12～14*10～12	14～16*12～14	16～18*14～16以上	
	最大力量	14～16*12～14	16～18*14～16	18～20*16～18以上	
	力量耐力	14～16*12～14	16～18*14～16	18～20*16～18以上	
	小强度静力性力量耐力	7～13	13～18	18～20	20～25
协调	一般协调能力	4～10	10～14	14～16	
	专门协调能力	9～13	13～16	16～20	
心理	反应能力	8～12	12～16	16～18	25～30
	定时、定位能力	10～12	12～14	15～16	
	空间定向能力	10～13	13～15	15～17	16～17
	肌肉用力分化能力	5～7	7～10	10～12	
	注意力能力	7～10	11～12	12～14	
	平衡、稳定能力	7～10	10～14	14～18	

〔资料来源：徐本力．早期训练科学化的提出及系统化训练理论——对早期训练科学化中几个理论问题的再认识（之一）［J］．山东体育学院学报，2001（02）：1—6.〕（男*左，女*右）

【案例链接】

中国孩子八九岁用正规网球训练　过早透支身体难成才

欧美选手出道早，很多人从十二三岁起就开始参加青少年比赛，不到20岁就出名的大有人在，像辛吉斯、莎拉波娃都是在十六七岁时就取得了大满贯冠军。这和国外的科学培养不无关系。

"7岁是柔韧性训练的最佳时期，7到12岁训练反应平衡，13岁以后才开始练习力量和爆发。网球训练要讲究循序渐进。"在陈林眼里，如今很多教练、家长却抱着急功近利的态度，"今天开始学，明天就想打比赛，后天就要出成绩"。

陈林告诉记者："国外11岁以下的娃娃一般都不会用正式比赛的用球，用更轻质的泡沫网球作替代。但我们一些八九岁的娃娃就在用比赛球训练，对生长发育非常不利。"过早透支身体，伤仲永就难免了，"国内很多青少年十六七岁就进入瓶颈期，再出成绩很难了。"

资料来源：http://sports.sina.com.cn/t/2013-12-25/05466951603.shtml，有删减。

6. 合理安排运动负荷原则

（1）合理安排运动负荷原则释义

合理安排运动负荷原则是指，根据任务、运动员的现实可能和人体机能的训练适应规律以及提高运动员竞技能力的需要，在训练中给予相应量度的负荷，通过生物适应过程提高机体能力和取得理想训练效果。

什么是"适宜负荷"呢？适宜负荷可以从三个角度予以解释：一是运动员对负荷的可接受性，即运动员承担负荷的可能性。这是"适宜负荷原则"的首要条件。运动员是承载负荷的主体，负荷安排是否适宜首先要看运动员身心两个方面能否接受。超过运动员接受能力的负荷，不仅不能有效发展运动员的竞技能力，还会不同程度地导致运动员身体机能出现劣变现象，继而表现为过度疲劳、运动损伤或疾病，缩短运动员的运动寿命甚至断送运动员的运动前程。二是运动负荷的有效性，这是适宜负荷原则的核心内容。即教练员为运动员所设计的负荷必须是切实有效的能提高运动员竞技能力的。这层含义上理解适宜负荷，不仅是一个负荷大小的问题，更重要的是负荷性质的问题，即教练员所设计的负荷与其目的和任务是否一致。三是适宜负荷原则要求负荷安排的适时性，依据"超量恢复"理论，当机能达到超量恢复时是机体接受下一次负荷刺激的最佳时机。教练员能否抓住这一时机进行下一次训练是反映教练员水平的重要标志，也是"适宜负荷原则"适宜时间实施负荷的要求。总的看来，适宜负荷应从负荷的大小、性质、时间三个方面予以分析（续建立和刘刚，2002）。

（2）合理安排运动负荷原则的主要依据

1）人体适应规律。训练过程中对人体施加运动负荷产生的效应，实质是一个生物适应过程。在负荷保持在一定范围的条件下，机体的应激以及随之产生的一系列适应变化，都会保持在一个适度的范围内。这时负荷的量越大，对机体的刺激越深，所引起的应激也越强烈，机体产生的相应变化也就越明显，人体竞技能力提高也就越快。

2）根据训练任务安排。不同时期训练任务不同，负荷量也不同。准备期任务是全面发展运动素质、掌握技术、提高人体竞技能力，这一时期调整节奏，负荷的量和强度均有增加，以增量为主，强度适中；比赛期则应使负荷强度可能增加到最高水平，负荷量相对减少；过渡期主要是消除疲劳，通常要采取较小的训练负荷。

（3）贯彻适宜负荷原则的训练学要点

1）负荷要逐渐增加。首先要根据学生的年龄特点、训练水平，确定适度的训练负荷；其次要有节奏地、循序渐进地加大运动负荷，并且大、中、小负荷相结合。在一次大负荷训练后，应有足够的休息，并在后续训练中适当安排中、小负荷训练作为调整。中小学生身体发育尚未完善，负荷不宜太大，以防过度训练和运动损伤。在训练中还要综合考虑学生的学习、营养、作息和恢复等问题。

2）处理好负荷的量与强度的关系。运动训练过程中的任何一种负荷，都包含着负荷的量与强度两个方面。前者反映训练负荷对机体刺激的量的大小，后者反映负荷对机体刺激的深度。反映负荷量大小的指标一般为次数、时间、距离、重量等。

反映负荷强度大小的指标一般为速度、远度、高度、单位练习的负重量或练习的密度、难度。负荷的量和强度构成了负荷的整体，彼此依存、相互影响。任何负荷的量都是以一定的强度为条件，任何负荷的强度又都以一定的量为基础。

对中小学生来说，在一个周期的训练中，通常是先加量，适应后再适宜地增加强度；当再次增加量时，强度要适当下降；而在强度再次增加时，量则减小，使量和强度呈起伏状态。就田径中的跑步而言，短跑强度较大，长跑则量较大。就训练各时期而言，准备期运动量大，强度适中；竞赛期量减小，强度则加大。就不同类型的训练课而言，技术训练课一般量大而强度较小；而身体训练课，则量和强度都可以加强；赛前测验课则量小而强度最大。

【案例链接】

科学研究显示：儿童运动训练过量害处大

美国从事儿童运动医学研究的医生们日前表示，他们发现一些少年运动员的身体受到严重损伤，而这种损伤完全是运动训练过量所致。

据《纽约时报》2月22日报道，在对20多位运动医学领域的医生和研究人员进行的采访中，很多人认为少年运动员伤病暴发的主要原因是这些孩子在年纪很小的时候就开始专门进行一个运动项目的训练，并且这种训练是常年不间断的。孩子们的运动量已经超过了他们所能承受的范围。医生们指出，典型的运动训练过量导致的身体损伤包括疲劳骨折（也称应力骨折）、生长板紊乱、膝盖骨碎裂、脚跟腱磨损以及过度弯曲带来的脊椎骨重叠等。其中的许多损伤类型以前只在成年人身上出现过。

波士顿儿童医院运动医学部主任、率先进行少年儿童运动损伤治疗研究的莱尔·米凯利医生说，25年前，他的病人里只有10%是由于训练过量而受伤，大多数孩子的症状是骨折和扭伤；而现在运动过量受伤的比例则高达70%。

许多少年过早为成功而苦练

亚历克斯·格拉肖7岁起就成为一名游泳运动员，她每天要游8 000码（约7 315米），一直游到她胳膊疼痛。于是她学会了在水里故意让一只肩膀脱臼以减轻疼痛。后来她的肩膀进行了手术和1年时间的理疗，在15岁那年，她不得不永远退出了游泳比赛。

杰雷特·阿代尔今年 16 岁，是美国亚特兰大市的一名少年棒球高手。他曾经在一个夏天里打了 64 场棒球比赛。2004 年，他的一只胳膊肘被施以重建手术，从健康的那只胳膊肘上取一根筋植入受伤的那只胳膊肘。这种手术通常只会给成年棒球主力队员实施。

安娜·萨尼是纽约市的一名 13 岁的少年女足明星，她每天都要进行训练，直到她膝盖的十字韧带被拉伤。

孩子们学会在疼痛下继续训练

美国著名运动整形外科医生詹姆斯·安德鲁斯说，也许因为训练过量而受伤并最终退出运动场的少年运动员只是一小部分，但这并不表示其他的孩子没有受伤。医生们警告说，很多少年运动员不会对身体的疼痛进行抱怨，因为他们相信，这是取得成功的必要代价。

杰雷特·阿代尔说："我的胳膊疼了好几年，但我从没去看过医生。就像人们说的，痛并快乐着。如果你要在十四五岁的时候成为一个好的棒球投手，你就得投无数次。每个人都希望自己能投出最漂亮的球。"

社会把孩子推向职业化轨道

费城儿童医院的医生安吉拉·史密斯说，从事各种项目的运动员父母们为了让他们的孩子能取得大学的奖学金或是从事职业化的运动生涯，而把孩子们推上了过量训练的道路。她说："孩子们的训练量已经超过了他们正在发育的身体能承受的范围。"

医生们感叹时下职业运动员已经成了美国的一个文化产物。20 年前，孩子们的体育运动是无组织的，只是在校园或公园里的普通而随意的游戏。米凯利医生说："那时候孩子们一天里可以玩完棒球再玩篮球和足球，这对他们的身体是有益的，孩子们身体得到平衡发展。但现在，少年运动员们在大人的监督下只能翻来覆去地进行同一种技巧的训练。"

医生和教练们正在努力扭转现状

为了减少因训练过量而受到的损伤，人们专门设计出了一种训练方法。文尼·沙利文是一个由专业机构认证的力量和心理素质教练。他每周指导 300 多名少年运动员进行损伤恢复的训练。比如让他们做一些矫正肌肉不均衡的动作，以及让他们做一些提高柔韧性、平衡感的训练。

资料来源：https://baike.120ask.com/art/228635

7. 区别对待原则

（1）区别对待原则释义

区别对待原则是指，在运动训练过程中，要根据运动员的个人特点，有针对性地确定训练任务，选择训练方法、手段和安排运动负荷。

这里所指的运动员个人特点，包括运动员的年龄、性别、身体条件、承担负荷的能力、技术水平、心理素质、文化水平等各个方面。

（2）区别对待原则的主要依据

1）运动专项竞技需要的多样性。不同专项运动员的竞技能力受不同因素的影响，例如，短跑运动员竞技能力的主导因素是速度素质，中长跑则是耐力；跳水运动员的技术水平起着决定性的作用；足球选手除技术外，还要看战术水平的发展程度。在心理、形态等方面，不同的运动项目也有着不同的要求。因此在选择训练内容和手段时，就必须注意到不同项目专项竞技的不同需要，有计划地实施区别对待。

2）运动员个人特点的差异性。运动员的个人特点，包括性别、日历年龄、生物年龄与训练年龄、竞技水平、生理和心理特点、身体状况、训赛情绪等，这些方面都对训练的安排提出了不同的要求。另外，同一名运动员的训练状态在不同阶段、不同时刻的表现，以及不同训练环境和训练条件也都对训练的内容与组织实施提出了明显不同的要求。世界优秀选手负荷量度个体化是近年来被国际运动训练界所广泛承认的。

3）运动训练特点的多变性。不同项目、不同运动员、在不同状态下所表现出的特点，包括决定竞技能力的各个因素、教练员的业务水平、对训练的战略部署和战术安排、训练所处的阶段和具体要求，以及气候、场地、器材等外界环境等，既丰富多彩、各有不同，又无时不处于运动和变化之中。这些因素的不断运动及变化，都要求教练员及时根据具体训练对象的具体情况有区别地组织训练。

（3）贯彻区别对待原则的训练学要点

1）全面了解学生的个人特点。根据学生的生理、心理、智力以及训练水平等方面的特点，相应安排训练。如对发育早熟的学生可多进行专项训练，对发育晚熟的学生则相应多安排一般训练；性格外向的学生对刺激强烈的语言比较容易接受，性格内向的学生则要注意用缓和的语言；对理解能力较强的学生可进行一些必要的讲解，而对理解能力较差的学生或刚刚参加训练的学生则应多做动作示范和指导；训练水平高的学生负荷量相应增大，训练水平低的学生则要施加较低的负荷量。教练员可通过形态、机能测试了解学生身体情况，通过观察学生的状态、对比成绩等，了解学生的情况，从而采取有效措施，因人而异，因材施教。

2）训练要反映全队和个人的特点。既要有对全体队员的共同要求，也要有对个人的具体措施。对集体项目中根据分工不同和某些队员欠缺的方面，可有针对性地安排一些个人训练。对枯燥、单调的个人项目，如能有效地组织集体训练，就会减轻运动员的心理负荷，使他们对训练产生更高的兴趣。

3）区别对待训练的不同阶段。如在训练的准备期，要加大运动量，而在比赛阶段，则要施加较高的运动强度。

8. 直观性原则

（1）直观性原则释义

直观性原则是指，在运动训练中运用多种直观手段，通过运动员的视觉器官，激发活跃的形象思维，建立正确的动作表象，培养运动员的观察能力和思维能力，提高运动员竞技水平的训练原则。直观教练原则是从一般教育学和体育教学原则中引入的，对儿童少年运动员的早期训练尤为重要。

在运动训练过程中贯彻直观性原则有着十分重要的意义，特别是在少年儿童的训练中。根据他们的形象思维优于抽象思维的发展特点，技术、战术展示在他们的面前越具体、越形象，就越有利于他们理解和掌握，通过直观还能培养运动员的观察能力和思维能力。

（2）直观性原则的主要依据

1）认识过程的普遍规律。直观性原则主要是依据人的认识规律确立的。人的正确认识的形成，都要经历从生动的直观到抽象的思维和从感性认识到理性认识的过程。运动员在学习和掌握动作的练习时，一般都是沿着直观（具体、生动的思维）—实践（建立动作表象，学习和了解技术要点）—建立概念（形成抽象思维）—学会和掌握动作技能的思维认识程序进行的。在这一过程中，直观的感性认识起着重要的作用，是掌握动作技能的起始和基础。在运动训练的各个练习过程中，运动员都必须运用自己的各种感觉器官去体会动作。人的感觉有77%来自视觉器官，通过视觉器官所得到的形象化认识，会大大地提高人们进行正确的思维和掌握运动技能的能力。

2）动作技能形成原理。动作技能与其他竞技能力的形成发展一样，都有其内在的联系和自身的体系，反映着事物由低到高、由易到难、由简到繁的发展规律。在动作技能形成的全过程中，特别是在其初级阶段，人体视觉器官在直观教练过程中，所获得的丰富信息会在很大程度上促进动作技能的形成。

（3）贯彻直观性原则的训练学要点

1）教练员应高度重视直观教练原则的运用。除运用多种多样的影响手段外，应尽可能地身体力行，为运动员特别是儿童少年选手做直观的动作示范。

2）注意应用科学技术的新成果。现代影像技术发展得很快，不断地为人们提供新的手段和工具。应用多维摄影、快速摄影及录像等影视手段都会取得很好的直观效果。

9. 系统性原则

（1）系统性原则释义

系统性原则是指在整个训练过程中，各学年、各学期的训练目标、内容、指标和要求要做到层层衔接，打好基础，提高课外运动训练成绩，为培养和输送优秀体育后备人才服务。

(2) 系统性原则的主要依据

1) 人体生物适应的长期性。系统的持续训练是取得理想训练效应的必要条件，人体对训练负荷的生物适应必须通过有机体自身的各个系统、各个器官、各部肌肉乃至每个细胞的变化，一点一点地去实现。运动员的竞技能力是多种能力的综合表现，它不仅涉及生理、心理等各个方面的因素，同时又受先天、后天因素的影响。因此，人体机能的适应性改造包括中枢神经系统功能的改造，都不是在短期内所能奏效的。而训练对提高运动员竞技能力的影响，必须通过人体内部的适应性改造才能实现。适合人体生物适应规律的训练，能够使运动员在生物学方面发生有益的变化，这就需要较长的时间。如排球队 6 名选手之间配合完成某些特定的战术行动，必须经过长时间的多次练习，使运动员彼此之间建立起相互协调与配合的默契，做到在比赛场上用眼睛的余光即可观察对方和本方队员的活动情况，同时又可通过同伴之间一个细微的动作或眼神去理会他的战术意图，而后完成高度协调的战术配合。因此，从人体生物适应的角度来看，运动员应持续地承受负荷并进行系统训练。

2) 训练效应的不稳定性。运动员在负荷作用之下所提高的竞技能力，无论是体能、技能、战术能力、运动智能还是心理能力的变化，都具有不稳定的特点。当训练的系统性和连续性遭到破坏而出现间断或停顿的时候，已获得的训练效应也会消退以至完全丧失。比如，体能的变化主要表现为力量、速度及耐力等素质的改变，训练一旦停止后运动素质消退得很快，特别是通过强化的力量训练手段所取得的训练效应消退得更快。又如，在训练中所获得的技能的提高，表明在运动员神经系统的有关中枢之间建立起了良好的暂时性联系，这种神经联系可支配运动器官、骨骼和肌肉完成相应动作。只有经常地反复强化这种暂时联系，才能够使动作的各个环节协调配合并避免技能的逐渐消退。如果中断训练，中枢神经系统对肢体精细运动的支配能力便会受到影响，反应迟钝，最终使动力定型遭到破坏。为了避免技能、体能的消退，克服训练效应的不稳定性，必须在训练效应产生并保持一定时间的基础上重复给予负荷，使训练的效应得到强化和累积，也使运动技能得到不断改进和完善。因此，要想获得理想的训练效应，有效地发展运动员的体能、技能、战术能力、运动智能及心理能力，就必须注意保持训练过程的连续性，系统地、不间断地参加训练。

3）人体生物适应的阶段性。人体在训练负荷下的生物适应过程，不仅是长期的，同时也是分阶段的。机体对一次适宜训练负荷的反应，可分为工作、疲劳、恢复、超量恢复和训练效应消失等几个阶段。在更长一些的时间跨度内，如几个月至一年的训练过程中，运动员机体能力的变化同样经历着不同的阶段，即竞技状态的形成、保持和消失三个阶段。为了在重要比赛中创造优异的成绩，运动员总是力求通过科学的训练与安排，使自己从心理上和生理上作好充分的准备，在比赛中最大限度地动员机体的潜力，把自己在训练中获得的竞技能力最充分地发挥出来。运动员参赛的准备状态叫作竞技状态，运动员是不可能始终处于最佳竞技状态的。在机体高度紧张动员之后，必然要进入一个调整阶段，以便在生理上和心理上得到充分的恢复，然后重新动员起来进入新的训练阶段。运动员必须多次经历这一过程，才能够一步步地走向竞技运动的高峰。

（3）贯彻系统性原则的训练学要点

1）坚持多年和全年的系统训练相结合。每个训练阶段及每次训练课都应有联系，使整个训练过程的各个环节紧密衔接，系统连贯，使学生在身体、技术、战术等方面都产生良好的影响，为创造优异成绩提供条件。

2）合理安排训练的内容和手段。训练内容和手段的选择与安排应遵循由易到难，由简至繁，由浅入深，由已知到未知的规律。

10. 周期性安排原则

（1）周期性原则释义

周期性原则是指整个训练过程按照一定的周期循环往复、周而复始地进行，而每一个周期都在前一周期的基础上不断提高要求和运动员的训练水平。这一原则主要强调训练过程的周期性、竞技状态提高的规律性和训练周期确定的计划性。

(2) 周期性原则的主要依据

竞技状态形成的规律性具有周期性特点。提高运动成绩的关键是确保运动员在竞技比赛前呈现出达到赛前优异成绩所处的最适宜的准备状态（竞技状态），以求在竞赛中充分发挥竞技能力。但是竞技状态的形成须经过三个阶段：第一阶段称为获得阶段，这个阶段的前期需要促使身体素质、运动技术、心理品质得到形成和发展，后期需要促使这些条件有机结合，形成整体；第二阶段称为相对稳定阶段，该阶段需要促使竞技状态的所有特征全都表现出来，而且能够进一步得到巩固和发展，以便创造优异的运动成绩；第三阶段称为暂时消失阶段，在这一阶段竞技状态在各个方面所表现出的特征会出现蛰伏性消失，各特征之间的联系会出现暂时性的紊乱，训练水平会出现暂时性的下降。竞技状态形成—相对稳定—暂时消失的过程以及这一过程的重新开始，决定了运动训练的周期性。

(3) 周期性原则的训练学要点

1) 根据学校教育规律，结合学期划分的特点安排训练周期。课外运动训练可以以学年或学期，或以学段的年限作为训练周期划分的依据。在一个大周期内可分为中周期和小周期。中周期即一个训练阶段，通常为4~6周，小周期为1周。

2) 根据参加重大比赛划分周期。一般一年有两次主要比赛，可按学期分为两个周期。例如，春季田径运动会一般在5月份举行，秋季田径运动会一般在10月份举行，可按双周期安排。如果一年只有一次主要比赛，可安排一个周期，但因中小学学生还处于基础训练阶段，比赛任务不多，因此，一年最好只安排一个周期。

3) 根据学生特点，合理安排各个训练时期。学生的特点，主要指学习任务和体育基础。对训练水平较高和竞赛任务较多的学生，竞赛期的时间可稍长一些；对训练水平一般者，准备期可适当长一些，以便加强基础训练，竞赛期可根据比赛时期的长短尽可能安排得短一些，休整期则尽可能与复习考试时间一致。

第二节 运动训练方法问题研究

一、运动训练方法与手段辨析

(一) 定义、基本结构及存在的问题

1. 定义

(1) 运动训练方法

《现代汉语规范词典》中,"方法"指的是"为达到某种目的而采用的途径、步骤、手段等"。以下是我国运动训练学界较有代表性的几个观点。

运动训练方法即指运动训练活动中,发展运动员竞技能力,完成训练任务的途径与办法(田麦久,2012)。

运动训练方法是指为解决运动训练过程中遇到的问题而主观采取的门路和程序(孙有平,2015)。

运动训练方法指运动训练的过程中,为贯彻训练工作的指导思想,完成训练任务,达到提高专项运动成绩的目的而采用的途径和办法的总称(胡亦海,1997)。

运动训练方法是指教练员和运动员为了完成训练任务,达到提高专项运动成绩目的而采用的途径和办法(过家兴,1986)。

运动训练方法是指在运动训练具体活动中,对提高运动员机能、素质、技术、战术等训练水平具有普遍作用的基本途径及手段的总称(徐本力,2001)。

运动训练方法是指在运动训练活动过程中,提高竞技运动水平,完成训练任务的途径和办法。运动训练方法广泛应用于教练员的"训"和运动员的"练"的过程中,是教练员和运动员在双边活动过程中共同完成训练任务的方法(杨卓,2017)。

(2) 运动训练手段

以下是几种典型的关于运动训练手段的定义。

运动训练手段是在运动训练过程中,以提高某一竞技能力,完成某一具体的训练任务而采用的身体练习(田麦久,2012)。

运动训练手段是指在运动训练过程中,为提高某一竞技运动能力、完成某一具体的训练任务所采用的身体练习,是具有目的的身体活动方式,是运动训练方法的具体体现(杨卓,2017)。

运动训练手段的定义为"在运动训练过程中,为达到某一具体目的而采用的物质工具"(孙有平,2015)。

2. 基本结构及作用

(1) 运动训练方法

1) 基本结构

动作及其组合方式——主要指运动员为完成具体训练任务而进行的身体练习以及各个练习之间的固定或变异组合方式。

负荷及其变化方式——主要指各种身体练习时对有机体所施加的刺激及其在强度、量度以及负荷性质方面的变化形式。

安排及其变化方式——主要指对训练过程的时间、人员的组织、器材的分布、内容的选择、练习的步骤等因素的安排及其变化形式。

媒体及其传递方式——主要指教练员指导训练工作时,所采用的诸如语言、挂图、影视等信息手段和诸如讲解、图视、观摩等信息传递方式。

外界环境及其变化方式——指训练气氛、训练场地、训练设备、训练器材、训练工具等因素的影响及其变化方式。运动训练中的许多方法正是由这五种因素所组成的。

2) 作用

在运动训练过程中,运动训练方法是教练员进行训练工作、完成训练任务、提高运动员竞技能力的应用工具。现代竞技运动发展史表明,运动训练方法的不断创新和科学运用，对推动各项竞技运动的整体发展水平的作用是巨大的。一种科学训练方法的诞生既是科学训练原理的具体体现，也是科学训练实践的高度总结。因此，正确认识与掌握不同训练方法的功能和特点，有助于顺利地完成训练过程不同时期的训练任务，有助于有效地控制各种竞技能力的发展过程，有助于科学地提高不同项目运动员的整体竞技能力。

（2）运动训练手段

1）基本结构

特征：包括力的支点、力的大小和力的方向三要素。

动作构成：包括动作的姿势、轨迹、时间、速度、速率、力量以及节奏。

动作过程：动作的开始、进行、结束三个阶段。

2）作用

运动训练活动中，教练员、运动员通过采用具体的训练手段去完成具体的训练任务，提高某一竞技能力水平。运动训练手段不断地创新和科学运用对推动竞技运动发展水平的作用同样是巨大的。不同的训练手段具有不同的功效，科学地认识和应用不同的训练手段，有助于科学地完成运动训练过程中不同时期的具体训练任务，有助于科学地提高不同运动项目运动员的竞技能力。

（二）研究中存在的问题

1. 运动训练方法研究中存在的问题

首先，上述各个定义除杨卓（2017）之外，其他学者均未按照标准定义的模式给出概念的外延，即种差。其次，通过对比各个概念的内涵，我们可以发现，学者们认为训练方法是办法、途径、门路或程序等同义词的总称，可见其在内涵上没有过多的分歧。但是，在概念的论域上存在两种不同的观点，主要是对运动训练方法应用的范围有两种不同看法。一种认为运动训练方法应用的范围应囊括运动训练与运动竞赛的整个过程。如民主德国学者哈雷在《训练学》教材中，系统阐述了发展训练状态、竞技能力、评定运动成绩和迎战比赛的手段与方法。我国学者过家兴、李志勇、王伯中、李宗浩等将运动训练方法界定为教练员和运动员为完成训练任务，达到提高运动成绩的目的而采用的途径和办法。这种观点将运动训练方法应用的范围延伸到与提高运动成绩相关的因素群中，拓展到自然学科、社会学科以及人文学科领域，有利于从整体考虑影响运动训练方法发展的各种因素。另一种观点认为，应将运动训练方法的应用范围界定于运动训练过程中。如胡亦海（1997）认为运动训练方法是"指运动训练的过程中，为贯彻训练工作的指导思想，完成训练任务，达到提高专项运动成绩的目的而采用的途径和办法的总称"；孙有平（2015）在其编写的《中小学运动训练理论与实践》一书中将运动训练方法定义为"为解决运动训练过程中遇到的问题而主观采取的门路和程序"；田麦久等人编著的《运动训练学》、杨桦等人主编的《运动训练学导论》以及刘克军等人主编的《运动训练》亦持类似观点。在这些论述中，把运动训练方法分为整体控制方法与具体操作方法，强调运动训练方法在教练员的"训"和运动员的"练"的过程中被运用，是教练员和运动员在双边活动中共同完成训练任务的方法。

对于这一问题，笔者认为，运动训练方法本身具有工具性，随着比赛的增多，比赛间隔期的缩短，运动员在比赛与训练之间频繁地交替，几乎不存在长时间纯粹的训练期，所以运动训练方法的应用势必会延伸进比赛期中，如以赛代练、比赛训练法等。就运动训练本身而言，其最终目的就是夺取比赛的优胜和创造优异的成绩，训练方法这一实现工具的最终目标也是如此，在其应用时本就不应该将运动训练过程与运动竞赛过程人为地对立起来，因而我们部分赞同第一种观点。

《中小学运动训练理论与实践》一书中，给出了训练方法基本结构的第六个要素——竞赛规则的调整。笔者认为，基本结构中各个要素是构成训练方法的内在因素，具有内发性，而竞赛规则更多是一种外部的影响因素，不能算作基本结构的构成要素。

2. 运动训练手段研究中存在的问题

首先，在现有研究中，不论是期刊论文还是运动训练学的专著，常常缺失对于训练手段的关注，研究现状固化、停滞；其次，文献中常常出现训练手段和训练方法混用的现象；最后，《中小学运动训练理论与实践》一书中将运动训练手段定义为"在运动训练过程中，为达到某一具体目的而采用的物质工具"。在这一定义中，将手段定义为物质工具，那么手段与运动器械的区别是什么？作者没有给出运动训练手段的基本结构，分类中也只是列举了力量、耐力、速度训练的常用手段，不具有清晰性和完整性。

（三）运动训练方法的分类与比较

1. 常见标准及分类

（1）依竞技能力发展目的的不同可分为：体能训练方法（力量、速度、耐力、灵敏、柔韧）、技能训练方法（基本技能、专项技能、创新技能）、战术能力训练方法（进攻、防守）、心理能力训练方法（集中注意力、专门知觉、意志品质）。

（2）依训练内容组合特点的不同可分为：完整训练方法、分解训练方法、变换训练方法和循环训练方法。

（3）依训练负荷代谢特点的不同可分为：有氧训练方法、无氧训练方法和混氧训练方法。

（4）依训练负荷与间歇的不同关系可分为：持续训练方法、间歇训练方法和重复训练方法。

（5）依训练过程外部条件的不同可分为：示范训练方法、语言训练方法、模拟训练方法、高原训练方法和加难训练方法。

2. 常见的基本训练方法

（1）重复法，包括短时性重复法、中时性重复法、长时性重复法。
（2）间歇法，包括高强性间歇法、强化性间歇法、发展性间歇法。
（3）持续法，包括短时性持续法、中时性持续法、长时性持续法。
（4）变换法，包括负荷性变换法、内容性变换法、形式性变换法。
（5）循环法，包括重复性循环法、间歇性循环法、持续性循环法。
（6）比赛法，包括教学性比赛法、模拟性比赛法、检查性比赛法、适应性比赛法。
（7）高原训练法，包括超高原训练法、准高原训练法、亚高原训练法。

3. 基本方法之间的横向比较

常见的基本训练方法遵循一定的原理与规律，如表3-2-1所示。

表3-2-1 主要基本原理比较

训练法	基本原理与规律	训练法	基本原理与规律
重复法	运动技能形成原理	循环训练法	负荷恢复交替原理
	条件反射形成原理		神经适宜兴奋原理
间歇法	心血输出动力原理	比赛训练法	比赛环境适应原理
	能量代谢过程原理		心理能量激发原理
持续法	能量代谢过程原理	高原训练法	缺氧供能补偿原理
	动作结构变异规律		
变换法	复杂反应形式原理		

负荷结构的特点比较如表3-2-2所示。负荷强度、负荷量度、间歇时间、间歇方式是组成负荷结构的基本要素。

表3-2-2 负荷结构特点的比较

方法	方法分类	负荷强度	负荷量度	间歇时间	间歇方式
重复法	短时性重复	极高	<15秒	充分	肌肉按摩
	中时性重复	较高	<2分	充分	深度呼吸
	长时性重复	较高	<5分	充分	随意慢跑
间歇法	极强性间歇	极高	20秒~40秒	不充分	肌肉按摩
	强化性间歇	较高	<3分	不充分	深度呼吸
	发展性间歇	较高	≈5分	不充分	随意慢跑
持续法	短时性持续	较高	<10分	没有	
	中时性持续	一般	<30分	不明显	
	长时性持续	较低	>30分	不明显	

续 表

方法	方法分类	负荷强度	负荷量度	间歇时间	间歇方式
变换法	负荷性变换	可变	不等	可有可无	随意
	内容性变换	可变	不等	可有可无	随意
	形式性变换	可变	不等	可有可无	随意
循环法	重复性循环	极高	衡定	充分	肌肉按摩
	间歇性循环	较高	衡定	不充分	肌肉按摩
	持续性循环	次高	衡定	没有	肌肉按摩
比赛法	教学性比赛	适中	不等	有	随意
	模拟性比赛	适中	不等	有	随意
	检查性比赛	较高	依规则定	依规则定	随意
	适应性比赛	极高	依规则定	依规则定	随意

负荷性质特点的比较如表3-2-3所示。

表3-2-3 负荷性质特点的比较

方法	方法类型	灵敏性质	耐力性质	速度性质	力量性质
重复法	短时性重复			最快速度	爆发力
	中时性重复		力量耐力	速度力量	力量速度
	长时性重复		耐力速度	速度耐力	力量耐力
间歇法	极强性间歇		无氧耐力	速度耐力	力量耐力
	强化性间歇		混合耐力	速度耐力	力量耐力
	发展性间歇		混合耐力	速度耐力	力量耐力
持续法	短时性持续		混合耐力	速度耐力	力量耐力
	中时性持续		有氧耐力		
	长时性持续		有氧耐力		
变换法	负荷性变换	机能灵敏			
	内容性变换	动作灵敏			
	形式性变换	环境灵敏			

续 表

方法	方法分类	负荷强度	负荷量度	间歇时间	间歇方式
循环法	重复性循环				力量耐力
	间歇性循环			速度耐力	
	持续性循环		力量耐力		
比赛法	教学性比赛	各种比赛训练方法适合不同的运动专项的负荷性质，相对来讲具有通用性			
	模拟性比赛				
	检查性比赛				
	适应性比赛				

供能形式特点的比较如表3-2-4所示。

表3-2-4 供能形式特点的比较

方法	方法类型	形式1	形式2	形式3	形式4	形式5
重复法	短时性重复	√				
	中时性重复			√		√
	长时性重复					√
间歇法	极强性间歇		√			
	强化性间歇		√		√	√
	发展性间歇			√		√
持续法	短时性持续			√	√	
	中时性持续			√		
	长时性持续			√		
变换法	负荷性变换		√	√	√	√
	内容性变换	√	√			
	形式性变换	√	√	√	√	√
循环法	重复性循环	√				
	间歇性循环				√	√
	持续性循环			√	√	√

续 表

方法	方法类型	形式1	形式2	形式3	形式4	形式5
比赛法	教学性比赛	视技术、战术内容，比赛时间、强度、比赛规则、形式而定，适用于5种供能形式的混合、单一训练				

(注：形式1是磷肌氨酸代谢；形式2是乳酸代谢；形式3是有氧代谢；形式4是ATP-CP、LA混合供能代谢；形式5是无氧-有氧系统混合代谢)（√表示主要形式）

动作结构特点的比较如表3-2-5所示。动作的稳定性、速度性、力量性、持久性、变换性是动作结构的基本要素。

表3-2-5 动作结构特点比较

方法	方法类型	稳定性	速度性	力量性	持久性	变换性
重复法	短时性重复	√	√	√		
	中时性重复	√	√	√		
	长时性重复					
间歇法	极强性间歇	√	√	√		
	强化性间歇	√	√			
	发展性间歇	√			√	
持续法	短时性持续	√			√	
	中时性持续	√			√	
	长时性持续	√				
变换法	负荷性变换		√	√	√	√
	内容性变换					√
	形式性变换					√
循环法	重复性循环		√	√		
	间歇性循环		√	√		
	持续性循环				√	
比赛法	教学性比赛					
	模拟性比赛					
	检查性比赛	普遍适用	普遍适用	普遍适用	普遍适用	普遍适用
	适应性比赛					

第三章 运动训练的实操性问题

组织结构特点的比较如表3-2-6所示。实践中，现代运动训练基本方法的应用效果往往受到实施过程中参与训练的选手数量、训练内容的难易程度、组织过程的环节安排等组织结构要素方面的影响。这些要素一方面受教练员"教练艺术"水平的影响，另一方面则由运动训练基本方法中的基本要素的数量以及掌握这些要素的难易程度所决定。

表3-2-6　组织结构特点比较

训练方法	组织人数	组织内容	组织环节	组织难度
重复法	较少	较少	松散	较低
间隙法	较少	较多	严格	较高
持续法	较多	较少	松散	较低
变换法	较多	较多	严格	较高
循环法	较多	较多	严格	较高
比赛法	不定	较多	严格	较高

高原训练特点的比较如表3-2-7所示。高原训练的海拔高度、高度变换、训练天数、进出时机的安排等是高原训练的基本要素。

表3-2-7　高原训练特点比较

训练因素	低原训练过程	高原训练过程
海拔高度	+100米~1000米	+1800米~3000米
训练过程	无严格规定	14~40天左右
基本结构	6项结构因素完整	6项结构因素完整
主要方法	重复法、间歇法、持续法、变换法、循环法、比赛法6种训练方法	重复法、持续法、变换法、循环法4种训练方法
运动负荷	适合强度、量度任意、变换组合的负荷安排	适合强度适中、量度任意变换组合的负荷安排
高度变换	无严格规定	须严格要求
进出时机	无严格规定	须严格要求

（四）运动训练手段的分类与比较

1. 常见标准及分类

（1）按照练习的目的可分为发展体能的训练手段、改进技术的训练手段、提高战术能力的训练手段、改善心理状态的手段。

（2）按照练习手段的效果对专项能力的影响，可分为一般训练手段和专项训练手段。

（3）按照在训练活动中的应用价值，可分为基本训练手段和辅助训练手段。

（4）按照练习手段的动作结构特点，可分为包含周期性练习和混合性练习的单一结构训练手段，以及包含固定性练习和变异性练习的多元结构训练手段两大类。

2. 常见训练手段

（1）周期性单一练习手段：是指周期性重复进行单一结构动作的身体练习，该类练习动作相对简单，动作环节相对较少，因此，较易使练习者学习、掌握并强化主要环节的训练。该训练手段可分为全身周期性和局部周期性练习，如各种快跑练习和快速挥臂练习。

（2）混合性多元练习手段：是指将几种单一结构的动作混合进行的身体练习，该类练习有利于运动员形成复杂动作的神经联系，提高技能储备量，有利于学习、掌握较为复杂的技术动作。该训练手段分为全身的和局部的混合性练习两种类型，如跑动跨跳练习、助跑扣球练习和助跑起跳练习。

（3）固定组合练习手段：是将多种练习手段依固定形式组合的身体练习。运用该练习较易学习、掌握、巩固和应用成套的固定组合练习动作，使练习动作娴熟化；较易获得与技术动作相匹配的运动机能和运动节奏，进而有利于提高运动能力，如有氧健身操、各种自选拳练习。

（4）变异组合练习手段：是指多元动作结构下，将多种练习手段依变异形式组合进行的身体练习。可以有效地提高对复杂状态的预见能力；可以提高与运动技术、运动战术相匹配的运动机能能力。该训练手段分为完整变异组合练习（如各种格斗性对抗练习、同场对抗性练习）和局部变异组合练习（如进攻战术配合练习、防守战术配合练习）。

二、运动训练新技术与新方法的应用

运动训练方法的创新是以提高运动训练系统的功能为目标,实现改变主体认识、变革训练管理制度、开发新技术等一系列活动的综合过程(刘钦龙,2007)。所以,对于运动训练的新技术和新方法进行辨析,详细阐述当前运动训练的创新方法,对运动训练技术和方法发展进行展望是十分有必要的。

(一)运动训练新技术和新方法概述

运动技术和方法的创新与体育科学研究活动的集约化、研究工艺、研究方法、研究程序的完善有着相当密切的联系,其科学性直接决定着体育科学信息的质量和研究结论的可靠性。随着新技术革命的兴起,竞技体育领域的技术和方法创新,伴随着研究方法的理论基础、研究的深度和广度以及思维方式等方面发生着深刻的变化,并带来运动训练水平和运动成绩的显著提高。随着大数据走入我们的生活方式和生活空间,改变着我们生活中的一切事物,同时,大数据在运动训练科学研究中扮演着不可替代的角色,大数据对于运动训练科学研究领域来说不仅仅是一种应用工具,更多的是一种思维方式,而这种新的思维方式即是运动训练科学研究中的新路径和新方法。现代观察手段的应用,使运动训练研究资料收集真实准确详尽;计算机的使用,使运动训练多因素研究成为可能,扩展了运动训练的研究领域,促进了科技方法在体育运动实践中的应用。在运动训练研究领域中,科学的技术方法越来越受到关注和重视。面对运动训练领域遇到的大量问题,人们从科学技术的角度探索、寻求新方法,或引进或借鉴或创新,推动了运动训练的发展,提高了体育科学研究的效率质量和水平。

(二)运动训练新技术与新方法应用案例

1. 运动训练中的可穿戴设备

(1)运动训练中可穿戴设备的发展概况

可穿戴设备就是基于计算机技术、通信技术以及传感器技术的可以佩戴在人体身上的高度小型化电子设备（李海鹏 等，2020）。作为运动训练监控手段与研究热点，基于移动互联和云平台并具有无线传输与快速实时反馈功能的可穿戴设备，在竞技体育，尤其是足球、篮球、曲棍球等运动方式复杂、身体负荷波动大并且不易获得量化数据项目中被广泛地应用与研究（Seshadri et al.，2019），极大促进了竞技体育科学化训练水平的提高。在我国，可穿戴设备在竞技体育，尤其是集体球类项目中同样应用广泛，但却鲜有相关研究报道，其理论研究与训练实践出现一定程度脱节。

（2）运动训练中可穿戴设备的研究现状

可穿戴设备在运动训练中的应用日益广泛和深入，为探究运动训练的生物学意义提供了一种更加便捷、科学的途径。按照在运动训练中的使用对象及环境，可以将可穿戴设备分为三类（表3-2-8）：第一类是以运动员的恢复训练和普通健身需求为导向，产品趋于简单轻便，具有一定软件支持以及数据交互、云端交互功能，如运动手环、运动手表、计步器等；第二类以训练课监控需求为导向，设备专业属性强，可根据训练需要灵活调整采集指标和相关参数，设备佩戴安全性和舒适性高，如GPS、加速度计、陀螺仪等；第三类以科学研究为导向，设备测量精度相对较高，但操作相对复杂，如气体代谢分析仪、血氧仪、生物传感器等。

表3-2-8 运动训练中可穿戴设备的分类及特点

类别	代表设备	测量指标	使用环境及特点
普通类	运动手环、运动手表、计步器等	时间、距离、配速、能量消耗、心率、步数等	健身环境，操作简单、人机交互体验佳
训练类	GPS、加速度计、陀螺仪等	距离（不同速度）、变向和加减速、运动冲量、疲劳负荷等	训练课环境，指标专业属性强、监控灵活
科研类	气体代谢分析仪、血氧仪、生物传感器等	最大摄氧量、通气量、呼吸商、血氧饱和度、体温、血压等	实验室环境、操作相对复杂、精度高

上述类型基本满足了运动训练的不同需求，科研人员在使用时，一方面要从专项训练规律层面进行选择和分析，重视所得指标与监控目的之间的关系；另一方面应综合考虑使用对象和环境等因素，因地制宜做出选择。此外，受科技发展的整体

影响，三类设备在硬件微型化、软件兼容性等方面也存在共性问题，需要一定过程才能解决，其发展前景和应用空间较为广泛，值得深入研究和探索。

（3）运动训练中可穿戴设备存在的问题

出于商业角度考虑，可穿戴设备制造商往往将研发精力集中于产品与用户间的交互体验，而这种良好交互体验经常建立在对原始数据的平滑处理上，牺牲了一些在科研和医疗领域十分重要的关键原始数据，影响了用户获得更好的体验。这是因为在运动训练的实际应用与发展过程中还存在诸多制约因素，具体表现在四个方面。

1）误差明显存在，影响有效性和可靠性

运动训练是一项计划性、针对性和目的性很强的工作，要求测量工作在灵活机动的基础上确保精确。利用可穿戴设备对运动训练进行量化评价的有效性和可靠性是一直以来学术界争论的热点话题，很多学者对此进行了研究，其中以对GPS定位、陀螺仪、加速计三种技术的应用争论与报道最多。尤其是在关于GPS的有效性和可靠性研究中，已有研究认为，虽然可穿戴设备能够方便快捷地收集到大量训练监控所需数据，并通过云端互联等崭新的方式展现出来，但结果的准确性有待进一步观察。受试者在佩戴带有GPS功能的可穿戴设备进行位移时，位移速度与测量准确度呈现出反比关系（Gray，2010）。总的来说，利用可穿戴设备对运动训练进行量化评价时陀螺仪和加速度计具有较高的稳定性与可靠性，但应注意位移速度、非线性移动以及信号干扰等因素对测量结果的影响。

2）数据缺乏统一规范，兼容互联较少

克洛（Cloe，2013）的研究团队对澳式橄榄球联赛、英式橄榄球联赛、澳超足球联赛、曲棍球等30多支运动队、多达1 276名受试者进行了研究，认为可穿戴设备虽然可以很好地测量运动员的各种身体活动情况，同时也被大多数集体类项目所使用，但是具体到利用可穿戴设备对速度分区进行定义时经常相差很大，数据缺乏统一规范。

3）集成化有待加强，指标采集相对单一

利用可穿戴设备对运动训练过程进行监控实际是对人体运动信息进行综合汇总并分析的过程，信息量决定了监控质量。由于科技发展、商业竞争等影响，现阶段可穿戴设备更多针对单一数据类型进行采集。然而，采集更多指标时往往需要受试者一次性穿戴多种监控设备，影响运动训练效果的同时，也在一定程度上制约了可穿戴设备在运动训练中的发展。因此，如何将现有可穿戴设备进行高度集成、丰富测试指标体系，成为可穿戴设备在运动训练领域应用与发展面临的重要瓶颈问题。

4) 过度重视商业开发，产业链不够完整

尽管目前将可穿戴设备用于训练负荷监控属于热点研究，许多商家也在此领域获得了一定经济效益，但现实情况是产业链脱节，制造商更多关注于什么指标更容易测得，并不提供有关其设备的准确性、可靠性的信息，相反会对部分原始数据进行平滑处理以换取良好的"用户体验"（Wijndaele et al.，2015）。制造商们轻视产业链的打造，没有根据运动训练的具体需求在产业链上游提高研发水平，中游提供训练监控解决方案，下游提高服务质量，而是"为了科技而科技，为了测试而测试"。

（4）运动训练中可穿戴设备的发展趋势

1) 传感器技术微型集成化，佩戴舒适且安全

由于竞技体育的需要，运动员要在高速度、高对抗等极端条件下完成身体活动，任何外界因素都有可能会干扰其正常发挥，因此，可穿戴设备必须在不影响其正常发挥的前提下进行数据采集，传感器功能的集成化和外观的微型化显得尤为重要。在心率监控方面，一种基于重量更轻的腕式可穿戴设备正在研发中，它不但可以取代传统心率带给运动员带来的不适感，而且能够将测试的平均误差降低至3%。纤维类可穿戴测试仪的研发也有重大进展，目前科研人员正通过纺织品传感器等技术进行可穿戴设备的研发，相信很快市场上将出现一种与我们的服装相同质地，却能够精确测量人体活动的高科技产品。

2) 设备兼容性进一步提高，云端互联更加广泛

在运动训练实践中，运动员进行综合能力测试往往需要佩戴背心、心率带、面罩等一系列设备，加重受试者运动负担的同时影响科研人员对数据的读取和分析，这是目前困扰训练监控领域的一大难题。除此之外，还有不同的计算方法、不同的计量单位、对同一指标不同区间的不同参数的界定等。随着科技的发展和人们对运动训练理念认识的不断更新，未来可穿戴设备在兼容性和数据互联方面必将得到进一步提高。

3）产业链整合更加完善，与需求对接更加精准

体育类可穿戴设备的产业链涉及环节众多，可以分为上游核心部件研发、中游智能交互解决方案、下游产品服务。上游的核心部件研发是产业的灵魂所在，包括芯片、传感器、电池技术等，要在能够保证佩戴安全、舒适的前提下监测人体各种运动参数；中游的智能交互解决方案是联系用户的关键环节，包括多样化指标更改、数据展现方式、专项训练设计等，直接决定了训练中可穿戴设备的应用质量；下游的产品服务环节是设备不断改进的源泉，包括定期培训、专家指导、训练演示等。作为可穿戴设备产业链形成与完善的"无形之手"，对接机制是产业链形成的内模式，与运动训练需求端的对接是尤为重要的一环。

4）以监控频率带动训练水平提高，科学制定行业标准

可穿戴设备的不断发展使得训练监控可以搬出实验室，真正落实到每堂训练课中，监控频率的增加可以帮助教练员和运动员更好地对运动训练过程进行有效控制，促进训练的科学化水平。随着可穿戴设备在未来的进一步发展和革新，新一代的训练监控设备将变得更小、更集约，在运动训练中的使用频率和监控广度也将变得更加密集而广阔，可穿戴设备将在整个运动训练过程中发挥更加重要的作用。"没有数据就没有计划，没有测试就没有训练"将成为未来很长一段时间的训练秘籍。任何一个行业都需要建立行业标准来保障该行业的健康发展。

2. 水中超等长训练

水中超等长训练的特点能用两点来概括，即肌肉弹性储存和释放以及神经肌肉控制作用。通过神经系统对肌肉的弹性功能进行控制，在水中随即使其发挥到极致，对于能量的储存和释放在短时间内以最快的速度得到利用且对肌肉恢复较快，这就是水中超等长训练的作用以及意义。近年来，水中超等长训练的运用进入大众视野，在田径项目的跑、跳、投掷等项目以及篮球、排球、速滑、滑冰等项目中有所应用。

水中超等长训练能够提高运动员的力量和爆发力，增强关节的稳定性，改善神经系统的适应性，在预防和治疗肌肉损伤方面也有明显效果，受到几乎所有项目的高度重视。为了避免超等长训练带来的不利影响，通过减少地面冲击力及超等长收缩时的离心负荷两种途径，达到最佳训练效果并降低潜在的损伤风险。格兰瑟姆（Grantham et al.，2002）等建议，可以在泳池中进行超等长练习以减少地面对机体

的冲击。通过文献研究，早在1993年出版的 The Complete Waterpower Workout Book 一书中已经出现了水中超等长训练，作者琳达·休伊（Lynda Huey）等认为，在水中甚至是普通人都可以轻松完成陆上难以完成的超等长动作。由此可见，这是值得推广的一种训练方式。

（1）水中超等长训练的优势

1）降低潜在损伤风险，减轻肌肉酸痛

水中训练最明显的优势在于能够平均分配身体负荷，对肌肉、骨骼和结缔组织产生较小的张力，如水中超等长训练的水深通常及腰部，根据浮力与水深的关系，机体承受的负荷将减少47%～60%。在水深及腰部的水中进行超等长训练，能够减少33%～54%的落地时的冲击力，降低了潜在的损伤风险。超等长训练后常常引起剧烈的肌肉酸痛，并且如果加大训练强度还会增加肌肉酸痛的程度。水中训练能够减轻肌肉疼痛，除了浮力的作用外，可能还受到以下因素的影响：①与陆上运动不同，水中运动时肌肉的收缩形式主要是向心收缩，故降低了牵张反射和离心阶段的负荷，也降低了参与离心收缩的肌纤维的张力，有助于减小肌肉微细结构的损伤；②水中运动增加了外周血流量和损伤区域组织液的流动，促进了康复过程；③由于静水压的影响促进了血液循环，加上水的轻柔的按摩作用，有助于肌肉生理机能的恢复。

2）促进更迅速的缓冲相位，提高训练效果

水中训练时浮力虽然减少了机体承受的重力负荷，但并没有减少在运动过程中离心阶段必需的控制和停止的力量，也没有减少向心阶段需要克服水的阻力的力量，因此，水中训练可能从两方面促进超等长力量的增长：①水的浮力降低了离心阶段的负荷，也降低了地面高冲击对牵张反射的抑制，有益于提高运动单位的募集和兴奋程度，并促进离心与向心收缩的衔接，减少已储存弹性能量的消耗；②水的黏滞性为向心阶段的肌肉收缩提供了一个额外的阻力负荷，可能比陆上募集更多的肌纤维，动员更多的运动单位参与工作，有利于肌肉力量的提高。

（2）水中超等长训练在研究和实践中的问题

水环境是不断变化的，正是这个独特之处使水中训练的方案具有多样性。水中超等长训练时，水深的选择是一个关键因素。在1.2～1.3米、水深及腰或及膝的水中进行超等长训练，能够对机体产生足够的刺激，训练效果得到肯定。但是，水深会对训练效果产生怎样的影响？水中与陆上训练之间损伤率的差异有多大？这是当前研究面临的两个突出问题。

（3）水中超等长训练发展趋势

水中超等长训练是近年来发展起来的一种新的训练方式。相关研究显示，与传统的陆上训练相比，它可以达到与陆上类似的训练效果，显著提高受试者的纵跳成绩、最大转矩、速度、力量和爆发力，减少甚至避免了肌肉酸痛和损伤的风险。它能够作为陆上训练的辅助或以交叉方式融入整个训练计划，促进超等长力量和专项成绩的提高，为运动员特别是青少年运动员提供更多的选择。

目前，陆上项目运动员在水中进行体能训练（基础体能训练、专项体能训练和康复性体能训练）已发展成为许多国家体适能行业中非常流行的练习方法，田径、排球、足球、网球、高尔夫、自行车、柔道等众多项目的职业运动员在水中进行速度、力量、耐力、柔韧等身体素质以及技术训练，无论是损伤的预防和康复，还是提升运动表现的各种方案，都可以包括水中训练的内容，可以为那些需要减小关节冲击力的运动员提供改善训练效果，促进专项成绩提高的机会。

（三）运动训练技术、新方法应用的展望

处于信息时代，我们周围的生活方式和生活空间正在重构，人们应该清楚地意识到，信息时代对于运动训练的思维产生了全新影响，这种思维方式引导运动训练的技术和方法研究步入新的方向。

1. 整体角度要由局部向整体转换

各种运动项目其实都是一个整体，运动训练的各个要素之间是相辅相成、相互制约的，不能随意分割，如果在研究时只看局部势必导致孤立地看问题，在运动训练中大多只能看到平凡的常态，无法洞察到隐藏于细节中的特殊现象，而在运动训练科学研究中真正有价值的却是那些隐藏在细节中的特殊现象。因此，在运动训练方法和技术的发展中，应当从局部的研究角度转向整体的研究角度，从整体中把握运动训练技术和方法的变化，才能更好地提升运动员的竞技实力和比赛成绩。

2. 整体路径要由假设向科学转换

当代的运动训练研究应当转向科学的数据型研究，即先获取大量的数据，假设和实验的验证要建立在数据分析的基础之上。这种方法可以更加细致地洞察和研究数据的各个方面，用数据去验证新的更细微层面的假设。这种转变可以让训练专家和教练员从那些被采集的大量训练与比赛数据中发现运动规律，并借助海量的数据研究来优化训练的技术和方法，进而提升运动员的训练能力和比赛成绩。

综上所述，信息时代的到来必将使得运动训练科学研究进入一个新时代，运动训练科学研究人员要顺应时代的发展，跟紧时代的步伐，转变运动训练科学研究的思维方式，将大数据技术与运动训练的方法和技术紧密结合，优化运动训练的方法和技术，使运动员的训练水平和比赛能力跃上新台阶，实现新突破。

三、高原训练实践拓展

高原训练是运动员利用高原环境的低氧和运动缺氧的双重刺激进行专项运动训练，对其机体造成比平原训练更为强烈的刺激，以此来提高其最大摄氧量和有氧运动能力。高原训练作为提高运动能力的一种训练方法，已有半个世纪的历史。20 世纪 60 年代以来，世居非洲高原的中长跑选手的崛起引起世人的瞩目。70 年代以后，不少国家的优秀选手在备战重要赛事时都要进行一段高原训练。如在近几届奥运会上，一些运动员通过高原训练后取得了好成绩，受到人们的关注。然而，也有一些运动员在高原训练后并没有获得好成绩，甚至有的成绩反而倒退。因此，人们对高原训练的效果产生了质疑，由此引起了一些争议。

从一些已经取得良好效果的事例分析，我们认为高原训练还是一种有效的训练方法。高原训练可视为一种特殊环境条件下的强化训练，它可使运动员承受到在平原难以达到的训练强度，使机体更加接近人体极限负荷，而由此产生的生理适应机制，则将更深入地挖掘人体机能的潜力。运动员一旦顺利地通过高质量的高原训练，回到平原后则将产生更大的生理上的超量恢复，运动能力会得到显著的提高，这就是高原训练的优势所在。

与平原训练相比，高原训练具有一定的特殊性和难度，海拔高度的选择、训练的时间、运动员训练水平及个体差异、负荷量和负荷强度的控制、高原训练的营养和恢复以及各个因素之间的内在联系都影响其训练成败。综观高原训练近 70 年的历程，不管是其理论研究还是实践都取得了巨大的成果，但同时也存在着许多问题，如最佳负荷强度的把握、适宜海拔高度的选择等，还需广大研究者做进一步深入的研究。

（一）高原训练的利弊

1. 高原训练的好处

高原训练对运动员机能产生一些积极的生理效应，主要表现在以下诸方面。

（1）携带、运送氧气的能力增加。高原训练后，运动员机体内的血红蛋白、红细胞、红细胞压积、肌红蛋白、2,3-二磷酸甘油酸（2,3-DPG）和促红细胞生成素（EPO）增加。肌肉毛细血管增多，肌肉细胞线粒体的数量、容量和密度增加。心肌增厚、心腔增大、排血量增加、排血效率及泵功能增高。

（2）利用氧气的能力增加。通气量增加的同时，肺循环也在加速，加之肺动脉压升高，可以使肺毛细血管内流过更多的血，毛细血管的总面积增大，吸收的氧气也增多。最大摄氧量在高原训练中、后期或高原训练后可增加。氧化酶增加（如枸橼酸酶、苹果酸脱氢酶等增高）。肌细胞内线体酶的活性增加。

（3）肌肉耐受高乳酸的能力增加。肌肉缓冲能力增加，使其抗乳酸的能力也有所提高。从高原运动后的乳酸水平看，运动员可承受在平原难以达到的高强度，在此条件下，运动能力经历了锻炼。此外，在乳酸代谢方面，高原训练后期及返回平原后，可出现运动后值降低及乳酸-速度曲线右移。

（4）肌肉能量储量增加，肌肉内糖原的储量增加。高原运动后血乳酸浓度的下降，可改善游离脂肪酸和甘油的动用和代谢（Young，1995）。

2. 高原训练的不足

高原训练对运动员机体也有一些消极的负面影响，大体表现在以下几个方面。

（1）平原、高原之间的往返需耗时间来适应。平原人参加高原训练要经历平原—高原—平原两次外环转换，身体内环境，如在血液酸碱平衡方面受环境转换的影响，需要重新适应外环境而做出调整，这需要花费时间才能恢复到适宜状态。高原训练初期及回到平原的初期，均需有一段调整期。

从高原返回平原的初期，即使平原的氧气较为充足，运动员仍常不够兴奋并感觉乏力，反映体内酸碱平衡不适应外环境。从理论讲，这会影响神经系统的正常运作，运动员处于状态不佳的"低谷"。赖利（Reilly，1993）曾指出，高原训练回到平原需要重新建立酸碱平衡。为使其返回平原较快而顺利地走出低谷，可采取的对策有：①高原训练的最后几天适当减量，使身体不至于过于疲惫，这样返回平原后，可较快地适应过渡期而进入竞技状态。②针对返回平原后血液处于偏酸的状态（表现为 pH 值下降，通气量下降，使得 CO_2 潴留，引起 P_{CO_2} 上升），可大量饮用含碱性的饮料（如健力宝），最好再加入含钾、钠离子的制剂，用以冲缓偏酸的血液，促进较快回至适中的酸碱平衡状态。

（2）血液浓缩造成循环阻力加大。高原期间，由于红细胞、血红蛋白增多，以及通气量大、空气干燥等因素造成身体相对脱水及血浆容量下降，引起血液的黏滞度增高，使得血液的阻力加大，心脏的负担也加重，对血液循环产生不利的影响。对此，可采取的对策有：①要比在平原训练期间更加注重液体的补充，以增大体内血浆容量，缓解血液浓缩。②可口服维生素 E，维生素 E 有降低血小板的聚集作用，以缓解血液黏滞度的增高。

（3）对肌肉代谢的影响。在高原期间，能量代谢中琥珀酸脱氢酶（三羧循环中的一个重要酶）受缺氧的影响而有所下降，由此影响到肌肉的质量，如肌纤维横切面减小，这些组织结构上和生化的变化使肌力受到不利的影响。对此，可适量安排力量训练以稳定或发展肌肉的质量。我国的自行车、游泳、田径运动员在这方面均有成功的经验。如缪素堃（1996）指出，自行车运动员高原训练前后的测试表明，高原训练计划如果是以耐力为主，并不引起肌力和无氧能力的显著改变，如果加重了速度、力量和力量耐力训练，返回平原后，速度和速度耐力（1 千米和 2 千米）项目的成绩均有所提高。

因而可以认为，高原训练对速度、力量的影响主要取决于高原训练的内容，由于高原训练对有氧能力的提高明显，发展耐力的效果好，对此侧重较多；而在高原实施强度高的力量、速度训练有较大的难度，所以对此侧重一般偏少。但是并不能说在高原具备的条件下就不能发展速度、力量了。

(二) 高原训练的方法

1. 高住高练法

高住高练法是指在高原居住，在高原训练。不同海拔高度产生的训练效果也不一样，因此，运动员训练的时候可以在海拔 2 500 米左右的高原训练，再转换到 1 600 米左右的高度训练，最后再回到平原，从而达到理想的训练效果。高原的海拔高度一般不超过 2 500 米，主要利用高原的低氧环境进行训练，但是训练的强度不宜过大。

2. 高住低练法

高住低练法是指在高原居住，在低海拔地方训练。这样运动员既能够在高原居住中调动身体潜力，又能在低原训练中保持正常的运动强度，达到双赢的效果。

3. 低住高练法

低住高练法是指在低海拔居住，在高原训练。这既可以保证运动员在低氧环境中训练，又能促进运动员的身体机能恢复。

4. 间接性低氧训练法

间接性低氧训练法是采用呼吸气体发生器吸入低于正常氧分压的气体，造成体内适度缺氧，从而导致一系列有利于提高有氧代谢能力的抗缺氧生理适应，以达到高原训练的目的。

5. 模拟高原训练法

模拟高原训练法是指模拟高原训练的环境，让运动员在模拟的高原环境中进行训练，从而达到高原训练的效果。

(三) 高原训练的研究热点

1. 海拔高度研究

适宜海拔高度是影响高原训练效果使其达到最佳生理适应的关键因素之一。目前研究认为，世居平原的游泳、中长跑、竞走等耐力性项目高原训练的最佳海拔高度为2 000～2 500米；摔跤、乒乓球、速度滑冰等高原训练的最佳海拔高度为1 500～2 000米（Futoshi Ogita，2009）。而世居或久居高原运动员高原训练最佳海拔高度要依据其长期居住的海拔而定，像云南那样世居高原的运动员应把高原当作平原来认识，事实证明，这种认识下的竞走训练安排取得了好的效果。此外，国内外研究者在高原训练高度的认识上又提出"重提高高原训练高度"。如意大利、法国竞走队赛前采用低住高练的高度为4 000米，墨西哥竞走运动员到3 500～4 000米的地区训练等。但选择训练高度时应考虑以下因素：一是对有氧代谢平均强度要求特别高的项目（竞走）高度可相应提高；二是世居或久居高原有多年高原训练经历的高水平运动员训练高度可相应提高；三是技术性很强的项目（摔跤、柔道等）高度不宜过高。

2. 负荷强度的控制研究

高原训练构成因素中，最核心的因素是训练的量和强度。以往高原训练失败，大多将其归咎于对运动员训练强度控制不当所致。因此，国内外对高原训练负荷监控的研究比较关注。目前，国内外高原训练的负荷强度安排遵循"适应—提高"的训练原则，采取两种训练计划：一是针对年轻运动员或无高原训练经历者的"保守战略"，即负荷量略低于平原或接近平原训练量，但降低负荷强度，最大不超过平原最大强度的70%；二是有高原训练经历者或赛季中间采用的"强度战略"，即负荷量达到或超过平原（100%～120%），负荷强度接近（90%）或达到平原水平，以保持高水平的负荷强度和运动能力（冯连世，2009）。此外，在高原训练负荷控制方面，应注重"个体化"的理念，结合运动员的年龄、恢复能力、高原训练的经历及适应情况等做到训练负荷个性化，制订出个性化的训练计划（冯连世，2009）。

3. 持续时间研究

研究资料显示,游泳高原训练的时间一般为3～4周;速度滑冰与柔道为期5～6周;竞走为期4～7周;中长跑(800米、1500米、5000米)为期4～6周;超长距离(10000米、马拉松)为期4～8周及以上(马福海和冯连世,2007)。最近的研究表明,高原持续训练的最适宜时间为4～6周(Futoshi Ogita,2009)。但对于为适应高原环境下的比赛而进行的适应性高原训练,最适的持续时间为每次1周左右,1～2个月之内进行3～4次(马福海和冯连世,2007)。

4. 平原比赛的最佳时间研究

高原训练后可以形成3个竞技高峰,其时间大约在下高原后的3～5天、10～18天和19～32天,若训练安排得当,则高原效应可保持1～2月。已有统计发现,经云南昆明、青海多巴高原训练后在3～45天内参赛均取得过好成绩(马福海,冯连世,2007);而翁庆章(1993)等认为,高原训练时间越长,训练后出好成绩的时间可能会拖后,训练量和强度较大训练后,出成绩的时间也会延长。冯连世等研究认为,中、长距离项目下高原1～2周,较短距离项目下高原3～4周参加比赛较适宜(Mester,2003;马福海和冯连世,2007)。但国外研究(Gore,2008)报道,生理运动能力的峰值在第10～15天出现,最佳运动能力阶段从生理学上不超过4周。

(四) 高原训练的研究展望

1. 向短时间无氧供能项目扩展

高原训练已由耐力性项目发展到赛艇、排球、冬季两项、摔跤、武术、短跑等几乎所有的奥运会项目(Mester,2003)。有研究报道(冯连世,2009),4周急速自行车骑行训练后,常氧和低氧组的最大累计氧亏、30秒全力往返跑总功均显著增加,但最大输出功率仅在低氧组有显著性增加,提示低氧环境下训练对于改善短时急速骑行能力有积极作用,低压、低氧、大强度急速骑行训练为提高短时急速运动能力开辟了一条新的路径。国外研究(太获田,2009)表明,2～3分钟超大强度游泳训练过程中，尽管低氧导致运动强度降低且低氧需求量降低，但对累计氧亏和无氧供能速率无影响，且认为在高原环境进行大强度训练更适合改善无氧、最大力量及大强度训练能力，是有效提高无氧供能和无氧运动能力的一种新的训练方法。

2. 模拟高原训练在发展

自20世纪90年代以来，北欧的芬兰、瑞典、挪威三国，以及澳大利亚和俄罗斯都在积极开展模拟高原训练的研究和应用。如高住低训、高住高练低训、低住高练、间歇性低氧训练、低压舱训练、呼吸低氧混合气体、模拟高原训练场馆、低氧设施、高原训练前的低氧预适应等。近几年来，美国和日本也在相关设备的研制和装备上进行了较大的投入，我国西安体育学院、北京体育科学研究所、黑龙江省体育科学研究所等单位也先后投入此项的研究和试用。但是，高原训练仍有许多问题和规律尚未被揭示，高原训练的效果也不是单纯的人工低氧训练所能代替的，高原的阳光、强紫外线、低压、温度、湿度等环境因素对运动能力影响的研究较少。王敬茹等人（2010）对男子赛艇运动员8周不同模式低氧训练后有氧运动能力的研究表明，不同模式低氧训练对运动员有氧能力都有所提高。但另有研究认为，低氧训练如低住高练或间歇性低氧训练没有明显的高原适应效果，尤其在提高血液运氧能力等方面。因此，如何科学合理地利用低氧训练方法是目前科研人员较为关注的问题，也是今后高原训练值得研究的趋向。

3. 高原训练成员年轻化

过去认为高原训练是成年运动员的训练手段，年轻的运动员因其心肺功能尚不是很成熟，可能难以耐受高原训练，但是现在参加高原训练的运动员已比过去年轻。如德国国家队教练舍恩的中长跑少年运动员16岁，保加利亚教练拉赫马利耶夫的投掷运动员17岁，中国、美国的优秀游泳运动员13～15岁。但是，国内外学者（潘佳章，1993；Philo，2009）对不同发育期青少年运动员高原训练效应仍有不同意见。因此，随着竞技体育的发展以及某些项目的特殊性，提醒我们广大研究者及教练员采用细胞、分子等生物学方法在年轻选手的生理、生化、解剖结构等微观方面进行"个体化"负荷强度及其疲劳恢复。

4. 重视个性化的训练监控

运动员对高原训练的反应、适应和成效因个体差异而有所差别，因而对运动员的高原训练安排要因人而异（太获田，2009）。德国乌里希·哈特曼（Ulrich Hartmann，2009）研究表明，高原训练期间一名运动员的网织红细胞值仅比初始值增加10%，而另一名运动员却增加了250%。重复进行高原居住或训练，运动员的个体差异率可在40%～150%，且根据梅斯特（Meste，2003）对近15年来国际上150项高原训练研究结果的分析认为，建立评价高原训练时的个体负荷强度与负荷量的科学指标是高原训练实践与研究的主要趋势之一。

第三节　运动训练安排问题研究

一、训练分期理论的发展

（一）训练分期理论产生的背景及理论基础

运动训练分期理论是在实践的基础上发展而来的，长时间的运动训练、全年不间断的实践总结，催生了运动训练周期理论的产生。随着时间的推移以及实践的不断总结，早期不太成熟的运动训练理论已经发展成了现代意义上的运动训练分期理论，对运动实践产生了广泛而深刻的影响。

运动训练分期的思想和实践可以追溯到久远的时代，在2 000多年前的古代奥林匹克运动会上就有了思想和实践的种子，先后出现了很多的思想理论，比如阶段性分期思想、全年训练分期思想等，后来在很多学者的努力下，为运动训练周期理论的早期形成打下了坚实的基础。这个理论的形成和发展离不开一个重量级的人物——马特维耶夫，他非常擅长在实践中总结经验，搭建理论框架。他自己通过参加奥运会相关项目的比赛（游泳、举重等）以及对此后各种重大赛事的准备，将自己亲身实践的经验理论化，并经过相当时间的修改和完善，在20世纪60年代就提出了训练周期的理论思想,在不断的发展中,逐渐形成了运动训练周期理论的整套体系。

苏联的莱图诺夫（Letunov）和普罗考普（Prokop）分别在1950年和1959年从医学的角度对运动训练过程进行了阶段划分,首次提出运动员竞技状态的形成具有"训练水平的上升阶段、竞技状态阶段和训练水平下降阶段"并循环往复的周期特点（田麦久 等,2010）。马特维耶夫借鉴了他们的研究成果,在对苏联的游泳、举重和田径等竞赛项目备战1952年第15届赫尔辛基奥运会的经验,以及其后至20世纪60年代初备战世界大赛的训练计划进行总结和分析的基础上,将这些训练经验理论化,于20世纪60年代中期提出了训练过程安排的周期理论。训练分期理论是马特维耶夫根据人体竞技状态具有周期、阶段性形成的规律,即运动员竞技状态的形成需经过"获得""保持"和"消失"阶段,相应地把运动训练过程的一个大周期分为准备期、比赛期和过渡期三个时期（图3-1-1）,并同时针对不同时期的特点提出了各个时期的训练目标、训练任务和训练内容,即不同训练时期"一般训练与专项训练的不同安排"和"负荷量与负荷强度的不同比例",即在训练的不同时期训练手段（一般训练与专项训练）和负荷（量与强度）强调的重点是不同的。

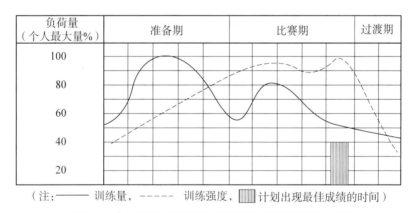

（注：—— 训练量，----- 训练强度，▥ 计划出现最佳成绩的时间）

图3-3-1 马特维耶夫训练分期理论年训练周期比例图

同时,马特维耶夫又针对不同时期的特点提出了一整套在训练目标、训练任务和训练内容上各异的训练理论。比较典型的有不同训练时期负荷量与强度的不同比例关系和一般身体训练与专项训练的不同安排等理论（图3-3-1、图3-3-2）。

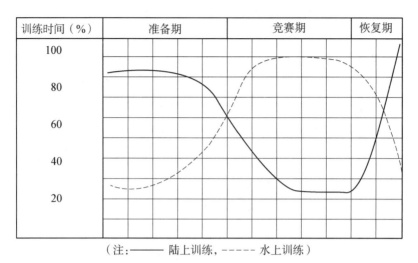

图 3-3-2　全年游泳陆上与水上训练比例示意图

马特维耶夫对训练分期理论的主要贡献是从训练学的角度给不同训练阶段赋予了实际的内容，设定了各阶段的宏观训练目标、任务和内容，形成了训练周期的特定"模式"，这才是马特维耶夫训练周期理论的核心。自训练周期理论问世以来，马特维耶夫也曾对其进行了几次补充和修改，其中，最为显著的是在 20 世纪 90 年代初期提出了训练的个体化问题，即在周期训练过程中应考虑到项目特点和运动员的具体情况（Matveev, 1991）。但是，根据德国施纳（Tschiene, 1991）对马特维耶夫理论的跟踪研究，这些变化并没有改变训练分期理论的核心内容。

（二）训练分期理论的发展状况

马特维耶夫的训练分期理论一经提出，立即产生了较大的影响，并被许多学者和教练员认同（李波和马兰军，2009）。目前，训练分期理论的内容依然占据运动训练学的主要部分。作为运动训练学重要内容之一的训练计划，就是主要针对训练分期理论来进行的。可以说，周期训练是训练计划制定和控制的核心，而作为运动训练计划，更对运动训练的阶段划分、内容、方法、手段、训练目标起到界定的作用。因此，训练分期理论在运动训练学中的地位和作用是极其深远的，许多学者如过家兴、田麦久、徐本力等都在专著或文章中对运动训练中的周期问题进行过专门的研究（过家兴和田麦久，1986）。训练分期理论在运动训练中的广泛应用，曾经对运动训练的科学化起到了非常重要的作用，由此而取得的成绩也是有目共睹的，其可行性无论从理论上还是实践上都得到了一定程度的验证。

20世纪70年代初，不少国外专家和学者就对传统的运动训练分期理论提出了质疑。沃罗比耶（Vorobiye，1971，1977）指出，先用大的负荷量和较小的强度打基础，到比赛前再用小运动量和大强度这种转换是不可信的（李庆，2004）。施纳（Tschiene，1980，1985，1991）分析了大运动量的训练设想，并认为，从1965年以来，马特维耶夫不顾现代竞技体育实践的进步和科学知识，没有补充和完善分期理论，使得这个理论明显地落伍于现代运动训练的发展。现代运动训练将训练过程视为机能性运动系统，系统机能的提高和发展主要以生物科学的理论为依据。每个运动项目在生物学理论的指导下，根据自身项目的特点制订出发展速度和完善技术的长期的训练大纲，并在不同的中、小训练周期中确定阶段重点发展目标和训练负荷。

维尔霍山斯基（Vemhoshanskij，1985，1998）对马特维耶夫的周期论进行了全面激烈的抨击，他在《运动训练分期论在高水平竞技体育中的终结》一文中指出，一个训练系统的建立依据不是在逻辑和经验基础上，而是更多地借助于生物学的知识。马特维耶夫的周期论不适合现代竞技体育的发展趋势，特别不适合球类、耐力性项目、体操及在田径中的快速力量性项目等。苏联著名的训练学专家博伊科（Boiko，1988）和维尔霍山斯基（Verchoschanskij，1988）对马特维耶夫的训练分期理论进行了长期深入的研究，认为它已不适于指导高水平运动员的训练。他们经过大量长期的实验，提出了新的训练分期理论，即被称为板块（block）的训练模式。博伊科和维尔霍山斯基没有从"一般与专项训练"和"训练量与强度"的宏观角度概括训练的过程，而是从高水平运动员竞技能力的"可塑空间"逐渐缩小，专项成绩的提高日趋缓慢，训练负荷与运动损伤的矛盾日益加剧等特点出发，根据高水平运动员的训练特点提出了集中负荷效应的训练方法，即将一些对专项成绩具有关键影响和运动员相对薄弱的素质以板块的形式集中插入训练当中，在总负荷不变的情况下，增加薄弱素质的训练负荷，通过对它进行集中训练和优先发展，达到专项成绩的突破。这种集中插入的板块训练是在3~4周时间内有选择性地确定较少的素质和能力加以训练，使高水平运动员在相对集中的时间内，接受单一或者两个比较大的训练刺激，便于在每个训练板块中通过身体素质、比赛结果和生理、生化医学指标测试检查训练效果。这种"高度集中专门负荷训练",突破了传统分期训练中多种能力"面面俱到、均匀分布和同步发展"的训练方式,提出对少数量靶目标能力进行集中专门训练,既精准、高效地发展了这些重要的运动能力,又尽可能避免或降低了增大训练负荷而造成的过度训练和运动损伤的风险,为高水平运动员的训练开辟了新径。

综上,训练周期理论出现了以下新的变化。

(1) 项群训练学下的训练大周期划分

在项群训练理论的带动下,训练大周期的划分是否恰当的一个重要标准,就是看能不能使运动员竞技状态发生周期性变化,适应于特定日程重大比赛的参赛需要。不同项群运动员竞技状态的重要表现特征是不同的,其训练大周期的划分也应该有着明显的区别。而经典的马特维耶夫的周期学说的主题内容,是在体能主导类项目训练实践的基础上建立起来的,很少顾及技能、技心能、技战能主导类项目的运动员竞技状态的变化和表现的特点。田麦久(2016)关注到这一问题,并专题研究了训练大周期划分的项群特点。他首先分析了不同项群运动员良好竞技状态的主要表现和相应指标,然后建立不同项群运动员竞技状态的评价体系,确立不同项群运动员良好竞技状态的培养途径,最后提出不同项群大周期中阶段训练的安排。

(2) "板块结构"下的训练分期理论

相对于传统训练分期理论在准备期中平行发展多种身体素质,"板块结构"则集中在3~4周内有选择性地确定较少的需要达到的训练发展目标(不超过2个),使高水平运动员在相对集中的时间内,接受单一的或是两个比较大的训练刺激,并且便于在每个训练板块中通过身体素质、比赛结果和生理、生化医学指标检验训练效果。3~4个这样的板块构成了单个训练阶段,同时在年训练周期中通过较高的训练负荷完成训练目标的转换,完成基础训练和专项训练的准备,完成各项赛事的检验,这就是"板块结构"的核心思想。在"板块结构"理论中,各个训练阶段都安排比赛。在高水平运动训练中,经常是训练刺激达不到对运动员的强度要求和兴奋点,这就必须通过比赛来实现,因此,"以赛代练""以赛促练"逐渐成为高水平运动员的一种重要训练方式。准备比赛时也安排主要的基础训练(如最大力量训练),而这种方式也属于"板块结构"理论的重要内容。

（3）训练分期理论下的"以赛代练"

"以赛代练"可以理解为采用比赛手段来代替训练的训练方法。一直以来，中国运动员讲究"以赛代练"，就是以比赛来促进训练，比赛可以作为训练的镜子。"以赛代练"看似可以理解为采用比赛手段来代替训练的训练方法，但实际上"以赛代练"不是不练，而是通过高水平的比赛来完成训练不能完成的任务，如比赛经验、比赛的心理和运动员的自信心等方面。"以赛代练"这种方法的提出是在20世纪末，原因是各种系列国际、国内比赛活动的不断增加，给优秀运动员提供了更多比赛交流的机会。同时，由于很多比赛赛制的规定和要求，运动员必须参加几站方能够取得比赛总积分和总决赛的资格，迫使运动员不得不参加多次、多站的比赛。比赛作为竞技体育的重要组成部分，已逐渐发展成为运动训练的重要训练方法之一。因此，在我国部分竞技体育项目取得一定突破的情况下，我们需要从运动训练学的角度认真总结训练方法的科学性问题，正确处理好"比赛"与"训练"的关系。

（4）"以赛代练"中比赛规格的选择

由于"以赛代练"的主要适用对象都是国内外优秀的运动员，因此，该类运动员对于"以赛代练"的比赛选择具有鲜明的倾向性，基本上是一些赛事影响比较大、参加比赛运动员水平比较高的国际性大赛。但是随着科学技术的发展和运动训练方法与手段的日趋先进，世界优秀运动员之间的差距也越来越小。如果实力与对方相当的话，比的就是比赛状态的稳定水平。比赛水平的高低与能力的大小，仅仅通过训练是练不出来的，只有多通过比赛，而且必须是高水平的比赛，才能更多积累经验和提高优秀运动员的比赛能力。比赛水平的高低必须建立在训练水平和训练实力的基础上，高水平的运动员必须选择高水平、高质量的比赛，才能达到进行"以赛代练"的真正目的。

（5）"以赛代练"的项群分类

项群理论（田麦久，1984）把运动项目分为两类：一类是以体能为主导的项群；

另一类是以技能为主导的项群。但是，对于竞技体育的运动项目来说，无论是哪一类主导的项群，都不能割裂技术与体能能力的统一。根据我国"以赛代练"的成功经验项目，以体能类为主导的项目如我国 110 米栏选手刘翔，2005 年 6 月初，先是到美国参加了 2 次比赛，7 月又赴欧洲，9 天内连续比赛 3 场，前前后后一个月内的 5 次比赛中，除去旅途，不能不承认这一个月是完全的"以赛代练"。以技能类为主导的项目中如女子网球，2006 年李娜参加四大满贯、多哈亚运会和 13 周的一级赛事，每个赛事都是 2 周。每 3 至 4 个比赛周后有一个训练周期，这样全年大致会有 6 个大周期。

(6)"以赛代练"的运动负荷安排

运动负荷的控制是运动训练实践中的核心问题，运动负荷直接与运动员的训练水平有关。运动负荷分为训练负荷与比赛负荷（可称之为"以赛代练"）。根据竞技能力形成的规律，训练负荷和比赛负荷的大小问题是决定竞技能力与运动成绩高低的成因。因此，我们必须认识到运动负荷是"训练负荷与比赛负荷"共同构成的复合体，要在保证系统训练的基础上科学安排，特别是要从比赛实战出发，从专项发展需要，在训练细节、训练强度和训练质量上狠下功夫，才能保证训练负荷与比赛负荷的有机结合。

(三) 对训练分期理论的重新审视

1. 训练分期理论难以适应新赛制的需要

随着竞技体育向商业化和职业化的发展，赛制发生了巨大的变化，进入 20 世纪 90 年代以来，竞技体育商业化和职业化的发展不仅导致大部分项目的比赛数量大幅度增加，而且比赛的形式、规模也发生变化，各赛次与运动员的利益、资格和排名等都发生了关系。例如，从 2004 年 8 月 8 日雅典奥运会决赛开始，至 2005 年 8 月 13 日赫尔辛基世界田径锦标赛，刘翔共参加了 14 次国内外的大型比赛。由于马特维耶夫的训练分期理论强调准备期必须要有足够的时间且以突出负荷量来发展运动员的一般训练，以便为准备期后期的专项训练奠定基础的规定，在这种情况下，马特维耶夫的训练周期模式显然已不能适应目前高水平运动员的赛制变化。运动员在高水平训练阶段，依据生物适应的原理，他们对训练方法和负荷的"专项性"要求也在提高，只有那些接受刺激的组织和系统才可能产生相应的应激反应，只有刺激的强度超过现有的专项适应水平才能够打破原已形成的"平衡"，在高层次上建立新的"平衡"。显然，如果在高水平训练阶段仍然遵循马特维耶夫的训练分期理论，在占较长时间的准备期以低强度和一般的训练内容为主，则不可能使机体受到适宜的刺激，也不会获得良好的机能储备。另外，这种长期脱离专项的训练手段和负荷不仅不会有效地提高运动员的专项运动成绩，而且会使机体在形态、结构和功能上朝非专项的方向发展，导致专项能力的下降，因此，准备期时间安排过长，运动员难以获得持续的参赛能力和适应高密度的比赛。

2. 训练周期理论的理论基础受到质疑

训练分期理论的提出其本身就缺乏理论基础和实验的支持，马特维耶夫所用的资料缺少科学价值，只是从苏联国家队的游泳、举重和田径等几个项目中总结出来的原则和规律，缺乏普遍性的意义。另一方面，随着科学技术的不断发展，体育科研水平也相应地提高，这一理论缺乏生物科学基础的弊端也日益凸显出来。众所周知，一种训练模式必须建立在运动基础理论的基础上，足以从人体运动的生理、生化机制和运动力学特征等方面解释其自身的科学性。马特维耶夫在勾勒分期理论期间以及在该理论形成之后多年的应用过程中，只是从教育学和方法论的角度对竞技训练过程进行解释和归纳，而较少考虑机体在训练过程中产生的生理、生化反应，尤其是没有深入分析研究不同运动项目的周期特点（孔强，2007）。

3. 训练分期理论不利于高水平运动员的训练

马特维耶夫训练周期理论的两个主要支撑点是不同训练阶段"一般与专项训练的不同安排"和"负荷量与负荷强度的不同比例"，即在训练的不同时期，训练手段（一般与专项）和负荷（量与强度）不同。他认为，准备期以一般训练和负荷量增加为主，随着比赛期的临近，专项训练和负荷强度逐渐增加，到竞赛期达到并一直保持较高的水平。马特维耶夫以训练手段和负荷这两个对训练效果最具影响的因素为主线，建立了"训练周期"的框架并勾画出年周期中不同训练阶段的宏观走向，试图以训练手段和负荷为杠杆调节并控制运动员的竞技状态，使之在预定的时间内达到最佳水平。毋庸置疑，马特维耶夫的训练周期"模式"对运动训练这一受多种因素影响和制约的复杂过程作了高度的概括，使人们透过"年训练周期的划分"以及"不同训练阶段训练手段和负荷的不同安排的原则"，能够比较容易地捕捉到运动训练的脉络和规律，是训练理论的一大进步。但是，随着竞技体育的发展和体育科研水平的提高，人们逐渐发现该理论并不能覆盖整个训练过程，它忽视了不同训练水平运动员的生理、生化基础以及对训练方法和负荷的不同要求，缺乏对不同年龄、水平和条件的运动员的区别对待，尤其不利于高水平运动员专项训练水平的进一步提高。

（四）训练周期理论的前景展望

1. 依据赛事规律，设计不同项目和个体特点的周期训练

由于受苏联计划经济体制的深刻影响，马特维耶夫教授本人对市场经济体制下的职业竞技运动和商业性比赛始终持非认同的态度，认为这将干扰竞技运动不断创造最高运动成绩的目标方向，因此，多年来运动训练周期理论并没有向着满足商业性的职业竞技运动需要的方向发展，而只是在传统理论与方法框架内针对职业运动员全年参加大量比赛的现实提出了某些原则思路。这就成为在现代竞技运动领域中运动训练周期理论经常受到批评的主要原因之一（姚颂平，2010）。其实，有许多学者已经敏锐地意识到，由于赛事的增多，分期理论在指导训练实践中存在着问题。田麦久（2000）教授提出了微缩大周期的理论。认为现代运动竞赛制度的发展要求我们将两种大周期有机地结合起来，根据重要比赛的时间，安排好常规大周期与微缩大周期的组合。随着奥运会的改革和发展，各个奥运竞技项目都面临着持续发展的问题。而在经济加快发展的现实环境下，竞技项目市场化甚至职业化运作就成为可选择的重要发展途径之一。不管按照怎样的原则来确定运动员全年的比赛次数和比赛目标，但是面临的现实是全年中将要参加的比赛次数要比以往多得多。于是高水平运动员的训练实践就自然对原有安排运动训练过程的理论和方法原理提出疑问，同时对修正和继续完善理论和方法原理提出客观需求。马特维耶夫也曾对其进行了修改和补充，其中最为显著的是在 20 世纪 90 年代初期提出了训练的个体化问题，即在不同周期训练过程中应考虑到项目特点和运动员的具体情况（金健秋、刘强

等，2005）。

2. 分期理论仍然适用于青少年阶段的训练安排，但在高水平阶段的设计应在内容、负荷和手段上有所区别

近几年提出来的"以赛代练"的训练模式，就是依据赛制变化而提出来的新的训练模式，这些模式不论训练形式、手段、方法和内容如何变化，总是离不开训练的准备、竞赛和恢复三个阶段，而且竞技状态的变化也是不断地起伏，虽然目前对训练分期理论缺乏相关实验的数据作支撑，但是从哲学的角度，周期性的变化规律是世界存在的必然，那么运动训练的过程也不可能脱离周期性规律，以此推测，周期性依然存在，但是周期性存在的形式已经随着条件的变化在不断地发生着变化。众多学者现在讨论的重点都集中在高水平运动员竞赛这一阶段，而对于运动训练的过程来讲，还应该包括青少年的运动训练，那么从理论上分析来看就是我们断章取义，从一个方面来否定整个理论，这就不需要科学来验证这种否定的意义了。大量的实践证明，在青少年阶段部分项目不适宜进行专门化的专项训练，训练周期理论对指导青少年运动训练是可行的。

3. 综合学科的应用是训练周期理论创新的手段

针对当前运动训练实际应用领域的相关问题，具体问题具体分析的现象越来越多，单纯依靠训练学很难解决的问题，必须依靠众多学科的综合才能解决。也就是说，当前的运动训练已不单纯是训练学专家所能够解决的问题，而是众多学科的综合。这点已被大家所认同，但在实际操作时，往往孤立了各学科间的联系，很多研究重复进行，研究成果也不能共享，造成认识上的偏差和不统一。马特维耶夫其实是借鉴了医学方面的知识而建立起来的周期训练理论，只是当时的医学以及其他科学的发展水平不高，没有科学技术条件对运动员个体的生理、生化特征等进行分析。但是随着科学技术的快速发展，生命科学的日益成熟，科学技术为分期理论的创新发展提供了完备的技术支持。因此，运动训练学学者们应该充分利用现代科学技术，对运动训练行为进行多学科的分析，从而使分期理论产生新的突破。

二、板块理论的兴盛

(一) 板块训练理论提出的背景

从 20 世纪 80 年代开始，竞技体育逐渐走向职业化和商业化，各种各样的国际比赛层出不穷，一些高水平运动员为了个人利益或国际排名积分等的需要，不得不打破原有的分期训练计划，频繁参加一些商业性较强的大奖赛、公开赛和大师赛等赛事，从而导致比赛成绩起伏较大，很难保持良好的竞技状态。在这种情况下，原有的单周期或双周期训练安排无疑成为这些高水平运动员在一年之内多次取得良好运动成绩的绊脚石。也就在此时，苏联的运动训练改革浪潮愈演愈烈，当时有一种较为盛行的观点，认为分期训练的负荷过大，应将分期训练改进得更加有效。

于是，当时一些富有创新精神的教练和训练学者就开始尝试多周期训练模式。在多周期训练模式下，训练时间相对于原来的单、双周期有所缩短，每一种运动素质都得不到充分的发展，难以使运动员的整体竞技能力得到明显的提高。教练员们与训练学者为了解决这一现实而棘手的问题，认为与其让每种素质都得不到应有的提高，还不如在一个较小的周期内以发展 1~2 种对专项成绩起主导作用的竞技能力因子为主、以发展其他竞技能力因子为辅来安排运动训练过程。这种想法很快就被应用于训练实践，并在实践中不断得以改进，他们在实践过程中将这一较小的周期训练阶段称之为"训练板块"，但对"训练板块"在当时没有专门的解释，只是一个比较模糊的运动训练学概念。直到 1985 年维尔霍山斯基在对马特维耶夫的周期训练理论进行长期和深入研究的基础上，再结合上述优秀教练员的训练实践及他本人长期、大量的实验，发表了《训练过程的程序化和安排》的专著。他在此书首先正式提出"板块"这一训练学概念，书中的"块"是指"集中使用某单一方向负荷的阶段"，但并没有对板块训练进行系统的论述。直到 2005 年，维尔霍山斯基在题为《运动训练理论与方法学：高级运动员训练的板块系统》的文章中，比较完整地推出了自己创立的"板块系统"，并进行了阐述。

(二) 板块训练理论的核心思想

以色列学者弗拉基米尔·伊苏林明确指出，训练负荷的集中是板块训练理论最关键和最基本的原理，只有高度集中的训练负荷才能对高水平运动员产生有效的刺激，使他们的专项素质和技术能力得到更大的提高。因此，运动员多种素质高度指向性，使得训练负荷不能在同一时间进行，只能依次连续发展（图3-3-3）。因为在同一时间段内实施多指向性负荷，就会变成广泛的训练刺激，并削弱运动员原先所积累的专项体形变化。维尔霍山斯基同时还认为，当前产生新的训练手段的可能性逐渐下降，而训练负荷却已经接近极限。因此，控制训练方向是提高高水平运动员训练成效的唯一途径。围绕上述逻辑起点，板块训练理论认为，在总负荷不变的情况下，集中在3~4周的时间内，以"板块"训练的形式优先发展对专项成绩起主导作用且相对薄弱的竞技能力因子，使运动员在一段相对集中的时间内接受单一或两个比较大的训练刺激，通过这种集中负荷刺激的手段，来达到多次训练痕迹效应有效叠加的目的，并根据身体素质的生理、生化及医学指标的检测结果和比赛结果，确定训练的有效性及运动训练调控方案，最终实现专项成绩的突破。每一个中周期板块安排分别对训练过程发挥三种不同的作用：积累（运动员积累基本的运动素质和技术能力）、转换（运动员将他们的运动潜力转化为比赛专项能力）、实现（运动

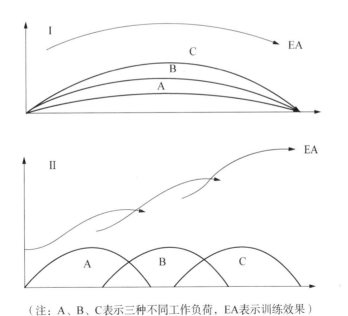

（注：A、B、C表示三种不同工作负荷，EA表示训练效果）

图3-3-3 传统分期训练理论与板块训练理论比较

员实现比赛准备工作并达到预期结果）。因此，运动员在每一个训练板块的末期都可以参加特定的比赛。积累板块和转换板块的持续时间不超过4周，实现板块的持续时间为2周，这三个板块被组合为以比赛结束为标志的一个独立训练阶段，一系列的训练阶段又构成了年度大周期。基于此，板块结构训练理论的核心思想可概括为：高水平运动员在相对集中3~4周的板块时间内，接受一两个比较大的训练刺激，并且在每个训练板块中通过对一些指标测试来检查训练效果（表3-3-1）。

表3-3-1 板块训练三个阶段的主要特点

	积累板块	转换板块	实现板块
训练内容	基础能力、有氧能力、肌肉力量、一般协调	专项能力、专项耐力、力量耐力、技术	综合准备、比赛模拟、最大速度、专项战术
训练负荷	高量，低强度	量减少，强度增大	低、中量，高强度
疲劳-恢复	促进机体形态适应的合理恢复	不可能增加足够的恢复时间，使疲劳积累	全面恢复，运动员应得到很好的休息
后续工作	基础能力水平监测	运动专项能力水平检测	最大速度、专项战术等的监测

（三）板块理论研究现状

维尔霍山斯基和伊苏林（2002）认为，训练周期理论主要有下面几个缺点：第一，多种不同的能力混合训练发生了较大的训练刺激；第二，运动员生理反应存在矛盾；第三，高强度训练的疲劳积累；第四，无法胜任多站比赛的要求。同时，伊苏林按照生物适应的基本原因以及水平较高、能力较强的运动员的训练特征和项目的特点，把训练阶段看作生物体不断适应的过程，把板块周期分成积累、转换和实现三个阶段。积累期指的是高强度训练模式，是为了后期更好地训练打下坚实的基础；转换期是指大训练强度，并且加上专项化训练，重点在于训练的质量上，疲劳积累增多；实现期需要降低训练强度，让运动员更好地恢复，结合前面两个板块训练后的情况，提高运动员参与比赛的质量。该理论与经典训练分期理论的中周期训练设计思路与训练目的在这方面不谋而合，让运动员在必要的时候展现出最好的竞技状态。然而，板块训练更加适用于当前多站式比赛的特征，可以让运动员多次持久地保持最好的竞技状态。

板块训练理论的出现也引起美国竞技训练界的注意，其中必须提到的是美国加州大学教授耶斯博士，他翻译了多部苏联学者的专著和论文，其中包括维尔霍山斯基、邦达丘科和伊苏林的专著。近年来，美国以橄榄球、棒球、冰球和篮球为主体的职业体育训练也吸纳了诸多来自该理论的训练思想和方法，这些以高强度对抗、高频率参赛和高伤病风险著称的项目对专项训练提出了更高的要求。

长期从事这类项目体能训练的尼克·温克尔曼认为，"在传统的分期训练中，运动员只需要在一年中的一两次比赛中发挥出最佳竞技能力，而现代竞技比赛却贯穿于全年，需要在全年中出现多个竞技状态高峰。于是，我们就需要新的模式来适应这种比赛安排，让运动员全年保持较高的竞技状态"。

近年来，世界竞技训练界也开始尝试对板块训练理论进行实验性研究。西班牙的格尔斯亚·帕尔拉瑞斯等人对10名优秀男子皮艇运动员进行了纵向训练研究，结果表明，尽管在传统周期训练理论训练时间长于板块训练理论训练的情况下，以两种训练模式进行训练的运动员在最大摄氧量和第二通气阈摄氧量指标上没有显著性差异，但在最大摄氧量的桨频、拉桨速度和功率等指标上，板块训练理论训练的选手明显优于传统分期训练理论训练的选手，因此，该研究认为，板块训练模式对高水平皮艇运动员竞技能力的提高明显优于传统训练周期模式。

挪威的罗内斯塔德等人也对传统周期训练理论和板块训练理论进行了系列研究，他们将高强度间歇训练作为"板块"插入训练，在相同平均训练时间、负荷、强度和不同强度分布的情况下，检验两种不同模式的训练效果。研究结果显示，无论是受过良好训练的自行车运动员还是优秀的越野滑雪运动员，在最大摄氧量、功率等指标上，板块训练理论训练的训练效果明显优于传统周期训练理论训练。

伊苏林（Issurin，2002）对板块训练的生物学基础进行了研究，认为板块训练理论训练是建立在激素调控、应激适应和超量恢复基础之上的新型训练模式。

崔东霞（2012）认为，板块训练负荷安排的"经典"在于集中在3～4周内有选择性地确定较少的素质和能力训练，使高水平运动员在相对集中的时间内，接受单一或两个比较大的训练刺激。新一届中国女排正是运用板块理论核心思想指导年度和奥运周期的训练。

(四) 对板块理论的反思

1. 训练周期理论与板块训练理论的对比分析

(1) 训练周期理论与板块训练理论的相同点

在理论的整体结构方面：训练周期理论展示了运动项目一般训练方法的过程和阶段划分，具体包括层级分类法和训练周期术语、一般与专项训练准备的界定、训练量与强度的变化以及短期、中期和长期计划的基本训练方法。板块训练理论指出了在训练时一些更加具体系统的深入训练方法，是对训练分期理论的传承和发展。但是作者发现，在这些理论的构建过程中，都是根据一个时期运动训练出现的问题而加以归纳和演绎出来的，这往往会忽略训练发展的变化和比赛的激烈性所要求的运动员多方面的能力。同时随着竞技体育的发展，对训练周期理论或板块训练理论也许还会有新的认识。

在训练的周期方面，无论是训练周期理论还是板块训练理论，它们的目的都是围绕培养运动员的竞技状态（即竞技状态的形成、保持、消退）展开论述。训练周期理论将训练阶段划分为准备期、比赛期和过渡期，而板块训练理论周期则分为积累、转换和实现。两种理论都利用了身体负荷后对人体的痕迹效应，训练周期理论中有三种训练效应，即即刻效应、延续效应、叠加效应，板块训练周期则强调了不同素质训练后在运动员体内的痕迹效应不一样，板块周期中的痕迹效应类似于训练周期理论中的延续效应，其并非板块周期的新发明和科学原理新突破，而是对延续效应的深入、拓展和突出。

(2) 训练分期理论与板块训练理论的不同点

在理论基础上，训练周期理论是马特维耶夫在总结苏联的游泳、举重、田径径赛等项目的训练经验后提出的，缺乏具体的实验支撑。李庆（2004）认为，训练分期理论中运动员竞技状态的产生和专项成绩提高的主要理论支柱是"超量恢复"的理论。该理论学说认为，机体在负荷的刺激下其能量储备、物质代谢以及神经调节系统的机能水平暂时出现下降（疲劳），在负荷后这些机能能力不仅可以恢复到负荷前的初始水平，而且能够在短期内超过初始水平，达到超量恢复的效果，如果在超量恢复阶段适时给予新的负荷刺激，"负荷—疲劳—恢复—超量恢复"的过程则可以不断地在高的水平层次上周而复始地进行，由此使机体的能力得到持续的提高。但关于超量恢复学说，自20世纪80年代以来就受到很多学者的质疑，主要集中在理论缺乏大量科学试验数据的支撑，单一肌糖原的数据不足以代表整体，超量恢复学说强调了机能能力在负荷刺激下的提高，而忽视了机能能力的保持和在不良刺激下的下降，未强调不同运动员个体和不同机能能力对负荷的不同"适应"，未突出个体差异性。多赛制的比赛随着竞技体育的职业化和商业化发展将会越来越多，职业运动员将会越来越多地采用以中周期或者小周期形式进行训练和不断地参赛，训练周期理论中运动员多种能力同步发展、比赛期的高强度训练、不同水平运动员的相同刺激等相关观点的正确性都有待进一步探讨。

　　板块训练理论是以生物适应理论为基础的。1980年维禄把病理学中的应激和适应理论成功地运用到体育训练中，把训练负荷看成机体的应激源，在机体中枢神经系统的支配和调控下不断协调各种器官和机能，使机体出现相应的适应。但是外界的刺激必须在机体能够承受的范围内，过高或过低都会导致适应的不理想甚至危害。适应理论认为，机体适应的形成不仅取决于刺激，而且受中枢神经的协调和支配；适应受到上代遗传和人体生理极限的限制，良性的适应需要合理的刺激，而不是越大越好；既强调机体总体的适应，又承认局部器官和系统形成适应的时间不同。德国的生理学家马德尔的"机能储备模型"和诺依曼的"改变-适应的时间动态"理论是生物适应理论的最好佐证。板块训练理论借鉴了生物适应理论的成果，结合高水平运动员的专项特征，集中在3～4周内采用高度集中的训练负荷聚集在少数的运动能力的训练上。相对于训练周期理论中的多种能力同步发展而言，集中负荷效应对高水平运动员而言会留下更好的痕迹效用，机体产生良好的适应，从而达到更多更好的竞技状态，也更加有利于训练的监控，实现训练的科学化。

　　在训练对象与方法上，训练分期理论是马特维耶夫在总结部分体能类项目的计划的基础上，从教育学和方法学的角度对训练过程的经验进行总结，由于当时科研条件的限制，该理论没有具体科学试验的支撑，因此，严格意义上来说它只是一种经验的总结，并不是一种科学的理论。但训练分期理论却给我们带来了很多具有重大意义的启发，如训练过程的划分、不同阶段训练负荷和手段的不同等都是运动训练理论的重大突破。值得一提的是，训练分期理论对我们的中、低水平运动员，特别是对青少年运动员的训练仍然具有很好的指导作用，因为协调、灵敏、反应、力量、速度等一般的全面运动能力的发展，是以后达到高水平阶段的基础。训练周期理论旨在同时发展多种能力的综合性训练，训练手段和方法更加多样化、更具吸引力。高水平运动员需要高度集中负荷的刺激，这样才能形成有效的适应，有效地提高他们的成绩。板块训练理论强调少数专项能力的依次序列集中发展，要求训练运动量与运动强度的选择更加科学、精确，在训练方法和手段的选择上会更加倾向于专项化，更加单一和枯燥。因此，板块训练理论只适合于高水平运动员。

在运动训练内容上，依据训练分期理论划分全年训练周期，可分为准备期、比赛期、恢复期。主要是为了通过训练结构，科学合理地为运动员安排一年的训练计划，让运动员的竞技状态有规律地发展，从而在重要比赛中保持稳定状态，获得令人满意的成绩。训练内容上主要是针对运动员基本能力、有氧耐力、肌肉力量等多方面、多素质、多水平的非针对性的一般性训练，在准备期、比赛期、恢复期仍然进行多项运动能力素质的训练安排，总体上实现了运动员的全面发展。传统周期理论在训练内容安排上更适用于大多数运动员的均衡发展和全面、协调、有规律的训练，但从生理学的角度讲，运动员若长期被给予非针对性的一般训练安排，机体的生理负荷就难以达到或接近专项能力适应水平，长期下去必然导致运动员竞技状态的下降、运动成绩的下滑。

板块训练理论越来越多地应用于那些在赛季任何时间或整个赛季都要具备高水平竞技状态的运动项目。板块训练理论分为积累板块、转换板块、实现板块。训练内容上从积累板块的耐力、速度等基础性运动能力到转换板块的专项耐力力量和实现板块的专项技战术的安排，训练负荷由低到高，不断加大，突出对专项技术、专项能力尤其是对该运动项目运动成绩高低起着关键性作用的某项能力素质的训练安排，使得高水平运动员能够在相对集中3～4周的板块时间内，接受一两个比较大的训练刺激，促进高水平运动员的专项能力素质最大限度地提升与进步，使得运动员可以更好地进行多站式比赛。

在运动能力的发展上，运动能力的发展模式是训练周期理论与板块训练理论的一个主要区别点，经典理论采用的是多种能力同步发展模式，而板块训练理论则强调选择尽可能少的关键能力进行依次训练的模式。二者的区别并不简单地在于数量

（多与少）和时间（同步与依次），而在于训练理念和方法的不同。对高水平运动员来说，多年的训练已经将其训练负荷推到很高的水平，此时如果想再进一步提高运动成绩，就必须面对增加负荷与运动损伤和过度训练风险之间的矛盾。因此，板块训练理论的创建者们将传统的多种能力齐头并进的训练改为少数能力的依次训练，以这样的方式在不提高甚至是降低总体训练负荷的情况下，仍然可以增加少数关键能力训练的局部负荷。同时，少数能力的依次训练不仅可以避免多种能力同时训练所产生的能力不兼容问题，还能够充分利用前一种能力的痕迹效应促进后一种能力的训练，产生叠加式训练效果。

在负荷特点上，传统周期理论赋予了准备期、比赛期和恢复期具体的训练内容，建立了"不同训练时期负荷量与强度的不同比例关系"和"不同训练时期一般身体训练与专项训练的不同安排"两个贯穿整个训练过程的"杠杆"性负荷原则，推动了长期训练的计划性和系统性发展。板块分期理论却认为，这种训练模式对于高水平运动员来说已经失去了作用，高水平运动员的负荷适应水平已经达到很高的水平，那些一般的、均匀的、分散的训练负荷很难引起他们机体的反应。因此，他们将训练效应作为评价训练质量的唯一标准，提出了一种以提高运动员专项能力为主要目标的高度集中的训练负荷模式，以期在这种"冲击式"负荷的刺激下突破高水平运动员已经形成的竞技稳态，在更高的水平上建立新的平衡。

三、整合分期理论的兴起

加拿大约克大学国际著名训练理论专家图德·邦帕（2009）在其著作《周期——运动训练理论与方法》中首次提出了整合分期理论（Integrated Training Periodization Model，ITPM）。但是，他只是提出了"整合分期"的概念，并未对"整合分期"作专门论述，所以，其观点并没有立即引起国际训练理论界的关注。直到 2018 年西班牙著名运动生理学家兼教练伊尼戈·穆继卡在《国际运动生理与运动表现学刊》上发表文章，首次系统论证了整合分期理论。这一研究强化了整合分期的概念并展开研究，迅速引起了国际运动训练科学界的极大关注，引发了国际运动训练专家学者的思考和讨论，但国内仍未有这方面的介绍。2018 年 11 月，图德·邦帕教授应邀访华讲学。在讲学和讨论中，图德·邦帕反复提及应该进一步拓展经典分期理论和板块分期理论，也谈到运动训练中的营养、心理和技术均存在分期设计的问题，必须重点关注。

(一) 整合分期模式的基本要义

现代分期理论先驱图德·邦帕等在第6版《分期——运动训练理论与方法》中对"整合分期"的定义是：运动员不仅仅需要技能、体能和战术训练，同时还需要在周期中整合心理训练和营养计划，将所有训练要素纳入一个综合性年度训练计划构建分期模式，称为整合分期（Bompa et al.，2017）。

西班牙学者穆继卡将"整合分期"定义为：将所有训练要素整合为一个整体，并根据生物运动能力训练的周期进行匹配，从而决定最适合给定训练阶段（周期）的膳食营养和心理策略。因此，为了优化运动员不同周期内的训练质量和运动表现，整合分期的内容包括训练分期、恢复分期、饮食分期、心理机能分期、技术分期等多个分期因素（Mujika et al.，2018）。

邦帕、布卢门施泰因等（2019）在整合分期著作中将"整合分期"定义为：考虑到运动员竞技复杂性需求而提出整合分期方法，将生物动作能力训练与负荷安排组成的训练方法、营养计划、不同心理策略综合起来并分期计划实施和完善（Bompa et al.，2019）。

综合国外学者的论述，笔者将"整合分期"定义为：根据应激理论原理和体系工程方法，将原本零散而明显割裂的诸要素（如生物动作能力、训练负荷、运动心理、运动营养等），通过数字化交叉、渗透、融合，形成更加动态、开放、自适应的一体化分期模式。其精髓是去单个要素最优化，重视各要素的平衡过程，以"涌现"新特性。

整合分期模式是对原有分期理论时间维度的空间立体化拓展，跨越了分期多少、长短的时间过程单向维度，更为注重当前分期阶段上的空间结构与功能维度的要素调节。其理论范式的"硬核"较之熟知的经典分期理论和板块分期理论发生了明显改变。

根据对整合分期定义的研究，整合分期模式应包含以下四个核心要义。

(1) 训练过程的时间维度的分期是前提。整合分期依据运动员自身状况和训练任务、目标安排，具有明显的阶段化、专项化、个体化特点。这一点基本继承了经典分期理论的内核,其核心本质与经典分期理论接近。

(2)训练绩效的空间维度体系化管理是根本。整合分期理论的核心内容由"一体两翼"组成:"一体"指由生物动作能力训练与训练负荷安排有机组合而成的训练方法,"两翼"指与训练方法同时展开的运动营养和运动心理等要素的权衡与匹配。"体、翼"调和,平衡发展是组织运动训练的依据。

(3)前馈性调控是整合分期的重要指导原则。整合分期强调运动员训练参赛系统长期的过程规划,以完成前期必要的经验积累,使其在训练参赛实战中具备一定心理认知的可预见性、可控性,以及"赛练未至,营养先行"的主动积极适应与恢复防控方式。

(4)基于现代数据科学的训练负荷、生物动作能力、运动心理和营养参数的数字化信息整合,是整合分期得以实现的关键。信息技术快速发展,如不同于传统算法的机器学习等算法已成为迄今为止应对复杂性问题的密钥。这使应用"管理"维度上的多元、多重运动训练影响因素来制定个性化训练指导方案得以实现。

(二)整合分期理论的方法示例

现代运动训练体系由来已久,甚至在古希腊奥运会期间就已经提出了相对完备的运动训练方法论体系(胡海旭等,2013),借助自然科学进展探索、解释运动训练规律的范式,是现代奥运会复兴以来运动训练科学的主要贡献。运动训练分期理论不断借鉴系统论、应激理论等元理论而发展完善,已形成动作能力与训练负荷等身体训练所需的、较完备的分期理论体系。同时,应用心理学、营养学等学科指导运动训练实践、提升运动表现的科学发现也取得了长足进展且自成体系。由此,为解决日益复杂的运动训练问题,整合学科或知识的思路呼之而出。西班牙运动科学家、减量训练主要贡献者穆继卡和罗马尼亚籍、现代分期理论权威人物邦帕及其同事先后于2018年、2019年提出整合分期模式与方法(Bompa et al.,2019;Mujika et al.,2018)。研究发现,虽然来自实践总结的整合分期理论尚在归纳总结中,难以达成广泛共识,比如穆继卡提出"运动训练、恢复、营养、心理技能、动作技能获得,以及热反应、高原适应、体成分、物理治疗"的整合分期计划和综合管理(表3-3-2、表3-3-3),但是他们卓有见识地提出整合分期模式与方法,在一定程度上预示着分期理论发展的未来动向。

表3-3-2 穆继卡提出的个人项目整合分期计划示例

	一般准备	专项准备	减量	比赛	过渡/休赛/伤病
训练方法	高训练量/低至中等训练强度/低专项化和综合训练方式（如抗阻、核心、稳定性、交叉训练）	中至高训练量/高强度（如比赛节奏）	低训练量/高训练强度/高专项化	参加单日或多日比赛活动	休息（恢复与再生）/可能包括一些养护训练（如减少训练、交叉训练、教育）
恢复	适当恢复促进最大训练适应和一般训练准备目标/可能涉及阻止恢复以最大限度地适应	主要训练课后专项的恢复支持，尤其是需要高技能水平和高质量训练课/恢复要应用于减轻准备核心训练课时的疲劳、酸痛	恢复以缓解因减量训练产生的疲劳/可能有助于缩短减量训练效果所需的时间/增加恢复，以在此期间维持高强度训练	提供恢复支持，以最大限度地减少疲劳并最大化竞技表现/支持管理旅行时间减少时差带来的疲劳	体力、心智恢复（包括损伤恢复）/预防的物理治疗
营养	定期的能量和常量营养素摄入至依身体成分需提高训练负荷/训练课程和课程之间恢复的一般支持，包括课间营养素摄入的时机/如果需要，定期进行有针对性的低碳水化合物摄入调节来刺激有氧适应	改变能量和营养摄入量以适应训练重点的变化/重要课程或专项训练（如铁，高原训练所需的能量物质）的具体支持、恢复/进一步优化体成分为减量训练和竞赛阶段作准备/特定比赛营养和补充策略试验	通过调整能量摄入支持高强度训练，以避免与减少能量消耗相关不必要的体重增加/在竞赛阶段持续监测最佳身体成分	支持比赛包括多个比赛之间的恢复（在一个训练课和/或多个比赛日轮次）/营养和补充实践解决赛事的生理需求/旅行营养补给	营养建议类与多动或久坐的个体类似/预期或期望的一些轻微的体重增加/不再需要益生元补充剂/若合适，用于运动损伤管理、康复的补充营养
心理	动机（疼痛和疲劳管理以及自我意识）、练习（图像、放松和激活技术的目标设定）	动觉意识和控制，提高自我效能和情绪管理/使用视频，改进日志和工作节奏	最佳唤醒、高效聚焦、认知和情绪自我管理/参赛程序、注意力集中和放松、激励方式	信任、灵活和自信/制订竞争计划，认知重组工具和容忍分歧/培养正念	有效的评估和自我康复、恢复/自我认同发展/新的目标设定

续　表

	一般准备	专项准备	减量	比赛	过渡/休赛/伤病
技术	大运动量和高功能可变性的重复技能训练/技能结果表现可能更不一致/持续巩固提高技术，但要在优化运动员挑战性技术上反复打磨	提高实践的特异性，在竞争性表现环境中更好地表现技能/超负荷训练关键技能，以提高适应性和适应力	通过继续练习，记住可逆性，但减少超载条件/可采用变化不多的练习条件来增强运动者的自信心（如果必需）	活动可以是1天或几天，保持对抗竞争性回合之间的练习重复，重点是使技能可以适应未来的对手或竞赛环境	无操作

表3-3-3　穆继卡提出的团体项目整合分期计划示例

	一般准备	专项准备	减量	比赛	过渡/休赛/伤病
训练方法	有氧训练/抗组训练/团队的活动基础的个体训练课支持/可能包括专项训练（如高原或热适应）	实战模拟比赛/专项性技战术训练	每周1次或2次比赛安排/从比赛中恢复/比赛之间的专项训练，以保持健康和关键比赛的高峰/为比赛作准备	主要竞赛/与常规赛阶段相同，主要是健康状态/运动表现达到峰值	个体养护与维持训练/矫正手术或损伤康复
恢复	可能包括抑制恢复来优化训练适应/在抗阻训练后可以主动避免冷水浸泡	增加训练课之间的恢复，为专项训练作准备/季前赛比赛后恢复（例如，主动恢复、冷水浸泡对比水疗、按摩、压缩服装）	赛后、赛间的恢复（与专项准备、赛前阶段一样）/赛间、赛事间恢复（与专项准备、赛前阶段一样）	赛后、训练后恢复（与专项准备、赛前阶段一样）	心理康复/增加积极情绪状态
营养	适当的能量和微量营养素摄入量，以支持身体成分目标，包括增加瘦体重和减少体内多余脂肪/对训练课之间	延续准备阶段的营养目标/比赛营养和补充策略试验	赛前、赛间的营养和表现补充剂策略，以满足每个球员的位置或比赛风格的具体需求/赛后恢复/在一般准备和预	主要竞赛/与常规赛阶段一样/考虑温暖、炎热等天气因素	最大限度地减少身体成分的负面变化/如果合适的话，对伤病管理、康复进行主动营养

续　表

	一般准备	专项准备	减量	比赛	过渡/休赛/伤病
	的训练和恢复的一般支持,包括围绕训练课的摄入时间策略/有针对性地使用低碳水化合物供应的训练潜力,以加强对有氧训练适应性/在炎热天气训练期间注重水合作用			比赛阶段实现的身体成分的维持/外出比赛的旅行营养	
心理	动机（疼痛和疲劳管理,以及自我意识）/练习（图像、放松、激活技术的目标设定）/个人参与,团队沟通	动觉意识和控制,提高自我效能、情绪管理、学习风格意识/使用视频,改进日志/促进球员之间的联系,小组讨论	最佳唤醒、有效焦点、认知和情绪自我管理、竞赛方案,注意焦点和放松、激励提示/促进统一性、团结性,小组倡议、协作,活动	信任、灵活和自信/竞争计划,认知重组工具,模糊容忍度和团队信心/正念,人际信任/增强团队决策能力,创造性地利用人才	有效地评估和自我保健、恢复/自我认同发展/新的目标设定
技术	大量和功能变化大的技能重复训练/技能结果表现可能不一致/大量少结构性游戏性比赛	在竞争性表现场景中增加练习和游戏性比赛（专门战术概念练习）的特异性/通过战术学习提高认知参与度	比赛的专项战术和技术准备（包括自己的球队规则和引入对手的比赛风格的意识）/场外、球场外准备更为普遍（如视频预览和审查）	主要比赛/与常规赛阶段相同	无操作

上述两个整合分期方法范例是基于现有文献的零散研究归纳而成的,较为清楚地呈现了整合分期模式的基本架构。其中,穆继卡从个人项目和集体项目的不同需求制订出整合分期方法,但是,其制订方法都处于实践经验总结的初级阶段,用以科学指导整合分期模式的可操作性理论与方法尚不明确。

(三) 经典训练分期、板块分期与整合分期的特征比较

1964 年马特维耶夫在其著作《运动训练分期问题》中提出"运动训练分期理论"。1977 年其经典著作《运动训练原理》正式确立了马氏传统运动训练分期理论的科学地位和国际影响力。"板块分期"模式作为批驳马氏经典分期理论的不足而得名,尤其在国内广为人知。板块分期源自苏联运动学家维尔霍山斯基(Verhoshansky)于 20 世纪 80 年提出的"板块训练系统",并经过以色列运动训练理论学者伊苏林发展完善后于 2008 年前后正式提出并出版专著而闻名,2011 年翻译成中文专著《板块周期——运动训练新突破》。2018~2019 年,穆继卡和邦帕相继推出"整合分期"研究论文和专著。为了更利于"运动训练分期理论"在国内的科学传播、发展乃至创新,现分别从分期理论的元理论、理论、方法、实践等层面予以解析,对比经典分期理论、板块分期、整合分期三者特征(表 3-3-4)。

表 3-3-4 运动训练经典分期理论、板块分期、整合分期的特征比较

类别	经典分期理论	板块分期	整合分期
文献	马特维耶夫,1964	维尔霍山斯基,1980;伊苏林,2008	穆继卡,2018;邦帕等,2019
系统论基础	一般系统	简单控制系统	复杂适应系统、体系[a]
应激理论基础	反应模型为主	刺激模型为主	刺激、过程、反应的全过程模型于一体
应激源	训练方法[b]	训练方法	训练方法、心理、膳食营养
分期特点	1~3 个高峰、突出大周期,然后逐层嵌套(奥运周期、年度周期、中周期、小周期)	多个高峰、突出小周期(2~3 周的板块期,6~10 周的板块训练阶段)	兼有,根据训练目标、成绩目标灵活划分
能力发展	多种动作能力混合发展	1~2 个动作能力集中发展	依据客观训练目标和发展能力的可预测性和可控性来灵活设计
负荷特点	训练强度递增的同时训练量递减的全面训练刺激	大强度集中负荷训练刺激	依据训练目标、训练营养心理的平衡发展需要、恢复适应速度等来灵活设计负荷强度与量度

续 表

类别	经典分期理论	板块分期	整合分期
训练适应	长期训练适应最优化；反馈性恢复与适应；根据训练反应采取的心理、营养等策略促进恢复与适应	短期训练适应最优化；反馈性恢复与适应；根据训练刺激与反应采取的心理营养等策略被动促进恢复与适应	基于心理营养训练各系统平衡、调和发展基础上，兼顾短、长期恢复与适应；前馈性恢复与适应；全程性主动促进恢复与适应、促进自组织与自适应心理方面强调基于已有经验的训练可预测性和可控性；营养方面突出训练前的营养策略，即"eat to train"等
应用对象	一般水平运动员、速度型与爆发性高水平运动员（如短距离、跳跃、投掷）（Bompa et al., 2009）	高水平运动员（陈小平，2016）	所有运动员

（注：a. 体系指系统的系统（sytem of systems，SoS）；b. 训练方法指力量、爆发功率、速度、耐力、灵敏等生物动作能力（biomotorablities）与训练量、强度、密度、难度等）

（四）整合分期模式对我国运动训练实践的启示

训练分期理论是目前运动训练，尤其是周期性体能类项目长期训练计划安排的主要依据，其作用不仅体现在训练各阶段目标任务明确和训练负荷把控上，还是对运动训练实施有效控制和提高训练效益的主要模式。长期以来，我国绝大多数教练员学习了苏联的训练理论，接受并采用经典分期理论指导训练实践。在这一理论指导下，我国优秀运动员在国内外大赛中创造了优异成绩。因此，经典分期理论在我国运动训练学界具有重要意义。进入21世纪，板块分期模式的引入丰富和完善了我国高水平教练员训练计划设计的思路，对高水平运动员竞技能力的提升发挥了重要作用。但由于板块分期模式主要是针对运动员个案研究提出的，并且被认为仅是对训练方法主导的经典分期理论的一个补充，其科学性、普适性都不够而未能成为训练模式变革的主导思维。事实上，多年来我国运动训练科学与训练方法都习惯对各个领域分科研究和指导训练实践，如运动生理学、运动心理学和运动营养学等学科的理论研究与应用。

整合分期模式得益于经典分期理论和板块分期模式为代表的"训练方法"分期的理论逻辑与思想启迪,通过汲取训练分期理论元理论最新成果、信息时代创新科技等新思维所提出的一个理论模式,以拓展原有训练分期理论在运动训练实践应用中应对复杂问题的求解思路与方法。研究认为,整合分期理论对我国运动训练实践的启示有以下几个方面。

1. 运动训练各要素之间密切关联不容分割

运动员的成长极为复杂,全年的任何时段都需要科学、专业和精准、个性化的攻关服务,个性化和科学化不仅需要运动训练学家关注具体训练目标来设计和划分训练周期,更要求训练各要素的有机组合和平衡调和,而非孤立推测。

原训练分期是以年度训练为基础的计划,按照时间段具体划分为不同训练阶段。分期的本质是将年度划分为更小、更便于管理的训练阶段,管理的核心是波动变易不同阶段的训练方法和训练负荷。这导致在训练实践中,常常将训练分期理论与训练负荷模式混淆。具体而言,分期理论是严格建立在阶段基础上的训练,每一个训练阶段或周期并不能被线性或波动解释。由此研究认为,不存在线性或波动变易负荷的分期本质,分期是根据运动项目差异和每年竞赛目标而设计的一系列训练周期或阶段的串联。

基于此,本书将关注的焦点定位在每一个具体的周期或阶段,在某一阶段上除了需要根据运动员的准备状态和阶段任务优选训练方法,运动员还需要极具针对性的运动营养计划和心理指导策略与之平衡配套。整合分期模式强调同等重视训练方法、营养和心理等才能高效促成运动训练质量和运动成绩增长。因此,在备战过程中,必须充分认识到运动训练各要素普遍联系不可分割的关系,以此设计和安排训练计划,实施科学训练。

2. 应高度重视运动训练适应全过程控制

运动训练是一个典型的应激过程,从"应激理论"演化中,也很容易发现认识运动训练规律的类似进程。运动训练分期理论是揭示运动训练规律的一个集大成者,与应激理论息息相关。起初,将训练负荷"刺激"作为主要研究对象,寻找"刺激与反应"之间的对应关系，研究训练负荷的内容类型及其量度、强度、密度、复杂度等来优化运动训练质量，提升运动表现（Jaspers et al.，2017），从聚焦"刺激"的体能训练在运动训练中的地位可见一斑，体能训练主要是以生物动作能力（力量为核心，以及速度、耐力等）及其负荷（量、强度等）关系设计为代表的一个集成体系。随着认识到运动负荷刺激与反应关系的错综复杂性，开始将焦点转移到应激过程的末端"反应或响应"，Selye"应激理论"的全身适应综合征（GAS）是非特异性（一般规律），将中心后移至"提高机体适应，防止衰竭"而有效避开了训练负荷刺激的复杂性问题，如何提高运动员机体在于运动负荷刺激的"恢复与适应"成为焦点，运动心理、运动营养、运动医学与康复等恢复与适应方法手段层出不穷，但大多是基于运动员机体的生物学反馈特征开展的"事后"调节干预。

"事后"调节的代价在于"治已病"，"事前"可预测性调控在于"治未病"，其付出的代价也有明显区别。由此，提出刺激与反应之间的应激过程控制，是对已有应激理论的一个重要补充完善。应激理论的中间过程调控对于运动训练观念转变和方法手段的运用可谓超出预期。一方面，突出了运动训练与竞赛相关属性，"应激源"的经历经验与基因组一样影响运动训练质量和运动表现，前者是心理意识与脑调控的作用，属于后天因素，后者是身体运动功能的作用，属于先天因素；另一方面，"事前"防控好于事后弥补，现代运动营养观念"吃以促训（eat to train）"即如此，是对传统"练而吃补（train to eat）"观念的补充与升华（Seebohar，2011）。由此，应激"前、中、后"三个阶段是一个互相弥补、不容割裂的应激反应全过程，对于运动训练而言，每一个阶段既自成系统又集成"体系"，平衡、调和配置理应是应对复杂运动训练实践的必由之路。整合分期模式正是该过程的一个积极尝试。

3. 运动训练适应的个性化调控不可或缺

整合分期模式在运动训练过程整体中把握不同周期（阶段）、学科与要素之间的动态变化，共同关注运动训练的整体优化及其与局部适应之间的时空关联机制，由此形成特定运动训练周期的科学解释视角与优化策略。整合的全程性和多元化特性只有在个性化的基础上才能指导训练实践。

就空间维度而言，同样的训练内容，一个运动员与另一个运动员个体适应的响应可能不同，特定训练内容的适应性响应是个性化的，受到基因遗传、环境、生活方式、心理因素、训练历史，以及负载的训练应激参数等的影响。以环境改变与内分泌变化为例，环境的重要改变起初会引起皮质醇、儿茶酚胺、生长激素和催乳素等内分泌的增加，睾酮素的下降。但它们对应激刺激的重复有相当快速的适应性，特别是对于皮质醇反应（Compas，2010；Rose，1980）。内分泌反应的性质和时间随着应激源的进一步"经验积累"而改变，因此主要反应发生在"预期阶段"，而不是事件发生后的时期。另外，心率和肾上腺素分泌虽然在习惯于特定应激源的个体中，但每次新的应激遭遇都会重新增加。这些都表明，生理反应中存在多种不同的元素，它们以不同的方式起作用。生物体对潜在应激事件的反应存在非常明显的个体差异（Rose，1980；Rutter，1981），内分泌反应的这些差异与如何看待事件的变化以及如何在情绪上对事件做出反应的程度有关。邦帕和哈弗在分期理论著作中提出用睾酮素/皮质醇（T∶C）比值来反映运动员的准备状态，预测运动成绩水平，有其实践参考价值，但也需具体分析。据此研究认为，营造教练员、科研人员、管理人员与运动员的良好心理情绪氛围尤为重要，应充分调动运动员参与训练的主观能动性，减轻预期心理压力。

就时间维度而言，同样的训练内容在运动员个体的不同成长时期是不同的，如顶级运动员或高水平运动员的训练分期要与青少年训练分期相区分，并且相同时期不同时间施加于同一个体的训练应激也会带来不同的训练反应。比如，营养是高度个性化的，它与医疗史、家庭史、健康水平以及体重目标、成绩相关目标都有关系，需要综合考虑，进行个性化设计（Seebohar，2011）。根据训练之前的基因、经验、能力等，从生物学、心理学、社会支持等个性化设计训练，从"应激源到应激的前、中、后"全过程来促进运动训练恢复与适应，进而更好地提高运动表现。此外，从个体生存与健康的观点来看，应变稳态相关调节的重要特点是对短期具有保护效用，长期而言，如果有许多不利的生活事件或激素分泌失调，持续的应变稳态所导致的应变稳态超负荷就具有损害机体的后果。因此，不能做到个性化实施训练计划，个体即便产生短期适应也并不代表就能长期适应。个性化训练设计是兼顾短期训练反应与长期训练适应的一个先决条件。

4. 运动训练复合型团队结构优化刻不容缓

房子的质量不仅取决于建筑师或建筑计划，还取决于砖的质量和瓦工的技术等，因此，打造运动训练复合型团队的必要性不言而喻。在竞技体育的舞台上，任何明星教练要想取得成功，特别是要想取得持续的成功，将越来越依托于他背后的强大团队。当今的运动训练正在从"专项技战术教练员'个体'包打天下、统管一切训练要素和训练过程"的传统训练方式，向"专项化、个性化、精细化、数字化、可视化、集约化训练所需求的教练员'团队'分工统筹、流水线作业"等一系列产业化工业模式转变。

在传统训练方式中，教练员个体受教育、认知、经历、能力和精力等因素的限制，无法满足当代运动训练的多元化需求，因此，必须有分工明确、缺一不可的专业化教练团队的支持。整合分期模式认为，运动训练方法专家（运动生物学和训练学相关专家）、运动心理学专家、运动营养学专家和数据分析专家是打造运动训练复合型团队的标准配置。更为关键的是，专家们围绕同一个训练参赛重大问题来精心设计、精密部署而形成的多元异构变量之间的平衡调和控制模式共识，基于整合分期模式进行复合型训练团队结构优化升级是形成这一共识的必由之路，在权衡与平衡的整合集成前提下，努力打造成智识多元、协同作战的训练智囊团。

5. 运动训练模式数字化革新已成必然

伴随信息时代新观念、新技术的发展，无处不在的普及计算已经被各行各业所认同、推动。毫无例外，当代运动训练的主要矛盾已经转化为"产业化工业化系统训练模式"与个体运动员的"个性化信息化数字训练需求"之间的矛盾，即训练模式是个系统工程，训练需求须因人而异，是点对点和数字化的精准调控而不再是经验主观调整。很难再仅凭主观经验的定性判断收获高效的运动训练调控方式，而是得益于运动训练中无时无刻不在生成的海量数据和日新月异的信息技术更迭，为基于数字化开展科学、智能、精准的运动训练提供了先决条件。加之整合分期模式将数字化视野聚焦到一个合理的理论框架之内，且为算法选择和优化提供了理论参考，这些都为又快又好地搭建运动训练大数据库、实现数字化训练提供了科学指南。

阻碍运动员专项运动表现提高的瓶颈，从表面上看是运动员专项技战术的问题，但从本质上看，是支持运动员专项技战术所需的身体条件、身体结构、身体成分、身体素质等一系列身体能力的问题。没有身体能力的保障，再先进的技战术也会在实战中打折扣。若要彻底解决身体能力问题，根本办法在于体能训练的有效化和物理治疗的精准化。然而，体能训练和物理治疗的机理源自训练方法、运动心理、运动营养的体系化集成和适应性优化，类似这些多元、多层不同属性纷繁混杂的信息，尤为需要借助于数字化和算法化来进行挖掘与解码。

第四节　运动训练水平监控研究

运动训练水平监控是依据运动训练的客观规律，借助相关学科的理论与方法，通过对运动训练过程科学、系统的测量、评价与调整，实现对运动训练过程的最佳化控制，从而提高运动训练的科学化水平。在运动训练过程中，运动员经常会出现训练不足和过度训练的情况，训练不足会造成体能缺失，技战术稳定性不高，心理状态失衡；而过度训练会引起过度疲劳、损伤、疾病、神经驱动力丧失、过度敏感与兴奋。训练不足和过度训练都不能使我们取得最佳的训练效果，也不能获取最好的运动成绩。而运动训练水平监控的介入，可以使整个运动训练过程的计划与实施更具针对性和有效性，提高运动训练效率。

运动训练水平监控由测量、评价与控制三个过程构成。测量、评价与控制在整个运动训练监控活动中具有不同的功能。测量的主要功能是描述现状，评价是解释原因与预测未来，控制是调整活动。但是三者又是相互联系密不可分的整体，共同构成一个相对完整的训练系统。本节将从监控内容、监控指标、监控手段或工具等方面，介绍竞技能力各种子能力的科学监控问题。

一、体能训练水平测评及其展望

体能训练水平监控主要包括速度训练水平、力量训练水平、耐力训练水平等三个方面的监控内容。

（一）速度训练水平监控

速度训练水平监控是对运动员日常训练中速度能力的表现变化进行监控。速度能力是运动员竞技能力中的一个重要组成部分,速度能力不仅影响某些运动项目的成绩,而且对其他运动能力的发展也有重要的影响。对于一个至今还在被永恒的时间尺度所掌控的人类群体来说,任何的活动都可以被时间计量。速度的基本含义便是指物体运动的快慢,时间便是其基本的衡量指标。所以,可以说每一个运动项目都可以进行速度的监控,速度能力也是许多运动项目所要求的基本能力之一。但由于项目制胜因素或项目所强调的竞技能力的不同,也不是所有的项目在训练中都有必要进行速度能力的监控。在此,选取与时间因素紧密联系的数个运动项目作为研究角度,来探讨速度训练水平的监控问题。

1. 速度训练水平的监控指标

速度训练水平的监控指标如图3-4-1所示。

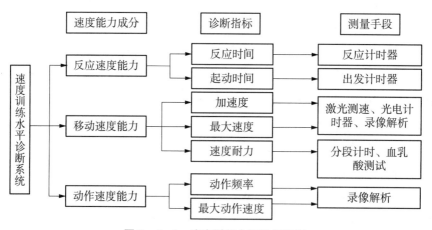

图3-4-1 速度训练水平监控指标

2. 速度训练水平的测量工具

(1)激光测速系统

激光测速系统常用于对以下一些过程的监测:100米跑和直道跨栏选手的全程速度;跳远、三级跳远、撑竿跳高等项目运动员助跑的全过程;200米跑的最后80米直道跑等的瞬时速度;跳远和三级跳远选手助跑最后10米(分成前后两个5米)

的平均速度。

激光测速系统的组成是由架设运动员身后正后方的激光发射器，通过对运动员进行 50 赫兹/秒的连续激光测距定位，再根据运动员的位置和时间的关系计算出相应的速度参数。现今世界上有多个运动仪器生产厂商都研发了各自不同的激光测速仪器，如 JENOPTIK 公司研发的 LDM301S 测速仪器，其工作原理便是从参赛者的背面发射激光束，每 0.5 到 10 毫秒测量一次反射光的距离和速度，通过 RS232C 或 USB 连接到电脑端，然后将结果发送到电脑端。分析软件可以处理距离、速度、时间和速度的图形，并执行各种分析。

（2）红外线分段自动测速仪

几十年来随着光电测速、高速摄影和电脑技术的广泛应用，段落平均速度研究的精度较人工计时已大大提高。特别是自 20 世纪 80 年代以来，国际田联投入了大量的资金，集中了很多专家学者在世界田径比赛的重大赛事（世界田径锦标赛、奥运会、世界杯赛）中对优秀运动员的比赛进行大规模的运动学测试。现今国际田径比赛的径赛项目中，在外侧跑道旁架设了固定在轨道上可水平移动的摄像机，摄像机的位移速度按运动员的速度曲线控制，使摄像机的运动与运动员基本同步。

20 世纪 90 年代起国际泳联也开始了这项工作，对世界游泳比赛的重大赛事（世界游泳锦标赛、奥运会、区域性的游泳锦标赛）进行了运动学测试。这种对世界重大赛事的系统测试和研究获得了许多宝贵的比赛技术数据（包括运动员打破世界纪录的数据）。该数据采集方法的技术参数精度高、反馈速度快，可以及时了解每位选手的比赛技术特点及速度的发挥情况。其提供的参数非常丰富，如出发 10 米或 15 米段的时间和平均速度、转身前后 75 米或 10 米段的时间和平均速度、冲刺 5 米或 75 米段的时间和平均速度、各 25 米途中游段的时间，以及平均游速、划频、划幅等。由于运用先进的科技手段对运动实践监测，为教练员和科研人员提供了第一手的运动学参数，提高了运动训练的针对性和有效性。

（3）三维录像解析仪与高速摄像

一般来说，三维录像解析仪与高速摄像同时运用，来分析运动员在运动过程中的相关数据。以测试铅球运动的相关能力为例，按照运动生物力学三维录像解析方法，使用 2 台或 3 台型号相同的高速摄像机对铅球运动员的日常训练或比赛进行三维运动解析，此种方法不仅可以通过高速摄影记录运动员的运动或比赛过程，还可以通过三维录像解析仪全方位地分析和剖析相应的数据，可以说是现代竞技体育中比较理想的视频分析软件。

（4）电子起跑监测系统

目前，所有的重要比赛中都采用电子起跑监测系统来监测运动员是否抢跑犯规。在电子起跑监测系统中，运动员起跑反应时间的判定是从运动员听到发令枪声到起跑动作施加于起跑器的压力达到设定的阈值所需的时间。由于人的反应一定要通过一系列的神经传导过程，当反应时发展到一定水平后便会陷入人类的生理上限，国际田联通过一系列的研究得出人类理论上的反应时上限，推导出电子起跑监测器感受到运动员产生 35 千克的蹬地力量所必需的人类生理时间，并以此作为界定起跑是否犯规的判断标准，这个时间也就是官方所公布的起跑反应时。人类起跑反应时的极限为 100 毫秒（ms）。

（5）加速度传感器 ADXL105

三维加速度传感器还可对运动员机体的多个部位进行加速度大小的专项测试，主要来获得运动员的三维加速度大小和变化特征。我国一些研究者曾对优秀女子铅球运动员进行了加速度测试，所运用仪器即为三维加速度传感器，监测到我国现役优秀运动员除巩立娇外，其余选手的出手速度均低于世界优秀运动员的 13.50 米/秒（m/s）数值，并得出，对于铅球运动员来说，出手速度与成绩之间的相关系数高达 0.94（苑廷刚 等，2017）。

（6）光电计时器

光电计时器对于当代竞技体育来说已较为普遍，其原理为两个相对的接口：一个接口有红外线发射器，另一个接口有红外线接收器。当发射器发出红外线信号时，接收器便可以收到信号，对相关数据进行一定的显示和记录。当把这种方法应用于短距离跑项目时，避免了声音传播的物理属性而导致的一定程度上的数值差距，使测量结果更为准确。常见的项目包括游泳、田径中的径赛等。

(7)高速摄像机与运动影像解析

运动影像解析技术是体育科研人员最常用的体育监控与分析手段之一,起初科研人员和教练员通过普通摄像机来记录运动员在快速行进或者发力时人眼所捕捉不到的细节。随着高速摄像机的问世,运动员的技术细节被通过"慢镜头"效果来进行技术反馈,后来研究人员开发出了视频解析软件,通过软件的分析手段,将视频中运动员的技术细节进行数据量化,让运动员与教练员更加客观地认识技术动作,同时与优秀运动员的技术在数字层面进行对比,帮助教练员认识到运动员的不足,对症下药,安排有针对性的训练,从而帮助运动员提高运动成绩。近年来,社会经济和科学技术的飞速发展,为定量分析与及时反馈的实现提供了技术保障,加强了定量研究的方便性与实效性。运动影像解析系统的影像摄取经历了从胶卷式摄影机、模拟盒带式摄像机、数字式摄像机到高速摄影机的发展过程。现如今,彩色液晶即时画面显示超过 1 000 帧/秒的屏幕、自动影像摄取系统以及超高能力计算机等,已被广泛应用于运动生物力学研究领域。

现今主要的动作速度测量已经开始使用三维影像解析系统。三维影像解析系统的模块主要包括视频采集、视频剪辑、数字化、三维转换、过滤平滑、数据显示、结果分析、模拟信号分析、测力台相量。就我国目前状况而言,利用影像技术的数据采集研究与发达国家相比已没有显著差异,目前国外使用的高速摄影机、高速摄像机以及影像解析系统在我国基本都已拥有。但是,在数据的后期处理、反馈速度研究的持续性和系统性等方面则有待改进与提高。

3. 对速度训练水平监控的反思

(1)位移速度监控的反思

目前,对于位移速度的测量已具有较为成熟的手段,但是,对于测量所得的数据并不能直接应用于训练计划的调控,比如,在短跑或者游泳等速度类项目中,使用激光、雷达、惯性传感器(IMU)等设备对运动员速度的监测已不成问题,但是基于得出的数据,该增加还是减少训练负荷仍是凭借教练员的经验来把控。也就是说,在对位移速度训练监控领域,对于监测研究的发展已经超前于对于控制的发展。

或者说，监测所得的速度类数据需要与运动员其他方面能力的数据、状态等方面一起综合考虑。

（2）对动作速度监控的反思

动作速度本身就寓于一个技术动作当中，这种技术动作可能是一套连续的动作，也可能是重复的周期性动作。对动作速度的监控需要考虑其他因素的影响，在一次连续的动作中，比如在铅球项目中，出手的动作速度应与出手速度、出手角度甚至两脚站位进行综合分析。而在连续的周期性动作中，则需要考虑神经和身体的疲劳对动作速度的影响。

（3）对反应速度监控的反思

反应速度在训练领域越来越受到重视，在拳击、足球、篮球项目中反应速度都具有重要作用，反应速度监控工具也越来越现代化。但是，反应速度更多涉及人体神经的能力，而单纯对于神经反应的时间难以测量或不适用于训练监控，所以当前测量反应时的方法中往往还涉及动作时，有研究表明，反应时和运动时呈低度负相关关系，说明反应速度和动作速度测量互相不能替代。故在反映出速度测量的方案当中增加动作速度的测量指标，可以更客观准确地评价身体素质和体质水平。

在具体的田径项目中，运动员的起跑反应时在监测系统中是运动员蹬力达到系统设定的压力阈值所需时间，并不单纯是从运动员听到枪声到开始做起跑动作之前神经传导的实际反应时间，这个时间段还包含着运动员蹬踏起跑器并使其蹬踏力量达到系统预设的压力阈值所需时间。监测系统所设定的压力阈值是一个固定值，但运动员的后蹬能力是一个变化值，由于运动员的能力存在个体差异，因此，不同级别的运动员在反应动作时上具有显著差异，后蹬力量大、爆发力强的运动员反应动作时相对较小。对于短跑这项运动来说，后蹬力量大、爆发力强是运动员取得优异成绩重要因素。但后蹬力量大、爆发力强也意味着在起跑时刻运动员会更快地达到系统所设定的压力阈值，起跑反应时缩短。田径竞赛规则中起跑反应时限 100 毫秒（ms）也是一个固定值，起跑反应时缩短造成后蹬力量大、爆发力强的运动员更容易起跑反应时超限犯规。

4. 速度素质评价的发展趋势

随着实践需求的不断加强，对运动员速度素质的评价也在日益更新和完善。对运动员速度素质的评价作为竞技能力评价的重要组成部分，在时代变迁下也在发生着一系列变化。目前来看，对运动员专项速度素质的评价已经凸显出以下几大点发展趋势。

（1）评价设备的科技化

从当前竞技体育评价的整个背景审视，科技对竞技体育的渗透可谓与日俱增。例如，鹰眼技术的使用使裁判的判决更加公正，判决结果更能说服人心；径赛项目中电子计时器的使用，避免了人工计时的手误弊端，最大程度上对运动员的先后顺序进行了区分。在过去人工计时的时代，三位裁判同时计时，有时会出现三者误差极大的状况，而电子计时器的出现和使用则规避了这类不利因素，为营造公平公正的比赛氛围提供了数字保障。当然，在评价体系里，也越来越无法脱离科技的使用。以录像解析仪为例，过去，我们并没有录像解析仪，想要分析某个个体或某支队伍的技、战术，主要靠人的大脑以及经验来完成，随着录像解析仪的出现，教练员可以轻易地对自己队员以及他方队员的相关数据进行解析，并做出精准对比。这种科技的渗透无疑为竞技体育发展带来了福音。再如，过去对于运动员反应速度的评价主要采用人工计时的方式来实现，但人工计时一方面会有声音传播的物理属性所导致的误差，同时手记也会带来一定的误差，而红外线的使用则更大程度上对这些不利因素予以过滤，基本实现了零误差。此外，我们经常在赛场上看见教练员手持平板电脑，这一平板电脑可以实时将场上的各种数据传至设备中，对分析数据、选择适宜的备战策略起到了重要作用。

（2）评价内容的丰富化

随着理论研究的不断深入以及实践发展的需求，对运动员速度素质的评价内容也日益丰富。从速度素质的分类看，主要包括反应速度、动作速度和位移速度三大类。反应速度按照反应程度的难易可分为简单反应和复杂反应，而按照感官器官的不同又可分为视觉反应、听觉反应以及触觉反应等，甚至未来可能对机体的本体反应也会予以一定的评价。不同的专项在对反应评价内容的选择上可能有所不同。对于篮球、足球这种非周期性项目来说，其不仅需要较好的简单反应，当面对各种复杂情境时，复杂反应的重要性就会凸显。当复杂反应能力较低时，无疑会成为限制运动员竞技表现的重要影响因素之一。动作速度的评价已不单单是通过判定运动员简单的跑动距离测试得以实现，对于不同的项目来说，动作评价会再进行分支。位移速度下的评价内容也呈现日益丰富的态势，现有的位移速度评价内容已包括最大速度、加速度、速度耐力、平均速度等。最大速度反映运动员的尽全力冲刺的能力，加速度反映运动员在起跑阶段由低速向高速的转换能力，速度耐力则反映运动员长时间保持高速运动的能力，平均速度反映运动员整个运动过程的速度变化情况。因此，总的来看，对于速度素质的评价，其内容越来越丰富。

（3）评价指标的专项化

审视当前对运动员速度素质的评价，指标专项化已表现出一定的发展势头。可以说，在一定程度上，竞技体育中的任何一项工作都是为运动员竞技能力的提高以及运动员成绩的获得而服务，因此，评价的指标如果还是一味地从一般层次、一般水平上予以构建，显然不能够满足运动员的专项化需求。比如，对于举重运动员来说，要想测试其加速度的能力，如果采取加速度跑的形式来测量运动员的加速度，不可否认，能在一定程度上反映出运动员的加速度能力，但是这种形式与运动员的竞技项目的特点具有较大的差异。因此，有研究通过测试运动员提铃阶段的加速度来反映运动员的该项能力，理论上要比传统的方式更符合举重项目的特征，也更能够准确测量出举重运动员的加速度能力。此外，还可以看到一些研究中已经开始对运动员的综合速度进行评价，从一定层面来看，这也是反映运动员专项能力的一种途径。对于足球、篮球、排球以及拳击等这样的项目来说，单一的速度已然不能满足项目的需求。以拳击项目来说，它不仅需要运动员的反应速度，同时还要有非常快的动作速度，在反应的同时还要快速地做出动作，或躲避对方的攻击，或主动攻击对方等。对于这些项目来说，如果只评价运动员的单一速度，而不考虑速度的综合发挥，可能会在一定程度脱离专项要求，不能达到评价的真正目的。

（4）评价结果的准确化

科技的渗透为竞技体育中速度素质的评价带来了巨大的优势。评价结果的准确化便是典型的特征之一。过去，在科技还不怎么发达的时代，竞技体育中对科技的使用也较为鲜少。例如，评价运动员的最大速度能力，通过教练员秒表计时来实现，而这种评价结果受到了评价者自身的影响，如果评价者自身动作不够敏捷或有一定的疏忽时，由此获取的评价数据显然是不精确的。而随着科技的不断进步以及对竞技体育的渗透，这一现象得到有效规避。在大数据时代背景下，对数据的获取以及分析已经越来越精确。比如，运用录像解析仪分析运动员速度的最大值、速度的最小值、速度的平均值等，而这些数据在过去手计时代是很难得到的，尤其是跑动过程中的最大值和最小值，在过去是不可想象的，而随着科技的不断进步，这一想法已成为现实，并得到了良好的运用，也取得了较为理想的效果。当然，评价结果的准确化还体现在其他多个方面，包括技、战术分析中对自己队员以及他方队员的技、战术记录和分析等，这些内容都是评价结果准确化的体现。随着时代的不断变迁，未来对于运动员竞技能力的评价可能会比现在更为精确，这对提高运动员的竞技能力具有一定的积极意义。

(5) 评价数据的可持续化

当代对运动员速度素质的评价，还有一个重要的表征，即评价数据的可持续化。评价数据的可持续化是指对于所获得的数据，可以实现长久留存。例如，过去在一场大型赛事中，运动员表现的优劣只能是现场的相关人员饱享，而不在场的其他人只能通过别人的语言描述得知。但是，随着科技的不断进步，不仅不在场的其他人可通过各种方法实时观看，还可以对其予以留存。这种现象同样体现于评价体系中。当相关人员对运动员的评价结束后，所获得的数据可以长久留存，一方面可用于分析当时的速度状况，另一方面还可以与之后的相关数据进行分析对比，进而得出运动员运动速度在该时期的变化。

(二) 力量训练水平监控

肌肉力量是人体神经肌肉系统工作时克服或对抗阻力的能力，是人体在特定条件下完成运动动作时的动力来源。在竞技体育中，力量是体能的重要组成要素之一，是正确掌握运动技术和提高运动成绩的重要基础。力量素质的科学化训练能为提高运动员竞技能力提供保障，而力量素质科学化监控又是提高力量训练水平的基础和前提。因此，探讨力量训练水平的监控问题，具有重要的现实意义。

当今，相关学者在力量训练水平监控方面虽已进行了相应基础性和应用性研究，但总的来看，尚未在专项力量的监控上取得更大的进展。就方法学而言，实验室测量和运动场测量方法被广泛地运用于运动训练实践与相关的应用基础研究中，目前，肌肉力量训练监控已经由传统的杠铃片定性负荷序列发展到定量监控阶段。但由于基础研究的不足和测量系统的局限性，运动员、教练员的训练实践需求依旧无法被满足，难以系统地反映运动员力量素质的真实情况。

1. 不同运动项目的力量素质测量指标

王清（2004）在《我国优秀运动员竞技能力状态诊断和监测系统的研究与建立》中对基本测量指标进行整合。基本参数包括最大力量、相对最大力量、最大力矩、相对最大力矩、总功、力量亏损率、屈伸肌群最大力量比率、平均功率、起动力量、爆发力量、相对爆发力量、力量下降率（表3-4-1、表3-4-2）。

表3-4-1 各种等动肌力测试仪器的比较

名称	肌肉工作形式			角速度（弧度/秒）		最大力矩（牛顿·米）		关节运动形式	基本测量指标
	向心	离心	静力	静力、向心	离心	静力、向心	离心		
Cybex 6 000	√	√	√	0—500 (0—8.7)	30—120 (0.5—2.1)	678	339—407	主要为单侧、单关节运动单侧、单关节或多关节运动	1. 力矩峰值 2. 力矩峰值时关节角度 3. 平均功率 4. 总做功 5. 耐力总功 6. 耐力指数 7. 前1/8秒的加速能 8. 关节活范围最大值和平均值 9. 派生指标，如平均功率、相对最大力矩等
Biodex 2AP″	√	√	√	0—450 (0—7.9)	5—150 (0.09—2.6)	610	7—409		
Merac	√	√	√	0—500 (0—8.7)		678		主要为单侧、单关节运动	
Kin/Com	√	√	√	0—210 (0—3.7)	0—210 (0—3.7)	840	840	主要为单侧、单关节运动	
Lido Active	√	√	√	0—400 (0—7.0)	0—220 (0—3.8)	540	340	主要为单侧、单关节运动	
Lido Digital	√	√	√	0—400 (0—7.0)		540		主要为单侧、单关节运动	
Aricl	√	√	√	0—900 (0—15.7)		1 350		某些单关节运动	

〔资料来源：王清. 我国优秀运动员竞技能力状态诊断和监测系统的研究与建立［M］. 北京：人民体育出版社，2004：83—94.〕

表 3-4-2　AKM、BKM 和 T·K·K 肌力测重仪器的比较

名称	肌肉工作形式				测力装置	量程（牛顿）	速度传感装置	关节运动形式	基本测量指标
	向心	离心	静力	拉长-缩短周期					
AKM	√	√	√		Kistler 压电传感器	1—20 000	加速度传感器	单侧、多关节运	最大力量、启动力量、爆发力量
BMK	√	√		√	Kistler 测力平台	1—30 000	加速度传感器	主要为单或双侧、多关节运动	快速力量、反应力量、力的冲量、物体移动的加速度
WKM	√	√	√		Kistler 三维测力台	1—30 000	加速度传感器	主要为单或双侧、多关节运动	派生指标，如相对最大力量、相对爆发力
T·K·K	√	√	√		1. 电限应变传感器 2. Kistler 压电传感器	1—2 940 1—20 000		主要为单侧、单节运动	

（本表来源同表 3-4-1）

在国内外力量监控研究中，经常使用杠铃杆的运动速度和加速度，并根据杠铃的负重重量，计算出每一次训练的爆发力（功率）和动作速率。呈现运动员每一次力量练习的速度时间曲线力时间曲线、功率时间曲线及力量发展速率（RDF）（苑廷刚 等，2020）。曲峰等（2008）提到，研究爆发力性质的动作时，选择力的冲量分析比较科学。研究表明，冲量也可以反映爆发力（熊峰，2011）。在下肢弹性表现的检验上，经常使用蹲跳和下蹲跳动作的高度差值除以蹲跳高度（Secomb et al.，2015），而弹性贡献较好地反映了运动员的反应力量。

（1）田赛运动项目

1）跳高项目。徐细根（1992）选出中外跳高教练员在训练中经常采用的六个力量训练手段，作为检查背越式跳高运动员力量训练水平的指标（表 3-4-3）。

表 3-4-3　背越式跳高运动员力量训练水平的指标

类别	指标	指标特征	贡献率
第一类	深蹲、半蹲	最大力量	25.7%

续 表

类别	指标	指标特征	贡献率
第二类	立定跳远、立定三级跳远	爆发力	28.8%
第三类	原地纵跳、助跑摸高	专项跳跃能力	45.5%

2）链球项目。万炳军和郭义军（2011）对我国高水平女子链球项目专项能力决定因素进行了研究，确定出我国女子高水平链球运动员专项能力指标（表3-4-4）。

表3-4-4 我国女子高水平运动员链球专项能力测试指标

成绩指标	6千克	5千克	3.75千克	4千克
专项力量指标	抓紧	发力拉	深蹲	半蹲
跑跳指标	30米	100米	立定跳远	立定三级跳

3）铅球项目。苑廷刚等人（2017）在铅球项目运动员竞技能力监控指标体系中，提出了以投掷臂爆发力作为关键指标的力量监测指标（图3-4-2）。

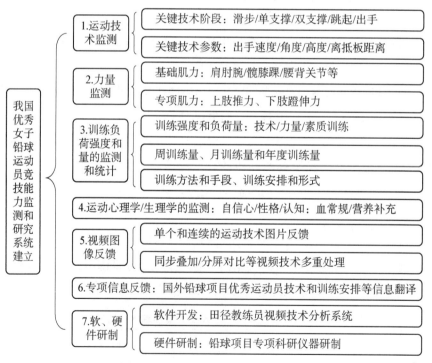

图3-4-2 我国优秀女子铅球运动员竞技能力监测和研究体系

（2）体操类项目

郑湘平等人（2020）研究出我国10～11岁女子体操运动员力量素质评价指标及权重（表3-4-5）。

表3-4-5　10～11岁女子体操运动员力量素质评价指标灰色关联度及权重

部位（占比）	指标	分辨系数	关联度	权重	排序
A 上肢力量 （36%）	A1：4米爬绳	0.5	0.53	0.08	8
	A2：30秒引体向上		0.61	0.10	4
	A3：60秒直臂直体悬垂引拉成倒悬垂		0.50	0.08	9
	A4：60秒平衡木横木分腿慢起手倒立		0.56	0.09	7
B 躯干力量 （24%）	B1：30秒肋木悬垂收腹举腿		0.64	0.14	2
	B2：40秒连续屈伸上摆倒立		0.58	0.11	6
C 下肢力量 （40%）	C1：15秒连续后空翻		0.60	0.12	5
	C2：五级蛙跳		0.81	0.15	1
	C3：原地单脚纵跳		0.61	0.13	3

任满迎等人（2011）采用单膝跪立支撑姿势下这一测试动作，以右下劈、左下劈、右上挑、左上挑的四个方向动作的最大肌力值、最大功率，对角线方向力量比值、角线方向功率比值和左右侧差距，对体操运动员核心运动链肌力进行诊断。

张晓莹（2010）对我国竞技健美操青少年专项力量测试指标进行了研究（表3-4-6）。

表3-4-6　青少年测试赛专项体能指标——运动素质归属类别

测试指标	力量素质		速度素质		耐力素质	柔韧素质
	快速力量	力量耐力	动作速度	位移速度	无氧耐力	静力性柔韧
俯卧撑30秒	√	√				
俯卧撑击掌30秒	√	√	√			
仰卧起坐60秒	√	√	√			

续 表

测试指标	力量素质		速度素质		耐力素质	柔韧素质
	快速力量	力量耐力	动作速度	位移速度	无氧耐力	静力性柔韧
两头起60秒	√	√	√			
两头起腿后击掌60秒	√	√	√			
屈体分腿跳30秒	√	√	√		√	
科萨克跳30秒	√	√	√		√	
团身跳30秒	√	√	√			
10米折返跑			√	√	√	
站立拉肩						√
体前屈						√
纵、横劈腿						√

（3）排球项目

王骏晟（2018）结合专家访谈结果研究出排球运动员弹跳力测试动作与指标，其中，蹲跳、下蹲跳、摆臂下蹲跳为测试动作，测试指标为高度（厘米）、蹬伸冲量（牛·秒）、峰值力（牛顿）、峰值功率（瓦）、摆臂幅度（度）、摆臂速度（度/秒）等，诊断指标为弹性贡献、摆臂贡献与助跑贡献（图3-4-3）。

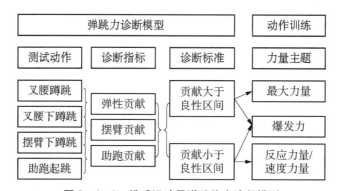

图3-4-3 排球运动员弹跳能力诊断模型

王骏晟（2018）研究认为，冲量指标通过反映起跳动作的爆发力，峰值功率指标反映速度力量。

（4）速度滑冰、滑雪项目

1）速度滑冰项目。陈超等人（2013）研究表明，我国优秀青年女子速滑短距离500米运动员专项运动成绩的力量素质评价指标包括卧推、负重深蹲、30米滑跑、立定跳远、后抛实心球、30秒无氧功率自行车、单腿平衡（表3-4-7）。

表3-4-7　优秀青年女子速滑短距离力量素质评价指标选择结果

测试力量类型	测试名称	重点测试能力
最大力量	卧推	上肢最大力量
	负重深蹲	下肢最大力量
快速力量	30米滑跑	专项快速启动力量
	立定跳远	下肢快速力量
力量耐力	30秒无氧功率自行车	心肺耐力、下肢力量耐力
核心稳定性	单腿平衡	单腿平衡能力

2）滑雪项目。王耀东等人（2019）提出了自由式滑雪U型场地项目运动员力量训练水平的诊断与评价包括：①快速力量：左、右脚三级跳，左、右侧抛实心球，15次快速两头起；②上肢力量：引体向上、杠铃卧推；③下肢力量：杠铃半蹲、跪起。

（5）皮划艇项目

高平等人（2021）确定出皮划艇激流回旋运动员的力量诊断指标为：卧推、卧拉等绝对力量（1RM，即一次反复最大重量）与力量耐力（40%1RM，120秒）。布斯塔等人（Busta et al.，2018）认为，划桨峰值功率的绝对值与相对值在很大程度上反映了运动员划桨的爆发力，可作为评价激流回旋运动员专项力量水平的重要指标。

（二）力量素质的测量方法

专项力量测量的主要方法有实验室测量法和运动场测量法。实验室测量法是在实验室条件下，根据某一运动项目的技术特点，在已有的力量测试工具中寻找合适的测试手段，或另外研制相应的专项测力仪。运动场测量法则是在训练场地上，通过反映运动员专项力量的手段来测量运动员力量训练水平的方法。两种测量方法各有优缺点，实验室测量法可最大限度排除技术、专项协调性等因素的影响，进行科学的定量测量，但测量结果不能完全反映出与专项运动技术要求相一致的专项力量。运动场测量法则符合专项特点，能通过训练器械特别是专项力量训练手段，将运动员在专项中所需要的力量能力综合地反映出来，但难以对诸如起动力量、爆发力量、力量亏损率等动力学参数进行准确的定量测量。

在大多数项目中，参与专项力量测试的是多关节运动，肌肉活动方式是极其复杂的，测量过程具有很强的专项技术特征。因此，对专项力量的测量主要以间接测量方法为主，吕季东（2007）在其专著中对确定专项力量测量方法的流程作出了说明（图3-4-4）。

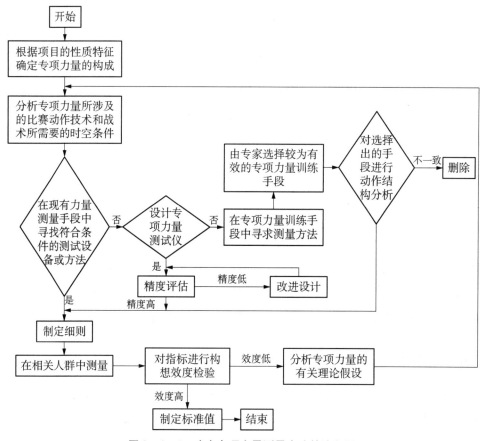

图3-4-4 确定专项力量测量方法的流程图

1. 常用力量素质测量方法

1983年博斯科就提出了以蹲跳、下蹲跳作为检测下肢爆发力的方法,此后,张鹏(2012)、谢泼德(Sheppard,2008)、班兹勒(Bazyler,2015)等人针对博斯科测试方法进行了大量改良研究,测试多为蹲跳、下蹲跳、跳深、连续踮脚跳。卧推、卧拉则常被用作上肢力量训练和测试的手段。肖毅(2009)提出了快速肌力指数($SSI=F_{max}/T_{max}$)、发力率($RFD=\Delta F/\Delta t$)、最大发力率和初始发力率等肌力诊断参数,可用于诊断在不同负荷与不同动作下的肌力参数上的差异。

Izquierdoetal的研究表明,平均速度是个非常稳定的测量方法,而且杠铃平均速度与1RM的百分比有着高度的相关性。由于负荷和速度有高度的负相关关系,因此,可以用线性回归的统计方法预测出运动员的最大肌力(表3-4-8)。教练员可以通过线性位置传感器装置在每节训练课的关键练习中测量杠铃杆的平均速度来监控运动员的训练质量(闫琪等,2018)。

表3-4-8 不同目的力量练习与速度之间的对应关系

1-RM的百分比(%)										
0	10	20	30	40	50	60	70	80	90	100
零	起始强度		速度—强度		强度—速度		加强强度		绝对力量	
原始和任意速度范围(米/秒)										
	>1.3		1.3-1		1-0.75		0.75-0.5		<0.5	
研究支持的速度范围(米/秒)										
后深蹲	—		—		—		—		<0.54	
仰卧推举	>1.3		1.3-0.9		0.95-0.63		0.63-0.32		<0.32	
俯卧拉力	>1.52		1.52-1.23		1.23-0.94		0.94-0.67		<0.67	

王奎(2005)的研究显示,平均积分肌电与平均峰值力矩和平均做功之间存在明显的相关关系,认为可以应用积分肌电技术来评价运动员的力量素质并监控力量训练。王智慧(2020)在其研究中使用了Gamware线性速度监控设备,用于监控平均速度的变化及时调节负荷。

2. 不同项目力量素质测量工具与方法

(1) 田径项目

2014年，中国田径国家队在力量训练中开始使用即时反馈的斯洛伐克产Tendo-Unit爆发力与速度反馈系统，以线性速度传感器实测杠铃杆的运动速度和加速度，并根据杠铃的负重重量，计算出每一次训练的爆发力（功率）和动作速率。数据通过蓝牙装置实时传输至电脑中的Tendo Power Analyzer4.0软件端（苑廷刚 等，2020），即刻呈现运动员每一次力量练习的速度时间曲线、功率时间曲线及力量发展速率，可使教练员及时调整力量训练的负荷重量与安排。

国内外在短跑中主要采用高速摄影、光电测速、三维测力、肌电遥测、肌肉相位轨迹等方法，对单足跳、跨步跳、拖杠铃跑、小步跑、高抬腿、后蹬跑、跳深、立定跳远、纵跳、负重上台阶、仰卧高台负重摆腿等训练手段进行测试。

多年来，国家田径队建立了视频图像快速反馈系统（苑廷刚 等，2017），建议女子铅球项目视频监控和快速反馈系统采用专业的高清硬盘数字摄像机（如Sony的4K摄像机）或高速摄像机，配置专业的视频图像处理软件系统（如Dartfish或者教练眼系统），通过便携式笔记本电脑控制无线高清投影仪传输设备，在训练馆墙壁进行现场视频监控和现场数据快速分析（图3-4-5）。

同时，我国设计和研制了铅球运动专项训练科研监测仪器，该仪器是一种可以模拟推铅球动作、推动负载沿固定角度直线往复运动的铅球项目专项力量训练器，其负载和固定角度是可以预先设置的，可以对其绝对力量、爆发力和出手角度进行专项力量训练。采用三维工程设计分析软件Solid Edge计算机辅助设计分析系统，进行铅球项目专项力量训练器的原理和结构三维仿真虚拟设计（图3-4-6）。

(2) 体操项目

肖光来等人（1998）采用八导肌力测定仪、EMSF肌肉功能电刺激仪，确定体操运动员完成倒十字支撑、水平支撑和十字支撑动作所需的主要肌肉，并运用EMSF肌肉功能电刺激仪对优秀体操运动员进行了专项力量训练，取得显著成绩。

郑湘平等人（2020）从宏观上揭示了目前我国10~11岁优秀少年女子体操运动

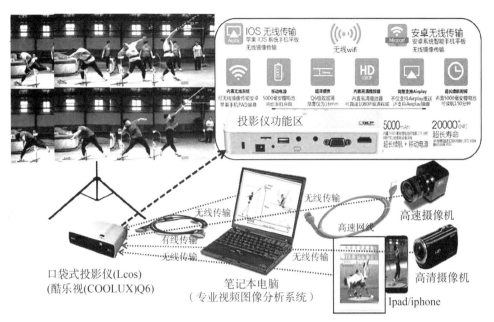

图 3-4-5 运动技术视频图像快速反馈工作站示意图

图 3-4-6 铅球专项数字化仪器设计结构示意图

力量素质的当前状态和变化趋势，分析该年龄段的最关键性指标，所采用方法为帕雷托分析法；采用雷达图法进行其个体态势诊断，确定每名运动员力量素质的优势指标与劣势指标；差距诊断旨在揭示每名运动员力量素质发展与理想目标的差距，所采用方法为目标挑战模型，即通过建立统一且客观的目标标准，诊断每名运动员力量素质指标与目标模型的差距大小，这个差距大小称为差距系数（聂应军 等，2019）。差距系数＝权重×差距百分数×100＝权重×（模型值－实际值）÷模型值×100。

（3）滑雪项目

王耀东等人（2019）通过对国家队男、女运动员力量素质测试，得出运动员在快速力量（左、右脚三级跳；左、右侧抛实心球；15次快速两头起）、上肢力量（引体向上；杠铃卧推）、下肢力量（杠铃半蹲；跪起）上有显著提高。男运动员的跪起测试指标增幅最大，说明运动员的股后肌群的肌力增幅最大。女运动员的力量测试指标增幅最大，运动员的力量训练整体效果明显。

（4）皮划艇项目

德国皮划艇队经过多年的探索，建立了行之有效的主要素质测试标准，并把测功仪作为衡量其力量训练效果、监控运动员平衡能力发展的重要手段。

表3-4-9 优秀女子皮划艇运动员生理学特点

文献来源	对象描述	测试方法	$VO_{2\,max}$/千克（毫升/千克/分钟）	身高（厘米）	体重（千克）
Shapiro and Keammey, 1987	4名1984年美国奥运会选手	标准手控测功仪仪	53.5±1.5		66.7±4.3
Hahn et al., 1988	2名马拉松皮艇选手	风动测功仪 手腿测功仪	47.6±1.0 52.8±1.5	174.6±2.1	69.9±3.6
Pendergast et al., 1989	7名美国国家队运动员	功率自行车 皮划艇测功仪	54.2±7.2 43.3±10.0	169.0±5.0	64.0±4.0
Pelhan and Holt, 1995	6名加拿大省运动员	皮划艇测功仪	2.9±0.3		

高平等人（2021）确定我国优秀皮划艇激流回旋运动员的力量指标包括卧推、卧拉绝对力量与力量耐力，采用皮划艇卧推、卧拉训练器测试运动员肌肉力量。其中，绝对力量以上一阶段测试的最好成绩为起始重量，分3次递增负荷至力量极限。力量耐力采用当次卧推、卧拉的40%1RM，按动作标准取2分钟重复推起或拉起的最大次数，卧拉要求快起慢放，且离心收缩过程杠铃不能松手。

（5）跆拳道项目

张国庆等人（2000）运用测力传感器的弹性变形和电子技术的数字化测量显示原理，研制了拳击力量训练器，它能将运动员的打击力、打击时间和有效打击次数等指标进行采集和显示，它的精度也比较高，力量测量范围为0~500千克。

（6）摔跤项目

吕季东（2007）结合摔跤项目的动作技术特点，设计了摔跤上肢专项力量训练器，模拟摔跤竞技中一些上肢技术动作的特征以及上肢肌肉力量运动过程，使摔跤运动员握着手柄进行转动用力练习，负荷为12.5~70千克。

（7）俯式冰橇项目

坎尼夫（Cunniffe B. H.，2011）使用仪表雪橇（instrumented sleds）获得比赛开始时雪橇速度的反馈，这个反馈对运动成绩有着特别关键的作用（Clarke A. C. et al.，2015）。安森（Anson）和他的同事将应变式传感器放在赛艇运动员赛艇的脚架处，测试脚架处所受力量峰值、均值和峰值的负荷比例，进而对双腿力量的不对称性和变异性进行量化。在训练期里，力量不对称比例和运动能力等级的变化可以反映出运动员的力量是如何发展的。

3. 数字化监控仪器

威克利等人（Weakley et al.，2021）的研究表明，与加速度计、光学设备、移动电话/APP等设备相比，线性传感器在监控力量训练上有更高的精度和可靠性。卡洛斯等人则使用手机APP并结合可穿戴设备使得力量训练数字化监控的可靠性和可信度增加，且增加了实用性和便利性（闫琪 等，2018）。

训练监控中主要使用实验室测量仪器和运动场测量仪器，运动场测量中主要运用训练器械通过专项力量训练手段来反映运动员的基础和专项力量水平，运用于实验室测量的仪器有：

(1) 测力计测量仪器

在实验室测量中，测力计常用握力计、背力计、腿力计、钢丝绳张力计（王清，2004），目前训练监控中测力计仪器已被淘汰。

(2) 肌力测量仪器

包括等动肌力测量系统 Cybex6000、AKM/BKM/WKM 和 TKK 肌力测量系统、测力平台 Kistler 三维测力平台、专项力量测量仪（赛艇测力仪、自行车专项测力仪等），如图 3-4-7 至图 3-4-11 所示。

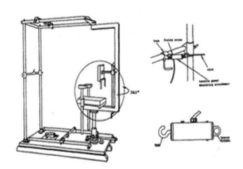

图 3-4-7 TKK 肌力测试系统

图 3-4-8 CYBEX-6000 肌力测试系统

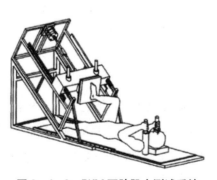

图 3-4-9 BKM 下肢肌力测试系统

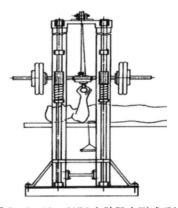

图 3-4-10 AKM 上肢肌力测试系统

图 3-4-11　便携式数字肌力测试仪

任满迎等人（2011）在体操中运用 BTE Primus 系统。BTE Primus 是一套新型的肌力诊断系统，它独特的链锁配件和 4 500 度/秒的动力头可以实现多环节的专项肌力诊断，而且该系统可以实现等长、等速和等张等不同模式的测试。

在排球项目中，前人利用 KISTLER 测力台，主要监测缓冲时间、缓冲距离、蹬伸时间、蹬伸距离、重心起跳高度、髋膝踝关节角速度等运动学指标。王骏晟等人（2018）认为可采用三维测力台、红外高速运动捕捉系统测试高度、摆臂幅度等力学指标。

（3）功率测量仪器

爆发力功率的测量仪器有 Gyko 力量功率测评仪器、Gymaware 功率测试系统（国家队短跨跳训练采用，如图 3-4-12 所示）、Tendo-Unit 爆发力与速度反馈系统、爆发力测试仪（图 3-4-13）等。

现有研究通常采用皮划艇桨式功率计（Macdermid et al.，2020）或系绳测试（Messias et al.，2018）等方法测试激流回旋运动员的峰值桨力、划桨时间、功率、冲量等力学参数。在排球的弹性贡献监测中采用 Myotest 功率测试仪测试起跳高度。

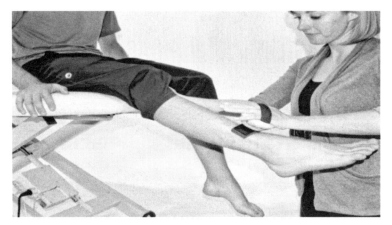

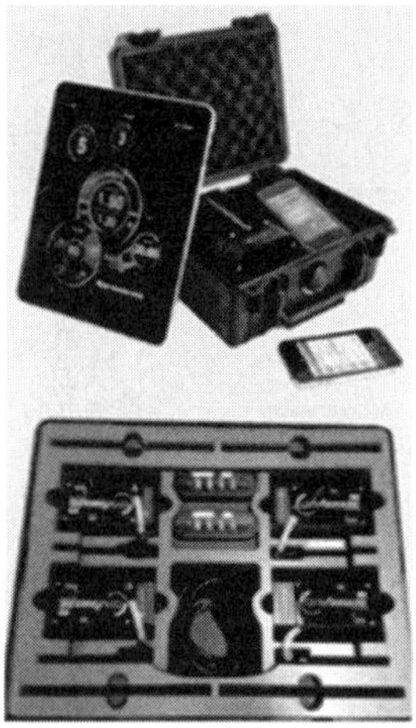

图 3-4-12　力量功率测统试系统 Gymaware

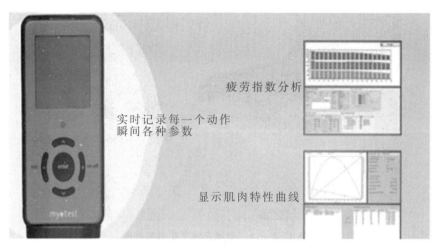

图 3-4-13 爆发力测试仪

（4）系统测量仪器

常用的有 Keiser 科技助力力量训练以及 Desmotec 数字化离心训练系统（图 3-4-14）。

图 3-4-14 Desmotec 数字化离心训练系统

肖毅（2009）通过在现有的力量训练器材上加装位移传感器，研发了带减速制动装置的智能化超等长重量训练与诊断分析系统。该系统不仅可以监测运动员训练过程中的速度、加速度、力量和功率等参数，还可以对这些参数进行综合的诊断分析，并将分析的结果实时反馈给使用者，为实时监控训练过程和科学评价训练效果提供了依据（图3-4-15、图3-4-16）。

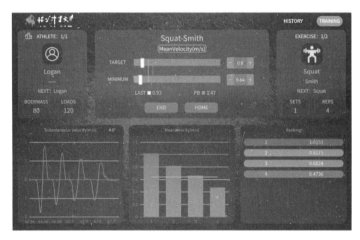

图3-4-15　速度随时间变化的曲线图

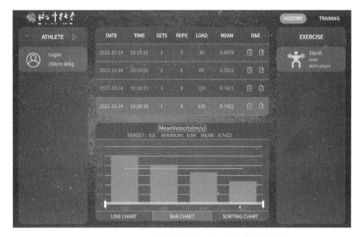

图3-4-16　历次训练的平均速度变化曲线图

4. 力量训练水平评价标准

主要以评分评价和等级评价两种方法进行力量训练的评定。

（1）跳高项目

徐细根（1992）根据正态分布的原理，以各力量素质指标的平均数为基础、标准差为单位，制定出我国优秀男子背越式跳高运动员的评分标准（表3-4-10）。

表3-4-10 我国优秀男子背越式跳高运动员评分标准

标准分数	进入回归方程的测验项目				跳高成绩（米）
	半蹲（千克）	立定跳远（米）	助跑摸高（米）	原地纵跳（米）	
10	225	2.68	3.34	0.71	2.02
12	228	2.70	3.35	0.72	2.03
14	231	2.72	3.36	0.73	2.04
16	234	2.74	3.37	0.74	2.05
18	237	2.76	3.38	0.75	2.06
20	240	2.78	3.39	0.76	2.07
22	243	2.80	3.40	0.77	2.08
24	246	2.82	3.41	0.78	2.09
26	249	2.84	3.42	0.79	2.10
28	252	2.86	3.43	0.80	2.11
30	256	2.88	3.44	0.81	2.12
32	259	2.90	3.45	0.82	2.13
34	261	2.92	3.46	0.83	2.14
36	264	2.94	3.47	0.84	2.15
38	267	2.96	3.48	0.85	2.16
40	270	2.98	3.49	0.86	2.17
42	273	3.00	3.50	0.87	2.18
44	276	3.02	3.51	0.88	2.19
46	279	3.04	3.52	0.89	2.20

续 表

标准分数	进入回归方程的测验项目				跳高成绩（米）
	半蹲（千克）	立定跳远（米）	助跑摸高（米）	原地纵跳（米）	
48	282	3.06	3.53	0.90	2.21
50	284	3.08	3.54	0.91	2.22
52	287	3.10	3.55	0.92	2.23
54	290	3.12	3.56	0.93	2.24
56	293	3.14	3.57	0.94	2.25
58	297	3.16	3.58	0.95	2.26
60	300	3.18	3.59	0.96	2.27
62	303	3.20	3.60	0.97	2.28
64	306	3.22	3.61	0.98	2.29
66	309	3.24	3.62	0.99	2.30
68	312	3.26	3.63	0.00	2.31
70	315	3.28	3.64	0.01	2.32
72	318	3.30	3.65	1.02	2.33
74	321	3.32	3.66	1.03	2.34
76	324	3.34	3.67	1.04	2.35
78	327	3.36	3.68	1.05	2.36
80	330	3.38	3.69	1.06	2.37
82	333	3.40	3.70	1.07	2.38
84	336	3.42	3.71	1.08	2.39
86	339	3.44	3.72	1.09	2.40
88	342	3.46	3.73	1.10	3.41
90	345	3.48	3.74	1.11	2.42
92	348	3.50	3.75	1.12	2.43
94	351	3.52	3.76	1.13	2.44
96	354	3.54	3.77	1.14	2.45
98	356	3.56	3.78	1.15	2.46
100	360	3.60	3.79	1.16	2.47

力量素质综合发展水平的评定：采用多项指标所得标准分数（即 T 标准分数＝$50+10\times\frac{X-\bar{X}}{S}$）的平均数表示力量素质综合发展水平。计算公式为 $\bar{A}_n=\frac{A_1+A_2+A_3+A_4}{4}$，按正态分布原理，取样本的 20% 为高水平，50% 为平均水平，30% 为低水平。

力量素质发展均衡程度的评定：计算公式为 $B_n=A_{max}-A_{min}$，规定样本的 20% 为均衡，50% 为基本均衡，30% 为不均衡。

力量素质综合发展水平与运动成绩相适应程度的评定方法：计算公式为 $C=\bar{A}_n-Y_z$，其中，Y_z 为专项成绩的标准分数，我们规定样本的 20% 为适应，50% 为基本适应，30% 为不适应。

(2) 速度滑冰项目

陈超等人（2013）研究采用标准 T 分法，对我国优秀青年女子速滑短距离 500 米运动员七项力量素质进行定量评价，制定出 10 分制的定量评价表（表3-4-11）。

表3-4-11 力量素质指标评价定量表

成绩	卧推（次/分）	负重深蹲（公斤）	30米滑跑	立定跳远（厘米）	后抛实心球（米）	30秒无氧功（焦耳/千克）	单腿平衡（秒）
10	66	98	4″7	240	11.3	496	81
9	61	91	5″0	234	10.4	486	76
8	55	85	5″2	228	9.5	475	71
7	50	76	5″5	221	8.7	465	65
6	45	69	5″7	215	7.8	454	60
5	39	62	6″0	209	6.9	444	55
4	34	55	6″2	202	6.0	433	50
3	29	48	6″5	196	5.1	423	44
2	23	41	6″7	190	5.2	412	39
1	18	35	7″0	183	3.3	402	34

采用测试评价指标所得的标准分数的平均数来表示力量素质综合水平，根据正

态分布基本原理，以平均数为基准值，标准差为离散距，确定力量素质综合发展水平评价等级。将靠70%的运动员划分为中等水平，高于必须水平15%的运动员划分为上等水平，剩余15%的运动员划分为下等水平（表3-4-12）。

表3-4-12　力量素质指标评价定量表

标准数	评定等级
>7.41	高水平
3.41~7.41	必须水平
<3.41	低水平

采用苏联克列耶尔提出的方法，评定速滑运动员力量素质的均衡发展程度，评价的具体方法是：依照运动员力量素质定量评价标准，标准分数最高与最低的力量素质相减所得差值，作为该运动员力量素质均衡发展程度的标准分数（表3-4-13）。

表3-4-13　力量素质均衡发展评价

标准数	均衡等级
<1.62	均衡
1.62~4.19	基本均衡
>4.19	不均衡

评价两者适应采用计算公式：C＝A－Y，即力量素质综合发展水平的标准分数（A）减去专项运动成绩的标准分数（Y）所得的差值（C），作为适应度评价的标准分数。所得结果和对应等级如表3-4-14所示。

表3-4-14　力量素质综合发展水平与专项运动成绩适应度评价

标准分数	评定等级
<0.52	适应
0.52~3.62	基本适应
>3.62	不适应

（3）体操项目

郑湘平等人（2020）采用灰色关联分析确定体操运动员力量素质指标各指标权重，运用评分评价法和等级评价法，建立我国10～11岁女子体操运动员力量素质的单项指标和综合指标的评分评价标准和等级评价标准（表3-4-15、表3-4-16）。

表3-4-15 我国10～11岁女子体操运动员力量素质单项评分表

分值	A1/秒	A2/个	A3/个	A4/个	B1/个	B2/个	C1/个	C2/米	C3/米
0	22.01	16	10	5	18	2	6	8.09	0.20
1	20.64	17	10	6	19	2	6	8.22	0.22
2	19.55	18	11	7	19	2	7	8.35	0.24
3	18.61	18	11	8	20	3	7	8.48	0.26
4	17.78	19	12	8	20	3	7	8.62	0.26
5	17.01	19	13	9	21	4	8	8.76	0.27
6	16.31	20	13	10	21	4	8	8.91	0.30
7	15.65	20	14	11	21	5	8	9.06	0.32
8	15.04	21	15	12	22	6	9	9.22	0.33
9	14.45	21	16	13	22	7	9	9.38	0.33
10	13.89	22	16	14	23	8	10	9.55	0.34
11	13.36	23	17	15	24	9	10	9.72	0.35
12	12.84	24	18	16	24	10	11	9.91	0.35
13	12.35	24	19	17	25	11	11	10.11	0.37
14	11.87	25	20	18	26	12	12	10.31	0.38
15	11.41	26	21	20	26	13	12	10.54	0.39
16	10.96	27	22	21	27	15	13	10.78	0.41
17	10.53	28	23	23	28	16	14	11.04	0.41
18	10.10	29	24	25	29	18	15	11.34	0.43
19	9.69	30	26	27	30	20	16	11.69	0.44
20	9.29	32	28	29	31	22	17	12.12	0.45

表 3-4-16　我国 10～11 岁女子体操运动员力量素质单项指标等级标准表

指标		下等 10%及以下	中下等 10%～25%	中等 25%～75%	中上等 75%～90%	上等 90%以上
A 上肢力量	A1：4 米爬绳/秒	≥19.55	19.55～17.01	17.01～11.40	11.4～10.1	10.10
	A2：30 秒引体向上/个	≤18	18～19	19～26	26～29	29
	A3：60 秒直臂直体悬垂引拉成倒悬垂/个	≤11	11～13	13～21	21～24	24
	A4：60 秒平衡木横木分腿慢起手倒立/个	≤7	7～9	9～20	20～25	25
B 躯干力量	B1：30 秒肋木悬垂收腹举腿/个	≤19	19～21	21～26	26～29	29
	B2：40 秒连续屈伸上摆倒立/个	≤2	2～4	4～13	13～18	18
C 下肢力量	C1：15 秒连续后空翻/个	≤7	7～8	8～12	12～15	15
	C2：五级蛙跳/米	≤8.35	8.35～8.76	8.76～10.54	10.54～11.34	11.34
	C3：原地单脚纵跳/厘米	≤0.28	0.28～0.32	0.32～0.39	0.39～0.43	0.43
综合总分		≤10.41	10.71～11.92	11.4～14.49	14.49～16.11	16.11

（4）排球项目

王骏昇和钟秉枢（2018）按照雷达分析法，以平均值±标准差建立女子排球运动员弹跳力诊断的标准，通过专家访谈和数据分析，以平均值±1 个标准差确定了 4 个高度指标计算诊断标准的区间（表 3-4-17）。

表 3-4-17　女子排球运动员弹跳力诊断的标准（n=20）

		优	良	中	差
弹性贡献	9.66±3.01（%）	>12.67	≤12.67 和>9.66	≤9.66 和>6.65	≤6.65
摆臂贡献	15.03±3.37（%）	>18.40	≤18.40 和>15.05	≤15.03 和>11.66	≤11.66
助跑贡献	7.25±2.71（%）	>9.96	≤9.96 和>7.25	≤7.25 和>4.54	≤4.54

5. 案例分析

刘翔在备战 2004 年奥运会过程中，科研人员使用 Cybex 肌力测试系统定期对刘翔的腿部力量进行评定，发现刘翔存在左右腿肌力强弱不平衡的现象，右腿肌力明显弱于左腿。教练员根据评定报告，对刘翔的力量训练计划进行了更有针对性的设计和安排。2004 年的监测结果表明，刘翔腿部力量不平衡的现象得到了很大的改善。刘翔在随后几年的高强度训练和比赛中，未发生过大的运动损伤，保证了刘翔在 2003 年的 19 场、2004 年的 13 场高水平的国际、国内连续比赛的能力，同时也保证了刘翔在雅典奥运会上以 12.91 秒的成绩平世界纪录获得金牌（李汀 等，2005）。

中国皮划艇队在第 28 届奥运会上也取得了历史性的突破，他们在训练中也十分注重有效的专项力量训练。他们聘请了的德国专家和多位训练学博士，通过对专项力量训练的监测发现，中国运动员在划桨过程中，用力时间短，划桨频率快，导致用力效果不佳，运动员过早进入疲劳阶段（吕季东，2007）。

利用肌肉功能电刺激对中国体操队运动员进行专项力量训练的研究（肖光来 等，1998），采用生理八导肌力测定仪筛选肌肉，对北京体育大学运动训练专业体操一级运动员 2 人进行肌电测试，确定完成体操倒十字支撑、水平支撑和十字支撑动作所需要的主要肌肉。对国家队员张津京、范斌采用 EMSF 肌肉功能电刺激仪结合常规方法进行系统力量训练。电刺激每周 3～4 次，每次每人 20～25 分钟，其中电刺激结合力量动作 10 分钟。结果显示，张津京、范斌力量增长比较明显，倒十字支撑、水平支撑、十字支撑时间和动作规范均提高。

6. 功能性力量训练监控

功能性力量训练评价手段主要有 FMS 测试、核心部位力量测量、核心稳定型测量、肌电测量等。黎涌明等人（2016）认为，起源于康复领域的这些方法和手段还不能满足竞技体育训练的要求，不能准确反映功能性训练的水平，对于康复领域中的评价方法迁移的效果尚值得进一步研究。

7. 研究反思

（1）力量训练的监控在国内外越来越多地引起关注，目前，国外的发展优于国内,可穿戴设备的应用研究缺乏。

(2) 国内尚需大力开发对专项力量监测、实施反馈和设计系统,以实现对运动员长期的专项力量素质定量跟踪,科学监测和评价运动员肌力增长变化的连续发展过程。

(3) 力量训练的监测系统由于其价格昂贵,只在国家队、科研机构配备使用,各省、市级运动队教练员对运动员力量训练的监控仍然处于"主观经验",没有先进的设备和定量的指标辅助教练员制定力量训练计划。

(4) 功能性力量训练监测的研究缺乏。

(5) 各运动项群专项力量训练效果测量设备亟待研制,不能以简单的肌力测量仪器来确定专项力量的水平高低,因为专项力量手段设计中既考虑了不同项目参与做功的肌肉用力特征,也分析了其技术结构的生物力学特征。

8. 发展趋势

(1) 将力量训练设备与数字化跑道、数字化球场等进行"联网",共同形成综合的数字化训练系统。

(2) 应用卫星定位、人工智能、视频识别、云计算等高科技技术,对运动员多维度的训练数据进行采集、管理、综合分析和应用,实现对运动员长期训练负荷适应、竞技状态、运动损伤风险等方面的发展趋势预测和监控。

(三) 耐力训练水平监控

在运动训练中,由于运动员身体机能的不断变化和训练环境条件的改变,对运动员训练的全过程进行监控可以使教练员及时了解运动员竞技能力的发展情况,帮助教练员及时根据监控反馈的情况进行训练计划的调整,以提高运动员的竞技能力,避免运动损伤。

耐力是指运动员长时间进行运动的能力。不同专项的运动员需要符合其专项特征的耐力,所以,在进行耐力训练时,训练内容、训练方法、训练负荷的选择都要符合专项的特点和需求,我国运动训练理论曾经有过不管专项的需求,认为耐力是任何项目的基础,练耐力是为专项打基础的训练思想,现在已经证明是不符合要求的。那么,什么样的专项需要什么样的耐力素质?怎样的耐力训练可以更好地提高专项成绩？这就需要对耐力训练的实施进行必要的监测和控制。

1. 训练学指标

负荷强度指标主要是运动成绩、练习的密度等，监控整体强度时，可以用相对强度来表示。负荷量指标有时间、次数、组数、距离、重量等。除此之外，负荷量也有绝对量，百分相对量和平均量等与负荷强度相对应的结构及概念。

（1）用运动成绩计算一次或一组练习负荷强度有两种方法：一是用绝对成绩确定，如100米跑10.5秒比11.5秒的强度大；二是用相对成绩确定相对负荷强度，即某次练习的实际成绩与该运动员的最佳成绩的比值，计算公式为：百分比强度＝最佳成绩/训练成绩×100％。

周期性项目中，以专项比赛成绩与专项距离算出的平均跑速（米/秒）为基础，计算不同距离跑的平均速度占专项跑速的百分比：相对强度＝某个距离的平均跑速/专项平均跑速×100％。一次课的强度用大强度训练总量/占所有同类练习总量的百分比，计算方法为：相对强度＝大强度练习的训练总量/同类所有练习的总量×100％。

（2）负荷密度。负荷密度是运动内容组合关系的时间规定。它是在运动数量的基础上，对运动内容按先后次序展开的即时关系的具体限定。由于训练内容的相对独立性和训练内容组合目的的针对性，必然要求训练内容的重复应有一定的时间停顿，训练内容的结合应有一定的时间过渡，训练内容的反复应有一定的时间间隔。因此，负荷密度实质上就是对上述时间间歇的长短做出明确的限制，消除或减少行为过程中的随意性，提高训练的紧凑性和实效性。负荷密度的确定，不仅使负荷过程的划分更清楚，意图更明确，也使负荷过程表现出单元或组的形式。虽然强度水平不变，训练内容重复的总次数不变，却显现了负荷过程的动态节奏。

2. 生理生化指标

主要是血乳酸、心率、血清肌酸激酶（CK）、尿酮体、血尿素、尿蛋白、血红蛋白等。

（1）心率。心率是运动员承受训练负荷造成的各器官系统变化的综合指标，在一定的范围内，心率随着训练强度的增加而升高，即心率与训练强度之间呈良好的线性相关，因此，心率是监控训练强度的有效指标。但是当以同样的强度持续运动超过2～10分钟后，心率就停留在一个稳定状态，并且在短暂的强度改变后不会有明显的变化。值得注意的是，在大强度运动时心率升高的速度较快，并当运动到一定时间后，心率就停留在一个稳定状态，特别是女子中长跑，马拉松运动员心率达到无氧阈时，开始逐渐脱离原有的直线关系，在超过无氧阈后利用心率评价训练负荷时，只能点对点对应，而不能简单推测此时的生理负荷。因此，单用心率指标监控训练强度时，不能反映强度的积累，一般结合血乳酸指标进行综合评价。

在运动训练中，教练员常用的心率有晨脉、安静心率、运动心率（运动后即刻值）、最大心率、恢复心率（运动后在一定时间内心率的恢复值）等指标作为评判的标准。

（2）血乳酸。血乳酸是目前在训练监控中应用最多最广、被研究最深入最透彻的反映训练负荷强度的指标。通过测定训练后，血乳酸指标的变化能够很好地区分有氧训练和无氧训练，并且血乳酸的升高与训练负荷强度的增加呈正相关。在运动训练中，血乳酸有"训练标尺"之美称。

多年以来，许多研究者、教练员都习惯用 4 mmol/L（毫摩尔/升）作为乳酸阈值，研究表明，大部分 16 岁以上的运动员乳酸阈的确都在 4 mmol/L 水平附近（Santos et al.，2002），乳酸阈值越高，个体的耐力水平越好。然而，也有许多事实证明不同运动员间乳酸阈值有明显的差别，不仅在不同项目的运动员间有差异，甚至在同一个运动员不同的训练阶段中乳酸阈的值都是在变化的。

（3）血清肌酸激酶（CK）。血清肌酸激酶主要来自骨骼肌和心肌，在正常生理活动情况下，其数量很少且无重要催化作用。安静时，血清肌酸激酶总活性的正常值范围为：男子 10～100 U/L（单位/升），女子 10～60 U/L；男运动员 10～300 U/L，女运动员 10～200 U/L（谢敏豪等，2007）。运动中缺氧、相对供能不足、血乳酸堆积带来的酸性产物、肌肉反复剧烈收缩带来的机械牵拉损伤等是造成肌细胞膜破损的主要原因，CK 进而通过破损的细胞膜渗入血液。由此可见，运动强度越大运动中的物理损伤（如冲撞、挤压等）越重，血液中 CK 水平的升高越显著。

（4）血尿素（BU）。血尿素是蛋白质的代谢产物，通过测定血尿素水平可以反映训练负荷量的大小。

（5）尿蛋白。尿蛋白对训练负荷强度变化较为敏感。当训练量提高时，虽然强度较小，但同样会导致尿蛋白排泄量增加，并且大运动量训练以时间的延长为特点，这种时间上的积累会由尿蛋白排泄量的增加体现出来，这是我们用尿蛋白来评估训练负荷量的原理。

（6）血红蛋白。血红蛋白俗称血色素，是红细胞的主要成分，直接影响人体的机能和运动能力，尤其对耐力运动员更为重要。正常人血红蛋白的含量男性为120～160克/升（g/L），女性为110～150 g/L。血红蛋白男性低于120 g/L，女性低于110 g/L，可作为贫血的参考值。血红蛋白反应重竞技项目和激烈对抗项目的运动强度，在耐力性项目中血红蛋白反应训练负荷量。耐力项目运动员的血红蛋白含量应达到最大有氧代谢能力要求的水平。目前认为，男运动员的理想血红蛋白水平在160 g/L，女运动员在140 g/L左右时最适宜发挥人体的最大有氧代谢能力（谢敏豪 等，2007）。

（四）不同项目耐力训练水平监控

1. 摔跤

（1）力量耐力监控

力量耐力的训练手段主要有负重引体向上、负重弯举、壶铃提走、直腿硬举提踵、仰卧起坐、单杠举腿、横拉拉力器、手腕屈伸练习等。对于力量耐力进行监控时，选取的专项指标主要有训练时间长短、力量大小、练习组数的完成情况等；生理、生化监控方面，除了可选择心率、血乳酸、血清肌酸激酶和尿蛋白指标对运动强度进行监控外，还可以选择血尿素和尿酮体对运动负荷量进行监控。血尿素是机体内蛋白质和氨基酸分解的最终代谢产物，通过监测血尿素的变化，可以反映一堂训练课或一个训练日的力量耐力训练负荷量。此外，测定次日恢复值可以评定机能的恢复情况，连续测定恢复期值可以监控一个小周期训练负荷量的变化。尿酮体是脂肪分解代谢的中间产物，作为一个有效的辅助性指标，其变化可以反映一堂训练课或一个训练日的训练负荷量。

（2）速度耐力监控

速度耐力的常用训练方法主要有间歇跑、爬坡跑、负重爬坡跑、垫上对抗组合训练和垫上器械组合训练等。对速度耐力训练的训练学监控指标主要有训练组数、重复次数、跑步成绩或负重情况等；速度耐力是无氧代谢（ATP-CP 和糖酵解供能系统）能力的表现，所以，对速度耐力的生理、生化监控主要通过反映无氧代谢能力的指标来实现，如血乳酸、心率、尿蛋白、血氨等。血乳酸和心率联合监测，可以对摔跤运动员的专项速度耐力训练强度进行监控；血乳酸和血氨联合监测，可以对摔跤运动员的一般速度耐力训练强度进行监控。此外，通过监测血乳酸、血氨、尿蛋白的变化情况还可以评价某种训练方法的负荷强度对速度耐力训练是否有效（莱成法，2012）。

2. 足球

冯连云等人编写的《优秀运动员身体机能评定方法》一书中介绍了运动员身体机能评定的标准，对优秀足球运动员机能评定的内容、方法作了详细的研究。其中，主要的生理指标有心率、肺活量、最大摄氧量；主要的内分泌指标有血清睾酮、血清皮质醇；主要的血液指标有血红蛋白（Hb）、血尿素氮（BUN）、血清肌酸激酶（CK）；主要的免疫指标有白细胞计数、淋巴细胞亚群（侯晋鲁，2012）。

3. 游泳

（1）耐力训练监控方法

每周一早餐前进行肘静脉或指尖采血，测试血红蛋白（Hb）、红细胞数目（RBC）、血球压积（HCT）、白细胞数目（WBC）、血尿素氮（BUN）、肌酸激酶（CK）、睾酮（T）、皮质醇（C）等生化指标，根据负荷强度在训练课测试运动员训练过程的血乳酸、心率和次日晨血尿素氮（BUN）、肌酸激酶（CK）、尿十项指标和晨脉等。

血象指标的测试仪器为 SYSMEXF820，BUN 和 CK 的测试仪器为 MD-100 半自动生化分析仪或 REFLOTRON 全血干式生化分析仪，尿十项指标的测试仪器为日本京都 MA-4260 型尿液分析仪，TC 测试采用放射免疫法测定。另外，血乳酸测试应用 YSI-1500 乳酸盐分析仪。

（2）耐力训练监控指标标准

各项指标的评价参考范围如表 3-4-18 和表 3-4-19 所示。

表 3-4-18　国家队男游泳运动员血液生化指标的评价参考范围一览表

血液生化指标	优	良好	中等	较差	差
Hb（g/L）	168 以上（Above）	162～168	147～162	139～147	139 以下（Below）
RBC（$\times 10^{12}$/L）	5.9 以上（Above）	5.6～5.9	4.9～5.6	4.7～4.9	4.7 以下（Below）
HCT（%）	49.9 以上（Above）	47.4～49.9	39.3～47.4	36.2～39.3	36.2 以下（Below）
BUN（mmol/L）	5.1 以下（Below）	5.1～5.9	5.9～7.7	7.7～8.5	8.5 以上（Above）
CK（IU/L）	105.0 以下（Below）	105.0～130.0	130.0～243.0	243.0～357.0	357.0 以上（Above）
T（ng/dl）	746.5 以上（Above）	630.8～746.5	416.2～630.8	344.8～416.2	344.8 以下（Below）
C（ng/dl）	10.8 以下（Below）	10.8～13.9	13.9～19.9	19.9～22.62	22.6 以上（Above）
T/C	69.1 以上（Above）	51.7～69.1	28.6～51.7	22.8～28.6	22.8 以下（Below）

表 3-4-19　国家队女游泳运动员血液生化指标的评价参考范围一览表

血液生化指标	优	良好	中等	较差	差
Hb（g/L）	149 以上（Above）	144～149	131～144	126～131	126 以下（Below）
RBC（$\times 10^{12}$/L）	5.2 以上（Above）	4.9～5.2	4.4～4.9	4.1～4.4	4.1 以下（Below）
HCT（%）	44.6 以上（Above）	42.4～44.6	36.3～42.4	33.7～36.3	33.7 以下（Below）
BUN（mmol/L）	4.3 以下（Below）	4.3～4.9	4.9～6.5	6.5～7.5	7.5 以上（Above）

续 表

血液生化指标	优	良好	中等	较差	差
CK（IU/L）	75.4 以下（Below）	75.4~95.0	95.0~155.0	155.0~219.0	219.0 以上（Above）
T（ng/dl）	88.9 以上（Above）	74.6~88.9	37.1~74.6	21.3~37.1	21.3 以下（Below）
C（ng/dl）	12.5 以下（Below）	12.5~16.4	16.4~23.0	23.0~25.8	25.8 以上（Above）
T/C	6.2 以上（Above）	5.2~6.2	2.5~5.2	1.0~2.5	1.0 以下（Below）

（以上两表参见：赵杰修 等，2006）

4. 皮划艇

许多学者认为，最大摄氧量是反映人体有氧耐力的重要指标之一，最大摄氧量的好坏决定了运动员有氧能力的高低，因此，最大摄氧量可以评价运动员阶段性有氧训练的效果。影响最大摄氧量的因素有很多，主要包括运动员的年龄、性别、肌纤维类型、遗传和训练等因素。有研究指出，最大摄氧量受遗传因素的影响较大，在短时间内训练最大摄氧量增长不大，所以对最大摄氧量进行监控没有实际意义。但是，国外学者戴维斯对耐力性项目的运动员系统训练进行研究，结果表明，运动员的最大摄氧量可以提高25%。从这一研究成果中得出，通过系统的有氧训练，运动员的最大摄氧量在一定的程度上是可以提高的。因为训练可以引起骨骼肌和心肌细胞中线粒体数量增多，有利于肌细胞对氧的摄取，促使最大摄氧量增加。利用最大摄氧量来评价运动员阶段性有氧训练效果已经被人们在体能类耐力项目中广泛应用。

研究发现，运动员最大摄氧量的测试结果呈先下降后上升的趋势，以冬训前的测试结果为基础值，运动员在冬训后最大摄氧量的测试结果与冬训前的测试结果相比有所下降，原因可能是在整个冬训过程中有氧训练安排主要采用持续训练法、重复训练法进行大训练量陆上跑步、测功仪训练和荡桨池训练等非专项的训练，由于大训练量的积累，运动员的身体机能出现疲劳状态，导致运动员在测试过程最大摄氧量略有下降。而且冬训阶段中有氧训练的比例要大于力量训练，目的就是对运动员训练量的一个积累过程，从而为运动员储备体能。这一阶段主要的训练手段对有氧耐力训练效果较好。春训后的最大摄氧量的测试结果与冬训后的测试结果相比有所增加。原因可能是在春训阶段训练的重点转移到水上，主要以改进水上技术为主，训练量相应地减少，运动员的疲劳感逐渐恢复，导致最大摄氧量有所增长。比赛前最大摄氧量的测试结果与春训后的测试结果相比有所提高，表明在冬训结束后随着水陆转化的开始，陆上训练量减少，水上训练量增多，但是有氧训练比赛前阶段仍然是训练的重点，只是训练强度有所增加，导致最大摄氧量出现小幅度增长。从整个训练周期看，最大摄氧量在比赛前得到了相应的提高，可能是因为在这两个阶段运动员身体机能得到恢复，水上发展有氧能力的比例增加，使最大摄氧量得到提高，表明有氧耐力训练安排比较合理，有氧训练具有一定的效果。但是从整体上看，最大摄氧量增长幅度不是很大，可能是因为最大摄氧量受遗传因素的影响比较大，导致最大摄氧量增长不明显（路亮，2014）。

5. 花样游泳

花样游泳项目日常训练主要包括力量训练、中段控制力训练、陆上耐力训练、水上耐力训练、专项技术训练、自选训练以及陆上模仿训练和舞蹈训练等。一堂训练课负荷监控选用指标如图 3-4-17 所示。

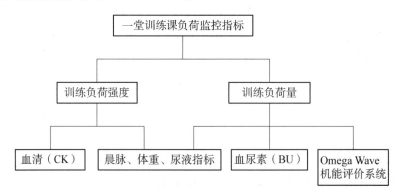

图 3-4-17　花样游泳项目一堂训练课负荷监控指标示意图

虽然训练方式和训练手段多种多样，但一堂训练课总是围绕这堂课的训练目的，对一组/成套动作进行有机组合。所以，对花样游泳项目一堂训练课负荷的监控是建立在一组/成套动作训练负荷监控的基础之上。因此，对一堂训练课负荷监控选用的生理、生化指标需从训练量和强度两个方面入手。常选晨脉、体重、血清（CK）、甲状腺机能

(EU)、尿液指标等进行监控（图3-4-15）；另外，还需记录相关训练学指标，如游泳安排的总距离、力量训练安排的重复次数和重量以及运动员的完成情况等。

通常来讲，对训练负荷不适应、过度疲劳、患病均能引起运动员晨脉的波动，一般出现上升趋势，而过度疲劳后期则会引起晨脉下降。花样游泳运动员晨脉水平约57次/分，个体差异较大，晨脉基础值较高的运动员变化范围为63～70次/分，而晨脉基础值低的运动员变化范围为47～55次/分。在长时间、大强度专项成套训练负荷后，运动员次日晨脉常表现出升高趋势。

一堂训练课负荷监控测试体重的目的在于监控运动员体液的丢失情况，常结合尿液指标判断。花样游泳项目在强化体能训练期间运动员体重会出现下降，主要是体液丢失过多导致。

花样游泳运动员BU处于3.00～10.00 mmol/L的范围，个体差异大，基础值较高的运动员BU为5.66～9.07 mmol/L，而基础值较低的运动员BU为3.17～5.46 mmol/L，因此，在利用该指标评价训练负荷量时要充分考虑个体差异。花样游泳运动员在大训练量期间BU约7.00 mmol/L。尿酮体是机体脂肪酸不完全氧化代谢供能的产物，可间接反映训练负荷量，但需区分过多膳食脂肪摄入引起的尿酮体一过性增多的现象。另外，还可利用尿比重、酸碱度结合体重的变化来反映体液的丢失情况。由于运动员训练时间长，多数运动员未能及时补水，在大强度训练后，运动员常会出现次日晨尿比重>1.03、尿液偏酸（pH=5.5）的情况。

花样游泳项目一堂训练课的训练安排通常会有所侧重，如教练员是想强化体能还是强化技术，抑或是侧重编排，因此，训练的方法和手段可能会是多方面的，但整个计划总有一条主线贯穿。这就需要根据这条主线去安排训练监控的内容、指标的选用。同时，涵盖前面所述的训练学指标和运动员训练完成质量，对这一堂训练课的训练负荷强度和训练负荷量进行综合评价（徐建方 等，2012）。

（五）衡量不同运动项目耐力训练水平监控的几种外部指标

（1）周期性项目：通过标准距离的最短时间以及与各段距离的速度比（耐力指数）。
（2）球类项目：训练过程中，有效训练动作数量的保持和增加。
（3）举重、投掷等项目：在标准负荷量的条件下用力强度的增大或远度的增加。
（4）难美项群类项目：训练过程中技术的稳定性。

(六) 问题与反思

1. 监控设备应用场景固定

耐力训练水平监控的实时反馈环节中，国内对可穿戴设备（便携式肌电仪、霍尔特氏心电监测器等）使用较少。心率虽也可反馈耐力训练水平的情况，但其具有可操作和可欺骗性，远没有肌电图和心电图的数据可靠直观和实时的监测把控性高。

2. 监控指标过多依赖于生理、生化指标

当前国内对于耐力训练水平的监控还依靠于心率、血乳酸等用于运动负荷监控的生理、生化指标，这些指标虽可体现运动员机体对耐力训练的反应和适应程度，体现耐力训练水平的升降，但存在延时性和"一致"性，由于运动员存在个人差异，可能不能即时指导训练计划的制定与实施。

3. 研究视角比较单一，研究局限于有氧耐力和无氧耐力的监控

从耐力素质分类的角度切入，有氧耐力和无氧耐力的训练监控是研究的主流内容，肌肉耐力、专项耐力等训练水平监控的研究缺乏，无法给予基层教练员与学者对此方面内容更为全面的认识，如射击项目运动员举枪的手臂肌肉耐力、举重运动员手臂持续发力的耐力等。

4. 研究对象集中于体能主导类项目，对其他项群研究关注不够

耐力训练水平监控的研究项群分布不对称。研究中多为体能主导类中的耐力性项目（中长距离走、跑），而技能主导类（体操）和技心能主导类（台球、射箭）项目极少，我们认为，耐力素质在不同的竞技项目中有着不同的作用，无论哪类项目，对耐力水平提高的需求应是相同的。对于长距离项目，耐力训练水平监控有助于提高竞技水平；对于持续时间较长的运动项目，耐力训练水平监控有助于更好地把控竞赛结果；对于持续时间较短、技术性高的运动项目，耐力训练水平监控有助于训练时适应和承受不断加大的训练负荷，更好地适应项目发展。因此，后续可对除体能主导类中的耐力性项目以外的运动项目跟进一些耐力训练水平监控的研究，丰富此领域内容。

(七) 研究展望

1. 耐力训练和专项技术训练相结合

对专项运动特征的研究是近年来我国运动训练界的一个关注热点。人们认识到，所有项目的运动都是一个动态、连续和变化的过程，专项的技术、体能以及心理都会在这个过程中产生变化，这种变化本身也同属于专项特征的范畴，而且在很大程度上是更加全面和深入的运动特征。运动员耐力训练应当从生理、生化和训练学的角度，研究不同训练负荷和强度对运动员机体的不同影响和作用，根据项目和运动员的特点选择训练方法和手段，制定细致的强度分级，科学检测和评价有氧能力的发展水平以及有氧能力水平对专项成绩的影响（陈小平，2008）。

2. 有氧和无氧能力在横向和纵向呈现相互支撑和制约的动态关系

如前所述，对于排球运动来说，排球专项是以有氧代谢为基础、无氧代谢为主体、少量乳酸能供能的一项综合性的间歇性的供能运动项目。有氧与无氧供能比例是构成专项耐力的主要因素，该比例往往也被作为专项耐力训练的依据。研究已经证明，有氧或无氧训练对肌肉的影响并不是单一的。一方面，可能会出现彼此相互支撑的情况，如有氧能力的提高会推迟无氧糖酵解供能开始的时间，高于有氧的强度（如无氧阈值强度）也可以有助于有氧能力的提高。但是，另一方面，它们还会出现相互制约的关系，有氧或无氧的训练可以导致整个肌肉系统的特性向有氧或无氧能力的方向发展，一种能力提高的同时会削弱或制约另外一种能力的水平和发展（陈小平，2010）。陈小平等人在对赛艇专项模拟比赛过程中不同阶段的有氧和无氧供能比例以及不同生化指标进行测试，结果表明在6分钟的专项比赛过程中，运动员在加速、转换、途中与冲刺阶段的有氧和无氧供能比例在不断发生着变化。有氧与无氧能力的关系不仅表现在横向的耐力组合方面，还表现在纵向的周期训练方面，如在准备期与比赛期有氧与无氧能力的发展。从运动训练的生理适应角度分析，运动员有氧和无氧能力的彼此关系与不同类型肌纤维对训练负荷产生的不同适应有关。

3. 对耐力训练的评价由结果转向对过程的关注

耐力训练效果的评价不仅指对训练结果的评价，更重要的是对耐力训练过程的评价，对训练过程的关注是运动训练科学化水平提高的具体体现，它可以更加真实、深入地了解和认识项目特征，在源头上形成正确的方向；更加突出运动训练的系统性，全面和完整地把握训练与比赛的全过程。一个运动员从选材到成为优秀选手一般需要经过 10~15 年的训练，在这个过程中，教练员应该随时了解和把握运动员机体对训练负荷产生的各种反应，不断修正和调整训练的目标与方法，最有效并且最大程度地挖掘运动潜能。动态变化是所有竞技运动项目共有的特点，从结果到过程的控制是使科学研究更加接近运动专项的一条重要途径，也是当代运动训练科学化水平提高的一个凸显点和主要发展趋势。无论是对运动员训练的宏观调控还是微观指导，都不能只停留在对结果的静态分析水平上，而必须对造成这一结果的原因，即过程进行深入的研究，从多角度和多层次上分析与总结专项训练（耐力）的特征（陈小平，2007）。

4. 数字化耐力训练是耐力训练水平发展的一个重要方向

随着科技的发展和对训练规律的深刻认识，在耐力训练过程中进行数字化监控也将越来越受到重视。国际上一些高水平运动队和精英运动员已经率先实现或部分实现了体能训练的数字化，许多国外运动科学研究人员都在致力于数字化体能训练研究。我国一些体育科研机构也开始关注此领域的发展，北京市体育科学研究所于 2016 年备战里约奥运会期间建立了国内第一个"数字化体能训练实验室"，将数字化的理念应用于部分精英运动员的体能训练。中国国家女子排球队教练团队也采用数字化体能训练来监控运动员在训练和比赛中的有氧和无氧耐力训练，实时评价并调整运动员耐力训练计划和实施。数字化体能训练将推动体能训练的数据化、客观化和精细化，是体能训练未来发展的趋势（闫琪 等，2018），体能训练数字化标志着耐力训练将走向科学化和精确化方向。

二、运动技能训练水平测评及其趋势

运动技术训练是一个复杂的、动态的、个体化的、多因素影响的过程。技术诊断问题不尽相同，具有鲜明的专项特征和个体需求。技术诊断与监测是优秀运动员在准备奥运会和其他重大国际比赛期间训练监控中所亟待解决的一个问题（田野 等，2008）。运动技术监控是以运动员的技术动作为控制对象，教练员和科研人员为施控者，对一系列对应的相关技术变量指标进行集合，同时考虑运动员身体的各方面实时状态，有目的地针对运动技术的发展建立控制。

（一）运动技能训练监控的指标体系

运动员的技术监控主要分为定性监控与定量监控（表3-4-20）。

表3-4-20 技能训练监控的指标体系

监控性质	运动项群	监控指标	方法及工具
定性监控	技能主导类表现难美性项群（如跳水、体操和蹦床等）	难度和美感	高速同步摄像系统（KODAK、JVC）、计算机运动技术诊断的模拟（仿真）
定量监控	体能主导类速度性项群（如短跑、110米栏等）	步长：前支撑距离、后蹬距离、腾空距离；步频：支撑时间、腾空时间	运动捕捉系统、立体定点摄像测量法
	体能主导类快速力量性项群（如跳远、跳高等）	步频、步长、关节角度、身体重心水平速度等	不同数量机位动作捕捉系统
	技战能主导类同场对抗性项群（如手球、足球、篮球、曲棍球等）	防守技术和进攻技术	运动捕捉系统中的高分辨率的静态图像和HD视频流、Qualysis三维运动学测试系统
	技战能主导类隔网对抗性项群（如乒乓球等）	击球旋转角度、击球速度等	乒乓球动态测转仪、定点定机高速摄影和高速摄像方法、DPS数据处理系统、Qualysis三维运动学测试系统等
	技心能主导类表现准确性项群（射击、高尔夫等）	晃动情况、瞄准时间、瞄准精度、瞄扣配合、击发时机等	激光瞄准测试系统、表面肌电测试

1. 定性监控

以女子自由体操为例（张晓平，2009）。

表3-4-21 第四十届世锦赛女子自由体操决赛构成A分技巧类动作使用形式一览

类型	∑	难度	人次	使用动作与连接
单空翻	23	C和D	2和7	（一）后直720°①；（二）前直360°①；和（一）后屈2周④；（二）前直720°③

续 表

类型	∑	难度	人次	使用动作与连接
		E	8	（一）后屈2周转360°①；（二）后团2周转360°③；（三）后直1080°②；（四）后跳转180°前团2周②
		F和G	4和2	（一）后直2周②；（二）后跳转180°前屈2周②；和（一）后团2周转720°②
		A+E	1	后直→后直1080°①
二连接	9	C+C	5	（一）前直360°→前直540°①；（二）前直540°→前团（直）360°③（三）后直540°→前直540°①
		D+C	2	（一）后直900°→前团（直）360°②
		C+B	1	（一）后直540°→前直180°①
三连接	1	C+A+E	1	后直540°→前团2周①
四连接	1	C+A*+A+E	1	后直540°→踺子→后手翻→后直1080°①

表3-4-22 仰泳专项技术监控指标及十分制评分一览表

		仰泳专项技术监控指标	评分									
			10	9	8	7	6	5	4	3	2	1
1. 出发技术 2. 途中游技术	身体姿势位置 腿部动作 臂部动作 配合（手、腿、呼吸）	1. 头部是否稳定，身体是否平直、自然伸展，仰卧在水中躯干是否保持流线型 2. 头的稳定和躯干是否整体沿躯干纵轴转动 3. 是否以髋关节为支点，大腿发力，脚大拇指稍向内，脚背对水，带动小腿向后上方踢水，有鞭状动作 4. 打水是否幅度大，节奏好，频率快 5. 手臂是否直臂移臂，肩靠耳朵 6. 是否小拇指入水，大拇指出水 7. 抱水、推水、出水动作是否连贯流畅 8. 空中移臂是否保持一定的紧张度，移臂高，入水点远 9. 手臂入水后，是否抓水深，加速明显，动作连贯，划水路线正确 10. 身体是否保持高、平、直沿躯干纵轴转动，打腿和划水均匀协调 11. 手腿配合节奏是否正确										

续　表

		仰泳专项技术监控指标	评分 10 9 8 7 6 5 4 3 2 1
3. 转身技术 4. 终点触壁技术 5. 划频和划距是否合适			

表 3-4-23　蛙泳专项技术监控指标及十分制评分一览表

		蛙泳专项技术监控指标	评分 10 9 8 7 6 5 4 3 2 1
1. 出发技术 2. 途中游技术	身体姿势位置 腿部动作 臂部动作 配合（手、腿、呼吸）	1. 平式蛙泳时，身体是否平卧水中，身体位置平稳 2. 波浪式蛙泳时，躯干参与波浪动作是否导致身体重心上下起伏较大 3. 是否以腰与大腿发力，通过伸膝做快速而有力的弧形蹬夹水动作 4. 是否以小腿和脚内侧对水，脚掌对水面积大，膝关节是否同肩宽，翻脚动作清楚，呈W型 5. 内划和前伸动作是否到位，内划夹水动作是否清楚 6. 划手内划夹水和前伸动作连贯、快速有力 7. 手腿配合动作时机是否正确，手、腿和呼吸是否有滑行的配合，是否晚呼吸、晚配合 8. 滑行实效性是否好	
3. 转身技术 4. 终点触壁技术 5. 划频和划距是否合适			

第三章　运动训练的实操性问题 ｜ 275

表 3-4-24 自由泳专项技术监控指标及十分制评分一览表

		自由泳专项技术监控指标	评分									
			10	9	8	7	6	5	4	3	2	1
1. 出发技术 2. 途中游技术	身体姿势位置 腿部动作 臂部动作 配合（手、腿、呼吸）	1. 游进中身体是否直、平、伸展，平卧在水中 2. 身体是否沿躯干纵轴转动 3. 是否以大腿发力，带动小腿和脚鞭状打水，水下打腿深而密，频率快 4. 是否高肘移臂，高肘前伸插入水，肩部靠耳朵 5. 身体是否平衡，划水有力协调，动作实效好										
3. 转身技术 4. 终点触壁技术 5. 划频和划距是否合适												

2. 定量监控

(1) 整体技术评定指标体系（图 3-4-18）。

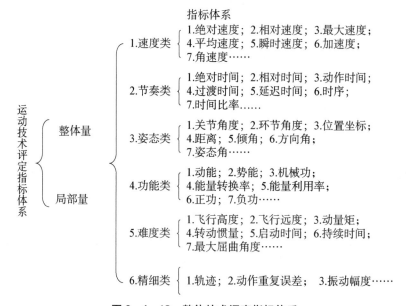

图 3-4-18 整体技术评定指标体系

(2) 跑的运动技术评定指标系统（图 3-4-19）。

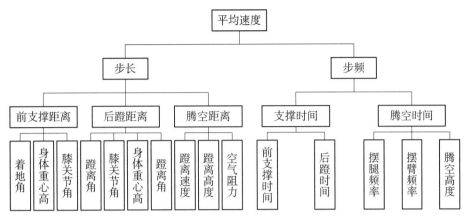

（参见：赵焕彬，2007）

图 3-4-19 跑的运动技术评定指标体系

(3) 手球运动中的防守技术指标和进攻技术指标。

1) 防守技术指标（表 3-4-25）。

表 3-4-25 手球运动中的防守技术指标

指标	预判	落点	追赶与威慑	位置	拦网	标记枢纽	改变对手	反拦网	移动	倾斜	拦截	交流	摆脱防守	防守协作	摆传或防守性撤退	视觉控制	滑动
	1	2	3	4	5	6	7	8	9	10	11	12	13	14	15	16	17
1. 预判	—	0	3	3	0	3	1	2	2	2	3	0	3	0	0	1	0
2. 落点	0	—	3	3	0	3	3	3	3	3	2	3	3	3	3	3	3
3. 追赶与威慑	3	3	—	0	0	0	0	0	0	0	3	3	0	3	3	0	0
4. 位置	3	3	3	—	3	3	3	3	3	3	3	2	3	3	3	3	3
5. 拦网	0	0	0	0	—	0	0	0	0	0	0	0	0	0	3	0	0
6. 标记枢纽	3	3	3	2	3	—	0	3	3	0	0	0	3	0	0	0	0
7. 改变对手	0	3	0	3	0	2	—	2	3	0	0	0	3	2	3	0	0
8. 反拦网	0	3	0	3	0	3	3	—	2	1	0	0	3	2	2	0	3
9. 移动	3	3	3	3	3	3	3	3	—	3	3	3	3	3	3	3	3

续　表

指标	预判	落点	追赶与威慑	位置	拦网	标记枢纽	改变对手	反拦网	移动	倾斜	拦截	交流	摆脱防守	防守协作	摆传或防守性撤退	视觉控制	滑动
10. 倾斜	3	3	0	3	1	2	2	1	—	0	3	1	3	0	0	3	3
11. 拦截	3	3	3	3	0	1	0	0	3	1	—	3	2	1	0	3	3
12. 交流	3	3	3	3	3	3	3	3	3	3		—	3	3		3	3
13. 摆脱防守	3	3	3	3	1	0	1	3	0	3	3	3	—	2	0	3	2
14. 防守协作	1	3	3	1	3	3	0	3	3	3	3	0	3	—	0	0	0
15. 摆传或防守性撤退	0	3	1	3	0	0	0	3	0	2	3	0	2	2	—	3	0
16. 视觉控制	3	3	3	3	3	3	3	3	3	3	3	3	3	3	3	—	3
17. 滑动	0	3	0	3	0	2	0	0	3	2	0	3	1	0	0	3	—

（参见：Aróstica et al.，2016）

2）进攻技术指标（表3－4－26）。

表3－4－26　手球运动中的防守技术指标

指标	连续突破	防守	进攻支持	进攻广度与深度	闪开对手的监视	假动作	罚球	横传	打开	交换	偶数进攻	单数进攻	传球和接(发)球	间隔进攻	联系同线球员	一线与二线的联系	一线进攻的移动	画面的主导地位	落点	视觉控制	位置
	1	2	3	4	5	6	7	8	9	10	11	12	13	14	15	16	17	18	19	20	21
1. 连续突破	—	0	2	3	0	1	3	0	0	0	2	3	3	3	2	3	2	3	3	3	3
2. 防守	0	—	1	2	3	3	3	2	0	0	0	0	0	0	0	3	0	3	3	3	3
3. 进攻支持	2	1	—	1	0	0	0	0	0	0	0	0	3	0	3	3	3	2	3	3	3
4. 进攻广度与深度	3	2	0	—	0	3	3	3	3	3	3	3	3	3	3	3	3	2	3	3	3
5. 闪开对手的监视	1	1	3	2	—	3	1	1	0	0	2	0	1	1	3	1	0	3	3	3	3
6. 假动作	1	1	0	3	0	—	0	0	0	3	3	3	2	2	0	3	1	3	3	3	3
7. 罚球	3	3	3	3	3	3	—	3	3	3	3	3	3	3	3	3	3	3	3	3	3
8. 横传	0	1	3	0	0	3	—	0	0	2	2	3	2	3	3	3	0	3	3	3	3

续 表

指标	连续突破	防守	进攻支持	进攻广度与深度	闪开对手的监视	假动作	罚球	横传	打开	交换	偶数进攻	单数进攻	传球和接（发）球	间隔进攻	联系同线球员	一线与二线的联系	进攻移动	画面的主导地位	落点	视觉控制	位置
9. 打开	0	0	0	3	1	0	3	0	—	0	0	0	0	1	0	2	3	0	3	3	3
10. 交换	0	0	0	3	1	3	3	0	0	—	0	0	0	1	0	2	3	0	3	3	3
11. 偶数进攻	2	0	0	3	0	3	3	2	0	0	—	0	3	0	0	3	3	0	3	3	3
12. 单数进攻	3	0	0	3	0	3	3	2	0	0	3	—	3	0	0	3	3	0	3	3	3
13. 传球和接（发）球	3	3	3	3	2	3	3	3	0	0	0	0	—	3	3	3	3	0	3	3	3
14. 间隔进攻	3	0	0	3	0	2	3	2	0	0	0	0	3	—	3	3	3	0	3	3	3
15. 联系同线球员	3	0	0	3	3	1	3	2	0	0	0	0	3	3	—	0	3	2	3	3	3
16. 一线与二线的联系	2	1	3	3	1	0	3	3	2	2	0	3	3	3	0	—	3	2	3	3	3
17. 进攻移动	3	3	3	3	3	3	3	3	3	3	3	3	3	3	3	3	—	3	3	3	3
18. 画面的主导地位	2	0	2	2	1	1	3	0	0	0	0	0	0	0	0	0	2	—	3	3	3
19. 落点	3	3	3	3	3	3	3	3	3	3	3	3	3	3	3	3	3	3	—	3	3
20. 视觉控制	3	3	3	3	3	3	3	3	3	3	3	3	3	3	3	3	3	3	3	—	3
21. 位置	3	3	3	3	3	3	3	3	3	3	3	3	3	3	3	3	3	3	3	3	—

（参见：Aróstica et al., 2016）

（4）跳远运动员技术评价评分表（表3-4-27）。

表3-4-27 跳远运动员技术评分评价表

技术指标	参数均值	分 值					
		5	4	3	2	1	0
倒1步蹬离角（度）	55.54	±1.43	±2.86	±4.29	±5.27	±7.14	>±7.14
倒1步着地时刻支撑腿髋角（度）	127.25	±2.53	±5.07	±7.60	±10.13	±12.67	>±12.67
倒1步蹬离时刻支撑腿髋角（度）	214.25	±3.35	±6.70	±10.04	±13.38	±16.73	>±16.73

续 表

技术指标	参数均值	分 值					
		5	4	3	2	1	0
倒1步着地时刻支撑腿膝角（度）	140.75	±1.67	±3.34	±5.01	±6.68	±8.35	>±8.35
倒1步最大缓冲时刻支撑腿膝角（度）	125.03	±1.34	±2.68	±4.01	±5.35	±6.69	>±6.69
倒1步步长（米）	2.21	±0.034	±0.068	±0.102	±0.136	±0.17	>±0.17
倒2步步长（米）	2.37	±0.03	±0.05	±0.08	±0.10	±0.13	>±0.13
倒1步步频（步/秒）	4.42	±0.07	±0.14	±0.21	±0.27	±0.34	>±0.34
倒1步支撑时间（秒）	0.14	0.14	—	—	0.16	—	>0.16
倒2步步频（步/秒）	4.16	±0.06	±0.11	±0.16	±0.23	±0.28	>±0.28
倒3步身体重心水平速度（米/秒）	10.28	±0.07	±0.15	±0.22	±0.30	±0.37	>±0.37
倒1步着地角（度）	73.62	±2.00	±4.01	±6.01	±8.02	±10.02	>±10.02
倒2步身体重心水平速度（米/秒）	10.15	±0.09	±0.18	±0.26	±0.35	±0.44	>±0.44
倒1步身体重心水平速度（米/秒）	9.92	±0.06	±0.12	±0.19	±0.25	±0.31	>±0.31
最大缓冲时刻起跳腿膝角（度）	143.12	±1.45	±3.00	±4.35	±5.80	±7.25	>±7.25
着板时刻起跳腿髋角（度）	136.85	±1.72	±3.43	±5.15	±6.86	±8.58	>±8.58
腾起时刻身体重心腾起角（度）	20.12	±0.77	±1.54	±2.32	±3.10	±3.87	>±3.87
起跳腿蹬离角（度）	74.62	±3.26	±6.52	±9.77	±13.03	±16.29	>±16.29
着板时刻起跳腿膝角（度）	155.78	±2.15	±4.30	±6.45	±8.60	±10.75	>±10.75
腾起时刻起跳腿膝角（度）	172.42	±1.06	±2.12	±3.19	±4.25	±5.31	>±5.31
腾起时刻身体重心垂直速度（米/秒）	3.76	±0.09	±0.17	±0.26	±0.34	±0.43	>±0.43
最大缓冲至腾起时刻膝关节蹬伸角速度（度/秒）	612.83	±11.27	±22.54	±33.82	±45.09	±56.36	>±56.36

续 表

技术指标	参数均值	分值					
		5	4	3	2	1	0
起跳过程摆动腿角速度（度/秒）	736.95	±13.89	±27.79	±41.68	±55.58	±69.47	>±69.47
着板至最大缓冲时刻膝关节缓冲角速度（度/秒）	456.41	±2.40	±4.79	±7.19	±9.58	±11.98	>±11.98
起跳腿着板角（度）	65.62	±1.02	±2.04	±3.05	±4.07	±5.09	>±5.09
起跳脚最大缓冲时刻身体重心水平速度（米/秒）	9.33	±0.06	±0.13	±0.19	±0.26	±0.32	>±0.32
腾起时刻身体重心水平速度（米/秒）	9.24	±0.14	±0.28	±0.40	±0.54	±0.67	>±0.67
着板时刻身体重心水平速度（米/秒）	9.58	±0.10	±0.20	±0.29	±0.39	±0.49	>±0.49
起跳腿蹬伸时间（秒）	0.048	0.04	—	—	0.06	—	>0.06
起跳腿缓冲时间（秒）	0.071	0.06	—	—	0.08	—	>0.08
起跳支撑时间（秒）	0.12	0.12	—	—	0.14	—	>0.14

（参见：靳强，2015）

（二）运动技能训练水平测量方法和工具

用三维测力台、高速摄影（或摄像）机和多道遥测肌电仪同步测试某种技术动作，就可以将动力学参数（力—时曲线）、各种运动学参数（包括连续图片）以及生物学参数（肌电图）等不同性质的参数放在同一时间坐标轴上制成同步图，以探索运动的外部特征、动力学原因以及其肌肉力学的性质（叶永延 等，2000）。

（1）方法。优秀运动员的运动技术诊断与监测主要采用影像测量与分析、力的测量与分析、肌电测量与分析等方法，三维动作捕捉技术逐渐兴起（向泽锐 等，2013）。

（2）工具。主要以摄影、摄像、光电反射（激光、红外光、电磁等）类和肌力肌电设备测量，辅以各类系统分析。

(3) 测量。主要有高速同步摄像系统（KODAK、JVC）、一次测量元件应变片、加速度传感器和角度传感器、Qualysis 三维运动学测试系统，摄影测量已发展到三维高速录像（如美国的 Peak5 系统），测力系统已发展到 6 分量测力台和关节肌力矩的直接测量（Cybex 系统）。

(4) 分析。录像影片解析系统（Ensine、Peak）、艾力尔三维录像解析系统、Peak Motus 9.0、Dartfish 9 视频图像处理系统和 Simi-Scout 视频技战术分析软件等。

(三) 技能训练监控的实例

1. 优秀射击运动员的运动技术监控

射击是一项表现准确性的运动项目，对运动员的技术动作的稳定性、规律性、一致性有很高的要求。就射击的技术诊断而言，运动员从第一枪射击动作开始至最后一枪射击动作结束，其枪支的入靶方向、晃动幅度、瞄准时间、击发时机的选择和把握、击发瞬间的保持等必须高度一致。只有在这种情况下才能取得理想的成绩，这是优秀射击运动员在奥运会和其他重大国际比赛训练过程中所面对的一个重要现实。

目前，科研人员主要通过激光瞄准测试系统对优秀射击运动员的技术动作进行长期跟踪诊断与监测。一方面，通过激光瞄准点的运动轨迹对运动员的技术动作进行现场快速反馈；另一方面，通过对运动员在每枪射击过程中的枪支晃动情况、瞄准时间、瞄准精度、瞄扣配合、击发时机等技术诊断指标的分析，对运动员的技术状态进行诊断和监测。

在射击项目中，手枪的技术动作是立姿单手持枪的无依托射击，其动作单一且变化较少，但对技术动作的精细程度却有很高的要求，尤其对持枪臂肌肉用力的协调性有非常高的要求，否则，技术动作的稳定性和枪支晃动的规律性将会减弱。因此，肌肉的协调用力对运动员技术动作精准性有着重要影响，对运动竞技水平的发挥起着重要的作用。

科研人员对手枪运动员在射击过程中持枪臂的主要肌群（斜方肌、三角肌前部、三角肌中部、三角肌后部、肱二头肌、肱三头肌、桡侧腕伸肌、指浅屈肌）进行了表面肌电测试，揭示了各主要肌群在持枪、瞄准和击发过程中的生物力学特征，研究出运动员每枪击发前3秒各肌群的肌电平均振幅及各肌群的贡献率,从而对手枪运动员技术的一致性和稳定性进行诊断和监测,并为指导运动员的专项力量训练提供了科学依据(图3-4-20)。

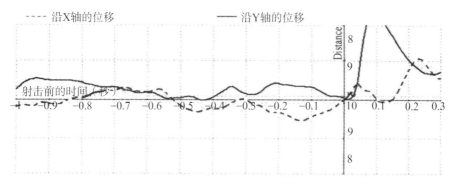

图3-4-20 手枪运动员射击过程中持枪臂的表面肌电振幅曲线图
(注:实线表示瞄准点随时间左右晃动情况,虚线表示瞄准点随时间上下晃动情况)

2. 优秀乒乓球运动员的运动技术监控

旋转和速度是乒乓球比赛的两大主要制胜因素。科研人员根据乒乓球队的需要采用乒乓球动态测转仪、定点定机高速摄影等方法,创造性地对优秀乒乓球运动员进行了各种发球、击球、球拍性能等对击球旋转和击球速度影响的定量研究与实验,为国际乒乓球联合会将直径38毫米的乒乓球改为直径40毫米的乒乓球提供了科学的实验依据。在此基础上,教练员根据这些研究结果科学地准备和调控训练过程,为在奥运会和其他重大国际比赛上取得优异成绩提供了技术支持。

此外,科研人员在采用视频技战术分析软件(Simi-Scout)的基础上,引入"乒乓球三段分析法",丰富了优秀乒乓球运动员的技战术分析指标体系,建立了单打和双打的技战术分析模块、不同打法类型的技战术分析模块等,实现了临场比赛的快速诊断与结果反馈。同时,科研人员在优秀乒乓球运动员的训练中,采用常速摄像、高速摄像、Qualysis三维运动学测试系统等,对优秀乒乓球运动员的基本比赛技术进行了测试与诊断,为教练员调控运动员的技术训练提供微观的科学参考依据。

3. 短跑运动员的运动技术监控

运用立体定点摄像测量法，对短跑运动员进行专项技术测试，测试流程如下：按日本模型给运动员贴关节点标志，应用三维摄像测量原理，将四台 JVC9800 摄像机（拍摄频率 50 赫兹）A、B、C、D 分别放置于如图 3-4-21 所示的四个位置，使 A、B 机主光轴的连线与跑道保持垂直且均距运动员 30 米，机高 1.2 米，视场范围 8 米。每位运动员每次跑 40 米（约 9 米/秒），共计跑六次，拍摄运动员 8 米视场范围的运动图像。图像解析采用艾力尔三维录像解析系统进行图像采集和数据统计，得到各关节点三维坐标和线速度等。

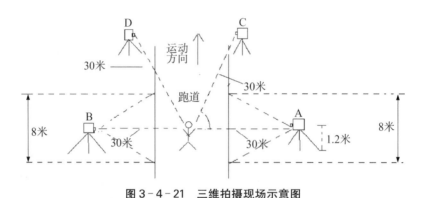

图 3-4-21 三维拍摄现场示意图

4. 高尔夫运动员的运动技术监控

计算机辅助下的三维运动捕捉技术对于运动员整体动作图像的整合功能是其他技术手段无法实现的，通过图像反馈技术对技术动作进行量化分析，特别是其提供的量化指标破解了以往模糊的凭空想象。例如，高尔夫球训练的图像捕捉系统（GTRS-1，如图 3-4-22 所示），其工作路径是通过一台高清相机进行图像捕捉，然后将采集的数据通过传感器发送至计算机处理系统，从而获得运动员在动作过程中的加速度、角速度、角度等多维数据指标（周宁 等，2014）。

国外使用运动捕捉技术做的研究有很多与高尔夫运动有关。Wallace 等人（2004）使用带 5 个摄像机的捕捉系统对高尔夫球员全身共 14 段的动作进行追踪，分别捕捉 9 个球员采用四种不同球杆进行击球的动作，以此寻求运动姿态与高尔夫

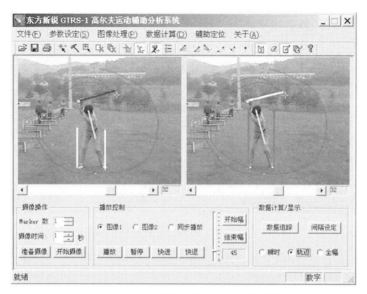

图 3-4-22 高尔夫球辅助训练系统操作界面示意图

球杆长度之间的匹配关系；内斯比特（Nesbit，2005）利用运动捕捉设备收集了具有不同球技水平的 84 名球员的全身挥杆数据，利用这些数据建立了仿真模型，可用于研究不同球员的挥杆动态；惠特等人（Wheat et al.，2007）使用带 8 个摄像机和 9 个标记点的捕捉系统对 10 名球员分别进行 8 次击球的动作研究，求得了一些具有参考价值的数据；迈尔斯等人（Myers et al.，2008）使用带 8 个摄像机的动作捕捉系统对 100 名高尔夫球员挥杆时的臀部和躯干运动进行研究，求得了躯干、骨盆的运动与挥杆及球速之间的内在关系，为高尔夫教练进行科学训练提供了理论上的支持；埃文赛伯等人（Evansab et al.，2012）采用一套电磁捕捉系统对高尔夫球员的相关动作进行了多项测试实验与分析。

5. 曲棍球运动员的运动技术监控

通过运动捕捉系统，利用高分辨率的静态图像和 HD 视频流，为教练员以及科研人员展示平常很难用肉眼和经验看见的曲棍球运动动作，使得他们能够更清晰地看到动作的图像，传统的用肉眼和经验观察只能看到一个角度的动作状况。如果用更多摄像机追踪某个球员，那么就可以多视角展示运动员的技术动作，从而使教练员发现微小的错误，及时对运动员进行纠正，进一步提高训练的效果（图 3-4-23）。

图 3-4-23 曲棍球动作捕捉系统

6. 110 米栏运动技术监控

在备战 2004 年雅典奥运会期间，我国 110 米栏运动员刘翔的背后就有一支 4 人的运动捕捉技术小组，他们从德国购置了一套价值近百万元的运动捕捉系统，捕捉了刘翔日常训练和比赛情况以及他的主要对手如阿兰·约翰逊等的技术特征（图 3-4-24），

图 3-4-24 110 米栏运动技术动作捕捉

对拍摄的图像进行数字化处理,将刘翔跨越栏架的时间与对手的数据进行比较分析,并将结果和改进训练的建议反馈给教练员,为刘翔奥运会夺冠奠定了科学的基础(陈健和姚颂平,2006)。

7. 优秀男子跳高运动员运动技术监控

程泓人使用三台型号为 DCR-TRV75E 的 Sony 摄像机,部分比赛使用三台 JVC GC-P100 摄像机(图 3-4-25),采用定点和定焦拍摄的方式,结合 Peak Motus 9.0(图 3-4-26)、Dartfish 9 视频图像处理系统(图 3-4-27、图 3-4-28),运用运动现场拍摄法和视频图像解析法,研究了 2018~2019 年间国内重大赛事中成绩

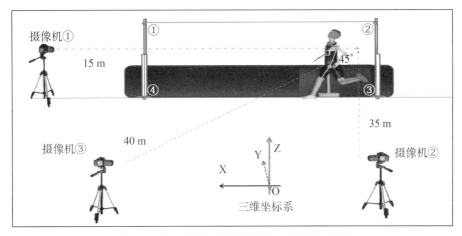

图 3-4-25 跳高比赛现场相机布置情况示意图

图 3-4-26 Peak Motus 9.0 数据解析图

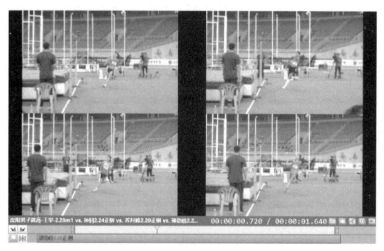

图 3-4-27　Dartfish9 多画面视频同步叠加效果图

图 3-4-28　Dartfish9 跳高全程技术全景效果图

在 2.20~2.24 米区间的我国优秀男子跳高运动员在助跑阶段、起跳阶段和腾空过杆阶段关键技术参数和技术特征，如助跑最后 2 步的步长、助跑倒二步和倒一步的步速、后 2 步的平均速度、助跑水平速度损失率、助跑速度转化率、起跳着地和离地时身体重心高度、起跳着地瞬间与离地瞬间的水平速度和垂直速度、起跳阶段垂直速度的转化率、起跳时腾起初速度和腾起角度、起跳着地时身体的后倾角度、起跳离地时躯干的侧倾角度、身体重心投影点距起跳脚脚尖的距离、腾起时身体重心最高点、腾起阶段的重心位移距离等,通过与世界级优秀男子跳高运动员 2.27 米以上跳次的关键运动技术参数作对比,揭示出我国男子跳高运动员的关键技术特征(程泓人,2020)。

8. 拳击运动员技术监控

对抗性项目的研究人员已经开发了可以与负荷单元(load cell)相连的电子器件,其可以将运动员击打的负荷转化为电子信号,进而评价运动员出拳和踢腿的力量(Gabbett,2015)(图 3-4-29)。

图 3-4-29 拳击手击打装置
(照片由安德留斯·雷蒙纳斯提供)

加伯特(Gabbett T. J.,2015)研究使用了一个拳击的专业测试方法,包括击打一个定制的、固定在墙上的带有负荷单元的装置,对队员击打力量和速度进行记录,结果显示,仪器的变异系数小于1%,说明这个仪器的可靠性是非常高的。监控工具和其他的运动能力测试相配合,可以很好地洞察使运动员达到巅峰的策略。一些监控系统可以在训练和比赛中反馈力量曲线。监控者可以根据力—时间曲线计算如力量峰值、平均力量和力量峰值的时间等指标(Conceicao F. J.,2015)。实时反馈可以很好地揭示运动员的运动技术,教练员可以在训练周期中给运动员提供指导以提高他们的运动表现。

(四)问题与反思

(1)大多数运动技术监控成果受诊断方法和研究手段限制,表现为对某项目运动技术或某运动技术进行相对零散的孤立分析，很难把握各运动项目的内在规律性。

（2）运动技术有着不可同一性，因此，运动员的个体差异性决定了运动技术监控在未来必定是因人而异，且更加精细化。同时，高水平运动员运动技术模型的建立将由群体模型向个体模型转变。

（3）技能训练监控的测量与分析工具基本都是国外引进，售后服务受制于国外厂商，一旦出现问题，技术监控研究势必中断，因此，研发适合中国运动训练实践的运动技术监控设备是今后努力的方向。

（4）只有"监"，没有"控"。目前关于我国技能训练监控的研究几乎都只是对专项运动技术进行测量和评价，反馈给一线教练员的测评意见过于专业化，对教练员如何根据技术测评意见进行科学调控缺乏实质性的指导和帮助。

（五）发展趋势

1. 规范化

规范化对于运动员运动技术的评定具有重要意义。规范化一般是针对所采集到的数据而言的，数据采集是进行评定工作的第一步，采集的数据越规范，越有利于评定的准确。但是，当前来看，由于人体的运动形式、场地条件等差异，在一定程度上导致数据信息采集出现一定偏差，从而影响技术评价的准确性。因此，为了保证资料的可靠性以及准确性，为运动员运动技术评价提供准确的可比性数据，应对数据的规范化水平提出一定的要求，这也是运动技术评价的未来发展趋势之一。只有数据规范了，评价结果才能更准确，运动技术才能够更科学。

2. 精细化

精细化是运动技术评价的重要发展趋势之一。对于运动员来说，运动技术水平越高，对动作精细度的要求就越高，差一分一厘都有可能影响运动员的技术水平发挥。例如，射击运动员瞄准姿势差一点点，就有可能由十环打成七环或者八环，甚至有脱靶的可能。因此，精细化对于运动员技术评价来说，具有十分重要的意义。试想，如果评价仪器及评价手段都比较粗糙，显然，这样测得的数据难以对运动员，尤其是优秀运动员的运动技术水平进行准确的测量，进而也就无法准确地判断运动员运动技术水平的优劣。换个角度来看，对于一些后备人才来说，其在某种程度上需要与优秀运动员找差距，而找差距的途径之一便是通过技术对比，当优秀运动员的技术评价数据不准确时，不仅影响运动员自身的技术水平，对于以之为参照的运动员来说，也会产生一定的误导作用。因此，精细化也是未来运动技术水平评价的主要发展趋势。

3. 简单化

目前来看，对运动员运动技术进行评价所使用的仪器及后续数据处理都还较为复杂，大部分情况下需要一个团队才能测得相关数据。这对于运动员运动技术的评价来说会产生一定的不便。因此，对运动员技术评价过程予以简单化处理就显得尤为重要。试想，如果评价过程过于复杂，那么对于一般人来说便难以进行良好的技术评价，由此对运动员运动技术的评价也就只能借助教练员的相关经验予以定性判定。如此下来，科学化水平就会大大降低。当运动员运动水平达到较高程度时，教练员难以对运动员的技术优劣做出更为细致的判断，当评价程序过于复杂时，对运动员的运动技术评定便会流于文字叙说，难以落地，进而达不到相应效果。因此，简单化也是未来对运动员运动技术评价的主要发展趋势。

总之，未来的运动技术评价将朝着以下几个方向发展：虚拟现实技术等更加先进的设备将广泛运用在运动技术监控中；形成多学科交叉融合的科研团队；因人而异地制定科学的技术训练方案，建立个体最佳技能训练模型；科学调控专项技术训练将受到更多的关注。

三、战术训练水平测评及其动态

运动战术是竞技能力的主要构成要素，是运动训练的重要内容，是反映专项运动特征的主要形式。现代竞技体育比赛的竞争越来越激烈，比拼的不仅是体能、技能、战术、心理、智能等在内的综合竞技能力，还有战术能力。战术在不同的运动项目中所体现出的重要性也不同，例如，在田径、游泳等以体能为主要竞技特征的周期性项目中，对战术要求比较低；以技能为主的非对抗性项目，如体操、射击等，战术组织和运用具有非常大的自主性，相对容易。在这些项目中，由于技术和体能占主导地位，战术运用能力难以决定比赛的胜负。但是在以技能为主要表现形式且具有对抗性特点的项目中，战术的作用就被大大凸显出来，主要是球类运动项目。所以，战术能力训练一直受到球类等集体运动项目教练员们的重视，但是如何在平时的战术训练中监控其训练效果，使训练成效能够在赛场上表现出来，科学监控其训练水平就显得非常重要。本节着重从战术训练监控的指标、方法，以及监控手段进行阐述。

（一）战术训练水平监控的方式

不同的运动项目有着不同的战术，所以他们的战术监控方式也各不相同，同时也存在着一定的共性。

1. 录像分析技术（动作捕捉系统、高速摄像机）

通过查阅文献资料发现，目前主流的战术监控方式是录像分析法，通过对场上运动员的技术特点进行记录，结合数理统计法制定出有针对性的进攻或者防守方式，例如，爱捷录像分析系统在速滑运动中的应用、SportsCord 技战术分析软件在篮球和足球项目当中的应用等（图 3-4-30）。广东宏远华南虎俱乐部东莞银行篮球队拥有 9 个总冠军，在 2005 年他们率先引进了国外先进的录像分析软件，将录像分析软件运用在日常的训练、赛前的备战、赛中的技战术策略制定、赛后的总结反馈。

图 3-4-30 图像分析软件操作界面示意图

通过录像分析软件及时将分析结果反馈给主教练，主教练根据分析结果有针对性做出技战术的调整，使运动员和团队发挥最大的优势，达到最高的水准。郭浩杰（2020）在《录像分析法在中国男子职业篮球队中的应用研究》中通过调查得出山东西王、新疆伊力特、北京控股、广东东莞、辽宁本钢、江苏肯迪亚等 20 支 CBA 球队中有 15 支球队运用 SportsCord 软件对球员训练和比赛情况进行分析、4 支球队使用 Game Breaker 录像分析软件，1 支球队使用 IMovie 录像分析软件。

2. 比赛同步的计算

在电影《夺冠》中，有这样一段场景：科研人员告诉女排教练说“美国用电子计算机参与训练，只要运动员的数据输入到电脑，我们的运动员在赛场上就没有任何秘密”，女排教练听后当即决定将网升高 15 厘米。在排球项目中，Data Volley 软件也是被世界各排球队广泛使用的战术统计软件。Data Volley 软件结合 Data Video 软件可将比赛视频与排球技战术统计分析同步，统计效果能以视频、图、表等诸多方式展现，统计数据与视频数据实现了关联，比赛中实现了通过无线传输、彩色打印或语言交流等方式的场外分析与场内教练组的即时沟通（陈贞祥和仰红慧，2014；张兴林，2009）（图 3－4－31）。

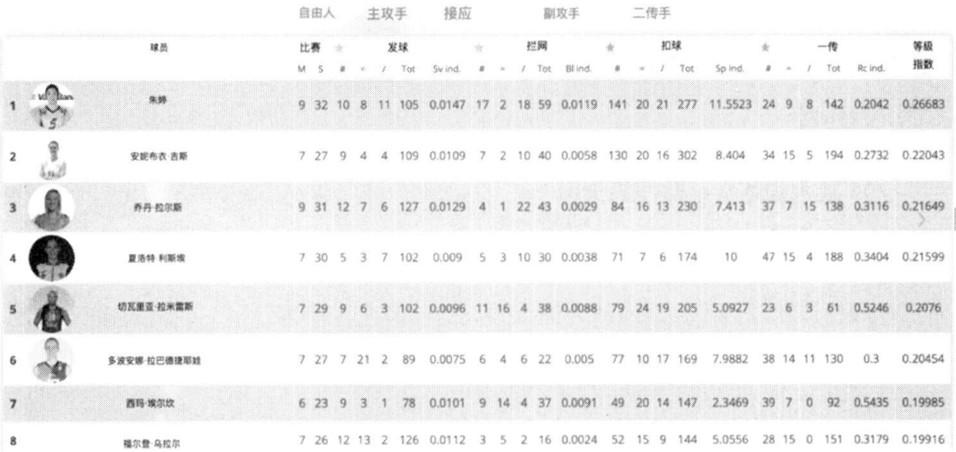

	球员	比赛 M	S	发球 #	=	/	Tot	Sv ind.	拦网 #	=	/	Tot	Bl ind.	扣球 #	=	/	Tot	Sp ind.	一传 #	=	/	Tot	Rc ind.	等级指数
1	朱婷	9	32	10	8	11	105	0.0147	17	2	18	59	0.0119	141	20	21	277	11.5523	24	9	8	142	0.2042	0.26683
2	安妮布衣·吉斯	7	27	9	4	4	109	0.0109	7	2	10	40	0.0058	130	20	16	302	8.404	34	15	5	194	0.2732	0.22043
3	乔丹·拉尔森	9	31	12	7	6	127	0.0129	4	1	22	43	0.0029	84	16	13	230	7.413	37	7	15	138	0.3116	0.21649
4	夏洛特·利斯维	7	30	5	3	7	102	0.009	5	3	10	30	0.0038	71	7	6	174	10	47	15	4	188	0.3404	0.21599
5	切瓦里亚·拉米雷斯	7	29	9	6	3	102	0.0096	11	16	4	38	0.0088	79	24	19	205	5.0927	23	6	3	61	0.5246	0.2076
6	多波安娜·拉巴德捷耶娃	7	27	7	21	2	89	0.0075	6	4	6	22	0.005	77	10	17	169	7.9882	38	14	11	130	0.3	0.20454
7	西玛·埃尔坎	6	23	9	3	1	78	0.0101	9	14	4	37	0.0091	49	20	14	147	2.3469	39	7	0	92	0.5435	0.19985
8	福尔登·乌拉尔	7	26	12	13	2	126	0.0112	3	5	2	16	0.0024	52	15	9	144	5.0556	28	15	0	151	0.3179	0.19916

图 3－4－31　Data volley 界面示意图

3. 可穿戴设备植入芯片监控

基于 ZIGBEE 的足球跑位监控系统，可以很好地对运动员的运动轨迹等进行有效监控（郭惠先和罗伟坤，2010），实现了对足球训练中计算足球运动员的累计跑动距离、起跑反应以及场上各位运动员的跑位配合执行教练的战术意图等（图3-4-32）。

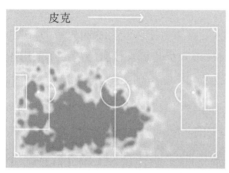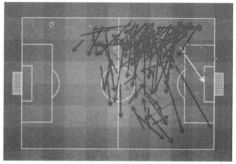

图3-4-32　足球跑位监控系统界面示意图

4. 教练的临场观察

主教练的战术安排和临场指挥对一场比赛的走向至关重要，例如，主教练会根据场上双方球员的表现、自己的执教经验并结合教练团队和技术人员的反馈，及时改变进攻、防守战术，适当地调整场上球员以及掌控比赛节奏，这都是教练对于战术的合理运用。

(二) 战术训练水平监控的指标

在不同的运动项目中，战术所体现出的重要性也不同，其中，在以技能主导类对抗性球类运动项目中，战术能力训练效果的监控尤为重要。以下呈现的是乒乓球、排球、足球和篮球等4个球类项目的指标体系（图3-4-33、图3-4-34）。

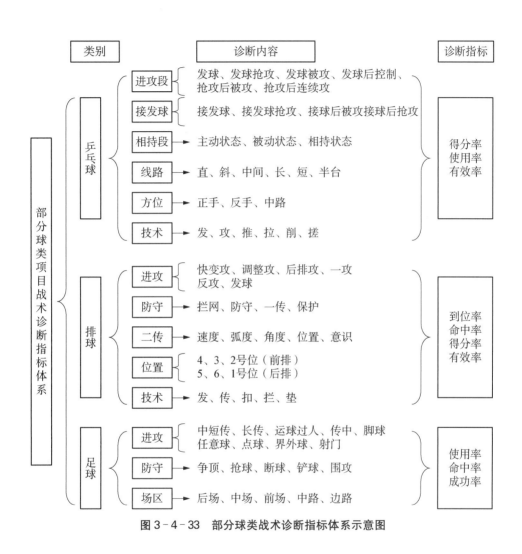

图 3-4-33 部分球类战术诊断指标体系示意图

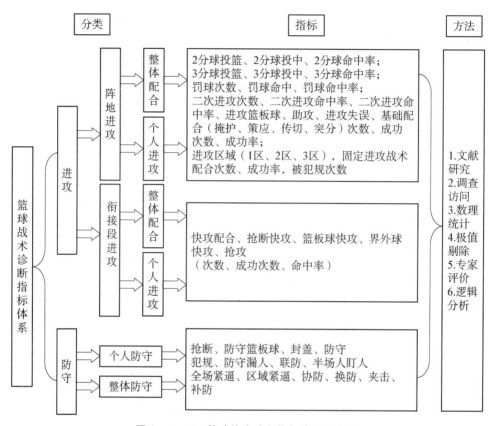

图 3-4-34 篮球战术诊断指标体系示意图

(三) 战术训练水平监控的方法

1. FUZZY 综合评判法和模糊数学综合评判法（篮球、足球）

FUZZY 综合评判法和模糊数学综合评判法，是针对战术评判中没有严格的指标去评价一名运动员的战术能力的高低所进行的一种评价方法（刘晋和原海波，1992）。这两种评价方法都是设计和建立各种评判表格，选择数学模型和算子，设计编制计算机程序软件，根据专家经验确定权重系数的方案。以篮球项目为例，FUZZY 综合评判法设因素集合为 $V = (V_1 + V_2 + \cdots\cdots V_n)$，设评语集合为 $W = (W_1, W_2, \cdots W_n)$，V 指篮球比赛或者训练中各战术的运用情况，比如，V_1：掩护者的同伴必须掌握好配合时机,合理地运用"V"字摆脱,将被掩护者带到静立掩护的"墙"上;V_2为掩护者选位、距离、姿势及静立掩护动作是否合理与合法;V_3:在对方交换防守时,掩护者要注意运用第2动作,即面向同伴转身切入篮下;V_4:快攻发动阶段,抢篮板获球分散步伐正确、一传接应迅速准确,插中步伐正确,跑动路线合理;V_5:推进阶段,边线快速超越时沿边线侧身跑和中路运球推进时应保持纵深队形,在罚球线外停步并将球传出;V_6:结束阶段,注意队形落位,必须在行进间投球中篮。W=(优、良、中、及格、差),通过赋予V_1、V_2、V_3等因素不同的权重,通过公示计算出个人的战术水平。模糊数学综合评判法与之类似,图3-4-35为计算示例。

以某一学生评判结果为例,对其战术进行评判,其M(·,+)型算子建立的评判过程如下:由各单因素评判组成的模糊集,其矩阵R为

$$R = \begin{Bmatrix} R_1 \\ R_2 \\ R_3 \\ R_4 \\ R_5 \\ R_6 \end{Bmatrix} = \begin{Bmatrix} 0.5 & 0.5 & 0 & 0 & 0 \\ 0.25 & 0.5 & 0.25 & 0 & 0 \\ 0.25 & 0.75 & 0 & 0 & 0 \\ 0 & 0.25 & 0.25 & 0.25 & 0.25 \\ 0 & 0 & 0.25 & 0.25 & 0.25 \\ 0 & 0.25 & 0.5 & 0.25 & 0 \end{Bmatrix}$$

权重系数分配为:A={0.15,0.25,0.15,0.2,0.15,0.1}
由B=A∘R可得战术考试综合评判向量B。

$$B = A \circ R = \{0.15, 0.25, 0.15, 0.2, 0.15, 0.1\} \begin{Bmatrix} 0.5 & 0.5 & 0 & 0 & 0 \\ 0.25 & 0.5 & 0.25 & 0 & 0 \\ 0.25 & 0.75 & 0 & 0 & 0 \\ 0 & 0.25 & 0.25 & 0.25 & 0.25 \\ 0 & 0 & 0.25 & 0.25 & 0.25 \\ 0 & 0.25 & 0.5 & 0.25 & 0 \end{Bmatrix}$$

经运算得 B={0.25,0.25,0.25,0.2,0.2}
按各隶属度 bj 的幂为权进行加权平均,得考试成绩:

$$a = \frac{0.25^2 \times 95 + 0.25^2 \times 85 + 0.25^2 \times 75 + 0.2^2 \times 65 + 0.2^2 \times 55}{0.25^2 + 0.25^2 + 0.25^2 + 0.2^2 + 0.2^2} = 77.5$$

图3-4-35 模糊数学综合评判法计算示例

以足球为例,一般的战术评价指标分为进攻战术指标(表3-4-27)和防守战术指标(表3-4-28)。

表3-4-27 足球各时段突破防线进攻次数

韩国	0′~15′	16′~30′	31′~45′	46′~60′	61′~75′	76′~90′	备注
韩国	9	14	8^{31}	8	10	8★★	
韩国	11	13	20^{44}	15	9	18	
韩国	6	8	13^{27}	9★	10★	27	
	26	35	$41_{(102)}$	32	29	$53_{(114)}$	
与赛队	0′~15′	16′~30′	31′~45′	46′~60′	61′~75′	76′~90′	备注
西班牙	13	11	9^{33}★★	7	9	4^{20}	
玻利维亚	11	10	14^{35}	11	8	13^{32}	
德国	8★	15★	6^{29}	16	10	5^{31}	
	32	36	$29_{(97)}$	34	27	$22_{(83)}$	
沙特	0′~15′	16′~30′	31′~45′	46′~60′	61′~75′	76′~90′	备注
沙特	6★	8	8^{22}★	12	13	9^{34}	(56)
沙特	4	11	12^{27}	6	10	11^{27}	(54)
沙特	12	10	15^{37}	16	16	21^{53}★	(90)
	22	29	$35_{(86)}$	34	39	$41_{(114)}$	
与赛队	0′~15′	16′~30′	31′~45′	46′~60′	61′~75′	76′~90′	备注
摩洛哥	17	18★	18	14	17	28^{59}	
比利时	16	14	26	21	12	14^{47}	
荷兰队	12	12	21	12★	18	22^{52}★	
	45	44		47	47	$64_{(158)}$	

(注:每格中的星号代表进球,格中右上角数字代表上下半时进球突破防线进攻次数)

表3-4-28 足球各场区防守技术运用比较

届别	总次数			前场			中场			后场		
	次数	成功数	成功率(%)	次数	占总数(%)	成功率(%)	次数	占总数(%)	成功率(%)	次数	占总数(%)	成功率(%)
14届	122.7	52.4	42.7	14.5	11.8	41.6	69.8	56.8	41.1	38.5	31.4	46.2
15届	120.5	81.1	67.0	7.7	6.4	54.5	53.5	44.4	60.9	59.3	49.2	71.3

2. "分段指标"战术评价方式（乒乓球）

分段指标评价方法是把整体战术能力分为多个部分进行评价。以乒乓球运动为例，吴焕群（1989）将乒乓球的 24 项技术内容分为三段，每一球的争夺取决于发抢（含发球、发球抢攻、发球被攻）、接抢（含发球、接球后被攻、接发球抢攻等）和相持（含主动进攻、被动防御及其相互转换等），并运用以下公式计算：得分率＝段得分之和/（段得分＋失分之和）×100％，使用率＝段得失分之和/全局得失之和×100％，并制作了以下评价指标（赵喜迎和唐建军，2018）：单打中，发球抢攻段：得分率 60％～70％，及格 60％，良好 65％，优秀 70％，使用率 25％～30％，还包括接发球抢攻段和相持段指标，本书不再一一罗列。

3. 坐标图纸法（排球）

以排球为例，郑必达（1989）将女排比赛中的排球半场分为 8 个区域，分别记录发球在各个区域的落点次数及得分率，并分析双方在不同区域内的失误次数、破防次数等，从而分析出对手及己方的重点进攻区域、成功率等，进而评价对方和己方运动员的战术思路。

4. 聚类法（足球）

聚类是根据事物之间的亲疏程度、相似关系将它们进行分类的一种数学方法。钟平（2005）、蒋燕（2011）分别将尺度空间层次聚类法和 Q 型聚类法运用到了足球的战术监控与评价中，选取的聚类指标为所有的攻防技术指标，即进球、射门、射门命中率、角球、控球、成功传球、抢断、被抢断、犯规、越位和失球。

5. 图像定格技术（羽毛球）

利用 Ulead Video Studio 10 图像分析软件，截取比赛情景，运用 VB 语言编制该训练系统的软件。功能模块包括反应测评、统计分析、意识训练、文档管理、帮助五部分（程勇民 等，2009）。监控方法为运动员持拍在羽毛球场上作好准备，训练开始，投影仪播放实际的比赛情景，播放停止时，运动员对球的落点作出判断，然后跑到场地对应的地方，用球拍触发该位置的传感器。对应的位置传感器通过无线数字传输通知电脑主控制器，运动员已经跑位成功。主控制器收到对应位置传感器的信号后，控制电脑投影仪播放下一个录像片段，播放停止时运动员继续判断球的落点，并跑到相应位置，触发对应的位置传感器。循环往复，直至全部播放结束。这样的系统既可以作为战术意识的测试诊断，也可作为战术意识和专项跑动能力的实战辅助训练系统。

（四）战术训练水平监控的展望

随着训练水平的不断提高，顶级运动员之间的水平更为接近，战术意识和战术能力发挥着越来越重要的作用，技、战术的使用是以意识为前提的。意识的好与坏直接影响技、战术水平的发挥。因此，未来的竞技运动要加强战术意识的培养。

为了提高比赛的观赏性、流畅性、公平性等，乒乓球、篮球规则都发生了或大或小的改变，新规则的实施将会引起训练理论、体系、模式和方法上的一些变化。我们应该抓住规则变化带来的新机遇，不断地挑战自我，挑战对手，挑战未来，锐意创新与发展，结合自己的实际项目，扬长避短，力争主动，勇于探索，大胆创新，全面提高综合实力，只有这样才能使我们的技术更加全面，特长更加突出，风格更加鲜明，做到与时俱进。

四、心能训练水平测评及其趋向

心理训练水平监控是对优秀运动员训练科学监控的重要组成部分，是运动员身体机能和运动技术评定的保障。心理状态是运动员的训练水平转化为竞技水平的中介变量，心理调控能力也是运动员竞技能力的重要组成部分。对于运动员心理训练水平的监控，我国相关研究集中在对运动员心理服务保障过程中，且以夏季奥运会的优势项目为主。

系统化的心理训练监控能提高运动员难点技术动作的成功率和运动员集中注意力、消除压力、降低焦虑的心理能力。在中国跳水队备战奥运会的训练过程中，张忠秋等人（2009）采用表象演练、心理干预程序、生物反馈技术、赛前行为程序及短期咨询焦点解决等方法，对重点参赛运动员进行了系统化的心理训练与监控。经过4周的表象训练，运动员难点技术动作的成功率都提高了20%以上。同时，生物反馈技术的应用也显著提高了运动员集中注意力、消除压力、降低焦虑的心理能力。

(一)运动员心理训练水平监控内容

运动员心理能力监控的内容主要包括性格特征、注意力水平、专项认知能力、心理机能水平、意志品质、自信心、情绪控制能力、表象能力、思维能力、团队凝聚力等(图 3-4-36)(张忠秋,2013)。主要采用的是心理测试法,如在感知觉的测量上,速度知觉、时间知觉的测量主要运用计算机测试、选择软件模拟的方法进行。另一种常用方法是问卷法,如对情绪状态的测量常用的问卷有赛前情绪量表、心境状态量表和竞赛状态焦虑量表。国外对焦虑状态的测试大都采用量表进行。

(二)运动员心理训练水平监控体系

根据运动实践对运动员心理监控的需求,以及高水平发挥对心理能力和心理状态的要求,在现有条件的基础上,借鉴已有研究结果,共筛选出注意力水平、专项认知水平、心理技能水平、心理及神经疲劳状态、情绪唤醒状态、运动智力、自信心、应激恢复能力、表象能力及意志品质类测试指标体系,如图 3-4-35 所示。这些指标体系基本能较全面、系统地对运动员的心理训练水平做出客观监测。但由于运动项目特征的差异性,不同项群对运动员的心理能力要求不同,所以,该系统对某项运动心理监控的准确性和全面性还有待改进(张忠秋,2013)。

1. 运动员专项知觉水平诊断与监控

在过去的研究中,对感知觉(如速度知觉、时间知觉)的测量,主要采用计算机测试、选择软件模拟等方法进行。例如,在反应时测试中,大多采用简便、易行的按键式手反应时(张忠秋,2013)。

2. 运动员专项智力水平诊断与监控

在体育运动领域,对运动智力问题的研究多采用传统的智力测验方法,如瑞文标准推理测验(Raven's Standard Progressive Matrices,简称 SPM 或 PM)和韦氏成人智力量表(Wechsler Adult Intelligence Scale,简称 WAIS)。也有研究把运动智力看作一系列连续阶段的信息加工过程,并在不同阶段有不同的加工,这类研究多数只涉及与运动智力有关的某一种特征,如知觉技能、决策能力、注意水平,只有个

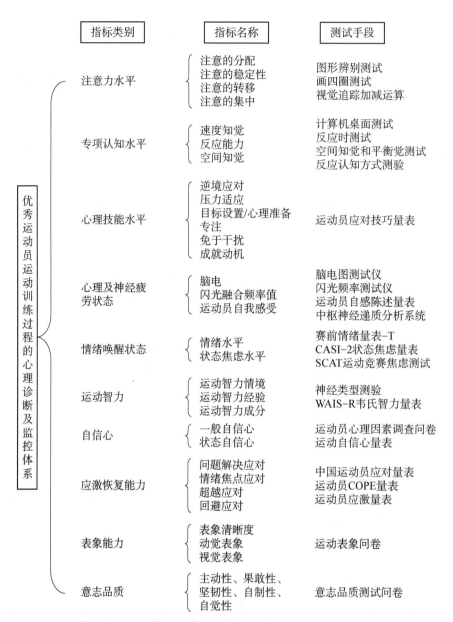

图 3-4-36 优秀运动员训练过程的心理诊断及监控体系

别研究试图整合运动智力的各种特征并加以研究,如以人的反应速度、认知方式和认知策略为指标,研究排球运动员的智力特征。虽然前一类研究占的比例较大,但后一类研究开辟了运动智力研究的新途径(张忠秋,2013)。

3. 运动员特质自信心诊断与监控

内隐运动自信可以通过间接的方法测量，如判断潜伏反应时、阈上态度启动任务、投射测验、阈下态度启动任务、内隐联想测验等方法。也可通过问卷量表进行测量，如运动自信来源问卷（Vealey，Hayashi，Gainer-Holman，et al.，1998），该量表有9个分量表：技能掌握分量表、能力展示分量表、心理/体力的准备分量表、身体自我呈现分量表、社会支持分量表、替代经验分量表、环境舒适度分量表、情境优势分量表、教练员的领导分量表，共43个测题（张忠秋，2013）。

4. 运动员专项情绪唤醒水平心理生理诊断与监控

从目前国内外研究资料来看，有关唤醒测评的方法与对唤醒的理解和成分的划分相一致，主要有两种形式：一种采用自陈问卷的形式，另一种采用生理指标，如皮肤导电性、心率、脑电等指标（张忠秋，2013）。

5. 运动员心理应激恢复的诊断与监控

主要是运动员恢复-应激量表（Restq-Sport）。

(三) 不同项群的心能训练监控示例

1. 体能主导类的心能训练监控

(1) 体能主导的快速力量性项群心能训练监控。体能主导的快速力量性项群的心理能力监控研究普遍较少，目前研究多以技能主导类项目为主。

(2) 体能主导的速度性项群心能训练监控，如短道速滑。在高速滑跑中保持技术动作的稳定性，比赛中超越时机的判断、抗干扰、节奏感、速度感等心理控制能力是短道速滑运动最重要的心理能力，短道速滑运动员心理控制能力指标包括反应准确性、状态调控能力、信息加工状态能力、直觉反应能力、预判能力五个方面（符谦 等，2007）。短道速滑运动员的心理能力训练监控，采用湖南体育科学研究所研制的LASER-310型心理多功能测试仪，以及电子秒表等器材进行测量（符谦 等，2007）。

2. 技能主导类的心能训练监控

(1) 技能主导的难美性项群心能训练监控，如跳水。

1) 跳水运动员的心理训练监控内容为：注意集中能力、情绪控制能力以及心理调节能力（张忠秋等，2009）。

2) 跳水运动员的心理能力训练采用生理相干与自主平衡系统（SPCS），它是一款基于美国心脏数理研究院HR（心率变异性）协调理论和技术，结合生物反馈技术的高科技产品，采用耳夹式的HRV（心率变异性）信息采集器无创性采集人体HRV指标，通过便携式生物反馈传感器进行信息处理，实现对HRV指标的监测，运用自主协调等三大技术对HRV进行调节训练，解读心脏、大脑、自主神经系统之间的活动密码，并以"意念游戏"平衡并提升HRV，令使用者能够快速集中注意力，实现自主神经系统平衡，消除压力、焦虑和注意力涣散表现，实现脑波和HRV变化高度一致（张忠秋等，2009）。

3) 脑电地形图仪。这是一种可全过程同屏同步采集、显示、存储、编辑、回放人的脑电波形与视频图像信号的仪器。测试时让运动员坐在带有扶手的椅子上，安静、闭目、不眨眼、不转动眼球、不想事、勿入睡。电极帽松紧适度，按照国际10/20系统安放电极，双耳垂为参考电极，前额正中接地。记录安静时脑电1分钟，表象技术动作脑电1分钟，以α波作为评价指标（张忠秋 等，2009）。

(2) 技能主导的隔网对抗性项群心能训练监控，如乒乓球。

优秀乒乓球运动员的心理能力包括以下七个维度：掌控感、动作与意识的结合、任务困难性与个人水平的平衡、情感、自我认识、清楚的目标及注意力集中于当前任务。对于他们心理控制能力指标是由综合反应准确性、状态调控、应对战略、反应能力、判断能力五方面组成的（朱喜梅，2018）。

(3) 技能主导的同场对抗性项群心能训练监控，如篮球。

中国大学生篮球超级联赛（CUBS）男运动员专项心理能力指标由认知能力因子、心理状态因子、注意能力因子和自我调控能力因子四方面因素构成。认知能力因子包括手简单反应时、脚简单反应时、综合反应时、时空判断、速度知觉；心理状态因子包括竞技动机、运动竞赛焦虑、认知特质焦虑；注意能力因子包括注意稳定性、注意分配、注意转移、综合注意力；自我调控能力因子包括自信心、意志品质、情绪稳定性（庞雪林和张正则，2011）。

（4）技能主导的格斗对抗性项群心能训练监控，如古典式摔跤。

优秀古典摔跤运动员的心理能力包括运动感知能力、自我调节能力、运动激活能力、良好注意力四个一级指标，以及肌肉控制能力、反应时、放松能力、运动表象能力、焦虑唤醒水平、运动动机、注意集中分配、抗干扰能力八个二级指标（图3-4-37），因此，在古典摔跤运动员的心能训练监控中应对以上指标进行评价（胡福江等，2015）。

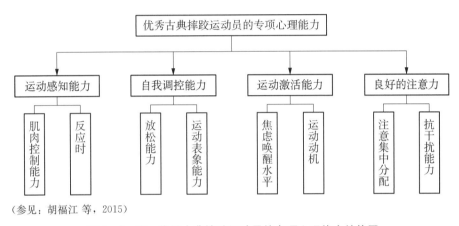

（参见：胡福江 等，2015）

图3-4-37 优秀古典摔跤运动员的专项心理能力结构图

1）可通过心理量表了解运动员的个性特征、自信心来源、心理疲劳程度、心境状态、运动员的成就动机、运动员的竞赛状态焦虑等情况，例如，艾森克个性量表（EPQ），北京大学陈仲庚修订之中国版问卷，该问卷有85项，四个分量表。其中E（内、外向）、N（神经质）、P（精神质或倔强、讲求实际）分别表示艾森克人格理论中的3个维度。L测定被试掩饰或社会性，也代表一种稳定的人格功能；运动自信来源问卷（Vealey, Hayashi, Gainer-Holman, et al., 1998）该量表有8个分量表，共43个测题；心境状态量表（POMS），采用祝蓓里的修订版本，全表共有40个条目，分为7个分量表，紧张、愤怒、疲劳、抑郁和慌乱5个分量表评分越高，心境干扰程度越大，同时精力和自尊感分量表的评分越高，心境干扰程度越低；运动员心理疲劳问卷，瑞德克和史密斯（Raedeke & Smith，2001）将运动员的心理疲劳划分为情绪/体力耗竭、成就感的降低和对运动的消极评价3个方面，该量表共包括15

个题目；竞赛状态焦虑问卷（CSAI-2）（Martens，Burton，Vealey，et al.，1990），该问卷包括 3 个分量表，分别测量认知状态焦虑、躯体状态焦虑和状态自信心，各 9 个测题，共 27 题；运动成就动机量表（AMS），该量表包含两个维度，共 23 个条目，其中追求成功分量表（Ms）13 题，避免失败分量表（Mf）10 题。被试根据题目内容回答自己的认识与态度，对问题的阐述按赞同程度进行 5 个档次的选择（采用 Likert 五点量表，从"非常同意"到"非常不同意"）（胡福江 等，2015）。

2）可通过维也纳心理测试系统、BFB 生物反馈仪测试运动员的注意力和反应时。维也纳心理测试系统（VTS）是奥地利 Schuhfried 公司的 VTS，包括强大的管理软件（VTS 基本软件）、个别测验，以及选用的特殊输入装置（回应面板）。注意力干扰测试（STROOP）可采用颜色—词汇干扰实验的电脑应用版，首先是呈现单独的颜色单词，确定颜色命名速度，以及两个干扰条件"颜色"和"词汇"，如红颜色的"绿"字，根据要求进行又准又快的反应。通过记录反应时和正确反应的次数评估抗干扰能力。反应时测试（RT）在 5～10 分钟的时间内，根据屏幕上出现的刺激（声音或视觉信号），按下相应的反应键，自动记录反应时。而 BFB 生物反馈仪是由奥地利 SCHUHFRIED 公司研制的 Biofeedback 2000 X-pert 型生物反馈仪，采用模块化的设计，可精确地测量人体的皮温、脉搏、皮电、体位、呼吸、肌电和脑电信号，并将信号通过无线蓝牙实时传输到电脑，通过专业软件显示，让受试者直接看到自己的生理参数并在程序的引导下进行反馈式调节。该方法选取的测试指标是：脑电（放松波）、肌电（肱二头肌）（胡福江 等，2015）。

（5）运动员的心理监控虽然在项目间存在差异，但心理监控所采用的指标和常用的测量手段仍有一些共通之处。最主要使用的还是心理测试法，如通过计算机测试、选择软件模拟的方法对感知觉、速度知觉、时间知觉等指标进行测量。其次常用的是问卷调查法，如对情绪状态的测量，常用的问卷有赛前情绪量表、心境状态量表和竞赛状态焦虑量表。国外对焦虑状态的测试大都采用量表进行。我国运动心理工作者王天生、祝蓓里等，曾在焦虑测试量表方面进行引进和修订了 CSAI-1、CSAI-2、SCAT 等量表。近年来，生理指标如皮肤导电性、肌电、皮肤温度、指端血流量、心率、呼吸和脑电图等指标的测定，为中枢神经活动过程和情绪状态诊断开辟了更新、更科学的途径。

(四) 发展趋势

今后，应将人脸表情编码系统（FACS）、眼动分析技术、智能控制、人机交互、运动员辅助训练、视频编码等三维人体运动仿真与视频分析等现代化手段广泛应用于运动心理学中。对优秀运动员的心理监控，也应从运动训练学、心理学、行为学、神经生理学、图像分析学等多学科综合出发，进行探索和应用开发。

1. 专项化

运动员心能监控的专项化发展趋势是无法避免的。随着训练技术的发展，不同项目之间所采用的训练方法差异越来越大，运动员个体、训练环境等都呈现出显著性差异，心能监控的专项化发展趋势是无法避免的。

2. 心理疲劳

运动员倦怠不单是个体应对压力失败的结果，也是竞技体育组织的产物。所以，为促进训练指导和运动组织管理实践发展，需要综合分析工作需求（如运动损伤、教练控制）、工作资源（如自我支持、团队凝聚力）与运动员心理疲劳的关系。

在竞技运动领域，每个运动员都会知觉到压力，但并不是所有知觉到压力的运动员都会出现心理疲劳。未来研究者还需考虑其他变量，如心理坚韧性、激情、感恩等与运动员心理疲劳的关系，及其内在的作用机制，这将有助于实践者从促进而非控制的角度开展运动员倦怠干预工作。

3. 常用内容

围绕运动队科学化训练过程，结合运动员和项目特点，采用多类别、多指标、多角度的分析方法，对运动训练过程中心理监测的手段、方法进行针对性、系统的研究与归纳，为运动员的心理训练向个性化、系统化、可操作化方向发展提供思路。

智能控制、人机交互、虚拟仿真训练系统等现代化技术，将成为运动员运动训练心理监控的重要手段和干预应用的研究热点。

(五) 研究反思

(1) 目前心理监控的手段不够综合。对优秀运动员的心理监控应从运动训练学、心理学、行为学、神经生理学、图像分析学等多学科综合出发,进行探索和应用开发。

(2) 对于运动员心理监控内容应该从专项化、个性化出发,从而达到最优效果。在反应时测试中,大多采用简便、易行的按键式手反应时,但部分项目不宜采用手反应时,如在羽毛球这类高策略性的快速球类项目中,比较注重步法,多数积极的进攻动作主要由身体下部发动,以重心的移动带动技术的发挥,所以,脚的移动快慢在这类项目中更具专项意义。今后,应注重在运动情境中加强对运动员的专项知觉进行定义、监测与反馈。

(3) 当前,国内外的心理能力相关研究多聚焦于技能主导类项目和体能主导的耐力性项群,对于体能主导的快速力量性项群和体能主导的速度性项目关注较少,应加强体能主导的快速力量性项群和体能主导的速度性项目的心理能力监控研究。

思考题:

1. 运动训练原则制定的依据是什么?请对现有的运动训练原则进行批判性反思。

2. 训练分期理论、板块理论及整合分期争论的焦点有哪些?运动训练的不同阶段,如何综合地应用相关的训练安排理论?

3. 主要竞技能力监控实践中面临的问题有哪些?现有的监控体系有何缺陷?

第四章 训练负荷的理论基础与控制

学习目标：
- 理解运动负荷的监控与评价
- 明晰训练效应发生机制各种理论之间的差异

运动训练的负荷与恢复问题，是运动训练活动的一项重要内容，它对运动训练效果的好坏产生直接影响。本章在介绍运动负荷的设计、安排、监控、评价基本理论的基础上，重点介绍训练负荷的研究现状与发展趋势，并就训练效应发生机制的相关学说进行阐述与总结。以期读者能够根据不同对象和项目实际，结合不同单元（课）或不同阶段（周期）的目标与任务以及内容的需要，依据国内外有关训练负荷研究的最新成果，研究和设计训练负荷，并与训练计划相匹配，科学、有效地指导运动训练实践。同时，关注负荷后的恢复问题，将负荷与恢复有机结合，从而有效地减少运动损伤，减少疲劳或过度紧张，提高机体运动能力，延长运动寿命，为训练提供更合理化、科学化的保障，保持高水准的竞技能力。

第一节 训练效应发生机制的理论争鸣

训练过程中，随着训练负荷的变化，运动员机体在机能上会发生一定的改变，其外在表现便是运动员竞技状态或者运动成绩的变化，那么，如此训练效应是怎样发生的呢？针对这一问题，学者们纷纷提出了诸多假说和理论，本节对这些假说或理论进行考察，以便能全面而合理地认识不同理论之间的差异，更好地为运动训练提供相应的理论支撑。

一、超量恢复学说的起源与发展

"超量恢复学说"也称超量恢复理论，自提出以来在我国运动训练界产生了较大的影响，并被我国大部分运动训练学专家认可并接受。然而，随着运动训练理论和实践的研究不断深入，其理论的不足和实践应用中的局限性日益凸显，对该理论的争论与质疑也在不断增加，相应的不同观点的理论也随之提出。本节通过对该理论及其相关理论学说的总结和梳理，旨在深化对该领域理论研究的认识。

（一）超量恢复学说起源

超量恢复理论源于1927年埃博登和哈伯斯的发现，即运动训练可以导致骨骼肌的糖原、肌氨酸和磷酸氨酸储备增加，这是最早有关超量恢复学说的内容（陈小平，2004）。随后人们又相继发现训练还会引起磷脂类物质的增加和氧化酶活性的提高。20世纪40年代苏联的贝利泽尔（Belitzer）根据训练对机体的影响提出了运动训练的生物化学基础是肌肉和能量储备的改善，应当将发展人体的氧化磷酸化能力作为训练的重要任务。1972年，苏联列宁格勒体科所的雅克夫列夫根据人体负荷后肌糖原储备出现的"下降、恢复和超量恢复"的特性，提出了运用"超量恢复"解释运动训练对人体机能能力的影响作用，即将运动训练对人体机能能力产生影响作用的机制归结为"超量恢复原理"（陈小平，2017）。此后，"超量恢复"迅速成为运动训练生物学"基础"的一个重要组成部分，并被延伸作为"超量负荷"训练原则的依据。

"超量恢复"学说认为，机体在负荷的刺激下，其能量储备、物质代谢以及神经调节系统的机能水平出现下降（疲劳），在负荷后这些机能能力不仅可以恢复到负荷前的初始水平，而且能够在短期内超过初始水平，达到"超量恢复"的效果。如果在"超量恢复"阶段适时给予新的负荷刺激，"负荷—疲劳—恢复—超量恢复"的过程就可以不断地在更高的水平层次上周而复始地进行，由此使机体的能力得到不断地持续提高。从超量恢复产生的过程与原理可以看出，超量恢复是人体在运动负荷状态下产生的肌糖原、磷酸原、线粒体以及相关类运动后出现"下降—恢复—超量恢复"的能量代谢现象，是运动员人体生理生化在训练负荷条件下应急代谢的重要机制。

（二）超量恢复训练原理

超量恢复训练原理是基于对超量恢复现象的直观认识提出的。超量恢复训练原理的主要内容是：训练课之间的间歇时间不能过长，也不能过短，过短会导致疲劳积累，产生训练过度，过长则训练产生的良好效益就会消失。如果两次课的间歇时间正好在"超量恢复"期间，机能能力提高的效果最佳，也就是说训练效果与"间歇时间"有关。苏联的莱图诺夫（Letunov，1950）从运动医学的角度对训练过程进行了阶段划分并首次提出，运动员竞技状态的形成具有"训练水平上升阶段、竞技状态阶段和训练水平下降阶段"并循环往复的周期性特点（李国强，2008）。马特维耶夫借鉴了他们的研究成果，提出了"训练周期"理论。

"训练周期"理论是以超量恢复理论为基础的。超量恢复原理同样作为"超量负荷"训练原则的依据，一般应用于"大周期训练"之中（姚连科和李岩，2014）。在日常的训练中，通过不断地增加训练的负荷量来提高运动员的水平，确保运动员在比赛期间身体达到超量恢复的阶段，进而取得好的运动成绩。

（三）超量恢复学说面临的质疑

在"超量恢复"理论创立的40多年中，对该理论的争论一直没有停止，主要的批评和质疑集中在以下几个方面。

（1）缺乏足够的数据支持。不能因为运动后肌糖原出现"超量恢复"现象，就将"超量恢复"学说作为运动能力提高的原因，更不能只从能量恢复的角度对运动能力提高的现象进行解释。

（2）未给出人体所能承受的运动负荷极限。在当今竞技体育的背景下，运动成绩的提高是在高运动负荷的条件下产生的，而如果运动负荷持续增加，就可能导致运动员的过度疲劳、损伤，甚至致使运动员过早退役。对此，我国学者在"超量恢复"学说的基础上补充了"爆胎理论"和"溢水理论"，用来说明运动的负荷应该在一定的范围内，否则会造成运动员运动成绩停止进步，甚至下降。

（3）通过减量训练来维持运动成绩的稳定。随着年龄的增加人体机能储备能力会出现下降，特别是对高水平运动员来说，这种现象更容易发生，所以，老运动员在训练中会为了避免运动损伤和过度训练造成的疲劳，而减少训练负荷，但是运动成绩反而没有下降，这与通过增加训练负荷来获取运动成绩相矛盾。

（4）"超量恢复"理论的缺憾直接影响运动训练。长期以来，当一个运动员的运动成绩出现停滞时，在该理论的指导下教练员的首选措施是增加训练的负荷，试图通过负荷的增加得到更高的超量恢复，而很少关注甚至忽视其他原因。当运动员已经进入高水平训练阶段，机能能力接近生理极限时，教练员仍然试图在负荷上有所突破，反复探试运动员的生理极限，造成过度训练和运动损伤。

从综合研究可见，超量恢复理论主要是从能量恢复的角度进行研究，说明运动负荷下机体能量的变化，只强调了方法学以及方法在训练上的运用，而没有充分考虑生理、生化的基础。在该理论的误导下，人们简单地认为负荷量与超量恢复将一直呈正比例线性增长，无论给予运动员什么样的刺激都应该得到良性的应答，因此，该理论在训练实践中时常难以有效地运用。

二、体力波理论的提出与核心

在我国，对超量恢复理论较早提出质疑的是茅鹏先生，他在《运动训练新思路》一书中对超量恢复理论作了较全面的分析，同时提出了"体力波"理论。他认为成绩进步的本体论实质是"人体有序状态的适应性发展变化"。这种发展变化，是通过人体有序状态的内部矛盾运动实现的。对立统一运动的发展，形成了人体有序状态的稳定性的某种程度的破坏和重建，破坏和重建形成"体力波浪"（陶于，2018）。

茅鹏在《一元训练理论》一文中指出，运动能力（成绩）在实践过程中，乃是非恒定的、波浪式的，可称之为"体力波"（郑晓鸿，2007），并对这一理论进行了解释：人体有序状态存在着多个层次。从运动训练角度看，可分为"基本生命运动"和"运动能力运动"两大层次，"体力波"就是在这两大层次的矛盾运动中展现出来的。如果训练掌握得好，可以实现下述良性循环：依靠"基本生命运动"的稳定和兴旺，实现"运动能力运动"稳定性的破坏和重建；依靠"运动能力运动"的活跃，促进"基本生命运动"的稳定和兴旺。

他在文中介绍说，"训练波"（小周期），是不断提高运动能力（成绩）的、滚动式训练安排的、完整的基础环节。单个"训练波"的收获,也许微弱到不方便观察。训练工作掌握得好,可以做到十来个、几十个良好"训练波"的不间断,这时候就会表现出运动能力(成绩)的显著进步和飞跃。通过"体力波"和"训练波",运动能力的进步,就从神秘化中走出来,转变为可予具体捉摸的对象。所以,运动能力的进步,应该是正常训练中的经常状态。(然而,传统的训练理论却对它表现出莫名其妙的惊诧!)如若反过来,在合适的年龄区段,经历整个季度的、年度的训练而没有进步,甚至反而退步,这才是非正常状态,需要认真地进行"诊治"研究。

关于体力波理论,茅鹏(2008)在《"体力波"与"超量恢复"的一致性》一文中总结道:"体力的客观存在方式是波浪式的,体力存在于波浪运动之中。运动成绩应是体力波的峰值的表现,训练安排应针对性地促进着具体运动员在具体时间段落中的体力波的发展状况","运动能力的连续性和间歇性在时间过程中表现为波浪运动,这就是体力波浪(客观的波浪)。相对于体力波浪,训练手段和措施构成的体系在时间过程中也表现出波浪性(节奏、周期等),这就是训练波浪(主观的波浪)。这种训练波浪的单波长度,在各种不同项目中很不相同,在不同个人中也可能不相同"。"这个理论可以大体解释训练实践发展史中的集约化走势,特别是其中的专项化、小周期等重要内容"。作者还在文中指出现代科学的生物节律观点,认为每个人(或生物体)都有一个幅度、相位和周期长度等特征各不相同的节奏。所以,将体力或运动能力概括为"体力波"完全符合生物规律。但他同时指出,无论从理论还是实践上,体力波与超量恢复存在着较大的一致性。

三、应激学说的发展历程

应激学说是由"应激理论之父"塞利(Selye)在 1936 年提出的,他从病理学的角度提出了应激的概念,塞利认为任何一种作用于器官的侵害性刺激都是由专门病源性和非专门病源性两个部分组成,机体对非专门病源刺激的反应被称作"一般适应综合征",即"应激反应"(茅鹏,1987)。1976 年,塞利又提出"局部适应"的问题,一些器官或功能可以通过蛋白质结构的改变而发生局部性的适应,这一点对运动训练尤其重要,通过专门有针对性的训练,可以优先发展某一器官或系统的机能(郑晓鸿,2007)。

后来 Selye 的应激学说被应用到了运动训练中,由运动而产生的应激、适应和恢复过程得以解释,大运动量的训练被认为会使运动员的机能经历三个阶段。

第一阶段:警戒阶段。运动员在进行一定负荷量的训练时,机体会对应激源(训练负荷)产生一定的对抗反应,但随着人体内激素的变化(肾上腺素、肾上腺皮质激素增多),机体会产生适应性反应。

第二阶段:抵抗阶段。机体在对应激源产生抵抗后会产生适应,主要因为交感肾上腺髓质会分泌肾上腺素,使以兴奋为主的警觉反应逐步消退,机体的外在表现会发生变化,比如肌肉的力量、神经的兴奋性等。

第三阶段:衰竭阶段。如果连续以相同的应激源(训练负荷)对机体进行刺激,那么机体就会对这种刺激就会产生一定的适应,对这种刺激所产生的反应就会下降,出现衰竭。

由此可见,在实际训练中要注意以下几个问题。

(1) 在日常训练量过程中要注意训练负荷的强度,如果强度过大就会导致过度训练,致使运动员出现运动损伤,严重者还可能导致运动员的过早退役。

(2) 下一次的运动训练负荷一定要大于机体原来所能承受的训练负荷,只有使机体处于警戒阶段和抵抗阶段,才能使运动员的竞技能力水平得到提高。

(3) 在一次大强度的训练负荷后要进行适当的休息,这里所说的休息并非停止训练,而是适当降低训练负荷,让机体在运动中有一定的调节恢复时间,然后再进行下一次大强度的训练。

从运动训练的角度来看,塞利的应激理论为运动训练构建了一个宏观的生物学基础,即人体对外在环境有着自然的适应过程。在该语境下,运动训练以其各种不同的方式形成了多种不同的"应激源",训练负荷就是外界对机体的一种刺激,而"适应"则是机体对训练负荷的"代偿性"变化,这种变化具有大小、快慢和优劣的特性,它的走向在很大程度上决定了运动能力的发展水平。

四、"适应"理论的产生机制与发展

生物体长期生存在某一特定的生活环境中,在客观环境的影响下可以逐渐形成一种与环境相适应的、适合自身生存环境的反应模式。生物体所具有的这种适应环境的能力称为适应性,"适应"是各种生命机能的基础现象。

较为典型的适应理论研究成果是马德尔(Mader)的"机能储备模型"和诺依曼(Neumann)的"改变—适应的时间动态"理论(黄巧,2012)。

马德尔(Mader)认为适应的个体因素藏匿在细胞的遗传机制之后,细胞蛋白质分解与合成周期使细胞质量和结构与长期形成的人体机能水平相适应。机体在细胞水平上的适应是通过对蛋白质分解与合成之间动态平衡的调节实现的,不同的蛋白质不仅具有不同的存活时间(凋亡期),而且具有不同的衰减和再生期。人体不仅都具有一个标准的细胞蛋白质代谢率,而且在负荷的作用下还有一个"机能受限性"蛋白质代谢率的提高。在正常情况下蛋白质的凋亡与再生应当呈一种动态平衡状态,运动员在良性负荷的刺激下蛋白质的合成将超过凋亡,如果这种合成的增加集中在一些对运动能力具有重要影响甚至决定性作用的蛋白质(如线粒体等),则必然伴随着运动能力的提高。

马德尔在以上研究的基础上,提出了一个不同于"超量恢复"的训练适应模型。该模型建立的前提条件是:首先,认定有机体的适应能力具有一个受遗传决定的极限,这一受个体条件限制且可以枯竭的适应力被称为"适应储备",其上限为"最大机能容量";其次,机体具有多种不同的能力,这些能力的水平和发展空间不同;最后,机体对刺激的应答方式不同,既有即刻的反应也有非即刻的积累反应。据此,他提出,机体拥有一个无时不存在的、独立于"适应储备"的"现时机能容量",它决定着机体不同能力已具备的状态,也是至今为止机体对训练适应效果的体现。

五、不同理论辨思

"适应"理论的代表性人物之一马德尔的"机能储备理论"与"超量恢复"学说最大的不同点在于:第一,认为人体对外来刺激的适应能力,无论是长期还是短期的,均受遗传因素的影响,是有限度的;第二,提出了"现时机能容量"概念,它以生物学的"应激"理论为基础,认为机体的"适应"是一个对机体本来就存在的"适应储备"的挖掘过程,而不是将其简单地归结为"超量恢复";第三,建立了负荷量与机能潜力之间的关系,并运用它作为评价训练负荷适宜与否的指标。

"适应"理论的另一个代表性人物诺依曼的"改变—适应的时间动态过程"理

论，从另外一个角度对训练的适应过程进行了解释。该理论提出，机体各器官系统受到足够大的外来刺激时会产生"变化"，在反复施加负荷的条件下则出现"适应"，具体表现为机能能力的提高（刘海军，2016）。诺依曼根据各器官系统的适应形成在时间顺序上的不同，将适应的过程划分为四个阶段，并为各个阶段的实现给与了明确的时间期限：肌肉运动支配程序的改变（7~10 天）、能量储备能力和肌肉蛋白质的增加（10~20 天）、神经—肌肉系统对机体结构变化的适应——机能调节的最优化（20~30 天）、不同系统之间的协调配合得到改善（30~40 天）。该理论描述了在负荷情况下机体的平衡状态被破坏而产生"变化"，在连续适宜负荷的作用下又形成新的平衡，即一个从量变（积累作用）到质变的"适应"的过程。

我们注意到，诺依曼的理论中没有运用传统的"超量恢复"来解释机体器官系统对负荷的反应，而称其为"变化"。依据这一观点，机体在外来负荷的作用下其平衡状态被破坏，具体的反应就是疲劳，当负荷条件不存在时，机体会得到恢复，如果反复对机体施加负荷刺激，则机体会由于负荷的累积效果对该刺激产生适应，具体表现为运动器官系统在形态机能方面的改变。这种适应是以刺激的累积效应为基础的，首先实现机体器官形态的"代偿"性改变，然后产生功能上的适应。例如，力量训练使神经对肌肉的支配作用得到改善和骨骼肌面积增加，从而增大了力量（朱松梅，2006）。

"适应"理论是在应激学说的基础上发展出来的（张茹伦，1995），与超量恢复理论相比较，"适应"理论具有以下特点：首先，"适应"以应激理论为基础，强调人体机能的提高是对包括训练负荷在内的整个外部环境的适应，适应的形成不仅取决于刺激，而且受中枢神经的协调和支配；其次，适应受到人体生理极限的限制，良性的适应只能在极限负荷之下获得，而超越极限的刺激不仅不能使机体获得适应，而且可能导致负面效应；最后，既强调机体整体能力的适应，又承认局部器官和系统的适应，不同器官和系统适应形成的时间不同。

总的来看，人体机能能力在负荷的作用下提高和改善的机制是一个非常复杂的过程。从理论或实践上，"体力波理论"与"超量恢复学说"存在着较大的一致性。"超量恢复"学说主要从能量恢复的角度进行研究，说明运动负荷下机体能量的变化，并只强调了方法学以及方法在训练上的运用，而没有充分考虑生理、生化的基础；应激学说主要是从神经内分泌的角度，研究人体在训练负荷的刺激下机能变化的规律;"应激学说"相比于"超量恢复"学说能更好地解释训练后人体机能变化的规律。与"超量恢复"相比,"适应"理论在一些重要的条件上增加了"限制",例如,提出了人体运动极限的存在,在一些具体的解释上更加符合运动的实际,再比如,强调了不同运动员个体和不同机能能力对负荷的不同"适应",突出了个体差异和区别对待。在对运动训练机制解释的客观性方面,"适应"理论显然具有较多的优势。但是必须注意到,目前在"超量恢复"和"适应"理论问题上的争论并没有结束,尽管人们对"超量恢复"学说提出了质疑,但是依据"应激"理论将运动训练的生理、生化基础归因于机体的"适应"理论,这同样缺乏大量具体实验数据的支持,人体运动能力提高的机制在许多方面仍然是"黑箱",以目前的科学理论和技术还无法做到精确的量化解释。因此,在这一研究领域还需要做大量深入的研究工作。

第二节 运动负荷监控研究

一、运动负荷监控的理论背景

随着现代科技的进步,尤其是数理逻辑学和计算机技术的发展,控制论的研究已经逐渐向如何系统地实施定量化、精确化、科学化和最佳化控制的方向发展。体育作为人类社会的一个重要部分,也是控制论所要探索的一个领域。从20世纪60年代中期开始,许多体育科学工作者开始研究控制论及其在体育领域的应用问题,苏联学者作出了重大贡献。1965年10月,莫斯科体育运动协会组织了一次程序教学机器的科学讨论会;同年11月,莫斯科国立体育学院举行了以《控制论与运动》为专题的国际体育科学学术讨论会。这两次会议是控制论引入体育领域的重要里程碑。此后一些相关论著相继出版,如马特维耶夫的《训练调控及最优化》、佩特罗夫斯基的《控制论与运动》、纳巴特尼柯娃的《少年运动员训练控制原理》。从此,众多体育科学工作者开始了运动训练控制的研究,也迈出了人类研究运动训练科学化的第一步。

我国体育界对控制论的研究始于20世纪70年代末期。当时,北京体育学院的部分教师成立了"系统论、信息论、控制论学习小组",对系统论、信息论、控制论的基本原理进行了初步的学习研究,并探讨了控制论的基本原理在体育领域应用的可能性。太原工学院的史广文(1978)在数学工作者的帮助下,探讨了体育运动模型与体育竞赛模型的建立、实施模拟训练以及体育竞赛中的随机控制问题,并于年底完成了《体育控制论的初步探讨》一文,开始了对运动训练控制的理论与实践探索。

在控制论被引入体育领域后,不仅促使许多学者从理论上进行研究,而且很快被运用到体育运动的实践活动中,并取得了成效。其中影响最大的是苏联著名教练员佩特罗夫斯基在1968年首次把控制论应用于运动训练。他用控制论的基本原理和方法作指导,研究并提出了一个新的训练方法——模式训练法,并且用此方法对苏联优秀短跑运动员鲍尔佐夫进行了为期四年的系统训练,效果显著。1972年,在慕尼黑奥运会上,鲍尔佐夫一举夺得100米、200米跑的金牌(佩特罗夫斯基,1982)。我国从20世纪80年代以来,在基础理论研究的同时,运动训练控制的应用研究和开发性研究,也取得了令人欣喜的进步。浙江省体校教练员傅光荣在少年女子短跑训练中首次运用模式训练获得成功,国家队男子短跑训练队在科研人员的配合下采用了模式训练法进行训练,只用了两年时间,运动员郑晨就以10.28秒的成绩打破了沉睡17年之久的男子百米跑亚洲纪录。其后,控制论的思想开始完全渗透到运动训练实践领域中来,几乎每一次运动成绩的重大突破都与训练控制有关。1999年,胡亦海将模式训练法应用于我国青年女排运动员的弹跳力训练,取得了重大的突破。目前,在实践应用方面,除了模式训练法外,还有程序训练法,二者是最具代表性的运动训练控制方法。1984年,我国跳高教练胡鸿飞对朱建华进行助跑与起跳相结合的技术训练时,设计了包括14个小步骤的程序训练计划,取得了满意的训练效果,使其三次打破男子跳高世界纪录。

运动负荷控制研究在运动训练控制研究中占比最大。从生物学的角度看,运动训练是一种主动改造人体形态结构,提高人体机能的过程。这个过程通过施加运动负荷等方法,有意识地打破机体内环境的相对平衡,使之产生正向较高机能水平转化,与施加的运动负荷相适应的水平上重新获得相对平衡。这种由于运动训练而产生的有机体与施加负荷的外环境不断取得平衡的过程叫作训练适应。人体在训练适应过程中,在不同情况下通过不同的负荷作用将产生不同的负荷效应,并且恢复的速度和程度也不同。如果运动负荷太小，产生的负荷效应不强，运动能力提高不明显；如果运动负荷持续过大，不但不能提高运动能力，反而损害身体健康。因此，要求教练员在训练中必须合理使用负荷刺激手段，促进运动员的训练适应发生，获得多次适应的累积，达到人体功能结构的改变，这个操作过程就是运动负荷的控制活动。

控制的普遍意义是指对系统的有目的、有方向的调节、指挥和掌控。运动负荷控制作为一个运行系统，其直接目的是促使运动员达到训练适应，提高与保持竞技能力，在比赛中创造优异的运动成绩。控制过程可分内、外两种，教练员及其团队为运动员制定的运动负荷控制方案就是一个运动负荷外控过程，在整个运动系统中处于计划过程，属于外控系统工作阶段；当运动员接受这个方案并加以实施时，运动员在运动过程中将在生理、心理等方面产生一系列反应，这一系列反应有可能引起运动员拒绝执行或超量完成该运动负荷方案，这一个过程属于运动员的执行状态，属于内控系统工作阶段。两个过程看起来相互独立，其实有经验的教练员会随着训练过程的进行而严格控制运动员的执行过程，一方面观察运动员的运动表现，如出汗量、脸色、呼吸、技术、注意力等；另一方面通过科研人员进行技术、生理生化指标测试，间接掌握运动员的承受负荷状态诊断过程。通过训练前后一系列的生物学、训练学测试指标的分析（反馈过程），再发出调整运动负荷的指令，或启动下次训练方案。这样，外控系统与内控系统工作融为一体，共同实施运动负荷控制全过程。

二、运动负荷的监控

运动负荷的测量方法主要有以下几种。

1. 基于 GPS（全球定位系统）的负荷监控

1997 年，GPS 运动负荷监控首次用于运动员速度测量，现在已经在众多项目中被应用，其中以室外集体项目较为普遍，根据 GPS 卫星追踪位置，可实时反映运动员移动的速度和距离。研究表明，通过 GPS 测量得知，板球的快球手在一场比赛中跑动可达 15 千米以上，足球运动员的跑动距离为 13 千米，橄榄球的后卫移动距离要比前锋平均超出 7.6%。

随着技术的进步,一些产品制造商将加速针与磁力针和陀螺仪整合进 GPS,通过结合体重和接触力的计算,测量运动员加速、变向、减速、起跳和冲撞的次数和强度。加伯特(Gabbett)发现,女子曲棍球运动员在一场比赛里高强度加速(大于 0.5 m/s^2 且持续 2 秒以及以上,其中,m/s^2 表示重力加速度的单位米/秒^2。编者注)次数的结果为:前锋>中锋>后位;海厄姆(Higham)发现,精英橄榄球运动员的中等强度($2\sim4 \text{ m/s}^2$)加速频率低于减速频率,而高强度($>4 \text{ m/s}^2$)加速频率大于减速频率;此外,Aughey 的研究表明,在决赛中运动员的最大加速度出现次数是其他比赛中的 2 倍。李世祥通过研究青年女排运动员发现,虽然比赛中接应选手的跳跃次数不是最高(少于二传),但跳跃强度最大,且左右变向的次数最多。

2. 基于录像解析的负荷监控

随着计算机技术的迅猛发展,录像解析技术被越来越多地用于运动员的负荷监控当中。录像解析技术不仅可以获得运动员的时长、总距离、速度、不同速度区间下的移动距离等参数,还可以统计运动员专项动作的使用频次和使用情境,分析复杂动作的技术特征(Carling et al.,2008),且视频拍摄不受比赛规则的限制,有时一部智能手机就可以完成工作需求,因此,在众多项目中被广泛应用。由于外部负荷监控的部分指标在前面部分已有描述,因此,本部分将只对专项动作的监控进行阐述。

专项动作是指为完成运动项目的特异需求所形成的动作模式(崔运坤 等,2017),对运动表现有着重要影响(Verstegen,2005)。谢帕德(Sheppard,2008)比较了排球比赛中赢球和输球双方的技术动作表现,发现赢球方二传手在一局比赛中完成的拦网跳跃的次数要显著高于输球方的二传手,但输球方二传手完成鱼跃的次数明显高于赢球方。

监控专项动作不仅可以分析运动表现,还可以用于损伤风险管理。莱曼等人(Lyman et al.,2001,2002)发现在 13~14 岁棒球投球手中投掷类型与其手臂疼痛有显著的相关性:投掷滑球(slider)使肘部疼痛增加 86%;曲线球(curveball)使肩部疼痛增加 52%;变速球(change-up pitch)使肘部疼痛减少 12%、肩部疼痛减少 29%;而投掷次数与肘部疼痛的关系成"J"形曲线,当一个赛季中投掷次数小于 300 或大于 600 时肘部疼痛均增加。胡林等人(Hulin et al.,2014)进一步研究发现,平均每 4 周投掷次数这样稍高的训练负荷,可使本周损伤风险与下周的损伤风险均减少。

3. 基于心率的负荷监控

心率（heart rate，HR）是指心脏每分钟收缩的次数，与最大摄氧量百分比、血乳酸浓度等有很强的相关性，可在一定程度上反映运动的强度（Foster et al.，1995）。但有研究指出，在大强度运动、抗阻运动、间歇性运动中，HR和运动强度并非呈线性关系，因此，心率监控运动负荷一般只用在耐力性项目中（朱那 等，2013）。心率恢复（heart rate recovery，HRR）和心率变异性（heart rate variability，HRV）是基于心率的衍生指标，前者指在结束运动之后的几分钟里心率下降的速率（Shetler et al.，2001），而后者指窦性心律的波动变化程度（庹焱，2001），二者都是应用心率进行内部负荷监控的常见手段。

当训练负荷减少时，HRR会加快；而HRR降低时，通常与训练负荷增加有关，尤其是当负荷急速增加时（55%±22%），HRR表现出下降，这表示出现过度负荷。但也有研究发现在训练负荷增加时HRR也增加，博瑞思（Borrese，2007）认为，当受试者处于急性疲劳时HRR会出现增长现象，而当受试者处于慢性疲劳时HRR会表现出下降。HRV监控个体对训练适应时发现，在中等负荷的训练时HRV提高，当负荷到达高水平（100%个体承受）时HRV下降；而负荷降低时，HRV又会回弹到之前水平（Manzi et al.，2009）。研究显示，3周的过度负荷训练使游泳运动员HRV降低22%（Garet et al.，2004），长跑运动员降低27%（Pichot et al.，2000），但在游泳运动员进行2周减量训练后（减少69%），HRV恢复至原来水平；长跑运动员1周减量训练后（减40%），HRV增加36%。

由于HR会随运动强度和时间的变化而变化，因此，巴尼斯特等人（Banister et al.，1975）提出通过运动时间（分）乘以平均心率（次/分）的方式量化运动负荷，即训练冲量（training impulse，TRIMP）的概念。经过40余年的发展，不同学者提出了基于HR的不同TRIMP算法（表4-2-1），其中，巴尼斯特算法和曼兹（Manzi）算法以基础心率、平均心率和最大心率为基本参数，适用于多种训练形式，同时巴尼斯特算法还引入了性别权重，而巴尼斯特算法只用于男子运动员。在艾德沃斯算法、露西卡（Lucia）算法和斯塔戈诺（Stagno）算法中，均将运动强度按不同形式划分若干等级，对各等级赋予一定的权重系数，但都没有将低强度纳入计算当中。因此，这两种算法不能准确地反映长时间低强度运动的实际负荷，而莫托（Morton）

算法则是综合了上述两类算法形式，但据报道只在自行车项目中有较广泛应用。

表 4-2-1　基于 HR 的 TRIMP 计算

算法提出者	算法公式	公式注释
巴尼斯特	Trimp=A*B*C	A＝运动时间（分）；B＝（HRT－HRB）/（HRmax－HRB）；C＝0.64eDB；e＝自然对数（2.712）；HRT：平均心率；HRB：基础心率；HRmax：最大心率；D＝1.92（男子）、1.67（女子）
艾德沃斯	Trimp＝1*T1＋2*T2＋3*T3＋4*T4＋5*T5	T1＝50%～60% HRmax 的运动时间；T2＝60%～70% HRmax 的运动时间；T3＝70%～80% HRmax 的运动时间；T4＝80%～90% HRmax 的运动时间；T5＝90%～100% HRmax 的运动时间
露西卡	Trimp＝1*T1＋2*T2＋3*T3	T1：＜HR1 时的运动时间；T2：HR1＜HR＜HR2 时的运动时间；T3：＞HR2 时的运动时间；HR1＝70% $VO_{2\,max}$ 所对应的心率；HR2＝90% $VO_{2\,max}$ 所对应的心率
莫托	Trimp＝1*TRIMP1＋2*TRIMP2＋3*TRIMP3 TRIMPn＝An*B*C	An＝运动时间（分）；B＝（HRT－HRB）/（HRmax－HRB）；C＝0.64eDB；e＝自然对数（2.712）；HRT：平均心率；HRB：基础心率；HRmax：最大心率；D＝1.92（男子）、1.67（女子）；A1：＜HR1 时的运动时间；A2：HR1＜HR＜HR2 时的运动时间；A3：＞HR2 时的运动时间；HR1＝70% $VO_{2\,max}$ 所对应的心率；HR2＝90% $VO_{2\,max}$ 所对应的心率
斯塔戈诺	Trimp＝1.25*T1＋1.71*T2＋2.54*T3＋3.61*T4＋5.16*T5	T1＝65%～71% HRmax 的运动时间；T2＝72%～78% HRmax 的运动时间；T3＝79%～85% HRmax 的运动时间；T4＝86%～92% HRmax 的运动时间；T5＝93%～100% HRmax 的运动时间
曼兹	Trimp=A*B*C	A＝运动时间（分）；B＝（HRT－HRB）/（HRmax－HRB）；C＝0.64e1.92B；e＝自然对数（2.712）；HRT：平均心率；HRB：基础心率；HRmax：最大心率

4. 基于血液、尿液和唾液成分的负荷监控

运动时，机体通过不同的代谢途径会在体液中产生不同的代谢物，测定训练前、中、后的血液、尿液或唾液、汗液中的一些生化指标，可以间接地揭示运动对机体

的刺激程度和物质能量的代谢特点，反映机体对训练的适应情况。常见的测量指标如表4-2-2所示。

表4-2-2 基于血液、尿液、唾液、汗液的测量指标

分类	指标
基于血液	血清睾酮（T）、血清皮质醇（C）、TIC、白细胞（WBC）、血乳酸（BL）、血清肌酸激酶（CK）、血尿素（BUN）
基于尿液	尿蛋白（UP）、尿胆原（U）尿比重
基于唾液	免疫球蛋白A（SIgA）、唾液睾酮（ST）、脱氢表雄酮硫酸盐（DHEA-S）
基于汗液	尿素（cabamide）、乳酸（lactate）、离子浓度（K^+、Na^+、Cl^-）

5. 基于RPE量表的负荷监控

RPE（Rating of Perceived Exertion）即主观疲劳量表，是一种介于生理学与心理学之间的评价负荷强度的指标，将人体在运动应激状态时的生理机能变化程度通过对强度感觉的心理体验测定反映出来。该量表由瑞典科学家博格（Borg，1982）最早提出，福斯特（Foster）将其进行修改（表4-2-3）并在TRIMP基础上发展出sRPE（session Rating of Perceived Exertion，sRPE）的概念，计算公式为：sRPE（AU）=运动时长（分）×RPE得分，其中，运动时长选取训练或比赛开始（包含准备活动）至结束（不包含整理活动）部分，RPE得分在结束后10～15分钟内采集。

表4-2-3 RPE量表

评分	主观感觉描述
0	安静、放松（rest）
1	非常非常不费力（very, very easy）
2	不费力（easy）
3	缓和（moderate）
4	有点疲劳（somewhat hard）
5	疲劳（hard）
6	—

续 表

评分	主观感觉描述
7	非常疲劳（very hard）
8	—
9	—
10	极限疲劳（maximal）

sRPE 除了量化单次运动负荷外，还被广泛用于与损伤风险的相关性分析。加比特（Gabbett，2011）通过分析运动员一周的 sRPE 与损伤率，发现训练负荷与接触性损伤、非接触性专项损伤、接触性专项损伤都有显著相关性；鲁特科夫斯基（Rutkowski，2003）研究表明，赛季期训练的周负荷大于 1 750 AU、两周负荷大于 4 000 AU、周负荷变化大于 1 250 AU 时，损伤风险均会显著增加；克洛斯（Cross，2015）研究发现，当本周的周负荷比平均周负荷高出 2 个标准差时（1 245 AU），下周损伤风险增加 1.68 倍；胡林等人（Hulin et al.，2016）对 28 名橄榄球运动员进行两个赛季的研究，结果显示，在比赛期间急慢性负荷比值（过去 7 天平均日负荷与过去 28 天平均日负荷的比值）在 1.02～1.22 区间时对损伤有防护作用，而比值继续增大时损伤风险增加。因此，sRPE 是一种便捷、无创的负荷监控手段，有着良好的信度和效度，可长期进行采集且易于分析，适用于几乎所有运动项目。

三、运动负荷的计量

恰当的负荷评价方法有助于教练员和科研人员及时了解运动员对负荷的适应情况，以此做出调控训练负荷的相应对策。纵观当前的训练实践，训练负荷的评价应该从两方面进行：一是通过一些训练学指标对负荷的剂量（dose）进行计量，如采用次数、组数、时间、强度等来直接反映负荷的大小；二是通过一些生理生化、心理指标对负荷后的效应（response）进行评价，如心率、血乳酸、主观体力感觉等来间接反映机体对负荷的适应程度。前者反映了负荷的量度，是评价训练负荷的基础和前提；后者反映了机体对负荷的适应程度，是评价训练负荷的重要手段和方法。教练员在实际应用过程中应根据不同的项目需求选择合理的评价指标。

（一）运动负荷的训练学计量

对负荷剂量的计量可以直接反映负荷的大小，而负荷的剂量主要表现在负荷量和负荷强度两方面，因此，我们可以对负荷量和负荷强度进行计量，计量指标如下。

1. 训练负荷量的计量

负荷量的计量可以从训练（一次课、一周、一年）的时间、距离、次数、组数、重量等几个方面进行考虑，这些指标可以较为直观地反映负荷量的大小。

在实际应用中，可根据不同的项目特点选用合适的指标。如在体能类项目中，跑、游、骑、滑等速度性和耐力性项目，多采用练习的时间、距离、次数和组数来反映负荷量；举重和投掷等快速力量性项目，多采用练习的重量、距离、次数和组数；在技能类项目中，射击、射箭等表现准确性项目，多采用练习的次数和组数；体操、技巧等难美表现类项目，多采用成套练习的次数、组数和总的练习时间；篮球、足球等同场对抗性项目，多采用跑动的总距离和练习的总时间；羽毛球、乒乓球等隔网对抗性项目和摔跤、柔道等格斗对抗性项目，多采用练习的回合数和练习的总时间等。

2. 负荷强度的计量

负荷强度的计量可以从练习的速度、高度、远度、难度、频率、密度等几个方面进行考虑，不同指标适用于不同项目。如周期竞速类项目，多采用练习的速度，有时候采用一定距离所用的时间，如要求运动员在12秒内完成100米跑；跳跃和投掷等快速力量性项目，多采用练习的高度和远度。

在实际运用过程中，还采用实际成绩和最好成绩的比值来反映负荷强度的大小。用运动成绩来评价训练负荷时可以用绝对成绩（如举重运动员举起80公斤比举起70公斤负荷大，跳高运动员跳过2米比跳过1米负荷大等），也可用相对成绩。对于运动成绩越小越好的项目，如跑步、游泳、自行车等竞速类项目，相对成绩计算公式为：负荷强度＝最佳成绩÷训练成绩×100％。如某运动员800米的最大速度为10米/秒，某次训练课的速度为8米/秒，则其负荷强度为8÷10×100％＝80％。但对于运动成绩越大越好的项目，如跳高、投掷、举重等项目，相对成绩计算公式为：

负荷强度＝训练成绩÷最佳成绩×100%。如某位铅球运动员的最佳运动成绩为 21 米，在某次比赛中的运动成绩为 20 米，则其负荷强度为 20÷21×100%≈95%，因此，我们称这次比赛该运动员的负荷强度达到了 95% 左右。

另外，在力量型项目，负荷强度也用最大重复次数（RM）来反映，即运动员能够举起某一重量的最大重复次数，通常用 1RM 来表示运动员用自身最大重量重复一次的练习，并用最大重复次数百分比来衡量负荷强度。如某运动员深蹲时 1RM 的负重量为 300 磅，某次练习用 120 磅做了 10 次 5 组的深蹲（40%1RM），再用 240 磅做了 5 次 5 组的深蹲（80%1RM），虽然两种练习的总负荷量相同（6 000 磅），但是后者（80%1RM）的负荷强度远远大于前者（40%1RM）。

（二）运动负荷的生理学计量

1. 心率（HR）

心率是评价训练负荷强度的简单易行指标之一。在实际评价过程中，常采用的心率指标有安静心率、基础心率、运动过程中的心率和运动结束后的心率。大多数教练员经常用最大心率百分比来划分运动强度。

目前大多采用 Polar 表来测量运动前后和运动时的 HR，但是在仪器设备不完善的时候也会使用运动后即刻脉搏来代替 HR。虽然 HR 的测量比较简单、快捷、有效，但是 HR 的相关指标会受很多因素的影响，如运动员的身体健康状况、外界环境的改变，以及人体的 HR 和最大心率百分比，研究显示（Bagger et al.，2003），人体的 HR 和最大心率百分比每天会分别存在 6 次/分与 6.5% 的差值。

因此，仅仅使用 HR 和最大心率百分比指标来评价训练负荷是远远不够的。为了保证负荷监测的准确性，教练员还经常采用乳酸阈心率来监测负荷强度。乳酸阈是个体出现乳酸阈时所对应的心率，运动员在递增负荷实验中测定乳酸阈的同时测量心率，教练员就可以在训练中使用乳酸阈心率指标对其进行负荷强度评价，与单纯的心率指标相比，乳酸阈心率更能有效便捷地反映运动员机体的能量代谢情况。国家竞走队外教达米拉诺认为，对优秀运动员进行耐力训练时经常采用个体乳酸阈强度能够显著提高其有氧工作能力，运用乳酸阈心率可有效地控制负荷强度（王林和孙自金，2012）。

2. 最大摄氧量（$VO_{2\,max}$）

在耐力项目训练实践中通常将出现 $VO_{2\,max}$ 时的运动强度作为 $100\% VO_{2\,max}$ 强度，然后再根据不同的训练计划制定不同百分比的 $VO_{2\,max}$ 强度。

根据 $VO_{2\,max}$ 的百分比将有氧训练负荷强度划分为五个等级（Kohrt et al., 1987）：小负荷：$\leq 50\% VO_{2\,max}$；中等负荷：$51\% \sim 70\% VO_{2\,max}$；亚极量负荷：$71\% \sim 80\% VO_{2\,max}$；近极量负荷：$81\% \sim 90\% VO_{2\,max}$；极量负荷：$91\% \sim 100\% VO_{2\,max}$。

$VO_{2\,max}$ 的测量方法有两种，一种是让受试者在跑台或者功率自行车上完成递增负荷实验来进行直接测量，这种方法测量出来的结果比较直观准确，但是，由于需要专门的仪器和实验场地，还需要受试者有良好的耐受力，测量起来时间成本和人员成本较大，所以，另外一种通过不同的计算方法和公式来间接推算 $VO_{2\,max}$ 的方法就应运而生，如 Astrand-Ryhmin 列线图法、Cooper 实验法、Fick 公式法、Costill 公式法等。

由于 $VO_{2\,max}$ 受遗传因素影响较大，运用该指标制定运动强度等级时有较大的个体差异，因此，在训练时间中又衍生出最大摄氧量速度（即运动员出现 $VO_{2\,max}$ 时的最小速度）和 $VO_{2\,max}$ 持续时间（Tlim）（即运动员用 $VO_{2\,max}$ 运动时的持续时间）（邱俊强，2011），这些指标不仅弥补了用 $VO_{2\,max}$ 评价运动强度的不足，还丰富了训练负荷施与的手段，且在实践应用范围较为广泛，如自行车（Laursen et al., 2004）、足球（Dupont et al., 2004）、跑步（Kchn et al., 2011）等项目。

(三) 运动负荷的生物化学计量

1. 血乳酸（BLA）

血乳酸是糖酵解的产物，在训练实践中，大多数教练员和科研人员经常采用 BLA 来了解无氧运动时运动员的负荷强度情况，并根据运动后 BLA 的生成量可以大致将负荷强度分为大、中、小三个等级，当 BLA<4 毫摩尔/升（mmol/L）时，表明负荷强度较小；当 BLA 在 4～12 mmol/L 时，表明负荷强度中等；当 BLA>12 mmol/L 时，表明负荷强度较大。一些实验数据表明，BLA 值与负荷强度之间存在着明显的线性关系,即负荷强度越大,BLA 的生成量越多(高平 等,2018)。但另有研究认为,高强度运动后肌乳酸的生成速率是扩散速率的 3 倍,即随着运动强度的增强,肌乳酸的浓度大大增加,而血乳酸的浓度并没有呈线性增加,因此,血乳酸的浓度并不一定能准确反映肌乳酸的浓度。而且在实际负荷监测过程中,运动员的 BLA 浓度会受到诸多运动之外的因素影响,如气温太高时机体脱水严重,采集 BLA 的时间、部位、血量等都会影响最终的检测结果。

2. 血尿素(BUN)

血尿素是人体内的蛋白质和氨基酸的代谢产物。运动员在训练和比赛过程中由于身体处于紧急应激状态,体内的蛋白质的氨基酸代谢都保持在一个较高的水平。因此,运动员 BUN 变化情况能够在一定程度上反映机体对训练的适应情况。一堂训练课前后的血尿素变化的正常差值为 $1 \sim 3.5\,mmol/L$,当差值超过 $3.5\,mmol/L$ 时,则表明负荷量过大,机体可能处于疲劳状态;当差值小于 $1\,mmol/L$ 时,则表明负荷量过小,负荷量度可上升的空间还很大。但要注意的是不合理的膳食结构也会对 BUN 造成一定的影响,如糖类摄入过少而蛋白质摄入过多则会引起血尿素增加(冯连世,2006)。

3. 血红蛋白(HB)、尿胆原(URO)

血红蛋白是红细胞的重要组成部分,而尿胆原是血红蛋白分解后的产物,经常将这两者结合起来对负荷量的大小进行评价。大量相关研究表明,训练课中的负荷量过大时,导致机体内的溶血增多,运动员血液中的 HB 值降低,URO 排出量大大增加(武露凌 等,2008),而安静状态下 URO 值为 2 毫克/分升(mg/dL),男性 HB 值为 $120 \sim 160$ 克/升(g/L),女性 HB 值为 $110 \sim 150\,g/L$。在同一次监测中,运动员的 HB 和 URO 值与同队的平均值和安静状态下的正常值相差较大时,应注意是否是由运动强度过大造成的。且 HB 的个体差异性较大,URO 的排出易受肝功能的影响,这些因素在评价负荷时都应考虑到。

(四)运动负荷的心理学计量

人体在运动时随着运动强度的增加,会出现呼吸频率加快、汗量增多和肌肉收缩剧烈等生理现象,伴随着这些生理指标的改变,主观心理效应也会发生变化,如肌肉酸痛感和疲劳感增强，意志力减弱等。因此，1970 年 Borg 根据运动后产生的主观心理变化编制出主观体力感觉（RPE）量表（6~20级）来反映客观生理机能变化（Borg，1973），这一量表的制定为训练负荷强度评价提供了新思路。

众多学者为了确定 RPE 评价训练负荷强度的有效性和客观性进行了大量实证研究。如王钧（2015）通过测量三次力竭运动后的 RPE 值、HRV 和 HB、CK、T 等生化指标，发现 RPE 值与 HRV 和血液生化指标也具有较好的相关性，单独用 RPE 值评价负荷强度可能主观性太强，建议将 RPE 和一些客观指标结合起来对训练负荷进行综合评定。

由此可见，RPE 可以作为一个有效指标来监测训练负荷，但是，要考虑到运动员的主观感觉会受多方面因素影响，如意志力、环境因素、身体健康状况、能量物质的供能情况（糖、脂肪、蛋白质）、心理状态等，这些因素均会限制 RPE 的取值，因此，使用时应结合不同的生理生化指标，以此提高负荷评价的客观性和准确性。

根据力量项目训练的需要，Robertson 将 Borg15 级主观体力感觉量表改编为 OMNI 力量训练主观体力感觉量表（Robertson et al.，2003）（图 4-2-1）。OMNI 来自 omnibus 一词，意为"综合的、包括多项的"，如下图所示，OMNI-RES 将传统的 15 级 RPE 量表简化为 10 级（0~10），并在量表上方配上力量训练时的示意图，相比于 RPE 来说能够让运动员更加直接形象地描述训练后的主观感受。Michael 将 Borg15 级 RPE 量表改编为 10 级 RPE 量表，并以运动员能重复的次数作为划分等级的依据（Michal et al.，2016）（表 4-2-4）。这种方法相比于 OMNI 力量训练主观体力感觉量表来说更能详细具体地指导运动员描述训练后的主观感受。

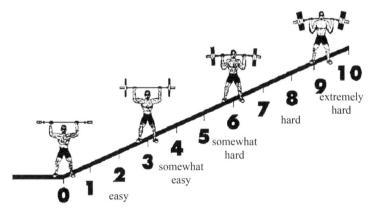

图 4-2-1　OMNI 力量训练主观体力感觉量表示意图
（引自 Robertson，2003）

但是由于 RPE 指标的主观性较强，因此，在精确评价训练负荷方面具有一定的局限性。一些研究表明，运动员在承受了较高的负荷后或者在完成了一次最大重复次数后会夸大其 RPE 值，这可能是由较高负荷对心理造成的负面影响所导致的 (Gearhart et al.，2002)。

表 4-2-4 力量项目主观体力感觉量表

等级	体力感觉描述
10	最大努力
9.5	不能再重复但是可以增加负荷
9	能重复 1 次
8.5	能重复 1~2 次
8	能重复 2 次
7.5	能重复 2~3 次
7	能重复 3 次
5~6	能重复 4~6 次
3~4	稍微费力
1~2	不费力

（五）运动负荷的综合计量

1. 训练冲量（Trimp）

训练冲量最早是由巴尼斯特在 1975 年提出来的持续性耐力项目负荷评价方法 (Banister et al.，1975)，其计算公式为 $Trimp = T \times HR$，其中 T 为运动时间，HR 为平均心率。但这个计算公式并没有考虑到男女运动员和不同水平运动员之间的差异。

因此，露西卡将训练冲量的计算公式优化为 $Trimp = D \times \triangle HR \times Y$，其中 D=运动时间，$\triangle HR =$ [（平均心率－基础心率）×（最大心率－基础心率）]，男子 $Y = 0.64 \times 2.712 1.92 (\triangle HR)$，女子 $Y = 0.64 \times 2.712 0.86 (\triangle HR)$。这个训练负

荷计算公式经常用于自行车等耐力性项目（Lucia et al.，2003），这些项目运动过程中强度变化幅度较大，因此，其心率水平上下起伏也很大。而将最大心率和基础心率考虑进去有利于减小心率起伏对运动强度评价的影响，因此，巴尼斯特和露西卡的训练冲量计算公式对耐力类项目的训练负荷计算还是比较具有实际意义的。但是，这种测试方法要求运动员在整个训练过程中都要佩戴心率监测的相关仪器，而且还要求心率达到一个稳态，这就会大大降低间歇训练负荷评价的准确性。

考虑到间歇训练负荷计算的需要，艾德沃斯等人（1993）提出将心率区间引入训练冲量的计算中，公式为 Trimp＝（T1×sRPE1）＋（T2×sRPE2）＋（T3×sRPE3）＋…，其中 T 为运动时间，sRPE 为阶段 RPE 值，如某运动员在完成一组深蹲练习后的 RPE 值为 6，训练时间为 3 分钟，则这组训练的 Trimp1＝6×3＝18，该运动员继续完成第二组深蹲练习后的 RPE 值为 9，所花的训练时间为 4 分钟，则这组训练的 Trimp2＝9×4＝36，则两组训练的总 Trimp＝Trimp1＋Trimp2＝18＋36＝54。福斯特还进一步验证了基于 sRPE 和基于 HR 的训练冲量计算方法之间具有较强的相关性（$r=0.76$）。艾德沃斯和福斯特的训练冲量计算方法在短时间大强度运动、间歇运动和抗阻力运动中运用得较多。例如，刘也等人（2018）采用艾德沃斯的训练冲量公式计算了两组运动员 8 周的负荷情况发现，间歇训练组在 80％～90％HRmax 区间和 90％～100％HRmax 区间的训练冲量值明显高于常规训练组，并且表现出显著性差异（$p<0.05$），艾德沃斯的训练冲量计算方法能够有效地反映训练负荷的大小。

2. 训练应激评分（TSS）

训练应激评分是通过全球定位系统（GPS）或者自行车功率计测得的跑速或者骑速以及运动的总距离计算而得。这个指标最早是应用于自行车项目中，计算时要考虑骑自行车或者跑步过程中的标准功率输出以及达到乳酸阈功率时的运动强度，乳酸阈功率即血乳酸浓度指数增加时的功率输出。计算训练应激评分的公式有很多，这些公式大多都包含距离、速度、地形特征和相对强度等指标。一般来说，常用的训练应激评分计算公式为：TSS＝［（S×NGP×IF）÷（FTP×3 600）］×100，其中 S 为训练时间、NGP（normalized graded pace）为标准分级速度（速度根据具体地形和地势进行调整）、FTP（functional threshold pace）为功能阈值速度（实际指运动员全力跑一个小时的平均速度，一般用运动员全力跑 8 分钟的平均速度来估算其功能阈值速度）、IF（intensity factor）为强度因素（由 NGP/FTP 而来，即用运动员的极限强度值来衡量现在的运动强度）（Coggan，2003）。有相关研究指出，用训练应激评分评价负荷强度缺乏大量的科学实验依据，且因测试设备和软件较为昂贵，在实际的训练评价中使用较少（Campbell et al.，2017）。

3. 时间—运动分析（TMA）

时间—运动分析（time-motion analysis）是通过全球定位系统和数字视频（如 ProZone）对动作模式进行分析，这种监测负荷的方法在比赛中越来越受欢迎（Halson，2014）。全球定位系统监测负荷的可靠性取决于一些因素，如运动员的位移速度、速率、持续时间和运动类型。从现有的文献资料来看，运动员的动作速度越快，全球定位系统监测的可靠性就越低。此外，在监测那些变向运动时，全球定位系统的可靠性也会下降，而且全球定位系统不能量化跳跃、击球与铲球等动作的负荷。这一方法在国内研究中较为少见，这些较新颖的训练负荷监测方法值得国内学者和教练员学习并运用到训练负荷监测的实践中。

四、对运动负荷监控的反思

无论哪种负荷监控手段都是特定时代下的产物，一定程度上推动了运动训练的发展，但也存在着一定的局限性，对其存在的问题进行反思有利于推动负荷监控的发展。

1. 全球定位系统监控的应用性和局限性

运用全球定位系统进行训练负荷监控，不仅可以监控每位运动员的负荷情况，还可以从运动员的动作模式加速、变向和移动轨迹做出战术分析与比赛特征分析。但由于全球定位系统信号易被干扰，目前，除了室外集体性球类项目外，在其他项目中的应用比较少见。同时有研究指出，位移速度和移动距离会影响全球定位系统设备在负荷监控上的准确性，当速度和距离增加时，测量信度出现下降。此外，全球定位系统设备也无法对复杂比赛或训练情境下运动员的身体动作做出准确分析。

2. 录像解析负荷监控的实用性和有效性

通过视频解析手段监控运动负荷时，可以精准地统计出运动员专项技术使用情况，在与同场竞技的高水平运动员进行比较时，还可以分析出该运动员在专项技术上的不足，长期的监控还可以预测损伤风险。但是，对于运动员的技术监控，在高速摄像的视频拍摄完成之后，采用影像解析技术进行技术分析需要科研人员耗费大量的时间，且分析过程较为烦琐，有滞后性，还不够准确，无法满足监控的实时化需求。

3. 心率负荷监控的不确定性

心率是指心脏每分钟收缩的次数，与最大摄氧量百分比、血乳酸浓度等有很强的相关性，可在一定程度上反映运动的强度。但是，不同运动项目在大强度运动、抗阻运动、间歇性运动中 HR 和运动强度并非呈线性关系，因此，一般只在耐力性项目中使用心率监控运动负荷。

4. 血液、尿液监控的便捷性和唾液监控的有效性

基于血液成分的负荷监控仍是生化测量中的最常用手段，但是，长期监测的反复采血较难被运动员和教练员所接受。特别是对于一些水上项目，任何轻微的创伤对运动员都会成为很大的威胁。而基于尿液成分的负荷监控较难实现实时取样，此外，取样时不同指标、不同时刻，要求运动员不同程度地提供尿液（全尿/中段尿），因而不够便捷，运动员容易出现抵触情绪。体育科学的发展要求有更加便捷、灵敏、无创或少创的监控指标出现，基于唾液成分和汗液成分的负荷监控可较好满足这些需求，但目前基于此二者的监控指标还不够丰富，信度和效度也需要进一步的研究。由于各指标反映的实际问题不同，因此，在应用时常根据各指标的时间—效应特性，对多个指标进行及时准确的测量，综合评价机体情况。

5. RPE 量表监控的客观性与准确性

一般来说，RPE 量表是一种无损伤的监控方式，简单方便，但主观性较强，对于测量结果的准确性有待商议。因此，在运用量表时可将生化指标作为辅助，使监

控结果更加准确。

6. 运动负荷评价未能体系化

目前，国内对训练负荷的评价主要集中于一些生理生化指标和训练学指标，对心理学评价指标应用较少，如主观体力感觉和分段主观体力感觉。不同维度的负荷评价指标不够全面，不同指标应用的范围不够明确。对众多的负荷评价指标有待整理分类，以明确不同评价指标的适用范围和对实际训练的指导作用，增强负荷评价的针对性和有效性。

因此，在实践应用中并非要求使用以上提及的所有指标和方法进行负荷评价，应结合自身训练条件和不同运动项目特点进行合理选择。如在运动队设备不完善、经费紧张的情况下，可选择一些较为简单且实用的指标。

另外，现代训练负荷评价表现出个体化、大数据化的趋势，个体化即针对运动员个体量化其机体所承受的负荷，大数据化即利用大数据和云处理技术将复杂多变的机体状态转化为可测量的数据或者模型，这也是今后训练负荷评价的主要趋势，以此不断提高负荷评价的便捷性、时效性和准确性。

目前应用广泛的 Omegawave 竞技状态诊断系统、Firstbeat、Smartbase 大数据管理平台等数字化软件和平台，可以在较短时间内对运动员负荷后的机体状态做出较为精准的、个体化的数据分析，为教练员和科研人员提供及时反馈，以此节省时间和精力，准确判断运动员的负荷情况，从而有针对性地制订出个性化的训练计划，满足不同运动员的训练需求。

思考题：

1. 结合专项简述如何有效监控运动负荷。
2. 简述超量恢复学说的理论基础及其不足之处。
3. 什么是"体力波"？该理论如何指导运动实践？

第五章 运动训练效果评价

学习目标：
- 了解训练质量的概念、结构和属性
- 了解训练质量的影响因素及提高途径
- 理解训练质量的评价指标、手段和方法

运动训练就是在运动员当前运动能力的基础上，根据专项要求，不断提高其竞技能力。竞技能力的提高取决于运动员成功选材、训练计划合理制定与实施、科学的训练监控与恢复等因素，本质上要求训练的诸要素科学有效地组织构建并转化成运动员实际的竞技能力，而运动员竞技能力是否有所提升，就必须知晓其训练效果，并根据训练效果维持或调整训练方案，决定这一训练效果的关键因素就是训练质量的高低。只有符合项目规律和特点、适合运动员个体的量才能产生需要的质变，否则可能产生相反的效果。简单的系统训练不等于练得好，系统的高质量训练才能有好的效果。质量是关键，不能只看一次训练的质量，而是看整体、长期训练的质量。质量比数量更重要，质量是决定效果的更重要因素。

运动训练实践证明，当代竞技运动水平的快速发展归因于训练质量的提高。运动员成材率的提高、训练过程的缩短和运动寿命的延长，无不与高质量的训练紧密相关。为此，近年来我国运动训练学界对"训练质量"问题给予了极大的关注，尽快提高运动训练的质量，一时成为许多运动项目——特别是一些运动水平落后的项目——寻求运动成绩快速突破的重要举措和途径。然而，我们也发现，在对训练质量的认识与理解上，在如何提高训练质量的具体措施和方法上，仍然存在一些问题和困惑。它们不仅影响到训练质量的改善，有时还可能将运动训练引向歧途，阻碍运动项目的发展和专项运动成绩的提高。

第一节 运动训练质量概述

一、训练质量概念界定

(一) 质量

英语"quality"一词源于拉丁文,指某一给定实体的性质,只描述实事,不做价值判断和好坏区分。《汉语大词典》将"质量"定义为事物、产品和工作的优劣程度。国际质量管理和质量保证技术委员会发布的 ISO8402—1994《质量管理和质量保证——术语》标准中对"质量"的表述为:"质量是指反映实体满足明确或潜在需要的能力之特性总和。"在 ISO 9000(2000 版)系列标准中对质量的定义为:"一组固有特性满足要求的程度。""质量"就其本原来说是一种客观实体具有某种"能力"的属性,只有具备"能力"才能满足各种各样的"需要"。"需要"可以是规范或合同中的明确规定,也可以是需方在使用中实际存在或潜在的需要。"需要"通常被转化为有规定指标的特征和特性。特征是指作为事物特点的象征和标志;特性是指事物所特有的性质,如理化性能等。"需要"可以包括可信性、可用性、可靠性、可维修性等方面指标。

纵观生产与经济发展的历史,不同时期人们对质量有不同的理解。在经历由产品导向、销售导向发展到今天的竞争导向阶段的同时,质量观念也随之发生巨大变化(表5-1-1),由此导致质量概念转变(表5-1-2)。

表5-1-1 不同时期质量观念表

阶段	质量观念
产品导向阶段	质量是指达到产品设计者期望的功能,符合产品规格就意味着高质量
销售导向阶段	质量除了符合规格以外,还包括质量保证的一系列措施
竞争导向阶段	质量就是在产品性能、可信性、安全性、适应性、经济性等方面满足顾客的需要

表 5-1-2　产品质量的不同定义

名称	定义具体内容
符合性定义	产品符合规定的技术标准
适用性定义	产品适合用户需要的程度
广义质量定义	除符合标准外，还包括价格、交货期和售后服务
质量工程定义	产品离开企业直到产品报废或被消耗完，该产品给他人带来的是有形的和无形的损失的总和

(二) 训练质量

关于训练质量的研究不多，鲜有学者就训练质量进行界定，多以象征性的口号提及。原因可能在于以下两点：其一，可能是质量一词本身就是意义多维度的概念；其二，质量一词多应用于管理学领域，直接移植运动训练学中会产生诸多不适。在管理学领域，质量多与产品或者服务相关联，常常形容产品或服务质量高低及质量管理优劣。据此理解，在运动训练学中"产品"其实就是运动员的"竞技能力"，而运动员的竞技能力又是在比赛中得到展现，主要取决于自己运动能力的发挥、规则和对手发挥三个因素。显然，用竞技能力的高低描述训练质量是不客观的。从运动员整个运动训练生涯来讲，竞技能力的获得会呈现一个倒"U"型发展趋势，即训练初期竞技能力提高很快，达到顶峰后逐渐消退下滑。从这个角度来讲，在运动员初期即使低质量的训练，由于运动员发展空间很大，训练中运动员的竞技能力也上升很快；到竞技能力巅峰状态的保持阶段，即使高质量的训练，运动员的竞技能力也停滞不前，甚至有可能下滑，进一步讲，用竞技能力来衡量训练质量是不可取的。此外，相对运动员，将教练员的训练指导认定为服务行为，显然也不符合当前运动训练的实际。

从管理学中质量概念的界定及其发展历程，可以得出两点启示：其一，质量概念是个多维度的概念，包括生产、销售、售后服务等全过程；其二，从质量定义发展来看，其定义的价值取向最终由物转向人。从中我们可以看出，训练质量贯穿整个训练过程，涉及训练的计划、实施、检测、评定和控制。至此，训练质量包括广义的训练质量和狭义的训练质量，前者包括训练的全过程，而后者指向训练本身，本书重点讨论训练质量的狭义定义。训练质量的价值取向还不能转向人，因为当前运动训练的价值取向是对竞技能力的追求，还只能是对物的依赖，即运动训练的标准，而训练的最终目的是要在比赛中展现具备的能力，因此，这一标准就是比赛要求的标准，即训练质量是指符合比赛要求的训练标准。

陈小平（2008）对训练质量进行了如下界定：训练质量（training quality）是相对于训练数量（training quantity）的一个概念，它主要是指运动训练的效率，即训练的投入（如训练方法和负荷）与产出（如各种能力和运动水平的增长）之间的比例关系。

二、训练质量结构与要素之间的关系

（一）训练质量的结构

前文已经阐述过训练质量有广义与狭义之分，广义的训练质量影响因素包括训练管理、科学保障、伤病诊治、思想教育、后勤服务等。其中，训练管理主要指合理配置现有资源，围绕重点队员制定详细的规划，吸收国际先进的训练经验等；科学保障主要指从运动员训练计划制定、训练实施、恢复等能够提供科技支持，使其更加效率化、先进化；训练中的伤病不可避免，因此，伤病问题是训练中必须重视的一问题，训练中不仅要做到科学设计负荷安排，避免出现过度疲劳，也要求队医跟着训练队，提供及时的诊治工作；思想教育工作是训练过程中不可缺少的部分，这是由训练的艰苦性和长期性决定的，也是由社会关系和相关者利益复杂化所决定的；后勤服务包括训练条件、饮食、住宿等具体的保障工作，与训练质量也有较大的关系。

狭义的训练质量的影响因素主要是训练场上因素，是直接影响运动训练开展的因素，包括训练目标、训练理念、训练规律、专项特征、周期规划、训练监控等。其中，训练目标是对训练工作提出的要求，有长远目标，也有近期的目标和每堂训练课的目标，它是建立在现有训练条件和训练水平的基础之上，规划训练工作的主导方向，也是影响训练质量的主观评价的重要标准。若达到预期的训练目标，可以认为训练质量是高的，而没有达到或距离训练目标太远，都不能算是高质量的训练。

训练理念是教练员对运动训练本质及其影响运动训练的多种因素的理解,是对极其复杂的训练过程的认识,也是对运动训练的一种信念和追求。训练理念对运动训练实践具有重要的指导作用和意义,对训练质量具有重要的影响作用,训练理念的先进与否直接影响教练员的训练思路、训练内容选择的针对性和方法的合理性等,进而影响训练质量的高低。训练规律贯穿整个训练的全过程,是训练活动开展的本质联系和必然趋势,包括负荷强度与量的安排与设计及其阶段性变化、运动员个体特殊性认识以及二者的结合、负荷刺激的强度与恢复的关系、训练刺激对运动员的生理和心理产生适应的机理的认识等。毫无疑问,训练规律对训练质量的影响是决定性的。专项特征是指一个运动项目在比赛规则的允许下,以获得最大的运动效率为目标,在力学、生物学等方面表现出的主要运动特点。训练方向就是由专项特征所牵引,所有训练工作都要在专项特征的要求下进行,一切背离专项要求的训练都是无效率的,也是无质量的。对专项特征的认识是否全面、深入、客观、科学,直接影响到训练质量的高低。

训练实践必须在宏观上把握训练的发展方向,在微观上设计和选择合理的方法和手段,适时地发展运动员的各种能力及专项运动水平。在了解并掌握对运动训练有重要因素的属性和功能的基础上,从专项的特点和运动员的个体情况出发,明确不同训练时期的不同训练任务,控制训练的过程,使运动员的各种能力和专项渐进和有序地发展,这些务必要做到周期性规划。训练质量的提高只能建立在对训练过程全面、深入和有效的监控基础之上。科学地筛选能够反映训练质量的典型指标,了解不同训练方法、负荷和比赛对运动员机能状态的不同影响作用,检测不同运动能力在长期训练中的发展变化,控制训练的全过程,做到科学地监控。

(二)训练质量要素关系

训练实践是一个系统工作,要求各个方面围绕统一的目标进行运转,任何一方面的缺失都会影响整个系统的进程。无论是训练负荷中的量与强度的关系,还是训练保障工作,都必须纳入完整的训练计划之中,统筹安排设计和实施,而不能简单地只从某一方面来考虑问题。从社会支持到训练管理,再到训练目标、训练负荷,训练质量提高的实质就是利用一切可以利用的资源,在详细了解训练对象的各种能力和比赛状况的基础上,科学制定训练目标和计划,选择有针对性的训练方法和手段，对训练过程和结果进行严密地监控，不断修正训练计划、方法和手段，合理安排运动员的恢复，使运动员的专项成绩得到快速的提高。

从事物发生的动因来讲，训练实践有内外因和主次级别之分。社会支持与训练管理比较宏观地影响着训练质量，是训练质量提高的外因，而训练负荷的安排与设计是训练质量提高的核心因素，也是衡量教练员水平的关键因素。各种因素也会随着运动员不同、项目不同、运动员竞技能力发展的阶段不同，而起到不同大小的作用（图5-1-1）。

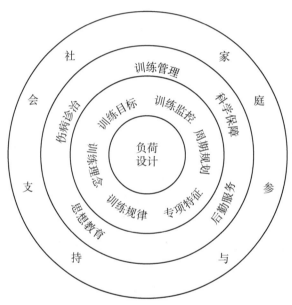

图5-1-1 训练质量要素结构与关系

（三）训练质量构成维度间的关系

训练质量的有效性、可靠性、低受伤性和高增长性，是从训练质量的属性角度进行探讨，为训练质量评估奠定基础，可以看出衡量训练质量高低主要从这四个属性出发，坚持训练过程和训练结果相结合原则。训练质量的四个维度并不是相互孤立的，而是紧密联系的，其中，有效性是四个属性的核心和前提，它是决定训练质量高低的关键属性，也影响其他三个属性。如果没有有效性，其他训练质量的属性也就没有存在的意义。试想一项训练活动发展的运动能力不向运动专项要求的方向转化，即使有结果，也是无意义的。比如，过去我们用12分钟跑来发展足球运动员的耐力素质等。有效性、可靠性和低受伤性是高增长性的先决条件和基础，伴随着低伤病发生率，就会促使运动员的成绩稳定、持续地增长，从而实现运动员成绩高增长。

三、训练质量属性

依据质量管理学领域的理论可知，产品质量涉及生产的各个过程，包括从原材料的采集、生产到最后产品的出售。同理，训练质量受到训练过程中目标制定、训练理念等各个方面的影响，探讨训练质量的属性，能够更深入全面了解运动训练质量本质特征。此外，现有相关研究文献基本没有涉及此方面的研究，所以我们对以下运动训练质量属性维度进行尝试性探讨。

（一）有效性

运动训练实践是一个系统的工程，涉及许多方面和因素。然而，首先也是最重要的一点是这项活动是有效的，通俗地讲，就是有用的。如果从事的训练活动并没有形成比赛要求的运动能力，那这项训练活动是无用的、无效的、也是没有意义的。因此，有效性是运动训练质量属性构成的首要维度。

运动训练质量有效性维度又有独特的意义。首先，从训练实践到运动员竞技能力的形成再到比赛场上竞技能力的展现，这一过程充满不稳定性因素；运动员通过训练获得了较强的运动能力，但是，比赛场上非训练因素导致运动能力的发挥失常，能不能说是低质量的训练呢？因此，这里的训练质量的有效性包括了训练过程中的效果和比赛效果。

其次，由于人的先天局限性，运动能力不可能一直增长，即使非常高质量的训练，在运动员竞技能力消退阶段也很难再使运动成绩提高，因此，从整个运动员竞技能力周期发展来看，训练质量的有效性是不断变动的。

训练质量的有效性核心意义在于，训练过程中能够整合一切因素并使其向比赛要求的专项能力转化，而转化率的高低正是组成有效性的关键意义。正是由于要求高转化率或者传递率，训练时长才可能被缩短，进而我们必须改变传统的长时低效的训练思路。

（二）可靠性

衡量训练质量的另一个维度就是看训练是否真正具有可重复性，而不是靠运气成分，即检测训练实践是否可以一如既往地转化成运动员的运动成绩。具体来讲，通过教练员的训练计划设计与实施，运动员能够不断地提高运动成绩，而且基本保持在一个较高的水平，波动幅度不会太大或者忽高忽低，这也是衡量教练员水平的重要属性。因为通过教练员的训练安排和实施，运动员信赖并持续地提高运动成绩。此外，训练质量的可靠性还在于它的普适性，不仅适合一个运动员，还可以适合其他运动员，当然这主要是针对教练员水平评价和运动员开始训练阶段来讲，对高水平运动员训练的针对性和专项化，另当别论。

（三）低受伤性

由训练负荷刺激带来的运动成绩提升，往往伴随着伤病和各种训练病症，如果一项训练活动质量很高，但是经常导致多伤病的发生，那么这项训练活动也并不是高质量的，也就影响了运动员竞技能力持续地发展，甚至导致运动员处于巅峰状态时被迫离开训练场。低受伤性要求教练员对运动员训练水平进行客观的评价，对其训练负荷承受能力和恢复情况相当熟悉，并深刻理解负荷刺激对各个生理系统的影响及恢复的非同步性，合理安排训练负荷，避免伤病的发生，而又真正坚持了超负荷原则。

（四）高增长性

高质量的训练活动一定会促使运动成绩的高增长性，高增长性伴随着运动员训练时长的缩短，当然这也要遵循青少年运动员生长发育规律和运动员竞技能力发展的有限性原则。然而，我国大部分训练质量比较低，导致运动员的运动成绩提高是缓慢的，而且是不稳定的，也使得运动员的训练时间过长。许多教练员认为培养一个世界冠军需要12~15年，可是刘翔从1999年开始练跨栏，2004年就拿了世界冠军，只用了5年多的时间，2003年就跑了13秒12，已接近世界水平。竞走运动员佩雷斯从 18 岁开始拿世界冠军，一直拿到 30 岁。国外世界冠军大概需要训练 5~7 年，最多 8~10 年，甚至多年保持高水平状态。我国许多教练员都认为需要 12~15 年的训练才能培养出世界冠军，可见我国训练质量不是很高，可能是由于涉及的训练理念、思路、负荷设计等都存在不少需要转变的地方。

第二节　训练质量的影响因素及提高途径

一、训练质量的影响因素

（一）教练员的责任心与执教能力

教练员在运动训练中居主导地位，是训练计划的设计者、计划实施的指导者、比赛的指挥者。他们对训练工作责任心的强弱和执教能力、业务水平的高低是决定训练质量优劣最直接、最重要的因素。教练员对训练工作的责任心是他们事业心和敬业精神的集中表现。在训练实践中，责任心强的教练员能认真、细致地安排计划；在实施中执教态度积极，有激情，精力集中；对所带的队员充满爱心，课后认真小结，钻研业务，摸索训练规律；遇到各种困难，他们都能够积极面对。反之，责任心不强的教练员不愿多花时间去规范、科学地制订训练计划，训练时精力不集中，缺乏激情。另外，除了责任心，教练员的专业知识、业务水平、执教能力对训练质量的影响较大。例如，教练员文化素养及专业理论知识欠缺，将导致其对青少年运动员不同训练阶段负荷结构的特点认识不足，其运动解剖学、生理学、生物力学等学科理论和应用知识掌握不够。训练安排知其然，但不知其所以然，当运动员问及为什么要这样练时，这些教练员往往会回答："问这么多干吗，以前你师爷就这么教我练的"。而当训练出现问题时，他们只会凭以往的训练经验想当然地去应对，无法依据运动生物力学等知识进行专项技术诊断，也无法根据运动生物化学等知识进行运动负荷科学监控。如此仅凭教练员感性认识去指导的专项运动训练，谈何训练质量保障。

(二) 运动员从事训练的驱动力

驱动力来源于内驱力和外驱力两种。内驱力是基础、根据，外驱力则是条件和诱因。内驱力包括生理驱力和心理驱力两个因素：生理驱力来源于人的本能，如摄食、性、防卫等；而心理驱力则是人类所特有的一种内驱力，与人的社会化进程和价值观念密切相关，它包括名誉、权力、成就、友谊、归属等，其中影响最大的是名誉和成就，当运动员认识到运动所创造的价值与他本身的需求相吻合时，就会发自内心地要求自己积极地参与训练，并全身心地投入其中，努力提高自身的运动技术水平。外驱力则来源于外部的刺激，如物质刺激、精神刺激、信息刺激等，这是通过强化个体的内部需要而引起的动机，从而产生某种行为。在竞技体育运动中物质和精神上的奖励、运动成绩好坏的刺激、来自他人的赞美等，这些都是激发运动员产生训练积极性的强大驱动力。因此，驱动力，尤其是心理驱动力是引导运动员自觉参与训练的重要基础，是运动员不断发展和提高运动技术水平的动力，是保证运动训练质量的基础。王远和张勤丰（2012）的研究表明，心理干预介入后游泳运动员训练中的心境有所改善，心境的改善有利于运动员训练质量的提高。朱元利（1999）的研究也认为，运动训练中学生的情感也会直接影响到运动队训练的效果和质量。

(三) 管理人员对训练质量的重视程度和督训手段

训练管理人员（包括省、市、区、县各级训练管理干部）对质量管理的认识与督导训练的力度，对训练质量的影响也很大。访谈发现，不少管理人员对训练质量重要性的认识不足。尽管他们都认为提高训练质量是重要的，但在实际工作中对训练质量管理的力度和措施不够，管理的目光往往聚焦于比赛结果。周战伟和郭蓓等人（2014）调查发现，42.6％的管理人员赞成"金牌是业余体校的生命线，评价业余体校主要看比赛成绩"的管理理念，说明管理人员还未正确地认识训练育才与输送、比赛成绩的关系，同时存在以下问题：①未建立制度化的工作机制，且督训时间不够；②缺乏对训练情况的反馈、评价、研讨；③在年度、阶段考核中缺乏对训练质量的合理考核和评价。

(四) 科研、医疗和后勤保障

按照国家体育总局国家高水平体育后备人才基地的认定要求,发达地区的大多数区县都配备了专职科研人员及科研仪器,但基本上限于选材测试。在后勤保障方面,不少基层体校的科研设施很不完备,不能满足科学训练的需要,对训练质量也有一定影响。此外,训练后的恢复及伤后康复设施,以及康复师和队医严重不足,在省市专业运动队,科研和医疗保障人员的工作重心基本都放在重点运动员身上,大部分运动员得不到相应的服务,如此而来,训练质量难以保障。

二、训练质量的提高途径

训练的科学化是提高训练质量的唯一有效途径。训练质量对运动训练具有极其重要的作用,训练效率一定来自高质量的训练。然而,训练质量的提高并不是一件简单的事情,高质量的训练来自对训练理念的不断更新,对项目特点和训练规律的全面、深入与准确的认识,对各种训练要素及其之间关系的科学把握。长期的训练实践已经证明,训练质量的提高只能建立在科学训练的基础之上。正确的训练目标、系统的训练计划、有针对性的训练方法、适宜的训练负荷,以及对训练过程的科学监控是提高训练质量的关键。为此,做好以下几方面工作。

(一) 提升教练员执教能力

首先,建立和完善教练员相关制度。(1)建立任人唯贤的教练员选拔制度。以公开竞聘方式,招聘一线运动队主教练,建立能者上、庸者下的教练员竞聘上岗长效机制。同时,提高二线教练员的入职门槛,加大三线教练员培训力度,提高基层教练员的整体素质。(2)完善教练员在岗培训制度。按照分层次、分项目、有主题的"二分一有"培训原则,优化教练员在职培训模式,增强培训实效。同时,采取"请进来,走出去"以及金牌教练员带训等方式,加强对中青年教练员执教能力的培养。一线优秀中青年教练员以赴国外培训学习为主;二三线优秀中青年教练员以金牌教练员带训和市内培训学习为主,每年培训1~2次,并将培训成绩与教练员年度考核、岗位聘任、职称晋升和薪资福利挂钩,从制度上保证培训效果的落实。

(3) 完善教练员激励机制。遵循青少年生长发育规律和运动员成才规律，建立科学合理的各层次教练员绩效考核和奖励办法，激发教练员的工作积极性和潜能，促进其专业化水平提高。

其次，建立精英教练员队伍。通过引进和培育，打造领军教练员，同时，设立金牌教练工作室。工作室以培养出奥运会、亚运会和全运会等高级别赛事冠军的高级以上主教练姓名命名，并配备一定数量的科医（训科医一体化）人员，为科研攻关、调研访学、学术研讨提供专项政策资金支持。

最后，建立外教助理制。充分利用各省市训练中心的外教资源，安排有潜力的青年教练给外教当助理教练，使他们不出国门也能学习到国际上先进的训练经验，不断提高青年教练员的执教能力，促进他们快速成长。

（二）提高科技助力水平

(1) 建立升级版的训练保障体系。在新型的训科医模式中，坚持问题导向、需求导向与效益导向。建立以总教练为主的训科医一体化的复合团队，优化训练环境，整合各种资源，进一步完善以训练为主体，教练为主导，科研为先导，队医为督导，中心班子、领队为领导的训练保障体系。

(2) 以科技管理全方位介入各专项运动训练的全过程。通过综合监控来协助教练员实施科学化控制与管理。针对重点队员制定并实施训练恢复和赛前调整的个性化方案。根据现代化的科技手段为教练员提供情报信息、技术分析、技术改进与技术创新的科技支持。心理专家指导并配合教练员对重点队员进行心理状态的诊断、训练与调整。

(3) 建立健全运动员大数据库，进行实时跟踪、监控与分类管理，实现科学选、育才。设计运动员大数据库软件，让各级各类运动员以年度为单位，建立自身在身体形态、身体机能、身体素质、运动负荷、竞赛成绩、运动经历、伤病情况、文化成绩等方面的数据信息，并能根据数据对运动员发展的实时或阶段性情况进行统计分析。进一步加大对训练过程的考核、评价与监控，提高单位时间训练质量，提高运动员成材率。

(4) 为预防运动员的运动损伤，降低运动损伤率，从理念和运动损伤源头去改变、改进，同时，引进高水平的体能教练，对重点运动员进行长期和系统的功能性训练。科研人员和队医必须扎根运动队，及时发现和消除训练中安全隐患，最大限度地降低运动损伤风险。

（三）提高训科医一体化训练团队的综合保障与管理水平

（1）有序实施训练规划，落实责任监管。认真做好运动训练各环节的衔接与细化工作，确保条线之间、层级之间目标一致。加强对训练规划实施过程的管理和监督。对发展评估指标进行逐年、逐项分解，落实责任人、责任部门和完成时限，确保各项工作保质、保量、按时完成。对训练规划实施情况进行中期评估，检查规划落实情况，并对规划的实施效益开展第三方评估，根据评估结果对规划目标进行适当调整。

（2）要时时过问和管理训练课的质量，职能部门对运动队的训练不仅要有宏观调控，而且要微观把脉，时时走进运动队，了解、检查、督促训练。定期召开专门研讨训练的会议。对各级运动队训练课的内容（组织、强度、密度、组数、次数、时间、方法、手段、作风等）的科学性、合理性、严谨性进行定性和定量的评价，以确保训练课的质量，避免出勤不出力、以练足训练时间为目的的"磨洋工"现象出现。

（3）完善信息网络系统，提高管理决策水平。在运动训练信息化程度愈来愈强的当代，信息网络建设愈发重要，并也成为提高训练质量的重要手段之一。向情报信息要成绩，及时掌握本专项国际前沿的最新动向，关注国外新的训练理论、方法、手段和引进创新性技术，加强战略性研究，是提高训练质量的"捷径"，职能部门应进一步加强该系统的建设，使整个训练思想处于开放的境界中，以便做出先进的、实效的决策，以改变我国运动训练观念、理论的滞后状况。

（4）重视训练基地建设，加大科技支持力度。为训练基地提供先进的训练、康复、运动医学、运动科学等硬件设施，设置相关的科研部门，使其随时为教练员、运动员提供训练监控、体能测评、综合性恢复指导、力量训练及伤病治疗等服务，全方位地提高训练水平和运动能力。加大科技对运动训练的支持力度，强化科研工作必须面向实践、服务实践、结合实践。尤其值得关注的是，目前我国各级运动队急需先进的康复仪器以及指导使用的专业人才，得以最大程度地保持或延长运动员的运动寿命。

(四) 加强训练过程的科学诊断和控制

训练质量的提高应该建立在对训练过程全面深入和有效监控的基础之上，为此，需要筛选能够客观反映训练质量的典型指标，了解不同训练方法、负荷，以及比赛对运动员竞技状态的不同影响作用，检测不同运动能力在长期训练中的发展变化，控制训练的全过程。运动员训练后的生理、心理、技术等方面的变化是极为复杂和微妙的，无法通过方程的计算进行准确预测。因此，任何事先制定好的再"科学"的训练计划，或多或少地会和运动员已经变化了的实际情况相脱节。为此，及时搜集运动员的反馈信息，及时调整训练计划，是提高训练质量的重要一环。搜集运动员反馈信息的方法是多种多样的，但最基本的就是指导运动员记好训练日记，从训练日记中了解运动员的有关情况。最重要的就是对运动员训练过程进行科学的诊断和调控，通过诊断发现运动员训练时存在的问题，并根据问题对症下药，及时地调整训练方案，从而保证训练朝着科学合理的方向发展。

(五) 重视青少年队员专业文化知识和认知能力的培养

训练质量和成绩来源于多种因素的整合，但最终起主导作用的还是教练员、运动员的文化素养。当竞技水平达到一定程度，就很难有新的突破。在训练或比赛中，尽管教练员一再强调用"脑子"训练，但由于运动员自身的知识结构、思维方式决定了其个人对该项目的领悟力和应变力，所以，提高青少年文化素养是今后提高训练质量和运动成绩的关键。

第三节 训练质量的评估

训练质量评估是提高运动训练质量的关键，是训练质量监控的有力手段，是判断教练员训练水平的重要因素，也是促进训练向又快又好方向发展的有效措施。现有的研究文献较少提及训练质量评估，然而训练质量评估又是科学化训练不可回避的主题，本章从评估的意义、依据、原则和方法探讨训练质量的评估，以起到抛砖引玉的作用。

运动训练的目的就是使训练要素通过合理的组合使运动员的运动能力朝着专项要求的方向不断发展，此过程中的关键因素是教练员训练水平问题，而训练质量又是衡量教练员水平的核心要素，而训练质量评估是对训练质量作用标准的判断和价值取向，对训练质量提高具有举足轻重的作用，也是训练反馈的重要方式。

训练质量评估是促进训练质量提高的重要措施。训练实践是在训练目标的统领下，在训练主客观资源利用的基础上，制订训练计划进而实施。通过训练质量评估，可以促进教练员积极思考，不断加强对运动训练规律与本质的理解和认识，促使运动训练方式由"量"到"质"的变化，是进行科学化训练的前提。

训练质量评估是运动训练反馈的重要方式。训练水平好坏只有通过评估才可能知晓，缺少评估，训练实践便失去了系统循环的依据。在训练计划实施的过程中，通过训练评估进行反馈，进而调整训练负荷的安排、训练内容的选用、训练手段的选择和训练方法的筛选。正因为有训练质量评估的存在，训练才能持续健康地发展。

一、训练质量评估原则

一项评估体系必定有其依据、原理和原则。在讨论评估时首先应该研究评估的依据，然而相关文献研究较少涉及此领域，有几项文献将影响训练质量的因素作为评价的因子进行构建评估理论，如把训练计划、训练实施、运动队管理等全部列入训练质量的评估当中，坚持了过程评估与结果评估相结合，但是，在一级指标确定以后，二级指标和三级指标又如何评估？训练计划中的指导思想指标，如何评价它先进与否？再有，现有仅存的一篇训练质量评估的文献完全忽视了训练过程中竞技能力生成的规律性，只是为了构建评估而评估。

（一）竞技能力发展周期原理与原则

运动员竞技能力的发展要经过基础阶段、提高阶段、竞技能力保持阶段和消退阶段，这是每一位运动员竞技能力发展要经历的阶段。训练的周期原理相关书籍已经论述得非常详细，在此就不再阐述。从各个阶段竞技能力变化的角度来讲，不同时期是完全不一样的，也就是说，在提高阶段，运动员的竞技能力会有较大的提高，而在消退阶段，即使投入较大的人力与物力，运动员的竞技能力可能仍然会下降。因此，根据运动员竞技能力周期性发展的特点，训练质量评估也应该遵循周期性原则。在评估训练质量时，首先要了解运动员处于竞技能力发展的时期，进而制定相应的训练质量评估方法。

（二）训练效果延迟原理

训练的目的是将各个竞技能力构成的子因素向着专项特征要求的方向发展，由于各个子能力发展会呈现非衡特征，而在其纵向发展中又有一个超量恢复期，再加上各个运动员的差异，一个训练计划实施后并不会伴随出现即时的效果。因此，在评估训练质量时一定要选择运动员竞技能力和子能力的最佳恢复期。

（三）运动能力发展空间有限性原理

运动训练是一个不断挖掘运动员潜力的过程，必然有一个增长期与衰落期。与银行存款的所得利息相反，水平越高的运动员，运动成绩提高的难度越大，增长幅度越小。因此，在评价训练质量时，必须结合运动员的不同时期，制定不同的标准与目标。

二、训练质量评估的方法与步骤

（一）指标体系的构建

评估指标体系的构建是评估体系的重要组成部分，其构建的科学性决定了评估的有效性和可靠性，因此，构建评估指标体系是进行评估的第一步。

1. 指标体系构建的原则

（1）科学性原则。指标体系构建的理论基础一定要建立在科学的理论基础之上，对概念精准地把握，而且各级细化的指标要保证对上一级指标的完整性。各级指标细化时必须遵循划分的规则，即相应相称、互相排斥与依据统一标准。

（2）可行性原则。指标体系构建必须具有实践意义，包括定性与定量两个方面，需要考虑到人力、物力和财力条件。

2. 指标体系

运动专项繁多，涉及的专项素质千差万别，无法面面俱到，只能根据训练质量的概念以及训练活动的双边性，兼顾过程与结果评估，进行"粗放"式的构建，故此将一级指标划分为训练计划制定、训练计划的实施与训练效果，结合过程与结果，以及教练员与运动员表现，具体指标见表5-3-1。

表5-3-1 训练质量评价指标体系

一级指标	二级指标	三级指标
训练计划制定	己方与对方运动能力分析与评测	
	训练指标思想	
	训练目标制定	
	训练周期制定	
	训练内容	
	训练手段	
	训练措施	
	负荷设计	
	恢复措施	
训练计划实施	训练课的组织	
	恢复活动的安排	
	执行符合计划	
	训练过程的监控	
	训练执行的科学性	
	反馈与调整	
	训练目标完成	
训练效果	运动素质	专项与一般运动素质
	技术与战术	依具体项目而定
	心理素质	反应速度、操作思维、自信心
	训练成绩	比赛名次、输送学生
	比赛作风	拼搏精神；对手、裁判与观众态度

(二) 指标权重计算的步骤

采用层次分析法确定各指标的权重,依据专项不同需要通过专家调查问卷,构建判断矩阵。用层次分析法计算指标权重的过程如下。

(1) 明确问题,建立层次分析模型;
(2) 构建判断矩阵;
(3) 求出相对权重;
(4) 一致性检验。

(三) 评分标准

采用标准百分法制定各项定量指标的评分标准,由于体育运动中许多项目成绩的提高与分数的增加不是正比例的关系,例如,50米跑的成绩每提高0.1秒,所增加的分数不应相等,因为水平越高时,每提高0.1秒的难度愈大,相应地增加的分数也应越多,故此一部分指标采用累进评分法。

(四) 评估方法

由于各指标在训练工作中的重要程度不同,为增强评价工作的科学性,采用加权计分的综合评价方法,即先将各指标的测试、评定成绩化成分值,再按相应的权重系数加权计算,随后再求出所有评价指标得分的总和,以此来评定总体水平,评价数学模型如下。

某项指标的得分:$F_i = A_i W_i$ (某一指标的得分=某指标成绩的分值×某项指标的权重系数)。

$$F_i \sum_{i=1}^{n} = \sum_{i=1}^{n} A_i W_i$$

其中:F_i——某一指标的得分;

A_i——某指标成绩的分值;

W_i——某项指标的权重系数;

n——评价指标的权重系数;

$\sum$——表示一群数相加的统计学符号。

【案例链接】

某市运动学校训练质量评估表

序号	考核内容	评语	得分	评定人
1	训练计划教案有任务、有内容、有负荷量、有小结（20）			
2	课前提前15分钟到达训练场地，作好训练前的准备工作（10）			
3	训练课仪表、教态符合要求，课的组织严密，讲解清楚，示范标准，纠正错误动作及时准确（15）			
4	训练课能严格按计划执行，并能及时根据执行情况进行调整，并作好说明及小结（15）			
5	训练时运动员的出勤率（集中队员平均出勤率达95%，走训平均出勤率达90%），同时70%的队员训练时间达到三小时（10）			
6	训练时不在场馆吸烟、不吃零食，尽可能保持站姿认真训练（坐姿训练时间45岁以上教练不得超50%，45岁以下教练不得超25%）（10）			
7	训练期间家长不得进入训练场地，不得擅自离开训练场地或从事与训练无关的活动（10）			
8	保持训练场馆的整洁，每天训练结束后进行整理，保障训练器材和设施的完好（10）			
	总分			

（注：总分分为90分以上、75～90分、60～75分、60分以下四个档次）

三、训练质量监控示例

以下以"羽毛球训练质量监控与评价系统的开发与研制"（彭建军 等，2009）为例，详细说明训练质量的监控。

（一）评价指标体系的构建

1. 评价指标体系构建的原则

（1）科学性原则。指标体系一定要建立在科学基础上，指标概念必须明确，并有一定的科学内涵,能够反映出羽毛球运动的特点和现实专业羽毛球队的水平。

(2)可行性原则。把统计理论和实际操作结合起来,它既应以理论分析为基础,又必须兼顾统计的可操作性和现实数据资料支持的可行性以及人力、物力条件。

(3)相对完整性原则。要求描述和刻画的指标体系具有足够的涵盖面,能较全面、概括地反映各个侧面,对其主要内容不应有遗漏,反映的信息量既有必要又应充分,应能较全面地反映和测评现实专业羽毛球队训练工作水平的状况和存在问题。

(4)相对独立性原则。选择指标时,应尽可能选择具有相对独立的指标,从而增加评价的准确性和科学性。

(5)可比性原则。明确综合指标体系中每个指标的含义、统计口径和范围,以保证时空上的可比性。

2. 指标构建的方法

(1)初步筛选。通过参阅前人文献资料的方法,尽可能全面地提出各方面的测试指标,再对选出的指标进行分析、归类处理,做出初步选择。

(2)专家筛选。经过对高层次的运动训练学专家、有代表性的专业羽毛球高级教练员、科研人员及训练管理人员进行多轮次的咨询调查,从而得到完整的评价指标体系。

(3)检验。将选定好的指标在运动队进行实践验证,再根据反馈意见作必要的调整,使之更完善、实用。各指标及专家肯定率见表5-3-2。

表5-3-2 指标及专家肯定率

一级指标	肯定率(%)	二级指标	肯定率(%)	三级指标	肯定率(%)
A1 训练计划制定	100	B1 现实状态的诊断	98		
		B2 训练指导思想	95		
		B3 训练目标	97		
		B4 训练过程分期	89		
		B5 训练具体内容	90		
		B6 训练方法手段	91		
		B7 训练措施要求	93		

续 表

一级指标	肯定率（%）	二级指标	肯定率（%）	三级指标	肯定率（%）
		B8 运动负荷安排	92		
		B9 恢复措施	98		
		B10 检查评定	98		
A2 训练计划实施	100	B11 训练课的组织	87		
		B12 任务完成程度	94		
		B13 恢复活动	97		
		B14 计划执行情况	89		
		B15 训练与科研结合	89		
		B16 训练实施情况的记录	91		
		B17 检查和反馈	96		
A3 运动队管理	100	B18 管理制度的规定	92		
		B19 管理制度的执行	93		
		B20 思想作风教育	90		
		B21 业务文化教育	92		
		B22 教育员干部以身作则	90		
A4 训练效应	100	B23 运动素质	99	C1 男 400 米女 300 米	89
				C2 三分钟双摇跳绳	90
				C3 一分钟仰卧起坐	86
				C4 男 4 000 米女 3 000 米	87
				C5 羽毛球掷远	92
				C6 五次杀上网	96
		B24 技、战术	98	C7 拍数/回合	92
				C8 主动失误率	95
				C9 比赛中的战术运用能力	89

续 表

一级指标	肯定率(%)	二级指标	肯定率(%)	三级指标	肯定率(%)
		B25 心理素质	97	C10 反应速度	95
				C11 操作思维	89
				C12 自信心	91
		B26 专项成绩	98	C13 重大比赛名次	91
				C14 向国家队输送人次	89
		B27 比赛作风	98	C15 拼搏精神	92
				C16 对裁判和对手的态度	88

3. 各指标相对权重

采用层次分析法确定各指标的权重，其步骤为：①通过专家调查问卷构建判断矩阵；②求出相对权重；③进行一致性检验。其计算结果见表5-3-3。

表5-3-3 指标体系层次单排序值综合表

F	单排序权值	B	单排序权值	B	单排序权值	B	单排序权值	B	单排序权值
A1	0.305	B1	0.216	B11	0.062	B18	0.210	B23	0.184
A2	0.171	B2	0.060	B12	0.096	B19	0.420	B24	0.320
A3	0.073	B3	0.228	B13	0.360	B20	0.058	B25	0.320
A4	0.451	B4	0.050	B14	0.153	B21	0.103	B26	0.109
		B5	0.050	B15	0.057	B22	0.210	B27	0.068
		B6	0.037	B16	0.216				
		B7	0.029	B17	0.206				
		B8	0.126						
		B9	0.130						
		B10	0.074						
C.I.	0.034	C.I.	0.041	C.I.	0.070	C.I.	0.028	C.I.	0.009
C.R.	0.038	C.R.	0.028	C.R.	0.053	C.R.	0.000	C.R.	0.000

续 表

C	单排序权值	C	单排序权值	C	单排序权值	C	单排序权值		
C1	0.094	C7	0.300	C10	0.300	C13	0.500	C15	0.500
C2	0.196	C8	0.400	C11	0.300	C14	0.500	C16	0.500
C3	0.057	C9	0.300	C12	0.400				
C4	0.100								
C5	0.071								
C6	0.482								
C.I.	0.041	C.I.	0.009	C.I.	0.014	C.I.	0.000	C.I.	0.000
C.R.	0.037	C.R.	0.016	C.R.	0.007	C.R.	0.000	C.R.	0.000

(注：C.I. 表示判断矩阵的一致性检验指标；C.R. 表示判断矩阵的平均随机一致性指标)

(二) 评价标准的制定

运动队训练工作质量评价指标体系包括客观定量测量指标与主观性测量指标两部分。

1. 主观定性指标评价标准的建立

在主观定性测量中，由于测量者各自的知识结构和经验不一致，其测量的尺度也就不可能一致。为解决测量尺度的不同一性、不等距性，作者通过文献参考和多轮次专家咨询方法建立分类测量量表，运用建立的参照标准对测量者的个体经验标准进行拟合，以提高测量的准确性。

2. 客观定量指标评价标准的建立

通过书面和现场测试等方法，搜集我国5支省专业羽毛球队运动员的数据，采用标准百分法制定各项定量指标的评分标准，由于客观定量指标类中部分指标成绩的提高与分数的增加不是正比例的关系，而为水平愈高时，提高的难度愈大，所以相应增加的分数也应愈多，故此处这一部分指标采用累进评分法。

3. 评价方法

采用加权计分的综合评价方法，即先将各指标的测试、评定成绩转化为分值，按相应的权重系数加权计算，求出各类、各项指标得分及总和，以此来评定各类、各项指标和总体发展水平。评价数学模型如下。

某项指标的得分：$F_i = A_i w_i$

总得分：$F = F_i \sum_{i=1}^{n} \quad F_i = \sum_{i=1}^{n} \quad \sum A_i W_i$

其中：R——某一指标的得分；A_i——某指标成绩的分值；W_i——某项指标的权重系数；F——总得分；n——评价指标的权重系数；$\sum$——表示一群数相加的统计学符号。

（三）分析评价模型可靠性、有效性及可行性检验与分析

为检验本研究所构建的监控与评价系统在实际运用中的信度、效度与可行性，运用该系统对各运动队进行了大样本容量的测试评价，并采用重测法及将评价结果同相关专家的经验评定做了信度和效度关联分析（表5-3-4），其信度和效度均满足测量学的基本要求。

表5-3-4 信度、效度分析

	信度	效度
Y	0.9553	0.7896
P	<0.01	<0.01

（注：Y代表相关系数，P代表相关显著性水平）

思考题

1. 什么是训练质量？评估体系构建的依据是什么？
2. 训练质量构成要素是什么？
3. 如何进行训练质量评估？

主要参考文献

一、中文文献

[1] 艾亚琴. 2019. 我国高水平田径运动员大型赛事中的"克拉克现象"成因及对策研究 [D]. 北京：北京体育大学.

[2] 安宁，贾莉莉. 2012. 肌肉力量的测量方法 [J]. 运动，(03)：28-29.

[3] B. H. 普拉托诺夫. 1986. 运动训练的理论与方法 [M]. 陆绍中，等，译. 武汉：武汉体育学院编印.

[4] 包佶，王娟，郭兰秀. 2007. 浅析高原训练的未来发展趋势 [J]. 科技信息（学术研究），(22)：215.

[5] 毕献为，姜红润，龚德胜，梁静. 2007. 男子竞技健美操运动员无氧耐力研究 [J]. 北京体育大学学报，(01)：54-55+58.

[6] 不署名. 2016. 中华人民共和国体育法 [M]. 北京：法律出版社.

[7] C. 亚纳尼斯. 1986. 再论灵敏性及其分类 [J]. 武汉体院译报，(01)：28-31.

[8] 蔡成法. 2012. 摔跤运动训练监控研究 [J]. 运动，(10)：32-34.

[9] 蔡睿. 2002. 我国男子篮球运动员竞技表现的模型解析 [J]. 北京体育大学学报，25（02）：261.

[10] 曹景伟，袁守龙，席翼，罗智，甄志平，张驰，刘秀峰，田麦久. 2004. 运动训练学理论研究中的中国流 [J]. 体育科学，(02)：29-32.

[11] 曹志飞，李世明，朱红红. 2009. 原地连续纵跳动力学信息变化的特征 [J]. 体育学刊，16（12）：101-106.

[12] 柴建设. 2002. 再议身体素质与运动素质 [J]. 体育科研，(02)：31-32.

[13] 陈安魁，陈萌生. 2000. 体育大辞典 [M]. 上海：上海辞书出版社.

[14] 陈超，米靖，李雨．2013．我国优秀青年女子速滑短距离 500 m 运动员力量素质发展的评价模型与标准［J］．成都体育学院学报，39（11）：71-77．

[15] 陈峰．2016．我国开放式运动技能研究现状及展望［J］．河北体育学院学报，30（05）：25-29．

[16] 陈健，姚颂平．2006．运动捕捉技术及其在运动技战术诊断中的应用［J］．上海体育学院学报，（04）：66-69．

[17] 陈亮，田麦久．2013．女排比赛不同局次竞技表现阶段性"涨落"现象的特征研究［J］．北京体育大学学报，36（10）：117-122．

[18] 陈亮，田麦久．2016．不同项群的竞技特点与训练要求［J］．中国体育教练员，24（03）：10-12+14．

[19] 陈嵘，王健，黄滨．2005．三种心肺功能运动负荷测试的评价效度研究［J］．体育科学，（06）：52-54．

[20] 陈小平，梁世雷，李亮．2012．当代运动训练理论热点问题及对我国训练实践的启示——2011杭州国际运动训练理论与实践创新论坛评述［J］．体育科学，32（02）：3-13．

[21] 陈小平，刘爱杰．2009．我国竞技体育奥运基础大项训练实践的若干理论思考［J］．体育科学，29（02）：8-14．

[22] 陈小平．2001．德国训练学热点问题研究述评［J］．体育科学，（05）：43-46．

[23] 陈小平．2003．对马特维耶夫"训练周期"理论的审视［J］．中国体育科技，（04）：7-10+52．

[24] 陈小平．2004．运动训练的基石——"超量恢复"学说受到质疑［J］．首都体育学院学报，（04）：3-7．

[25] 陈小平．2005．当代运动训练热点问题研究［M］．北京：北京体育大学出版社．

[26] 陈小平．2007．对"超量恢复"学说的质疑［J］．山东体育科技，（03）：102．

[27] 陈小平．2007．由结果到过程的控制——当前运动训练科学化的一个重要发展趋势［J］．武汉体育学院学报，（08）：1-5+16．

[28] 陈小平．2008．我国耐力训练存在的主要问题——对训练强度失衡的反思［J］．武汉体育学院学报，（04）：9-15．

[29] 陈小平.2010.有氧与无氧耐力的动态关系及其对当前我国耐力训练的启示[J].体育科学,30(04):63-68.

[30] 陈小平.2016.运动训练长期计划模式的发展——从经典训练分期理论到"板块"训练分期理论[J].体育科学,36(02):3-13.

[31] 陈小平.2017.运动训练生物学基础模型的演变——从超量恢复学说到运动适应理论[J].体育科学,37(01):3-13.

[32] 陈小蓉.2000.体育战术学[M].北京:人民体育出版社.

[33] 陈晓英.2008.对训练周期理论与板块训练理论的再审视[J].体育学刊,(11):88-91.

[34] 陈贞祥,仰红慧.2014.Data Volley软件在排球技、战术统计分析中的应用研究[J].中国体育科技,50(03):19-24.

[35] 程泓人.2020.我国现役优秀男子跳高运动员关键运动技术特征的运动学研究[D].北京:国家体育总局体育科学研究所.

[36] 程燕,韩传贞子,李美慧,王爱民,崔登荣,黄光裕.2019.Tritonwear游泳训练监控系统对部分游泳运动员训练手段的应用研究[C]//中国体育科学学会第十一届全国体育科学大会论文摘要汇编.北京:中国体育科学学会,56-77.

[37] 程勇民,金花,周卫星,胡晓辉.2009.羽毛球运动员战术意识测评及其多媒体训练系统的研制[J].广州体育学院学报,29(02):57-61.

[38] 仇乃民,李少丹,马思远.2011.非线性范式——运动训练科学研究的新范式[J].体育学刊,18(06):108-112.

[39] 仇乃民.2015.大数据时代运动训练科学研究的新路径[J].山东体育学院学报,31(04):83-89.

[40] 辞海编辑委员会.2000.辞海:1999年版缩印本[M].上海:上海辞书出版社.

[41] 崔大林.2008.高原训练的实践探索与理论思考[J].体育文化导刊,(01):3-6.

[42] 崔东霞,李钊.2012.比较与批判:生理学与方法学视野下的分期与板块训练理论[J].上海体育学院学报,36(04):72-75.

[43] 崔东霞，李钊.2012.运动训练分期理论与板块理论对比之新赛制下运动训练何去何从[J].山东体育学院学报，28（02）：63-67.

[44] 崔运坤，贾燕，马琳，尹军.2017.动作模式释义：定义、机制、分类、训练[J].沈阳体育学院学报，36（02）：98-106.

[45] 邓树勋，等.2009.运动生理学[M].北京：高等教育出版社.

[46] 邓运龙，张海忠.2009.论现代体能训练新理念新方法[J].军事体育进修学院学报，28（04）：73-75.

[47] 邓运龙.2007.我国运动训练理论发展进入了整体质变的转折时期[J].中国体育科技，（06）：40-50.

[48] 邓运龙.2011.运动训练基本规律的基本内容与基本关系[J].南京体育学院学报（社会科学版），25（02）：107-112.

[49] 迪特里希·哈雷.1985.训练学[M].蔡俊五，郑再新，译.北京：人民体育出版社.

[50] 迪特里希·哈雷.2008.训练学——运动训练的理论与方法学导论[M].郑再新，等，译.北京：人民体育出版社.

[51] 丁立刚，王法祥，刘润芝.2010.田径运动项目研究者情况分析[J].北京体育大学学报，33（05）：142-144.

[52] 丁延华.2019.优秀男子链球大学生运动员杜立闽赛前训练研究[D].哈尔滨：哈尔滨师范大学.

[53] 董德龙，梁建平.2008.运动员竞技空间结构理论的发展与"4G结构模型"[J].广州体育学院学报，（04）：74-77.

[54] 董德龙，王卫星，梁建平.2010.振动、核心及功能性力量训练的认识[J].北京体育大学学报，33（05）：105-109.

[55] 董德龙，杨斌.2015.中国运动训练学需面对的3个问题：学科内容、研究范式与知识建构——基于一种双重转型的考虑[J].北京体育大学学报，38（03）：126-131.

[56] 董萍，阿力.2018.板块训练理论对提高高校女子排球队竞技能力的实证性研究[J].当代体育科技，8（10）：54+56.

[57] 董文梅，毛振明.2006.对运动技能进行分类的新视角及"运动技能会能度"

的调查[J]. 广州体育学院学报，(04)：5-8.

[58] 董翔，吴青，蒲卫晖.2017.高职院校运动队训练方法及手段的创新[J]. 运动，(02)：126-127+143.

[59] 窦而立.2009.论足球战术的原则性[J]. 科学咨询（决策管理），(02)：89.

[60] 杜辉，盛一帆.2013.竞技运动赛前训练探讨[J]. 湖北体育科技，32（10）：868-871.

[61] 杜金朱.2010.PNF拉伸法对发展下肢柔韧素质的实验研究[D]. 石家庄：河北师范大学.

[62] 杜万新，王卉.2016.我国运动员竞赛心理能力研究的辨析[J]. 浙江体育科学，38（06）：89-93.

[63] 樊晓，段长波.2012.论运动训练学的逻辑起点与理论体系[J]. 山东体育学院学报，28（04）：100-103.

[64] 范铜钢.郭玉成.2016.武术散打与奥运会同类项目技术标准化水平比较——以拳击、摔跤、柔道、跆拳道项目为例[J]. 上海体育学院学报，40（03）：62-67+86.

[65] 冯连世.2006.运动训练的生理生化监控[C]//中国体育科学学会首届中国体育博士高层论坛论文集. 北京：中国体育科学学会，77-85.

[66] 弗·弗·佩特罗夫斯基.1982.控制论与运动[M]. 张世杰，译. 北京：人民体育出版社.

[67] 弗·纳·普拉托诺夫.1991.现代运动训练[M]. 张人民，唐礼，等，译. 北京：人民体育出版社.

[68] 伏中杰，李婷文，邢铎，冯坤.2015.运动训练分期理论的研究进展[J]. 搏击（体育论坛），7（01）：67-69.

[69] 符谦，周成林，周游.2007.短道速滑运动员心理控制指标构建与评定[J]. 西安体育学院学报，(02)：126-130.

[70] 符巍.2011.体育运动战术概论[M]. 北京：中国轻工业出版社.

[71] 傅晓.2018.试论板块训练的有关理论问题[J]. 当代体育科技，8（14）：28-29.

[72] 高炳宏，李之俊.2004.Oxycon Pro和MetaMaxⅡ两种心肺功能仪测试值的

比较［J］. 中国运动医学杂志，（01）：53-56.

［73］ 高炳宏. 2019. 我国现代体能训练的现状、问题与发展路径［J］. 体育学研究，2（02）：73-81.

［74］ 高平，段兴亮，周梅，余银. 2021. 我国优秀皮划艇激流回旋运动员体能诊断与训练对策研究［J］. 武汉体育学院学报，55（01）：95-100.

［75］ 高平，胡亦海，吴瑛，等. 2018. 皮划艇激流回旋全程训练负荷强度实证研究［J］. 中国体育科技，54（02）：87-90.

［76］ 戈俊. 2000. 多功能柔韧性训练装置的设计与研发［J］. 体育世界，15（03）：60-63.

［77］ 葛春林，陈忠和. 1997. 排球专项灵敏素质的研究现状及其训练方法［J］. 上海体育学院学报，（05）：46-50.

［78］ 葛春林. 2004. 最新排球训练理论与实践［M］. 北京：北京体育大学出版社.

［79］ 葛欧瑟. 1983. 运动训练学讲稿［M］. 田麦久，译. 北京：北京体育学院教务处编印.

［80］ 龚闯，李征，徐校飞，朱志勇，薛可. 2020. 2019年男篮世界杯比赛表现深度分析及对中国男篮技战术发展的启示［J］. 沈阳体育学院学报，39（06）：72-80.

［81］ 龚明波，钟平. 2005. 尺度空间层次聚类在足球球队技、战术能力分类中的应用研究［J］. 体育科学，（01）：87-90.

［82］ 龚铭新，邹凝祥，全九清，王乐军. 2015. TJSD-Team专项运动速度实时监控系统的开发与应用［A］. 中国体育科学学会2015第十届全国体育科学大会论文摘要汇编（一）［C］. 中国体育科学学会：2.

［83］ 苟波，李之俊，高炳宏，赵仁清. 2008. "体能"概念辨析［J］. 体育科研，（02）：47-52.

［84］ 谷崎. 2010. 体能训练的基本理论与方法［M］. 西安：西北工业大学出版社.

［85］ 顾善光. 2007. 论二元与一元运动训练理论［D］. 南京：南京师范大学.

［86］ 郭浩杰. 2020. 录像分析在中国男子职业篮球队中的应用研究［D］. 北京：首都体育学院.

［87］ 郭惠先，罗伟坤. 2010. 对青少年足球运动员战术能力及训练的探讨［J］. 体

育世界（学术版），(11)：70-71.

[88] 郭可雷.2010.《运动训练学》若干定义的重新审定[J].北京体育大学学报，33（03）：112-115.

[89] 过东升，安玉璟，吴忠贯.1990.智能化短跑分段测速仪[J].浙江体育科学，(06)：27-31.

[90] 过家兴，等.1983.运动训练学[M].北京：北京体育学院出版社.

[91] 过家兴，等.1986.运动训练学[M].北京：北京体育学院出版社.

[92] 过家兴，等.1991.运动训练学[M].北京：北京体育学院出版社.

[93] 过家兴，延峰，李少丹，邓小芬.1995.体能类项群优秀运动员重大比赛前训练安排的规律（待续）[J].北京体育大学学报，(01)：71-81.

[94] 过家兴.1983.运动训练学[M].北京：北京体育学院出版社.

[95] 过家兴.1986.运动训练学[M].北京：人民出版社.

[96] 韩夫苓.2010.对马特维耶夫训练分期理论的重新审视[J].山东体育学院学报，26（06）：62-67.

[97] 韩鲁安.1995.一般与专项训练相结合原则若干问题初探[J].天津体育学院学报，10（04）：45-51.

[98] 韩炜.2006.赛前训练的研究进展[J].山东体育科技，(02)：5-8.

[99] 韩洲桥.2009.高原训练对提高足球运动员专项有氧耐力的利弊分析[J].内江科技，29（01）：127+151.

[100] 何耀慧，汪晓赞.2009.对我国运动员心理技能训练研究现状的思考[J].体育科研，30（05）：53-56.

[101] 侯晋鲁.2012.陕西省U-17青年男足备战第7届城运会体能训练监控研究[D].西安：西安体育学院.

[102] 侯志涛.2015.老年人抗阻训练健身方案制定和效果研究[D].北京：北京体育大学.

[103] 胡昌领，李少丹.2020.近40年训练理论中国化研究：问题与反思[J].武汉体育学院学报，54（09）：95-100.

[104] 胡昌领，李少丹.2020.论高水平运动员训练理论研究范式转型——基于复杂性科学视角[J].体育学刊，27（01）：126-131.

[105] 胡福江,刘旭光,张双玲.2015.山东省优秀男子古典式摔跤运动员的心理监控与心理训练[J].山东体育科技,37(04):77-82.

[106] 胡桂英,王进,许百华.2006.优秀运动员 Choking 现象的个案研究[J].中国体育科技,(04):139-143.

[107] 胡海旭,万发达,杜长亮,等.2014.中西方运动训练哲学萌芽的特征比较[J].北京体育大学学报,37(12):120-126.

[108] 胡建忠,周健生,李立健.2004.高原运动员高平训练期尿液分析[J].西安体育学院学报,21(02):50-52.

[109] 胡声宇.2000.运动解剖学[M].北京:人民体育出版社.

[110] 胡伟,褚欢.2018.运动训练周期理论的思考和讨论[J].江苏理工学院学报,24(04):89-92.

[111] 胡亦海.2013.竞技运动特征研究[M].北京:人民体育出版社.

[112] 花震.2013.训练周期理论研究现状的分析[J].长春教育学院学报,29(06):32-33.

[113] 华建军.2017.影响大学生坐位体前屈成绩因素的实验研究[J].体育教育,10(123):64-65.

[114] 黄彩华,高松龄.2004.PNF 伸展和静态伸展对女大学生身体柔韧性的影响[J].福建师范大学学报(自然科学版),(09):95-97.

[115] 黄飞.2015.现代足球阵型的变革和发展探析[J].科技创业,(12):99-100.

[116] 黄巧.2012.我国运动性疲劳与超量恢复理论沿革研究[D].重庆:西南大学.

[117] 黄庆忠.2018.浅谈多媒体技术在田径教学训练中的应用[J].运动精品,37(06):14-15.

[118] 黄振豪.2018.大数据时代运动训练科学研究的新方法探究[J].当代体育科技,8(08):29+31.

[119] 黄志刚,周思红.2000.电刺激对肌肉柔韧性训练效果的实验研究[J].山西师大体育学院学报,(03):79-81.

[120] 黄志剑,邵国华.2008.不同类型运动技能保持特征的比较研究[J].体育

科学，(09)：66-69+79.

[121] 黄竹杭.2005.足球战术意识发展的年龄特征［J］.北京体育大学学报，(06)：827-829.

[122] 季磊.2011.功能性力量训练的实质及其训练方法探析——基于悬吊训练、振动力量训练、核心力量训练、本体感觉功能训练［J］.南京体育学院学报（自然科学版），10(02)：73-75.

[123] 贾银浩，马海峰.2015.运动训练分期理论和板块理论本质及争论［J］.中国体育教练员，23(02)：26-28.

[124] 姜丽.2005.一元训练理论应用于篮球、足球训练初探［J］.天津体育学院学报，(05)：42-45.

[125] 姜熙，朱东.2008.柔韧性训练科研现状及发展趋势——兼议武术套路运动员柔韧性训练的科学化趋向［J］.首都体育学院学报，2(20)：30-34.

[126] 姜勇，王梓乔，张军.2019."水平五"健美操运动技能学习评价指标体系构建［J］.体育科学研究，23(05)：30-38.

[127] 蒋国勤，罗艳蕊.2007.竞技能力相关概念释疑［J］.武汉体育学院学报，(06)：59-62.

[128] 蒋国勤，张崇光.2011.世界优秀三级跳远运动员竞技表现过程的稳定性研究［J］.武汉体育学院学报，45(02)：85-88+92.

[129] 蒋津君，姚家新.2015.乒乓球单打比赛技战术实力评估体系及其诊断方法的重构与应用［J］.天津体育学院学报，30(05)：432-437.

[130] 蒋燕.2011.运用Q型聚类法对第16届男篮世锦赛各队技战术能力的综合评价［J］.体育研究与教育，26(04)：110-113.

[131] 焦芳钱，黄景东，李焓铷.2007.运动训练理论争议性问题探析［J］.体育学刊，(08)：96-100.

[132] 矫洪申，范振国，田文.2009.静力拉伸和动力拉伸对提高柔韧素质的对比研究［J］.北京体育大学学报，32(02)：123-124.

[133] 金成平，李少丹，夏青.2016.论运动训练理论科学问题的认知［J］.体育学刊，23(06)：116-121.

[134] 金成平，李少丹.2016.我国运动训练理论的演进及其问题分析［J］.南京

体育学院学报（社会科学版），30（04）：117-123.

[135] 金健秋，刘强，杨克新.2005.当代运动训练理论与实践对周期理论的质疑[J].山东体育学院学报，（05）：89-91.

[136] 金开诚.1980.论事物特征的艺术表现[J].中国社会科学，（02）：97-106.

[137] 金遂，胡娟娟.2004.对参加第七届健美操世界锦的中国队的技术水平分析[J].北京体育大学学报，（03）：425-428.

[138] 金岳霖.1979.形式逻辑[M].北京：人民出版社.

[139] 靳强.2015.跳远运动员技术训练的运动学监控研究[D].北京：北京体育大学.

[140] 阚福林，李祖林，魏星.1992.发展我国高水平女子铅球运动员专项速度的探讨[J].体育科学，（03）：27-31+93.

[141] 柯世明.2007.篮球运动员竞赛心理特征及赛前心理训练[J].皖西学院学报，23（02）：139-141.

[142] 克劳塞维茨.2018.战争论[M].余杰，译.北京：台海出版社.

[143] 孔强.2007.从刘翔的成功谈训练周期理论[J].吉林体育学院学报，4（23）：46-47.

[144] 雷艳云，李波.2005.影响竞技能力的非竞技因素探析[J].安徽体育科技，（01）：39-41.

[145] 黎嘉兴.2019.食用菌饮食在运动员体能运动训练过程中的作用研究[J].中国食用菌，38（06）：30-33.

[146] 黎涌明，韩甲，张青山，等.2020.我国运动训练学亟待科学化——青年体育学者共识[J].上海体育学院学报，44（02）：39-52.

[147] 黎涌明，于洪军，资薇，曹春梅，陈小平.论核心力量及其在竞技体育中的训练——起源·问题·发展[J].体育科学，2008（04）：19-29.

[148] 李波，马兰军.2009.运动训练学研究现状与反思[J].山东体育学院学报，2（25）：61-65.

[149] 李春雷.2016.中国国家羽毛球队备战2012伦敦奥运会体能训练设计与实施[J].北京体育大学学报，39（05）：87-93.

[150] 李春雷.2019.我国体能训练反思与奥运会备战展望[J].体育学研究，

（04）：60-70.

[151] 李丹阳，胡法信，胡鑫.2011.功能性训练：释义与应用［J］.山东体育学院学报，27（10）：71-76.

[152] 李端英.2016.联赛赛制下篮球运动员保持高水平竞技状态的周期训练研究［J］.湖北体育科技，35（03）：224-229.

[153] 李恩，白胜超.2020.大学生运动队训练中可用监控方法的研究［J］.当代体育科技，10（18）：14-16.

[154] 李国宝，周德辉，白银龙.2013.足球比赛中核心队员对比赛结果的决定作用研究［J］.体育科技，（04）：64-67.

[155] 李国强.2008.耗散结构理论对"超量恢复"学说的再思考［J］.首都体育学院学报，（01）：107-109.

[156] 李海鹏，陈小平，何卫，吴昊.2020.科技助力竞技体育：运动训练中可穿戴设备的应用与发展［J］.成都体育学院学报，46（03）：19-25.

[157] 李红军.2019.NBA三分球技术的运用历程演变及对篮球发展影响的研究［A］.中国体育科学学会第十一届全国体育科学大会论文摘要汇编［C］.中国体育科学学会：2.

[158] 李宏旭.2015.试论羽毛球技术练习中加难式多球训练法的运用［J］.商，（38）：287.

[159] 李怀海，陈南生，任军.体质与体能概念之辨析［J］.解放军体育学院学报，2001，（03）：4-6.

[160] 李纪江，庄洁，陈佩杰，金晶.2007.台阶试验与功率自行车VO_2max测试法相关性研究［J］.体育科学，（05）：65-68.

[161] 李凯.2000."合金理论"初探——试论运动素质与运动能力的关系［J］.山东体育学院学报，（01）：1-4.

[162] 李亮，施晓华.2014.硬地场优秀网球单打运动员技、战术能力研究［J］.中国体育科技，50（06）：79-85+140.

[163] 李明威，钱菁华，谢树，李跃阳，李贤都.2015.巧用泡沫轴大益肌肉［J］.运动，（08）：148-149.

[164] 李楠，魏铭，满建刚.2020.1999—2019年国外运动训练监控研究进展与热

点透视——基于知识图谱的可视化分析［J］. 体育研究与教育，35（05）：66-72.

[165] 李鹏飞，冯葆欣，尚文元，张卫英，宗丕芳，宋国强. 2010. 自行车运动员进行功率自行车 3 种递增负荷运动实验比较有氧耐力研究［J］. 中国体育科技，46（02）：123-125.

[166] 李勤，王峰，刘建平，肖国强，李勇. 2012. 无氧耐力运动状态下延缓机体血乳酸积累的训练方法探索［J］. 生命科学研究，16（06）：507-510.

[167] 李庆，姜自立. 2017. 优秀短跑运动员张培萌赛前训练负荷研究［J］. 体育科学，37（12）：69-77.

[168] 李庆，李景丽，顾扬，宋书国. 2004. 现代运动训练周期理论的思考和讨论［J］. 体育科学，（06）：52-55.

[169] 李少丹. 2008. "周期"训练理论与"板块"训练理论的冲突——训练理论变迁的哲学思考［J］. 北京体育大学学报，（05）：679-681.

[170] 李笋南，齐光涛，宋陆陆，程翀. 2015. 功能训练体系分类研究［J］. 成都体育学院学报，41（02）：75-80.

[171] 李汀，李爱东，钱风雷，许以诚，苑廷刚，冯树勇，杨培刚，孙海平，余维立，丁雪琴. 2005. 刘翔备战 2004 年奥运会的综合攻关与服务［A］. 中国体育科学学会中华人民共和国第十届运动会科学大会论文摘要汇编［C］. 中国体育科学学会：12.

[172] 李汀，李爱东，钱风雷，许以诚，苑廷刚. 2006. 对刘翔备战第 28 届奥运会的综合攻关与服务［J］. 体育科学，（03）：26-31+40.

[173] 李文龙. 2015. 对高校篮球专项学生速度素质训练手段指标评价与模型分析的研究——以武汉体育学院篮球专项学生为例［J］. 中国学校体育（高等教育），2（09）：56-62.

[174] 李信厚，马学智，杨建营. 2017. 散打实战中的"综合技击"原则之技理研究［J］. 北京体育大学学报，40（03）：122-126.

[175] 李雪宁. 2019. 中国运动训练理论的动态演进及发展方向［D］. 长春：东北师范大学.

[176] 李亚慰. 2015. 基于物质形态视域的运动员竞技能力结构"胶泥模型"实证

[177] 李岩, 董云振, 李珂. 2010. 竞技能力结构模型的分析与新议——皮球理论模型的建立 [J]. 北京体育大学学报, 33 (02): 116-118.

[178] 李益群. 1988. 田径大赛中的"克拉克现象" [J]. 体育科学, (04): 28-31+94.

[179] 李益群. 1991. 体能类项群选手在重大比赛中的"克拉克现象" [J]. 北京体育学院学报, (02): 43-49+116.

[180] 李银. 2019. 浅析体育舞蹈运动训练监控 [J]. 青少年体育, (10): 85-86+116.

[181] 李玉章, 马婷婷, 葛运建, 等. 2014. 短跑运动员加速与途中跑节奏综合诊断系统: CN201310384271.7 [P]. 2014-03-19.

[182] 李跃进. 2003. 运动训练过程中运动员人文素质的培养 [J]. 体育学刊, (01): 110-112.

[183] 李赞, 赵慧敏, 常宇伟. 2019. 功能性体能训练的内涵旨向、结构功能及本质属性厘清 [J]. 天津体育学院学报, 34 (03): 227-231.

[184] 李振彪, 吴焕群. 对国家乒乓球队奥运会女子双打队员技战术的科学诊断 [J]. 中国体育科技, 1989 (01): 15-18.

[185] 李志勇. 2001. 运动训练学 [M]. 济南: 山东大学出版社.

[186] 李周建. 1992. 心理训练 [M]. 北京: 教育科学出版社.

[187] 梁瑶. 1985. 灵敏素质对掌握排球基本技术的影响 [J]. 武汉体育学院学报, (04): 57.

[188] 列·巴·马特维耶夫. 2005. 竞技运动理论 [M]. 姚颂平, 译. 哈尔滨: 黑龙江科学技术出版社.

[189] 林德辉. 2020. 运动训练监控在实际训练中的改进 [J]. 当代体育科技, 10 (20): 239-241.

[190] 林寿宽. 2010. 业余体育中青少年运动员发育敏感期专门化训练的探讨 [J]. 南京体育学院学报 (自然科学版), 9 (03): 153-157.

[191] 林正常. 体能技术与运动能力 [J]. 中华体育季刊, 1988, (6): 3-8.

[192] 凌文铨, 方俐洛. 2004. 心理与行为测量 [M]. 北京: 机械工业出版社.

［193］刘爱杰，李少丹 . 2007. 竞技体育的核心训练［J］. 中国体育教练员，（04）：4-6.

［194］刘波 . 2011. 德国运动训练专业课程设置及对我国的启示［J］. 上海体育学院学报，35（04）：77-80.

［195］刘大庆 . 2000. 运动员竞技能力非衡结构补偿理论［J］. 体育科学，（01）：43-46.

［196］刘大庆 . 2006. 运动员竞技能力的结构特点与基础训练方法［M］. 北京：北京体育大学出版社.

［197］刘刚，李焕品，李稚 . 2015. MAX-Ⅱ和 V_{max} Spectra 229D 两种心肺功能测试仪的应用比较［J］. 首都体育学院学报，27（02）：160-164.

［198］刘海军，王锦 . 2016. 是保留还是摒弃——对"超量恢复"质疑学说之反思［J］. 体育科技，37（05）：41-43.

［199］刘浩 . 2013. 竞技健美操体能训练与实践［M］. 武汉：武汉大学出版社.

［200］刘慧 . 2017. 里约奥运会中外优秀男子百米技术的对比分析［D］. 扬州：扬州大学.

［201］刘嘉津 . 1997. "体力波"理论在高校课余体育训练中的运用［J］. 浙江体育科学，19（01）：29-33.

［202］刘建和，姜涛，李林 . 2007. 目前竞技状态研究中的几个问题［J］. 体育科学，27（07）：70-85.

［203］刘建和 . 1994. 关于赛前训练的几个问题［J］. 成都体育学院学报，（02）：40-43.

［204］刘建和 . 1999. 关于竞技战术研究的几个问题［J］. 成都体育学院学报，（03）：31-35.

［205］刘建和 . 2008. 运动竞赛学［M］. 北京：人民体育出版社.

［206］刘晋，原海波 . 1992. FUZZY 综合评判在篮球战术评分中的应用［J］. 天津体育学院学报，（04）：87-91.

［207］刘洛沙 . 2020. 可穿戴电子设备下的运动训练研究［J］. 变压器，57（04）：92.

［208］刘钦龙 . 2007. 运动训练创新理论研究［D］. 北京：北京体育大学.

[209] 刘擎.2012.超量恢复学说研究综述［J］.内江师范学院学报,（06）:118-120.

[210] 刘淑慧,徐守森.2013.正念训练对射击运动心理训练的启示［J］.首都体育学院学报,（05）:77-80.

[211] 刘涛,刘晓蕾,郭伊纳,苏宁,黄志剑.2016.正念心理训练干预武术套路效果评价研究——以香港武术队为例［J］.成都体育学院学报,42（05）:88-92.

[212] 刘小羊.2015.下肢柔韧性对田径运动员成绩的影响［J］.当代体育科技,5（22）:23-24.

[213] 刘欣然,李丽君.2017.训练何以可能:运动训练的自然哲学基础［J］.山东体育学院学报,33（01）:12-18.

[214] 刘琰,余宏,朱敏敏.2018.羽毛球现场多点无氧能力测试与Wiingate功率车无氧能力测试关系研究［J］.西南师范大学学报（自然科学版）,43（04）:136-142.

[215] 刘也,冷波,刘浩崇,包大鹏.2018.8周冲刺间歇训练对优秀男子大学生羽毛球运动员无氧运动能力的影响［J］.中国运动医学杂志,37（09）:732-737.

[216] 刘展.2016.人体动作模式和运动链的理念在运动损伤防护和康复中的应用［J］.成都体育学院学报,42（06）:1-11.

[217] 刘振宇,张晓辉,陈万.2014.负压—常压疲劳恢复过程中血乳酸、肌酸激酶等指标的特征分析［J］.山东体育科技,36（05）:76-79.

[218] 柳伯力.1993.制胜的战术谋略思考［J］.成都体育学院学报,（02）:32-35.

[219] 龙斌.2016.《体能训练》通用教材不同版本的历史溯源及其训练学比较研究［J］.山东体育学院学报,32（02）:97-103.

[220] 卢鼎厚.1981.关于身体训练问题的探讨［J］.江苏体育科技,（03）:6.

[221] 卢锋.1992.造势——运动对抗之关键［J］.成都体育学院学报,（01）:38-42+73.

[222] 陆胤甫.2017.新周期规则对竞技健美操基础训练方法的影响［J］.当代体

育科技，7（15）：58+60.

[223] 陆宗芳，蔡锡元.2002.第 27 届奥运会女子 20 公里竞走王丽萍、刘宏宇关键技术解析［J］.山东体育学院学报，18（01）：54-57.

[224] 路亮.2014.石家庄市青年划艇运动员力量与有氧耐力训练效果监控研究［D］.石家庄：河北师范大学.

[225] 吕季东.2007.专项力量测量的理论与方法［M］.北京：北京体育大学出版社.

[226] 马克思主义基本原理概论编写组.2013.马克思主义基本原理概论［M］.北京：高等教育出版社.

[227] 马士龙，魏婷.2018.排球运动代谢特点与运动训练监控探究［J］.运动，(10)：36-37.

[228] 马祥海.2013.对板块训练理论合理性的质疑——兼驳传统分期理论过时论［J］.北京体育大学学报，36（08）：140-144.

[229] 茅鹏，严政，程志理.2003.一元训练理论［J］.体育与科学，（04）：5-10+18.

[230] 茅鹏，严政，程志理.2008.一元训练理论（压缩修订版）——端正体育训练根本原则体系的一整套理论表述［J］.体育与科学，（06）：28-32+23.

[231] 茅鹏.1987.小周期和体力波［J］.体育与科学，（02）：23-24+38.

[232] 茅鹏.1994.运动训练新思路［M］.北京：人民体育出版社.

[233] 茅鹏.2003.一元理论与训练实践［J］.体育与科学，（05）：1-4+9.

[234] 茅鹏.2004.一元训练理论与三大球（上篇）［J］.体育与科学，（04）：1-4+9.

[235] 茅鹏.2008.马拉松·整体设置·体力波·滚动式［J］.体育与科学，（02）：1-3.

[236] 茅鹏.2013.论超量恢复［J］.体育与科学，34（04）：3-4.

[237] 梅鹏.2012.集体效能理论视域下青少年篮球运动员战术能力培养的影响研究［D］.湘潭：湖南科技大学.

[238] 孟凡仁.2015.基于一元训练理论视角下对足球后备人才选拔理念的思考——以上海市金山区为例［J］.当代体育科技，5（28）：82-83+85.

[239] 牟柳,陈马强,田广.2017.优秀网球运动员竞技能力模糊综合评价研究[J].西南师范大学学报(自然科学版),42(03):61-65.

[240] 穆亮,张强.2015.中国轮椅冰壶队战术能力综合评价[J].体育文化导刊,(04):120-123.

[241] 聂应军,吕万刚,王健.2019.我国9~10岁优秀男子体操运动员力量素质的评价与诊断研究[J].武汉体育学院学报,53(04):86-92.

[242] 聂志国.2018.400 m栏运动员专项速度监控方法分析[J].当代体育科技,8(35):238-239.

[243] 牛英鹏.1995."体力波"与"超量恢复"的一致性[J].江汉大学学报(综合版),12(03):85-87.

[244] 欧阳康.2001.人文社会科学哲学论纲[J].江海学刊,(04):90-97.

[245] 潘力平.2000.篮球专项灵敏素质的特征及其研究现状[J].山东体育学院学报,(03):42-44.

[246] 潘迎旭,尹军.2017.身体运动功能动作的类型、组合结构与内容体系[J].体育教学,37(02):19-20.

[247] 潘迎旭.2014.中国国家男排队员的功能训练实践解析[J].首都体育学院学报,26(01):65-71.

[248] 庞保柱.2014."超量恢复"学说质疑[J].中学生导报(教学研究),(04):1.

[249] 庞俊娣.2019.大数据在运动训练监控中的应用研究[J].运动,(06):13-14.

[250] 庞雪林,张正则.2011.CUBS男运动员专项心理能力指标的构建及比较研究[J].沈阳体育学院学报,30(06):114-116.

[251] 彭春政.2004.全身振动刺激对肌肉力量和柔韧性的影响[J].北京体育大学学报,27(03):349-351.

[252] 彭律成,蒋恒.2020.基于智能可穿戴设备的人员训练管理系统分析[J].科技创新导报,17(05):123-124.

[253] 彭聃龄.2003.普通心理学[M].北京:北京师范大学出版社.

[254] 浦钧宗,高崇玄,冯炜权,等.1989.优秀运动员机能评定手册[M].北

[255] 普拉托诺夫·迪特里希.1984.运动训练的理论与方法［M］.陆绍中，等，译.武汉：武汉体育学院编印：288-299.

[256] 邱波波.2016.泡沫轴放松对足球运动员运动表现能力的影响［J］.运动，(19)：31+74.

[257] 邱俊，陈文鹤，陈佩杰.2006.女子手球运动员无氧耐力的监控与评定［J］.中国体育科技，(04)：50-52.

[258] 邱俊强.2011.最大摄氧量及其派生指标的研究进展［J］.北京体育大学学报，34（01）：73-76.

[259] 邱宜均.1982.心理训练的几个概念探讨［J］.湖北体育科技，(02)：2-5.

[260] 曲峰，张美珍，尹彦，李翰君.2008.测力台测试方法及分析指标的筛选［A］.第12届全国运动生物力学学术交流大会论文汇编［C］.中国运动生物力学学会（CSSB）：中国体育科学学会运动生物力学分会：2.

[261] 曲淑华.2008.论青少年田径运动员科学化训练［A］.第五届全国青年体育科学学术会议、第二届中国体育博士高层论坛论文集［C］.中国体育科学学会、江苏省教育厅、江苏省学位委员会、中国体育科学学会：2.

[262] 全国体育学院教材委员会.1988.运动心理学［M］.北京：人民体育出版社.

[263] 全国体育学院教材委员会.1990.运动训练学［M］.北京：人民体育出版社.

[264] 全国体育院校教材委员会.2000.运动训练学［M］.北京：人民体育出版社.

[265] 任满迎，刘颖，刘桂成，王国庆.2011.核心运动链肌力诊断新方法研究——以国家体操队运动员测试分析为例［J］.北京体育大学学报，34（09）：66-69.

[266] 邵伟德.2004.学校体育学科中运动技术、运动技能和终身体育习惯等概念之关系探讨［J］.北京体育大学学报，(01)：83-84+87.

[267] 申霖.2019.对板块训练的理论与实践研究［J］.山东体育学院学报，35（01）：100-104.

[268] 沈宏斌，龙行年.2004.武术散打运动员上肢、下肢有氧、无氧能力的特征及训练的研究[J].武汉体育学院学报，(05)：93-95.

[269] 沈士达，李群.2010.短跑途中跑支撑阶段影响水平速度因素的运动学分析[J].体育科研，(06)：61-64.

[270] 盛平.1992.学生辞海[M].北京：海洋出版社.

[271] 盛怡，郭黎，蒋健.2017.不同训练模式下羽毛球运动员心率和血乳酸的变化[J].武汉体育学院学报，51(04)：92-95.

[272] 施夏伟.2019.动作技能形成阶段视角下运动技能与体能关系分析[J].田径，(12)：25-27.

[273] 水祎舟，黄竹杭，耿建华.2015.世界杯视角下高水平男子足球运动攻防战术能力特征研究[J].北京体育大学学报，38(08)：130-137+144.

[274] 姒刚彦.2006.追求"最佳"还是强调"应对"——对理想竞技表现的重新定义及心理训练范式变革[J].体育科学，(10)：43-48+53.

[275] 姒刚彦.2008.青少年运动员的逆境应对训练[J].天津体育学院学报，(03)：7-8.

[276] 宋继新.2002.科学与人文融合的竞技教育——培养高水平运动员竞技教育的研究与实践[J].北京体育大学学报，(06)：721-725.

[277] 宋娜梅.2013.中国近现代运动训练学理论体系的演化过程[J].沈阳体育学院学报，32(04)：114-117.

[278] 宋鹏，钱跃峰，窦振中.2004.运动员起跑反应时无线测量系统的研究和实现[J].电子设计应用，(11)：100-103.

[279] 宋元平.2015.运动技能学导论[M].苏州：苏州大学出版社.

[280] 宋志刚，孔凡明，张峻.2018.VR虚拟现实技术对中国少年足球战术训练的应用研究[J].青少年体育，(01)：65-66+115.

[281] 苏丕仁.1995.对乒乓球意识的研究[J].体育科学，15(02)：36-39.

[282] 随汶.1993.从"木桶原理"说经济结构调整[J].学习与研究，(23)：33.

[283] 孙班军，张庆春，刘彦，郭鹏昊，刘晔.2010.运动项目综合竞技能力影响因素及评价指标体系探析[J].北京体育大学学报，33(06)：1-4.

[284] 孙宝红.2011.发展柔韧性的最佳手段——伸展训练[J].山西体育科技，9

（01）：64-65.

［285］孙涵，王长顺.1997.速度素质的科学基础论［J］.雁北师院学报，（04）：65-67.

［286］孙林.2011.华中师范大学高水平径赛女运动员赛前机能监控［D］.武汉：华中师范大学.

［287］孙奇.2016.身体功能训练对足球运动员身体素质影响的相关研究［D］.北京：北京体育大学.

［288］孙武.2019.孙子兵法［M］.刘建立，译.武汉：华中科技大学出版社.

［289］孙有平.2013.运动训练和实践问题探索［M］.上海：华东师范大学出版社.

［290］太荻田.2009.低压低氧环境下大强度训练对代谢能力及运动能力的影响［J］.体育科研.30（06）：12-15.

［291］汤海燕.2005.竞技健美操创新的分析与思考［J］.安徽体育科技，（04）：73-74.

［292］汤强，卞保应，朱那，邵慧秋.2013.训练冲量在马拉松训练负荷监控中的应用研究［J］.体育与科学，34（06）：56-61.

［293］汤晓冬.2015.牵张法在少儿游泳运动中的实践［J］.山东体育科技.27（10）.70-72.

［294］唐启义，冯明光.2006.DPS数据处理系统——实验设计、统计分析与数据挖掘［M］.北京：科学出版社.

［295］唐晓辉，李端英.2008.中国运动训练学系统化发展阶段理论范式的研究［J］.体育学刊，（02）：66-71.

［296］唐新发，耿耀国，钱建龙.1995.对运动心理训练概念及其作用的再认识［J］.荆州师专学报，（05）：87-90.

［297］陶氏青河.2015.越南优秀女子排球运动员专项耐力训练方法的研究［D］.北京：北京体育大学.

［298］陶于，周兵.2007.比赛训练法与以赛代练的训练学阐述与思想［J］.山东体育学院学报，23（03）：85-88.

［299］陶于.2018.基于结构存在论视域的"超量恢复"辨析［J］.体育学刊，25

（05）：126-131.

[300] 陶志翔.2002.持拍隔网对抗项群男子单人项目基本单元竞技过程的研究[D].北京：北京体育大学.

[301] 陶志翔.2007.持拍隔网对抗项群理论与应用成果研究[J].北京体育大学学报,（02）：252-254+257.

[302] 体育院校成人教育协作组《运动训练学》教材编写组.1999.运动训练学[M].北京：人民体育出版社.

[303] 体育运动学校《学校体育学》教材编写组.1992.学校体育学[M].人民体育出版社.

[304] 田麦久,刘大庆,等.2012.运动训练学[M].北京：人民体育出版社.

[305] 田麦久,刘大庆.1997.论运动训练计划[M].北京：中国文化大学出版部.

[306] 田麦久,刘筱英.1984.论竞技运动项目的分类[J].体育科学,（03）：41-46.

[307] 田麦久,麻雪田,黄新河,等.1990.项群训练理论及其应用[J].体育科学,（06）：29-35+94.

[308] 田麦久,王路德.1994.运动员竞技能力模型和选材标准[M].北京：人民体育出版社.

[309] 田麦久,熊焰.2011.竞技参赛学[M].北京：人民体育出版社.

[310] 田麦久,钟秉枢,等.2010.2009—2010体育科学学科发展报告（运动训练学）[M].北京：中国科学技术出版社.

[311] 田麦久.1988.运动训练科学化探索[M].北京：人民出版社.

[312] 田麦久.1993.运动训练方法讲座·第八讲 战术能力及其训练方法[J].中国学校体育,（04）：44-45.

[313] 田麦久.1993.战术能力及其训练方法[J].中国学校体育：44-45.

[314] 田麦久.1999.论运动训练计划[M].北京：北京体育大学出版社.

[315] 田麦久.2000.运动训练学[M].北京：人民体育出版社.

[316] 田麦久.2002.运动训练学[M].北京：人民体育出版社.

[317] 田麦久.2006.运动训练学[M].北京：高等教育出版社.

［318］ 田麦久. 2017. 运动训练学（第二版）［M］. 北京：高等教育出版社.

［319］ 田麦久. 2019. 项群训练理论向项群理论的拓展［J］. 中国体育教练员，27 (01)：3-7.

［320］ 田野，王清，冯连世，张忠秋，洪平，赵杰修，郝为亚，王向东，肖丹丹. 2008. 优秀运动员运动训练科学监控与竞技状态调整［J］. 体育科学, (09)：3-11.

［321］ 佟岗. 2017. 我国运动训练理论的演进与前沿［J］. 武汉体育学院学报，51 (08)：78-84.

［322］ 图多·博姆帕. 1990. 运动训练理论与方法［M］. 马铁，等，译. 北京：人民体育出版社.

［323］ 托马斯·库恩. 2003. 科学革命的结构［M］. 金吾托，胡新和，译. 北京：北京大学出版社.

［324］ 庹焱. 2001. 心率变异性研究进展［J］. 临床与病理杂志，21 (04)：305-308.

［325］ 万炳军，郭义军. 2011. 我国高水平女子链球运动员专项能力控制研究［J］. 北京体育大学学报，34 (03)：119-121+125.

［326］ 万炳军. 2012. 运动员"绿色"训练理念——基于技术哲学的人文关怀［J］. 体育科学，32 (07)：78-84.

［327］ 王安利，宋琳. 2014. 柔韧性训练的理论探索与实践进展：柔韧性的意义、影响因素及分类［J］. 中国学校体育，(12)：78-87.

［328］ 王贝. 2013. 抗阻训练方案研究进展——科学研究优化训练方案［J］. 北京体育大学学报，36 (08)：45-54.

［329］ 王步标，华明，邓树勋. 1994. 人体生理学［M］. 北京：高等教育出版社：497.

［330］ 王崇喜，李高峰. 2007. "体育、艺术2+1项目"实验中足球技能等级评价标准的研制［J］. 北京体育大学学报，(08)：1104-1106.

［331］ 王聪. 2019. 生理生化指标监控在赛艇运动训练中的应用［J］. 当代体育科技，9 (02)：11-13.

［332］ 王东阳，杨咏，史兵，白霞. 2016. 陕西省女子举重运动员抓举技术的运动

学分析［J］. 西安体育学院学报，33（05）：618-622.

［333］ 王芳君，冀文. 2005. 对有氧耐力评定指标的研究［J］. 吉林体育学院学报，（02）：80-81.

［334］ 王广虎. 1998. 超量恢复与超量恢复训练原理的审视与思考［J］. 成都体育学院学报，（02）：88-92.

［335］ 王辑. 1992. 身体素质"敏感发育期"和运动［J］. 安徽体育科技，（04）：60.

［336］ 王建伟，史涛，张峰岩，赵焕彬. 2009. 身体协调功能与篮球运动的竞技战术能力［J］. 中国组织工程研究与临床康复，13（07）：1371-1374.

［337］ 王健，邓树勋. 2003. 台阶试验质疑［J］. 中国体育科技，（02）：62-65.

［338］ 王健，杨建成. 2007. 互补理论——反思"一元"训练理论与"二元"训练理论［J］. 广州体育学院学报，（02）：95-98.

［339］ 王杰，陈清. 2018. 高水平足球比赛由守转攻时态下竞技表现特征分析［J］. 成都体育学院学报，44（05）：91-95.

［340］ 王进. 2004. 解读"反胜为败"的现象：一个"Choking"过程理论［J］. 心理学报，（05）：621-629.

［341］ 王进. 2005. 压力下的"Choking"：运动竞赛中努力的反常现象及相关因素［J］. 体育科学，（03）：85-94.

［342］ 王敬茹，高炳宏，周志勇，高欢. 2010. 长时间不同模式低氧训练对男子赛艇运动员有氧代谢能力影响的比较［J］. 体育科研，31（01）：65-69.

［343］ 王君侠，吕东江，林宏伟. 1996. 高原训练理论诸方面的发展［J］. 西安体育学院学报，（01）：30-34.

［344］ 王钧. 2015. 基于主观感觉疲劳量表和心率变异性相结合的运动性疲劳监测［D］. 武汉：武汉体育学院.

［345］ 王骏昇，钟秉枢. 2018. 女子排球运动员弹跳力功能诊断模型构建及实验研究［J］. 北京体育大学学报，41（05）：100-106.

［346］ 王珺，黄召毅. 2020. 青少年女子400 m运动员全程速度节奏特征实证研究［J］. 文体用品与科技，（17）：19-21.

［347］ 王珂，于亮，李妍，冯伟. 2014. 中国女子冰壶队进攻战术能力研究［J］.

中国体育科技，50（01）：100-106.

[348] 王奎，刘建红，周志宏，等.2005.运用 IEMG 评价举重运动员力量素质的研究［J］.解放军体育学院学报，24（01）：92-94.

[349] 王磊.2007.一元训练的理论基础和实践意义的研究［D］.南京：南京师范大学.

[350] 王林，孙自金，徐国栋，等.2013.田径耐力项目备战伦敦奥运会的高原训练成果研究［C］.中国体育科学学会运动训练学分会全国田径运动发展研究成果交流会.

[351] 王林，孙自金.2012.解析国家竞走队外教达米拉诺训练模式和专项训练负荷结构［J］.北京体育大学学报，35（10）：105-109.

[352] 王清.2003.我国优秀运动员竞技能力状态诊断和监测系统的研究与建立［M］.北京：人民体育出版社.

[353] 王清梅，王兴宇，史健.2017.运动训练理论分歧的审视与思辨——基于"一元""二元"理论［J］.体育研究与教育，32（01）：86-89.

[354] 王瑞元，苏全生.2012.运动生理学［M］.北京：人民体育出版社.

[355] 王舜霞.2009.高水平运动员心理疲劳研究［J］.体育文化导刊，（04）：45-48.

[356] 王向宏.2013.体能训练理论与方法［M］.北京：北京航空航天大学出版社.

[357] 王耀东，杨卓，刘树明，任四维.2019.中国自由式滑雪U型场地运动员体能训练年度计划制定的诊断及评价研究［J］.北京体育大学学报，42（03）：32-43.

[358] 王永刚.2008.赛前训练若干热点问题［J］.内江师范学院学报，23（12）：97-100.

[359] 王志强.2018.运动训练生理生化监控数据库建立的必要性［J］.当代体育科技，8（24）：32-33.

[360] 王智慧.2020.深蹲中基于速度的力量训练对大学生篮球运动员下肢爆发力等运动能力的影响［D］.武汉：武汉体育学院.

[361] 维克多勒·弗拉基米洛维奇·希扬.2020.8位不同体质量的顶级柔道运动员

在同一赛前训练计划实施中的能量代谢特征 [J]. 首都体育学院学报, 32 (01): 1-3.

[362] 魏琦. 2019. 青年体操运动员冬训期内环境的训练监控研究 [J]. 体育科技文献通报, 27 (11): 10-11+30.

[363] 翁凯利. 2017. 振动牵拉和 PNF 牵拉对下肢柔韧性训练效果的比较研究 [J]. 福建体育科技, 15 (01): 68-70.

[364] 乌里希·哈特曼. 2009. 生理方面结构和功能的特殊适应性训练——高原 (1880~2400m) 训练理论和实践的评定 [J]. 体育科研, 30 (06): 1-5.

[365] 吴长稳, 张健, 于奎龙. 2012. 中国运动训练学理论研究热点与前景展望 [J]. 山东体育学院学报, 28 (02): 68-75+107.

[366] 吴海平, 陈建中, 李强. 2016. 运动进步理论"体力波"的研究 [J]. 中国校外教育, (10): 97.

[367] 吴庆超. 2004. 论运动技术与运动技能的关系 [J]. 体育文化导刊, (03): 51-52.

[368] 吴贻刚. 2001. 训练方法的本质、结构及发展特征研究 [J]. 中国体育科技, (02): 5-8+11.

[369] 吴贻刚. 2008. 近30年我国运动训练理论研究述论 [J]. 上海体育学院学报, 32 (04): 14-17.

[370] 武露凌, 季师敏, 田春美, 等. 2008. 优秀运动员机能评定中肌酸激酶、血尿素等指标的个体化研究 [J]. 体育与科学, (02): 75-77.

[371] 席新, 冯炜权. 1996. 乳酸动力学和运动训练 [J]. 北京体育大学学报, (01): 42-49.

[372] 席玉宝, 王少军. 2003. 从超量恢复原理到系统科学原理 [J]. 北京体育大学学报, (03): 397-399.

[373] 夏征农, 陈至立. 2009. 辞海 [M]. 上海: 上海辞书出版社.

[374] 向玲君. 2015. 珠三角地区青少年速度素质训练的过程监控研究 [D]. 广州: 广州体育学院.

[375] 向泽锐, 支锦亦, 徐伯初, 李娟. 2013. 运动捕捉技术及其应用研究综述 [J]. 计算机应用研究, 30 (08): 2241-2245.

[376] 肖光来，等.1998.利用肌肉功能电刺激对中国体操队运动员进行专项力量训练的研究[J].北京体育大学学报，21（01）：25-29.

[377] 肖坤鹏.2013.不同位置优秀女子大学生排球运动员有氧、无氧能力特征的研究[D].长春：东北师范大学.

[378] 肖涛，甄洁，林克明，张振东.2006.运动训练学的历史发展及学科建设思考[J].体育文化导刊，(11)：67-70.

[379] 肖涛.2015.我国运动训练学理论体系发展刍议[J].开封教育学院学报，35（01）：278-280.

[380] 肖毅，刘宇.2009.基于位移传感器的超等长重量训练系统研究[J].体育科学，29（04）：84-88.

[381] 谢洪昌.2016.基于电子起跑监测系统的短跑起跑反应时间影响因素研究[J].武汉体育学院学报，50（03）：81-85.

[382] 谢敏豪，严翊，冯炜权.2007.耐力训练监控与营养[M].北京：北京体育大学出版社.

[383] 谢敏豪，张一民.2005.运动员基础训练的人体科学原理[M].北京：北京体育大学出版社.

[384] 谢谦梅，冯淑娟，甘春龙.2011.高原训练对心脏功能的影响[J].沈阳体育学院学报，30（02）：71-74.

[385] 解玉生.2020.5000米运动员赛前训练安排方法[J].田径，(03)：40-41.

[386] 熊斗寅.浅析"体能"概念[J].解放军体育学院学报，2000，（01）：1-3.

[387] 熊峰.2011.排球扣球动作的生物力学分析[D].北京：北京体育大学.

[388] 熊焰，田麦久.2007.我国优秀运动员竞技能力与参赛行为变异成因与对策[A].第八届全国体育科学大会论文摘要汇编（一）[C].中国体育科学学会：1.

[389] 熊焰，王平.2016.竞技教练学[M].苏州：苏州大学出版社.

[390] 熊焰.2002.竞技状态及其特征剖析[J].体育学刊，11（03）：128-129.

[391] 熊焰.2005.运动员竞技能力的参赛变异及其成因与对策[D].北京：北京体育大学.

[392] 徐本力.1990.对我国运动训练学发展的回顾与展望[J].成都体育学院学报,(03):37-43.

[393] 徐本力.1990.运动训练学[M].济南:山东教育出版社.

[394] 徐本力.1999.关于竞技状态最优调控原则体系的初步设想[J].成都体育学院学报,20(02):25-27.

[395] 徐本力.2001.早期训练科学化的提出及系统化训练理论[J].山东体育学院学报,17(02):1-6.

[396] 徐飞,王健.2013.加压力量训练:释义及应用[J].体育科学,33(12):71-80.

[397] 徐建方,张晓欢,冯连世,路瑛丽,张漓,苑廷刚,王娜.2012.训练监控方法与手段在花样游泳项目中的应用[J].中国体育科技,48(05):53-62.

[398] 徐建华,程丽平,王家宏.2011.国内篮球运动员无氧耐力测试方法的不足——忽视篮球运动专项特征[J].天津体育学院学报,26(04):351-355.

[399] 徐君伟.2018.新塑料乒乓球实施后优秀运动员战术能力特征研究[J].北京体育大学学报,41(10):118-124+132.

[400] 徐细根.1992.我国优秀男子背越式跳高运动员力量训练水平的检查与评定[J].体育科学,(05):37-41+94.

[401] 徐小虎,郁洁.2019.从高原训练理论的比较研究浅谈篮球运动耐力训练[J].当代教育实践与教学研究,(12):60-61.

[402] 许帅.2018."分组比赛训练法"在普通高校篮球选项课中的实验研究[D].新乡:河南师范大学.

[403] 许永刚.1994.对篮球运动员灵活性与灵敏性研究的综述[J].广州体育学院学报,(03):32-36.

[404] 许玉乾.2006.略论哲学批评与理论创新[J].江汉论坛,(07):61-64.

[405] 续建立,刘刚.2002.对适宜负荷原则的初步探讨[J].山西体育科技,22(02):57-58.

[406] 闫琪,廖婷,张雨佳.2018.数字化体能训练的理念、进展与实践[J].体

育科学，38（11）：3-16.

[407] 闫升.2018.传统分期理论和现代板块周期理论训练实践运用的研究——以排球训练为例［J］.南京体育学院学报，1（12）：60-67＋80.

[408] 颜天民，王江云，高健.2001.论运动技术的价值［J］.中国体育科技，（S1）：36-39.

[409] 杨斌，拜卫刚.2016.商洛市业余体校青少年男子短跑运动员冬训期机能状况的生化指标监控研究［J］.赤峰学院学报（自然科学版），32（06）：112-113.

[410] 杨成波.2019.近代运动训练科学研究范式：特征及局限［J］.成都体育学院学报，45（04）：73-78.

[411] 杨高卫.2011.浅谈高原训练发展历程［J］.体育世界（学术版），（06）：59-60.

[412] 杨国庆.2020.整合分期：当代运动训练模式变革的新思维［J］.体育科学，40（04）：3-14.

[413] 杨桦，李宗浩，池建.2007.运动训练学导论［M］.北京：北京体育大学出版社.

[414] 杨建营.2018.中华武术独特的发力方式及其原理［J］.体育学刊，25（03）：9-15.

[415] 杨杰.2005.运动决策的描述性范式研究［D］.长春：吉林大学.

[416] 杨峻峰，田麦久.2011.评分类、测量类项目"难度战术"探究［J］.武汉体育学院学报，45（05）：79-84＋93.

[417] 杨克敏，张潘东.2018.浅析分期训练理论与板块训练理论的关系［J］.当代体育科技，8（36）：56-57.

[418] 杨磊.2015.论篮球实战技巧及战术训练——评《篮球实战技巧——技战术图解》［J］.中国教育学刊，（05）：119.

[419] 杨玲玲，张西正，胡家庆，时慧琦，文小健，邓红英.2017.柔性可穿戴生理监测设备的研究与应用现状［J］.医疗卫生装备，38（05）：118-122＋128.

[420] 杨青.2016.乒乓球技战术三维评估模型的构建与应用［D］.上海：上海体

育学院.

[421] 杨庆玲,刘建新. 2019. 红菇提取液对提升运动员体能作用的分析 [J]. 中国食用菌,38(04):39-41+50.

[422] 杨世勇,李遵. 2001. 体能训练学 [M]. 成都:四川科学技术出版社:202.

[423] 杨世勇. 2012. 体能训练 [M]. 北京:人民体育出版社.

[424] 杨通平,黄世龙. 2005. 对现代运动训练周期的再探讨 [J]. 山东体育科技,(03):7-9.

[425] 杨锡让,张禹. 2005. 运动技能学学科现状与发展 [J]. 北京体育大学学报,(07):865-867.

[426] 杨锡让. 2007. 实用运动生理学 [M]. 北京:北京体育大学.

[427] 杨信礼. 2018. 重读《论持久战》[M]. 北京:人民出版社.

[428] 杨延立. 2020. 高职院校开展赛前短期田径训练存在的问题与对策 [J]. 现代职业教育,(05):190-191.

[429] 杨一民. 1993. 对战术训练更逼近比赛的思考 [J]. 北京体育大学学报,16(01):86-89.

[430] 杨勇涛,于淋,孙延林. 2016. 静止眼动和动作表现关系的心理学机制 [J]. 天津体育学院学报,31(03):216-221.

[431] 姚家新. 2000. 竞技战术与《孙子兵法》及其哲学、心理学基础 [J]. 武汉体育学院学报,(05):5-10.

[432] 姚家新. 2007.《孙子兵法》与竞技战术的审视 [M]. 北京:北京体育大学出版社.

[433] 姚连科,李岩. 2014. 对"超量恢复"学说和应激学说的思考 [J]. 当代体育科技,(26):28-29.

[434] 姚颂平. 1994. 马特维也夫的运动训练学术思想研究 [J]. 上海体育学院学报,(03):47-52+67.

[435] 姚颂平. 2010. 安排运动训练过程的现代分歧 [J]. 上海体育学院学报,4(34):3-10.

[436] 叶金星. 2011. 试析掌握运动技术与发展运动能力的关系 [J]. 成功(教育),(12):261.

[437] 叶永延,等.2000.运动生物力学[M].2版.北京：人民教育出版社.

[438] 叶羽.2001.论竞技状态[J].江苏理工大学学报（社会科学版），（03）：102-105.

[439] 伊向仁,郑春梅,田吉明.2013.基础运动技能优化群模型与评价方法研究[J].山东体育科技,35（02）：68-73.

[440] 扆铮,等.2019.国家游泳队身体运动功能训练实证研究[J].体育学刊,36（02）：132-137.

[441] 尹军,张启凌,陈洋.2013.乒乓球运动员身体运动功能训练[M].北京：北京体育大学出版社.

[442] 于韩.2015.PNF拉伸法对高校女生髋关节柔韧性的影响研究[D].长春：吉林大学.

[443] 于亮,佟岗,王珂.2016.不同局面下中国女子冰壶运动员战术选择研究[J].北京体育大学学报,39（09）：139-144.

[444] 于少华,刘丹,李强.2009.中国男子优秀足球运动员比赛跑动能力研究[J].中国体育科技,45（06）：34-40.

[445] 于跃.2014.基于动作捕捉和三维测力台系统关于夏氏提法的动力学和运动学研究[D].北京：北京中医药大学.

[446] 余红盈,王浩.2014.由我国板块训练理论与分期训练理论之争引发的思考[J].首都体育学院学报,26（04）：343-348.

[447] 余陆玮,黄达武.2018.经典周期训练理论与板块训练理论之刍论[J].体育科技文献通报,26（11）：83-87.

[448] 虞轶群,季浏,李群,刘身强.2011.高原训练思想的变迁与展望[J].沈阳体育学院学报,30（05）：83-86.

[449] 袁鹏,周苏坡.2018.运动负荷监控方法研究进展[J].体育学研究,1（06）：74-87.

[450] 袁守龙.2011.北京奥运会周期训练理论与实践创新趋势[J].体育科研,32（40）：5-11.

[451] 袁作生,南仲喜.1997.现代田径运动科学训练法[M].北京：人民体育出版社.

[452] 苑廷刚,陈骐,王国杰,何卫,姜自立,江志全,郑富强,吕婕,程泓人. 2020. 科技助力国家田径队智能化训练场馆建设需求和功能设计研究 [J]. 北京体育大学学报,43(07):105-115.

[453] 苑廷刚,王国杰,郑富强,黄俊红,胡水清,米奕祥,吕婕. 2017. 我国优秀女子铅球运动员竞技能力状态的综合监测和研究 [J]. 北京体育大学学报,40(09):96-104.

[454] 运动生理学教材编写组. 1986. 运动生理学 [M]. 北京:高等教育出版社.

[455] 运动心理学编写组. 1983. 运动心理学 [M]. 北京:人民体育出版社.

[456] 曾远生. 2018. 优秀短跑运动员赛前训练负荷及机能状态的生化监控 [J]. 成都体育学院学报,44(04):86-91.

[457] 张宝军,冯韶文. 2005. 雅典奥运中外男篮比赛攻击性防守技、战术能力的比较分析 [J]. 哈尔滨体育学院学报,(01):95-96.

[458] 张保国,王小迪. 2007. PNF牵伸法、静力牵伸法对离心运动后下肢DOMS的疗效观察 [A]. 第八届全国体育科学大会论文摘要汇编 [C],24(06):66-68.

[459] 张博,付琴. 2021. 网球运动训练体能与技战术能力的监控浅析 [J]. 当代体育科技,11(06):30-31+38.

[460] 张春合,樊宗山. 2011. 多维视角下对热点训练理论的内外关系研究 [J]. 西安体育学院学报,28(05):636-640.

[461] 张春合,余学好,张中林. 2008. 对一元训练理论部分论据的质疑 [J]. 体育学刊,(10):89-91.

[462] 张春合. 2008. 对一元训练理论立论基础的质疑——体能的客观存在性 [J]. 体育学刊,(06):88-90.

[463] 张大超. 2007. 运动训练过程监控基本理论体系的构建 [J]. 武汉体育学院学报,(12):53-61.

[464] 张大超. 2008. 我国优秀游泳运动员训练过程监控系统研究 [J]. 中国体育科技,(01):58-74.

[465] 张大为,姚毓武. 1985. 身体素质(文献综述)[J]. 体育教学与科研,(01):37-46.

[466] 张国庆,巩晓菲,王凯,赵霞.2001."体能康"在跆拳道队应用的效果观察[J].山东体育科技,(01):30-31.

[467] 张洪潭.1992.重识运动素质[J].中国体育科技,(04):1-7+47.

[468] 张洪潭.1999.重建运动训练理论初探[J].体育与科学,20(01):11-33.

[469] 张洪潭.2004.体育基本理论研究[M].桂林:广西师范大学出版社.

[470] 张洪潭.2006.相对论思想在运动训练理念中的萌发——茅鹏运动训练理论研究[J].体育与科学,(04):10-16.

[471] 张洪潭.2007.体育基本理论研究:修订与拓展[M].桂林:广西师范大学出版社.

[472] 张华杰,郑伟涛,马勇,赖寒,韩久瑞,黄斌.2004.武汉体院女子赛艇运动员最大力量素质测试分析[J].武汉体育学院学报,(05):60-73.

[473] 张建华.2008.论运动训练理论创新[J].体育学刊,15(03):87-91.

[474] 张健,孙辉.2018.对马特维耶夫经典分期理论的审视与思辨[J].武汉体育学院学报,52(02):95-100.

[475] 张健,张建华.2014.速度性项群运动员竞技状态的良性转移——从训练学视角[J].体育科学研究,18(05):56-64.

[476] 张健.2015.关于多媒体在田径运动训练中的应用分析[J].运动,(08):24-25.

[477] 张俊.2018."体能"与"技能"的融合策略[J].体育教学,38(05):41-42.

[478] 张磊,孙有平.2013.从混沌走向秩序:30年来我国运动训练学教材内容体系的发展——兼评2012版《运动训练学》教材的"得"与"失"[J].武汉体育学院学报,47(12):66-71.

[479] 张蕾.2011.青少年短跑运动员训练监控的综述研究[J].搏击(体育论坛),3(06):60-61.

[480] 张莉清,刘大庆.2016.近5年我国运动训练学若干热点问题的研究[J].体育科学,36(05):71-77.

[481] 张力为,李美玲.2019.术道兼修,追求卓越:一位中国精英运动员备战奥运会的心理训练个案分析[J].首都体育学院学报,31(02):20-24.

[482] 张力为.2010.心理学研究的七个方向:以运动性心理疲劳为例[J].体育科学,30(10):3-12.

[483] 张立争.2019.短跑项目运动训练监控综述[J].青少年体育,(04):72-73.

[484] 张鹏.2012.应用纵跳测试评价跳水运动员下肢专项力量训练效果[J].中国运动医学杂志,31(09):823-825.

[485] 张频捷.2004.用"体力波"原理建构运动训练周期[A].第七届全国体育科学大会[C]:843-844.

[486] 张前锋.2012.举重运动负荷的生化分析、评定及监控[J].广州体育学院学报,32(04):105-108.

[487] 张茹伦.1995.对"超量恢复"的置疑[J].体育与科学,(06):7-9.

[488] 张晚平.2009.世界女子自由体操技术特征分析[J].成都体育学院学报.35(01):50-59.

[489] 张文涛.2013.2012年伦敦奥运会田赛项目运动员竞技表现特征分析[J].中国体育科技,49(02):16-21+32.

[490] 张晓晖.2014.训练新方法——水中超等长训练及在运动训练中的应用[J].中国体育科技,50(06):19-23.

[491] 张晓莹.2010.我国竞技健美操青少年测试赛专项体能测试指标与评价的研究[J].北京体育大学学报,33(12):113-116.

[492] 张兴林.2009.Data Volley软件在排球比赛临场信息采集与处理领域的应用分析[J].韩山师范学院学报,30(06):79-83.

[493] 张英波.2000.体能主导类快速力量性项群运动员竞技能力状态转移的时空协同理论[J].体育科学,(04):24-28.

[494] 张英波.2011.动作矩阵与动作模式训练解码[J].体育科研,32(04):21-26.

[495] 张蕴琨,丁树哲.2014.运动生物化学[M].北京:高等教育出版社.

[496] 张喆,张军.2020.赛艇运动训练的生理生化监控指标探析[J].当代体育科技,10(34):16-19.

[497] 张忠秋,赵国明,刘运洲,郑樊慧,罗锐,姚强.2009.中国跳水队备战北

京奥运会的心理训练与监控［J］. 体育科学，29（11）：8-14+22.

［498］ 张忠秋. 1996. 增强我国女子自行车运动员参加重大比赛竞技心理监控的研究［J］. 体育科学，16（01）：68-73.

［499］ 张忠秋. 2013. 高水平运动员运动训练过程的心理监控［J］. 中国体育教练员，21（01）：14-18.

［500］ 章碧玉，王士林，黄化礼. 1990. 我国男子跳远运动员三维踏跳力量的分析［J］. 北京体育学院学报，（04）：18-22+88-89.

［501］ 章劲松，汪映川，季汝元. 2007. 本体促通技术（PNF）法在发展柔韧素质中的巧用［J］. 安徽体育科技，（06）：80-81.

［502］ 赵大亮，姒刚彦，李剑鸣. 2019. 十年磨一剑：一位世界冠军的心理建设研究［J］. 首都体育学院学报，31（02）：25-29.

［503］ 赵东平. 2004. 浅论体育运动中的心理训练［J］. 潍坊学院学报，（04）：156-157.

［504］ 赵刚，刘丹. 2013. 足球比赛负荷构成与量度研究［J］. 首都体育学院学报，25（03）：255-259.

［505］ 赵海燕，王林霞，赵德峰，梁世雷，王晨. 2018. 心率变异性指标 RMSSD 和 TL_{HRV} 在持续性运动训练负荷监控中的有效性研究［J］. 中国运动医学杂志，37（06）：461-467.

［506］ 赵焕彬. 2007. 运动技术可视化实时生物力学诊断系统的研制［D］. 石家庄：河北师范大学.

［507］ 赵佳，于洋. 2019. 世界优秀女子乒乓球运动员战术能力区间段特征研究［J］. 首都体育学院学报，31（03）：255-260+288.

［508］ 赵杰修，田野，冯连世，洪平，陆一帆，林洪，程燕，宗丕芳，冯葆欣，贾蕾. 2006. 游泳运动训练的生理、生化监控方法研究［J］. 体育科学，（01）：43-48.

［509］ 赵连增. 2016. 里约奥运会田径运动员运动能力现状与成绩分析——以女子20 km 竞走为例［J］. 人间，206（11）：157.

［510］ 赵鲁南. 2013. 我国运动训练理论研究的历程及现代特征［J］. 体育文化导刊，（09）：63-66.

[511] 赵鸥,张燕.2004.高原训练的起源及历史回顾[J].怀化学院学报,(05):114-116.

[512] 赵权,徐席斌.2009.SAQ训练法对提高足球队员无氧耐力的实验研究[J].西北大学学报(自然科学版),39(05):805-808.

[513] 赵喜迎,唐建军.2018.我国优秀乒乓球男子单打战术水平等级评价模型研究[J].山东体育学报,34(02):96-101.

[514] 郑必达,王竹云,李为,李学松,曲正中,徐家健,李宗浩,张志敏,孙敬,蒋满华.1989.中日女排赛得失分分析及中国女排相应对策之研究[J].中国体育科技,(10):1-10+32+46.

[515] 郑念军,刘新民,刘兴.2001.竞技能力新论[J].西安体育学院学报,(01):51-53.

[516] 郑湘平,肖紫仪,聂应军.2020.中国10~11岁优秀女子体操运动员力量素质训练水平评价与诊断研究[J].成都体育学院学报,46(01):107-113.

[517] 郑晓鸿.2007.应激、超量恢复及适应-疲劳学说发展述评[J].中国体育科技,43(02):91-93.

[518] 郑亚绒.2003.球类运动中协调能力与灵敏性关系的分析[J].西安教育学院学报,(09):68-69.

[519] 中国社会科学院语言研究所词典编辑室.2012.现代汉语词典[M].北京:商务印书馆.

[520] 中国运动训练学专业委员会.1996.中国运动训练理论与实践研究[M].北京:高等教育出版社.

[521] 中国中央电视台.2018.星耀征途:中国女排里约夺冠记[Z].北京:中国中央电视台.

[522] 中华人民共和国国家体育运动委员会.1996.中国成年人体质测定标准手册[M].北京:中国标准出版社.

[523] 钟秉枢.2005.运动员基础训练的人文社科指导[M].北京:北京体育大学出版社.

[524] 钟秉枢.2006."三从一大"训练原则的再认识[J].北京体育大学学报,(09):1153-1156+1181.

[525] 钟伯光. Keep fit 手册［M］. 香港：博益集团，1996.

[526] 周爱国，张猛. 2010. 一元、二元训练理论的哲学辨析［J］. 北京体育大学学报，33（04）：106-108.

[527] 周超彦. 2012. 游泳长距离项目专项训练生理生化监控方法的研究与建立［D］. 上海：上海体育学院.

[528] 周成林，戈炳珠. 2000. 我国自由式滑雪运动员心理能力发展现状与对策研究［J］. 中国体育科技，（02）：34-36.

[529] 周成林，刘微娜，任莉敏. 2007. 击剑运动员个性化心理能力指标建构及监控［J］. 体育科学，（08）：31-36+52.

[530] 周成林. 2000. 辽宁省优秀女子中长跑运动员心理监控能力的研究［J］. 中国体育科技，36（05）：3-4.

[531] 周登嵩. 2004. 学校体育学［M］. 北京：人民体育出版社.

[532] 周帆扬，王晓琨. 2017. 国家跆拳道运动员在全国锦标赛中实时心率监控和血乳酸变化特点的研究［J］. 首都体育学院学报，29（01）：67-71.

[533] 周浩祥，潘家武，苑廷刚. 2019. 中外优秀男子撑杆跳高运动员助跑和起跳技术对比研究［J］. 山东体育学院学报，35（05）：111-118.

[534] 周宁，张翔，白银川. 2014. 3D运动技术分析研究现状与述评［J］. 当代体育科技，4（16）：27-28+30.

[535] 周庆生. 2005. 从无情退役到有情安置：对退役运动员的人文关怀［J］. 山东体育学院学报，（01）：9-11.

[536] 周彤，章碧玉. 2017. 复合式训练研究进展［J］. 体育科学，37（10）：72-79.

[537] 周小澈. 2004. 本体促通技术（PNF）在竞技健美操柔韧性训练中的应用研究［J］. 南京体育学院学报，（18）：100-101.

[538] 周毅，李克，李健生. 1993. 当代优秀女足运动员运用紧逼与破紧逼战术能力的研究［J］. 广州体育学院学报，（01）：56-61+73.

[539] 朱长征，吕峰. 2004. 学生篮球运动技能的诊断与评价方法的研究［J］. 德州学院学报（自然科学版），（06）：84-86.

[540] 朱佳滨. 2018. 运动员战术能力训练的项群特点［J］. 中国体育教练员，26

(01)：13-16.

[541] 朱家新.2001.慢速拉伸法在发展柔韧性中的效用研究[J].海南大学学报（自然科学版），(04)：383.

[542] 朱立新，赵洪波.2011.运动智能在竞技中的隐性作用[J].体育文化导刊，(05)：57-59.

[543] 朱那，汤强，朱卫红.2013.竞技体育中运动负荷计算方法研究进展[J].体育与科学，(06)：49-55.

[544] 朱松梅，温锋华.2006.超量恢复理论与体力波理论之比较[J].河南机电高等专科学校学报，(02)：86-87.

[545] 朱喜梅.2018.持拍隔网对抗项群运动员竞技过程最佳心理状态纬度的研究[J].安徽体育科技，39(01)：48-51.

[546] 朱亚成，王坤，白婧，刘越，董文霞.2018.科技助力竞技体育——2017年全国竞技体育科学论文报告会综述[J].浙江体育科学，40(02)：42-51+65.

[547] 朱永国.2014.对运动训练学未来发展的展望[J].沈阳体育学院学报，33(02)：127-129+144.

[548] 诸葛伟民.2009.试论运动训练科学范式[J].体育科学，29(07)：71-77.

[549] 资薇，熊焰，于洪军，黎涌明，陈小平.2019.训练分期理论面临的挑战与未来发展[J].体育学研究，2(01)：69-80.

[550] 邹家丽，石蒙，闫殿富.1999.浅谈在少儿体能训练中采用热效应方法进行柔韧性训练[J].哈尔滨体育学院学报，17(01)：70-72.

[551] 邹市明.2008.奥运拳击冠军邹市明在备战北京奥运期间的专项素质特征[J].天津体育学院学报，(06)：549-552.

[552] 左晓东，敬龙军，谢春军.2009.竞走赛前高原训练的营养补充、生化监控和训练负荷实例分析[J].北京体育大学学报，32(05)：50-54.

二、外文文献

[1] Akenhead R, Nassis G P. 2015. Training Load and Player Monitoring in High-Level Football: Current Practice and Perceptions [J]. International Journal of

Sports Physiology and Performance, 11 (05): 587.

[2] Alexander D, Silva C D D. 2012. Heart Rate Monitoring in Soccer: Interest and Limits During Competitive Match Play and Training, Practical Application [J]. Journal of Strength & Conditioning Research, 26 (10): 2890 – 2906.

[3] Alexandre L. 2006. Dep Water Running Limits and Posibilities for High Performance [J]. Revista Brasikira de Medicina do Esporte, 12: 257 – 261.

[4] Alexious H, Coutts A J. 2008. A Comparison of Methods Used for Quantifying Internal Training Load in Women Soccer Players [J]. International Journal of Sports Physiology and Performance, 3 (03): 320 – 330.

[5] Amtmann J A, Amtmann K A, Spath W K. 2008. Lactate and Rate of Perceived Exertion Responses of Athletes Training for and Competing in a Mixed Martial Arts Event [J]. Journal of Strength & Conditioning Research, 22 (02): 645.

[6] Aróstica Villa O, Hurtado Rodríguez J, Sebrango Rodríguez C R. 2016. Indicators for Control and Evaluation of Technical-Tactical Preparation in Team Handball [J]. Journal of Sports Science, 12 (01), 65 – 77.

[7] Bachev V, Marcov P, Georgiev P. 2009. Analyses of Intensity of Physical Load during a Soccer Match: Science and Football V [M]. London and New York: Rautledge Taylor & Francis Group.

[8] Bagger M, Petersen P H, Pedersen P K. 2003. Biological Variation in Variables Associated with Exercise Training [J]. International Journal of Sports Medicine, 24 (06): 433 – 40.

[9] Bandy W D, Irion J M, Briggler M. 1997. The Effect of Time and Frequency of Static Stretching on Flexibility of the Hamstring Muscles [J]. Phys Ther. 77: 1090 – 1096.

[10] Banister E W, Caiter J B, Zarkadas P C. 1999. Training Theory and Taper: Validation in Triathlon Athletes [J]. European Journal of Applied Physiology, 79 (02): 182 – 191.

[11] Banister E W, Clavirt T W, Savag M V, et al.. 1975. A Systems Model of

Training for Athletic Performance [J]. Journal of Science and Medicine in Sport, 7 (03): 57-61.

[12] Barbero-Alvarez J C, Soto V M, Barbero-Alvarez V, et al.. 2008. Match Analysis and Heart Rate of Futsal Players During Competition [J]. Journal of Sports Sciences, 26 (01): 63-73.

[13] Bazyler C D, Beckham G K. 2015. The Use of the Isometric Squatas a Measure of Strength and Explosiveness [J]. The Journal of Strength & Conditioning Research, 29: 1386-1392.

[14] Bernier M, Thienot E, Codron M, et al.. 2009. Mindfulness and Acceptance Approaches in Sport Performance [J]. Journal of Clinical Sports Psychology, (04): 320.

[15] Bishop D. 2008. An Applied Research Model for the Sport Sciences [J]. Sports Medicine, 38 (03): 253-263.

[16] Bloomlield J, Polman R C J, O'donoghue P G. 2004. The Bloomfield Movement Classification: Motion Analysis of Individuals in Team Sports [J]. International Journal of Performance Analysis of Sport, 4 (02): 20-31.

[17] Boiko V V. 1988. Dir gezielte Entwicklung der Bewegungsfae-higkeit des Sporters [M]. Uebersetzung von Tschiene P. Frankfurt.

[18] Bompa T O, Haff G G. 2009. Periodization Theory and Methodology of Training [M]. Champaign, IL: Human Kinetics Publishers.

[19] Borg G A V. 1973. Perceived Exertion: A Note on History and Methods [J]. Medicine and Science in Sport, (05): 90-93.

[20] Borg G A V. 1982. Psychophysical Bases of Perceived Exertion [J]. Medicine & Science in Sports & Exercise, 14 (05): 377-381.

[21] Borresen J, Lambert M I. 2009. The Quantification Oftraining Load, the Training Response and the Effect on Performance [J]. Sports Medicine, (39): 779-795.

[22] Borresen J, Lambert M I. 2007. Changes in Heart Rate Recovery in Response to Acute Changes in Training Load [J]. European Journal of Applied

[23] Boyle M. 2004. Functional Training for Sports [M]. Champaign, IL: Human Kinetics Publishers.

[24] Bradley P S, Di Mascio M, Peart D, et al.. 2010. High-intensity Activity Profiles of Elite Soccer Players at Different Performance Levels [J]. Journal of Strength and Conditioning Research, 24 (09): 2343 – 2351.

[25] Brenner J S. 2016. Sports Specialization and Intensive Training in Young Athletes [J]. Pediatrics: Official Publication of the American Academy, 138 (03): 154 – 157.

[26] Buchheit M, Laursen P B, Ahmaidi S. 2007. Parasympathetic Reactivation after Repeated Sprint Exercise [J]. AJP Heartand Circulatory Physiology, 293 (01), H133 – H141.

[27] Buchheit M. 2017. Houston, We Still Have a Problem [J]. International Journal of Sports Physiology and Performance, 12 (08): 1111 – 1114.

[28] Busta J, Bily M, Kovarova L, et al.. 2018. The Comparison of C1 Paddling Functional Test and Arm Crank Ergometry in Canoe Slalom Elite Athletes [J]. Studia Sportiva, 12 (02): 18 – 25.

[29] Campbell B, Bove D, Ward P. 2017. Quantification of Training Load and Training Response for Improving Athletic Performance [J]. Strength and Conditioning Journal, 39 (05): 3 – 13.

[30] Carey D L, Blanch P, Ong K L, et al.. 2017. Training Loads and Injury Risk in Australian Football-differing Acute: Chronic Workload Ratios Influence Match Injury Risk [J]. British Journal of Sports Medicine, 51 (16): 1215 – 1220.

[31] Carling C, Bloomfield J, Nelsen L, et al.. 2008. The Role of Motion Analysis in Elite Soccer [J]. Sports Medicine, 38 (10): 839 – 862.

[32] Chandola T, Heraclides A, Kumari M. 2010. Psychophysiological Biomarkers of Workplace Stressors [J]. Neuroscience and Biobehavioral Reviews, 35 (01), 51 – 57.

[33] Clarke A C, Anson J, Pyne D. 2015. Physiologically based GPS Speed Zones for Evaluating Running Demands in Women's Rugby Sevens [J]. Journal of Sports Sciences, 33 (11): 1101–1108.

[34] Clarke A C, Anson J M, Pyne D B et al.. 2015. Neuromuscular Fatigue and Muscle Damage after a Women's Rugby Sevens Tournament [J]. International Journal of Sports and Performance, 10 (06): 808–814.

[35] Coggan A R. 2003. Training and Racing Using a Power Meter: An Introduction [D]. In: Level II Coaching Manual. Colorado Springs, CO: USA Cycling: 123–145.

[36] Conceicao F, Fernandes J, Lewis M, et al.. 2015. Movement Velocity as a Measure of Exercise Intensity in Three Lower Limb Exercises [J]. Journal of Sports Sciences, (10): 1099–1106.

[37] Corbin C B, Noble L. 1980. Flexibility: A Major Component of Physical Fitness [J]. The Journal of Physical Education and Recreation, 51 (06): 57–60.

[38] Cormact S. 2010. The Changes in Strength, Power and Associated Functional Variables in the Australian Women's Soccer Team During the 12 Month Preparation for the Sydney 2000 Olympic Games [A]. International Science and Football Symposium: 6.

[39] Crawford D, Drake N, Carper M, et al.. 2018. Validity, Reliability, and Application of the Session-RPE Method for Quantifying Training Loads during High Intensity Functional Training [J]. Sports, 6 (03): 84–92.

[40] Cresswell S L. 2010. Possible Early Signs of Athlete Burnout: A Prospective Study [J]. Journal of Science & Medicine in Sport, 12 (03), 393–398.

[41] Cross M J, Williams S, Trewartha G, et al.. 2015. The Influence of In-Season Training Loads on Injury Risk in Professional Rugby Union [J]. International Journal of Sports Physiology & Performance, 11 (03): 350.

[42] C Sébastien, Thierry B, L Jean-René, et al.. 2012. A Model for the Training Effects in Swimming Demonstrates a Strong Relationship Parasympathetic

Activity, Performance and Index Fatigue [J]. Plos One, 7 (12), 526 – 536.

[43] Cummins C, Orr R, Connor H, et al.. 2013. Global Positioning Systems (GPS) and Microtechnology Sensors in Team Sports: A Systematic Review [J]. Sports Medicine, 43 (10): 1025 – 1042.

[44] Cunniffe B, Griffiths H, Proctor W, et al.. 2011. Mucosal Immunity and Illness Incidence in Elite Rugby Union Players Across a Season [J]. Medicine & Science in Sports & Exercise, 43 (03): 388 – 397.

[45] Day M L, McGuigan M R, Brice G, et al. 2004. Monitoring Exercise Intensity During Resistance Training Using the Session RPE Scale [J]. Journal of Strength & Conditioning Reasearch, 18 (02): 353 – 358.

[46] De Carlo M, DeRosa C, Ellenbecker T S. 2009. Effective Functional Progressions in Sport Rehabilitation [M]. Champaign, IL: Human Kinetic Publishers.

[47] Dellal A, Chamari K, Wong D P, et al.. 2011. Comparison of Physicaland Technical Performance in European Soccer Matchplay: FA Premier League and La Liga [J]. European Journal of Sport Science, 11 (01): 51 – 59.

[48] DiSalvo, Pigozzi, González-Haro, et al.. 2013. Match Performance Comparison in Top English Soccer Leagues [J]. International Journal of Sports Medicine, 34 (06): 526 – 532.

[49] Drew M K, Finch C F. 2016. The Relationship Between Training Load and Injury, Illness and Soreness: A Systematic and Literature Review [J]. Sports Medicine, 46 (06): 861 – 883.

[50] Dupont G, Akakpo K, Berthoin S. 2004. The Effect of In-Season, High-Intensity Interval Training in Soccer Players [J]. Journal of Strength & Conditioning Research, 18 (03): 584 – 589.

[51] Evansab K, Horanab S A, Neal R J, et al. . 2012. Repeatability of Three-Dimensional Thorax and Pelvis Kinematics in the Golf Swing Measured Using a Field-based Motion Capture System [J]. Sports Biomechanics, 11 (02): 262 – 272.

[52] Fatih H. The Relationship of Jumping and Agility Performance in Children [EB/OL]. http://www.researchgate.net/publication/328556408_The_relationship_of_jumping_and_agility_performance_in_children.

[53] Felix S. 2001. Annual Training Program and the Sport Specific Fitness Levels of World Class Athletes [J]. New Studies in Athletics, 6 (1/2): 63-70.

[54] Foster C, Hector L L, Welsh R, et al.. 1995. Effects of Specific Versus Cross-training on Running Performance [J]. European Journal of Applied Physiology & Occupational Physiology, 70 (04): 367-372.

[55] Foster C. 1998. Monitoring Training in Athletes with Reference to Overtraining Syndrome [J]. Medicine and Science in Sports and Exercise, 30: 1164-1168.

[56] Foster C. 2019. Sport Science: Progress, Hubris and Humility [J]. International Journal of Sports Physiology and Performance, 14 (02): 141-143.

[57] Futoshi OGITA. 2009. Effects of High-intensity Training under Hypobarichpoxic Conditions on Metabolic Capacity and Exercise Performance [J]. Abstract Proceeding of 2009 China Duoba International Forum on Altitude Training and Health, 8: 32-44.

[58] Gabbett, T. J. 2015. Relationship Between Accelerometer Load, Collisions, and Repeated High-in-tensity Effort Activity in Rugby League Players [J]. Journal of Strength & Conditioning Research, 29: 3424-3431.

[59] Gabbett T J, Jenkins D G. 2011. Relationship between Training Load and Injury in Professional Rugby League Players [J]. Journal of Science & Medicine in Sport, 14 (03): 204-209.

[60] Gareth T, Fudge B W, Pringle J, et al.. 2018. Altitude Training in Endurance Running: Perceptions of Elite Athletes and Support Staff [J]. Journal of Sports Sciences, 37 (02): 1-10.

[61] Garet M, Tournaire N, Roche F, et al.. 2004. Individual Interdependence between Nocturnal ANS Activity and Performance in Swimmers [J]. Medicine & Science in Sports & Exercise, 36 (12): 2112.

[62] Gearhart R F, Goss F L, Lagally K M. 2002. Ratings of Perceived Exertion in

Active Muscle During High-intensity and Low-intensity Resistance Exercise [J]. Journal of Strength & Conditioning Research, 16: 87 - 91.

[63] Gilbert W, Trudel P. 2004. Analysis of Coaching Science Research Published from 1970 - 2001 [J]. Research Quarterly for Exercise&Sport, (75): 388 - 399.

[64] Gore C J, McSharry P E, Hewitt A J, et al. 2008. Preparation for Football Competition at Moderate to High Altitude. [J]. Scandinavian Journal of Medicine & Science in Sports, 18 Suppl 1 (s1).

[65] Grantham N. 2002. Plyometrics in the pool: New research suggests that athletes can boost muscle strength and power with less risk of injury by exercising in water [J]. Sports Inj Bull (London), 20: 8 - 10.

[66] Gray A J, Jenkins D, Andrews M H, et al.. 2010. Validity and Reliability of GPS for Measuring Distance Travelled in Field-based Team Sports [J]. Journal of Sports, 28 (12): 1319 - 1325.

[67] Gray C. 1997. Functional training for the Torso [J]. NSCA Journal, (04): 14 - 19.

[68] Gregson W, Drust B, Atkinson G. 2010. Match-to-match Variability of High-speed Activities in Premier League Soccer [J]. International Journal of Sports Medicine, 31: 237 - 242.

[69] Haddad M, Padulo J, Chamari K. 2014. The Usefulness of Session Rating of Perceived Exertion for Monitoring Training Load Despite Several Influences on Perceived Exertion [J]. International Journal of Sports Physiology and Performance, 9 (05): 882 - 883.

[70] Halson S L. 2014. Monitoring Training Load to Understand Fatigue in Athletes [J]. Sports Medicine, 44 (02): 139 - 147.

[71] Hanley B, Bissas A, Drake A. 2011. Kinematic Characteristics of Elite Men's and Women's 20 km Race Walking and Their Variation During the Race [J]. Sports Biomechanics, 10 (02): 110 - 124.

[72] Hartman H, Bob A, Wirth K, et al. Effects of different periodization models on rate of force development and power ability of the upper extremity [J]. The

Journal of Strength & Conditioning Research, 2009, 23 (7): 1921-1932.

[73] Hellard P, Avalos M, Lacoste L, et al.. 2006. Assessing the Limitations of the Banistermodel in Monitoring Training [J]. Journal of Sports Sciences, 24: 509-520.

[74] Hettinger T. 1972. Isometrisches Muskeltraining [M]. Stuttgart.

[75] Hogan C, Binnie M J, Doyle M, et al.. 2020. Comparison of Training Monitoring and Prescription Methods in Sprint Kayaking [J]. International Journal of Sports Physiology and Performance, 15 (05): 654-662.

[76] Hulin B T, Gabbett T J, Blanch P, et al.. 2014. Spikes in Acute Workload are Associated with Increased Injury Risk in Elite Cricket Fast Bowlers [J]. British Journal of Sports Medicine, 48 (08): 708-712.

[77] Hulin B T, Gabbett T J, Caputi P, et al.. 2016. Low Chronic Workload and the Acute: Chronic Workload Ratio are More Predictive of Injury Than Between-Match Recovery Time: a Two-season Prospective Cohort Study in Elite Rugby League Players [J]. British Journal of Sports Medicine, 50 (16): 1008.

[78] Issurin W, Shkliar W. 2002. Zur Konzeption der Blockstruktur im Training von Hochklassifizierten Sportlern [J]. Leistungsport, 32 (05): 42-45.

[79] Ivan W. 2010. The Development of Sports Medicine [J]. Sociology of Sport Journal, 13 (02): 176-196.

[80] Jakowlew N. 1972. Die Bedeutung der Homoeostasestoerung Fuer Die Effektivitaet des Trainingsprozesse [J]. Medizin und Sport, 13: 367-370.

[81] Kaikkonen P, Rusko H, Martinmäki K. 2008. Postexercise Heart Rate Variability of Endurance Athletes after Different High-intensity Exercise Interventions [J]. Scandinavian Journal of Medicine and Science in Sports, 18: 511-519.

[82] Kiraly K, Shewman B. 1999. Beach Volleyball [M]. Champaign, IL: Human Kinetics Publishers.

[83] Knuath W. 1968. Leistung und Erfolg im Mannschaftsspiel [J]. Leistungssport, 4: 474-478.

[84] Kohn T A, Essen-Gustavsson B, Myhurgh K H. 2011. Specific Muscle Adaptations in Type II Fibers after High-intensity Interval Training of Well-trained Runners [J]. Scandinavian Journal of Medicine and Science in Sports, 21 (06): 765-772.

[85] Kohrt W M, Morgan D W, Bates B, et al.. 1987. Physiological Responses of Triathletes to Maximal Swimming, Cycling, and Running [J]. Medicine and Science in Sports and Exercise, 19 (01): 51-55.

[86] Krauspe A. 1993. Hang Time: Days and Dreams with Michael Jordan [M]. New York: Doubleday: 157.

[87] Krustrup P, Mohr M, Steensberg A, et al. Musele and blood metabolities during a soccer game: implications for sprint performance [J]. Medicine and science in sports and exercise, 2006, 38 (6): 1165-1174.

[88] Laforgia J, Withers R T, Gore C J. 2006. Effects of Exercise Intensity and Duration on the Excess Post-exercise Oxygen Consumption [J]. Journal of Sports Science, 24 (12): 1247-1264.

[89] Laursen P B, Shing C M, Peake J M, et al.. 2005. Influence of High-intensity Interval Training on Adaptations in Well - trained Cyclists [J]. Journal of Strength and Conditioning Research, 19 (03): 527-533.

[90] Lenetsky S, Harris N. 2012. The Mixed Martial Arts Athlete: A Physiological Profile [J]. Strength Condition Journal, 21 (34): 32-47.

[91] Liston J. 2007. Beach Volleyball Agility Training Exercises [J]. Trainingtable Instructional, (03): 40-43.

[92] Lockie R G, Murphy A J, Scott B R, et al.. 2012. Quantifying Session Ratings of Perceived Exertion for Field-Based Speed Training Methods in Team Sport Athletes [J]. Journal of Strength and Conditioning Research, 26 (10): 2721-2728.

[93] Lonsdale C, Hodge K, Rose E. 2009. Athlete Burnout in Elite Sport: A Self-determination Perspective [J]. Journal of Sports Sciences, 27 (08), 785-795.

[94] Lovell D I, Bousson M, Mclellan C. 2013. The Use of Performance Tests for the Physiological Monitoring of Training in Combat Sports: A Case Study of a

World Ranked Mixed Martial Arts Fighter [J]. Journal of Athletic Enhancement, 2 (01): 1-6.

[95] Lucia A, Hoyos J, Santalla A, et al. 2003. Tour de Franca versus Vuelta a Espana: Which is Harder? [J]. Medicine and Science in Sports and Exercise, 35 (05): 872-878.

[96] Lyman S, Fleisig G S, Andrews J R, et al.. 2002. Effect of Pitch Type, Pitch Count, and Pitching Mechanics on Risk of Elbow and Shoulder Pain in Youth Baseball Pitchers [J]. The American Journal of Sports Medicine, 30 (04): 463-468.

[97] Lyman S, Fleisig G S, Waterbor J W, et al.. 2001. Longitudinal Study of Elbow and Shoulder Pain in Youth Baseball Pitchers [J]. Medicine and Science in Sports and Exercise, 33 (11): 1803-1810.

[98] Macdermid P W, Gilbert C, Jayes J. 2020. Using a Kayak Paddle Powermeter in the Sport of Whitewater Slalom [J]. Journal of Human Sport and Exercise, 15 (01): 105-118.

[99] Mader A. 1990. Aktive Belastungsadaptation und Regulation der Proteinsynthese auf zellulaerer Ebene [J]. Deutsche Zeitschrift Sportmedizin, 41: 40-58.

[100] Malte S, Martin A L. 2012. Game Interruptions in Elite Soccer [J]. Journal of Sports Sciences, 30 (07): 619-624.

[101] Mannie K C, et al.. 2002. Accent on Agility [J]. Coach and Athletic Director, (09): 6-9.

[102] Manzi V, Castagna C, Padua E, et al.. 2009. Dose-response Relationship of Autonomic Nervous System Responses to Individualized Training Impulse in Marathon Runners [J]. American Journal of Physiology Heart & Circulatory Physiology, 296 (06): H1733.

[103] Martin D, Carl K, Lehnertz K. 1993. Handbuch Trainingslehre [M]. Schorndorf: Verlag Karl Hofmann.

[104] Matveev L P. 1964. Das Problem der Periodisierung des sportlichen Trainings

[M]. Berlin: Moskau.

[105] Matveev L P. 1991. Zur Theorie des Aufbaus des Sportlichen Trainings [J]. Teorija i Praktika Fizicheskoy Kultury, (12): 11 – 12.

[106] Matwejew L P. 1981. Grundlagen des Sportlichen Trainings [M]. Berlin: Berlin (DDR).

[107] Mccall A, Carling C, Nedelec M, et al.. 2014. Risk Factors, Testing and Preventative Strategies for Non-contact Injuries in Professional Football: Current Perceptions and Practices of 44 Teams from Various Premier Leagues [J]. British Journal of Sports Medicine, 48 (18): 1352 – 1357.

[108] McGuigan M. 2017. Monitoring Training and Performance in Athletes [M]. Champaign, IL: Human Kinetics Publishers.

[109] Messias L H, Sousa F, Reis I G, et al.. 2018. Novel Paddle Stroke Analysis for Elite Slalom Kayakers: Relationship with Force Parameters [J]. Plos One, 13 (02): e0192835.

[110] Mogg A, Radcliffe J C. 2007. Functional Training for Athletes at All Levels: Workouts for Agility, Speed and Power [M]. Berkeley: Ulysses.

[111] Morris C G, Weber J A, Netto K J. 2021. Relationship Between Mechanical Effectiveness in Sprint Running and Force-Velocity Characteristics of a Countermovement Jump in Australian Rules Football Athletes [J]. Journal of Strength & Conditioning Research, Publish Ahead of Print.

[112] Morten B. 2010. Application of Four Different Football Match Analysis Systems: A Comparative Study [J]. Journal of Sports Sciences, 28 (02): 171 – 182.

[113] Mujika I, Halson S, Burke L M, Balagué G, Farrow D. 2018. An Integrated, Multifactorial Approach to Periodization for Optimal Performance in Individual and Team Sports [J]. International Journal of Sports Physiology and Performance, 13 (05): 538.

[114] Mujika I, Padilla S. 2009. Detraining: Loss of Training-induced Physiological and Performance Adaptations. Part I. Short Term Insufficient Training

Stimulus [J]. Sports Medicine. (30): 79-87.

[115] Myers J, Lephart S, Tsai Y S. 2008. The Role of Upper Torso and Pelvis Rotation in Driving Performance During the Golf Swing [J]. Journal of Sports Sciences, 26 (02): 181-188.

[116] National Chiao Tung University. 2019. Patent Application Titled "Contactless-Type Sport Training Monitor Method" Published Online (USPTO 20190246921) [J]. Medical Patent Business Week.

[117] Nesbit S. 2005. A Three-dimensional Kinematic and Kinetic Study of the Golf Swing [J]. Journal of Sports Science and Medicine, 4 (04): 499-519.

[118] Neumann G, Pfützne R A, Berbalk A. 1998. Optimiertes Ausdauer Training [M]. Aachen: Meyer & Meyer Verlag.

[119] Neumann G, Schuele K P. 1994. Sport Medizinische Funktionsdiagnostik [M]. Leipzig-Berlin-Heidelberg: Barth Verlagsge-sellschaft: 13-17.

[120] No authors listed. 1996. Heart Rate Variability. Standards of Measurement, Physiological Interpretation, and Clinical Use. Task Force of the European Society of Cardiology and the North American Society of Pacing and Electrophysiology [J]. European Heart Journal, 17 (03): 354-381.

[121] Oliver J, Meyers R. 2009. Reliability and Generality of Measures of Acceleration, Planned Agility, and Reactive Agility [J]. International Journal of Sports Physiology and Performance, 4 (03): 345-54.

[122] Orendurff M S, Walker J D. 2010. Intensity and Duration of Intermittent Exercise and Recovery During a Soccer Match [J]. Journal of Strength and Conditioning Research, 24 (10): 2683-2692.

[123] Peyrusqué E, Buckinx F, Bolduc A, et al.. 2020. Potential Efficacy of Pragmatic Exercise Program (Sprint) During Hospitalization in Older Adults on Health Care and Physical Performance: A Pilot Study [J]. The Journal of Nutrition Health and Aging, 25 (Suppl 2): 1-8.

[124] Peyrusqué E, Buckinx F, Bolduc A, et al.. 2021. Potential Efficacy of Pragmatic Exercise Program (Sprint) During Hospitalization in Older Adults

on Health Care and Physical Performance: A Pilot Study [J]. The Journal of Nutrition, Health and Aging, 25 (01): 126 - 133.

[125] Pichot V, Roche F, Gaspoz J M, et al. . 2000. Relation Between Heart Rate Variability and Training Load in Middle-distance Runners [J]. Medicine & Science in Sports & Exercise, 32 (10): 1729 - 1736.

[126] Plisk S. 2002. The Lumbodorsal Fascia in Low Back Disorders: Evidence Based Prevention and Rehabilitation [M]. Champaign, IL: Human Kinetics Publishers: 79 - 80.

[127] Poczwardowski A, Sherman C P, Henschen K P. 1998. A Sport Psychology Service Delivery Heuristic: Building on Theory and Practice [J]. The Sport Psychologist, (12): 191.

[128] Robertson R J, Goss F L, Rutkowski J. 2003. Concurrent Validation of the OMNI Perceived Exertion Scale for Resistance Exercise [J]. Medicine and Science in Sports and Exercise, 35 (02): 333 - 341.

[129] Robinson B M, Owens B. 2004. Five-Week Program to Increase Agility, Speed, and Power in the Preparation Phase of a Yearly Training Plan [J]. Strength & Conditioning Journal, 26 (05): 30 - 35.

[130] Ron J. 2014. Speed, Agile and Quick Walkthrough [EB/OL]. [2014 - 10 - 06]. http://www.ronjones.org/Handouts/SAQDRILLS.

[131] Ruddock A, Wilson D C, Thompson S W, et al. . 2016. Strength and Conditioning for Professional Boxing: Recommendations for Physical Preparation [J]. Strength and Conditioning Journal, 38 (03): 81 - 91.

[132] Santana J C. 2000. Functional Training: Breaking the Bonds of Traditionalism [M]. Boca Raton FL: Optimum Performance Systems.

[133] Santos P, Oliveira J, Maia J A, et al. . 2002. Blood Lactate Concentrations During a Constant Load at an Intensity Corresponding to the Aerobicanaerobic Threshold in Young Athletes [J]. Medicine & Science in Sports & Exercise, 33 (05): 186.

[134] Saw A E, Main L C, Gastin P B. 2016. Monitoring the Athlete Training

Response: Subjective Self-reported Measures Trump Commonly Used Objective Measures: A Systematic Review [J]. British Journal of Sports Medicine, 50 (05): 281-291.

[135] Scott B R, Lockie R G, Knight T J, et al. . 2013. A Comparison of Methods to Quantify the In-season Training Load of Professional Soccer Players [J]. International Journal of Sports Physiology and Performance, 8 (02): 195.

[136] Secomb J L, Lundgren L E, Farley O R L, et al. . 2015. Relationships between Lower-body Muscle Structure and Lower-body Strength, Power, and Muscle-tendon Complex Stiffness [J]. Journal of Strength and Conditioning Research, 29 (08).

[137] Secomb J L, Nimphius S, Farley O R L, et al. . 2015. Relationships between Lower-body Muscle Structure and Lower-body Strength Explosiveness and Eccentric Leg Stiffness in Adolescent Athletes [J]. Journal of Sports Science and Medicine, 14 (04): 691-697.

[138] Selye H. 1936. A Syndrome Produced by Diverse Nocuous Agents [J]. Nature, 138 (02): 490-491.

[139] Selye H. 1956. The Stress of Life [M]. New York: McGaw-Hill.

[140] Seshadri D R, Li R T, Voos J E, et al.. 2019. Wearable Sensors for Monitoring the Internal and External Workload of the Athlete [J]. NPJ Digital Medicine, 2 (01): 1-18.

[141] Sheppard J, Young W, Doyle T, et al.. 2006. An Evaluation of a New Test of Reactive Agility and its Relationship to Sprint Speed and Change of Direction Speed [J]. Journal of Science an Medicine in Sport, (09): 342-349.

[142] Sheppard J, Young W. 2006. Agility Literature Review: Classifications, Training and Testing [J]. Journal of Sports Sciences, 24 (09): 919-932.

[143] Sheppard J M, McGoogan M R, Newton R U. 2008. The Effects of Depth-jumping on Vertical Jump Performance of Elite Volleyball Players: An Examination of the Transfer of Increased Stretch-load Tolerance to Spike Jump Performance [J]. Journal of Australian Strength and Conditioning, 16 (04):

3-10.

[144] Shetler K, Marcus R, Froelicher V F, et al. . 2001. Heart Rate Recovery: Validation and Methodologic Issues [J]. Journal of the American College of Cardiology, 38 (07): 1980-1987.

[145] Silvers W M, Rutledge E R, Dolny D G. 2007. Peak Cardio-respiratory Responses During Aquatic and Land Treadmil Exercise [J]. Medicine & Science in Sports & Exercise, 39 (06): 969-975.

[146] Simek S, Milanovic S, Jukic I. 2007. The Effects of Proprioceptive [J]. Kinesiology, 39 (02): 131-141.

[147] Slimani M, Davis P, Franchini E, et al. . 2017. Rating of Perceived Exertion for Quantification of Training and Combat Loads During Combat Sport-specific Activities: A Short Review [J]. Journal of Strength and Conditioning Research, 31 (10): 2889.

[148] Sporis G, Milanovic L, Jukic I, et al. . 2010. The Effect of Agility Training on Athletic Power Performance [J]. Kinesiology, 42 (01): 65-72.

[149] Stephen V, Brian T, Aaron J. 2009. Small-sided Soccer Games in Youth Players: Physiological Responses and Time-motion Characteristics of Various [J]. Journal of Sports Sciences, 27 (01): 1-8.

[150] Stiehler G, Konzag I, D Öbler H. 1988. Grundlagen der Trainingslehre [M]. Teil II: Die Steuerung des Trainingsprozesses. Karl Hofmann: Schorndorf.

[151] Stroyer J, Hanson L, Klausen K. 2004. Physiological profile and activity pattern of young soccer players during match play [J]. Medicine and Sciences in sports and exercise, 36 (1): 168-174.

[152] Tack C. 2013. Evidence-based Guidelines for Strength and Conditioning in Mixed Martial Arts [J]. Strength and Conditioning Journal, 35 (05): 79-92.

[153] The Encyclopedia Americana. 2006. [M]. International ed. Danbury, Conn.: Scholastic Library Publisher.

[154] Tschiene P. 1988. Die Qualitative Ansatz zu einer Theorie des Trainings [J].

Leistungssport, 18 (03): 8 - 11.

[155] Tschiene P. 1991. Die Prioritt des Biologischen Aspekts in der Theorie des Trainings [J]. Leistungssport, 6 (21): 5 - 9.

[156] Unger L, Mengden T. 2021. Blood Pressure Measurement and Monitoring by Internal Medicine Specialists in Germany in View of the Sprint Trial [J]. Journal of Hypertension, 39 (Suppl 1): e389.

[157] Vealey R S, Hayashi S W, Garner-Holman M, et al. . 1998. Sources of Sport Confidence: Conceptualization and Instrument Development [J]. Journal of Sports & Exercise Psychology, 20: 54 - 80.

[158] Verchoschanskij J V. 1998. Das Ende der "Periodisierung" des Sportlichen Trainings im Spitz Ensport [J]. Leistungssport, (05): 14 - 19.

[159] Verchoshanskij J V, Viru A. 1990. Einige Gesetzmaessigkeiten der Langfristigen Adaptation des Organismus von Sportlern an Ko-erperliche Belastungen [J]. Leistungssport, 20 (03): 10 - 13.

[160] Verchoshanskij J V. 1988. Effektiv Trainieren [M]. Berlin: Berlin (DDR).

[161] Verstegen M, Cosgrove A, Boyle M. 2010. Advanced in Functional Training: Training Techniques for Coaches, Personal Trainers and Athletes [M]. Santa Cruz: On Target Publications.

[162] Verstegen M, Marcello B. 2001. High Performance Sports Conditioning [M]. Champaign, IL: Human Kinetics Publishers.

[163] Verstegen M. 2005. Core Performance: The Revolutionary Workout Program to Transform Your Body and Your Life [M]. London: Rodale Press.

[164] Viru A. 1995. Adaptation in Sports Training [M]. Boca Raton: CRC Press.

[165] Vladimir Zatsiorsky. 2012. Kinetics of Human Motion [M]. Champaign, IL: Human Kinetics Publishers.

[166] Voight M L, Tippett S R. 1995. Functional Progressions for Sport Rehabilitation [M]. Champaign, IL: Human Kinetics Publishers.

[167] Vuleta D, Gruic I. 2009. Changes in Physical Conditioning Status of Male Students of the First Year of Faculty of Kinesiology Influenced by Educational

Process [J]. Acta Kinesiologica, (01): 34 - 37.

[168] Wallace E S, Hubbel J E, Rogers M J. 2004. Driver Shaft Length Influences on Posture and Swing Tempo in Skilled Golfers [J]. The Engineering of Sport, 1 (05): 216 - 223.

[169] Wang S. 2021. Sports Training Monitoring of Energy-saving IoT Wearable Devices Based on Energy Harvesting [J]. Sustainable Energy Technologies and Assessments, 45 (06): 101 - 168.

[170] Weakley J, Morrison M, García R A, et al. . 2021. The Validity and Reliability of Commercially Available Resistance Training Monitoring Devices: A Systematic Review [J]. Sports Medicine, 51 (03): 1 - 60.

[171] Wheat J S, Vernon T. Milner C E. 2007. The Measurement of Upper Body Alignment During the Golf Drive [J]. Journal of Sports Sciences, 25 (07): 749 - 755.

[172] Wijndaele K, Westgate K, Stephens S K, et al. . 2015. Utilization and Harmonization of Adult Accelerometry Data: Review and Expert Consensus [J]. Medicine & Science in Sports & Exercise, 47: 2129 - 2139.

[173] Willianm J K, Steven J F. 2007. Optimizing Strength Training [M]. Champaign, IL: Human Kinetics Publishers.

[174] Yuri V. 1998a. Main Features of a Modern Scientific Sports Training Theory [J]. IAAF New Studies in Athletics, 13 (03): 9 - 20.

[175] Yuri V. 1998b. Organization of the Training Process [J]. IAAF New Studies in Athletics, 13 (03): 21 - 31.

[176] Zhang L, Li N. 2021. Material Analysis and Big Data Monitoring of Sports Training Equipment Based on Machine Learning Algorithm [J]. Neural Computing and Applications, prepublish.

[177] Zourdos M C. 2016. Novel Resistance Training-specific Rating of Perceived Exertion Scale Measuring Repetitions in Reserve [J]. Journal of Strength and Conditioning Research. 30 (01): 267 - 275.

[178] 本間・鎌田安久. 1990. サッカーのチーム状態の分析資料としての競技能

力の相互評価—パソコンを用いた一対比較法による分析—［J］. スポーツ心理学研究，23（01）：48-56.

[179] 朝冈富弘. 1999. スポーツ科学の成果と競技力向上 I. 日本体育学会第 50 回記念大会特別委員会，21 世紀と体育・スポーツ科学の発展［M］. 2 巻. 東京：杏林書院.

[180] 村木寛史. 1994. 競泳の競技力向上に求められる管理者行動［J］. 体育・スポーツ経営学研，11：15-24.

[181] 法元，康二，広川，龍太郎，杉田，正明. 2013. Judging of Loss of Contact for Men's and Women's 20 km Race Walking Events in World Championships in Athletics, Helsinki 2005 [J]. Japan Journal of Studies in Athletics.

[182] 猪飼道夫. 1968. バスケットボールの競技力 構造の分析—ユニバシアード男子ソ連・アメリカ日本の選手比較を基に—［A］. 仙台大学紀要：67-83.